JN431938

재가노인복지론

김미혜 · 조추용 · 조유향 · 임병우 · 선우덕 · 김근홍
공저

청목출판사

머리말

우리나라는 2000년에 고령화사회에 진입하였고 압축적 고령화로 인해 2026년에는 65세 이상 노인인구가 전체의 20%가 넘는 초고령사회로 진입할 것으로 예측하고 있다. 노인인구의 급격한 증가는 고령으로 허약해진 노인, 만성질환을 앓고 있는 노인 등 의존성이 높아지는 노인의 수가 급격히 증가하게 된다. 부양이 필요한 노인은 증가하지만 오히려 가족의 부양능력은 감소하고 있어 노인부양이 가족부양에서 사회적 부양으로 이전될 수밖에 없는 상황이 되고 있다. 탈시설화와 정상화개념은 노인보호에 있어서도 시설수용에서 재가보호로 전환을 촉진하고 있어, 노인을 시설에 입소시켜 보호하기보다는 노인이 살고 있던 지역사회에서 가능한 보호하려는 노력의 일환으로 재가노인복지사업의 필요성이 강조되고 있는 것이다. 2008년에 도입예정인 노인장기요양보험제도도 수발이 필요한 노인을 재가노인복지서비스를 통해 대상노인을 가능한 지역사회내에서 보호하고자 하는 목적을 가지고 있다.

재가노인복지사업이 노인복지사업의 중심이 되어 가면서 학계의 관심도 높아졌고 그에 따라 재가노인복지사업 이해를 높이기 위해 재가노인복지에 관한 책들이 발간되고 있으나 미진한 점들이 있어 1995년 재가노인복지협회에서 시작된 비공식 연구회에서 활동한 교수들이 중심이 되어 책을 쓰게 되었다. 재가노인복지연구회는 한국재가노인복지협회에서 비공식으로 만들어져 매달 모여 재가노인복지사업 관련연구 및 교육자료를 만들어 왔다. 또한 2004년에는 재가노인복지협회 조직 내에 연구소로 발전하여 꾸준히 연구활동을 하고 있다. 이런 연구와 경험을 통해 연구소에 소속된 교수들이 재가노인복지사업의 이해를 도모하기 위한 개념을 재정립하고, 이론 소개, 현황과 비전을 소개하고 있다.

본서는 5부로 나뉘어져 있고 총 17장으로 구성되어 있다. 제1부는 재가노인복지의 전개로 제1장 재가복지의 이해, 제2장 재가노인복지의 이해, 제3장 외국의 재가노인복지로 구성되어 있고, 제2부는 재가노인복지의 이론적 접근으로 제4장 케어매니지먼트, 제5장 사회체계이론, 제6장 네트워크 이론으로 구성되어 있다. 제3부는 협의의 재가노인복지의 실천으로 제7장 가정봉사원파견사업, 제8장 주간보호사업, 제9장 단기보호사업, 제4부는 광의의 재가노인복지의 실천으로 제10장 노인보건의료사업, 제11장 재활서비스사업, 제12장 재가복지지원서비스, 제13장 재가노인복지서비스의 연계로 구성되고, 제5부는 재가노인복지의 과제와 전망으로 제14장 농촌지역 재가노인복지사업, 제15장 재가노인복지와 노인장기요양보험, 제16장 재가노인복지와 지방이양사업의 의미, 제17장 재가노인복지의 과제와 전망으로 구성되어 있다.

각 장마다 참여교수들 모두 열의를 가지고 집필하였지만 여전히 미진한 부분이 많은 것으로 생각된다. 노인장기요양보험제도가 도입되면 재가노인복지사업에도 변화가 있을 것인데 그 부분은 본 책에 담아내지 못한 점이 아쉽다. 그 점은 앞으로 연구소 연구활동을 통해 보완해 나갈 것이다.

한국재가노인복지협회 부설 재가노인복지연구소 연구위원 일동

차 례

제2부 재가노인복지의 이론적 접근

제1부

재가노인복지의 전개

1
chapter

재가복지의 이해

제1절 재가복지의 개념

재가복지를 논할 때 이와 유사한 개념들의 용어들이 혼용되어 사용되는 경우가 있다. 재가복지를 수용시설 중심의 구빈적인 사회복지에서 수급자 중심의 보편적 사회복지로의 이념적 변화로 사회복지의 대상자와 욕구충족의 요구의 확대에 대응하기 위해 등장하고 발전하게 되었다. 재가복지가 등장하면서 기존의 지역사회보호(community care), 가정봉사서비스(home-help service) 등이 혼재되어 사용되면서 재가복지와 관계를 규명하는데 어려움을 주고 있다. 재가복지의 개념을 규정하기 위하여 재가복지와 유사하게 쓰이는 지역복지, 지역사회보호 등의 개념을 함께 정리해 보려고 한다.

1. 지역복지, 지역보호, 그리고 재가복지

1) 지역복지

지역복지는 일본을 중심으로 쓰이는 개념으로 지역을 중심으로 한 복지활동을 총괄하는 개념으로, 지역복지는 경제적 문제를 포함한 지역주민의 생활문제 전반을 대상으로 한 시책 및 실천을 말한다(龍澤仁唱, 1995). 또한 서비스 제공주체와 실천주체를 보면 서비스를 제공하는 전문적 수준의 사회복지사로부터 보건의료전문가 및 교육전문가 등 광범위한 생활영역의 전문가를 포함하며 더 나아가 비전문가인 지역주민의 참여도 요구되어지고 있다. 윤현숙(2004)은 지역복지서비스가 재가복지서비스와 혼용되는데 지역복지서비스는 지역사회의 욕구를 지역사회 안에서 지역주민에 의하여 해결하고 예방하기 위한 서비스이기 때문에 재가복지제공 기반인 가(家)의 개념을 보다 확대하여 지역사회를 단위로 제반 서비스를 제공하는 의미를 내포하고 있다고 하였다. 이때 재가복지는 지역복지의 하위개념으로 보아야 한다는 것이다.

〈표 1-1〉에서 지역복지의 구체적 내용을 살펴보면 ① 재가복지서비스 제공, ② 복지교육과 자원봉사활동, ③ 공동기금과 복지기금, ④ 환경개선 서비스 제공, ⑤ 조직 활동 등 5개의 영역을 포함하고 있다(류상열, 2004 재구성). 지역복지에서는 재가복지가 지역복지의 하위개념이 되겠지만 재가복지에 포함되는 구체적 내용을 보면 예방적·복지 증진적 서비스, 재가케어서비스, 시설이용서비스를 총 망라하고 있어 광의의 재가복지 개념을 지니고 있다. 이혜원(1997)은 서비스제공의 형태에 의한 구분은 욕구의 다양화와 접근방법의 통합화로 인하여 점차 그 의미를 잃어간다고 하였다. 이렇게 학자에 따라 광의적 혹은 협의적 시각에 따라 혹은 구분을 위한 시각에 따라서 지역복지와 재가복지와의 관계가 규정되고 있다.

2) 지역사회보호

지역사회보호는 영국에서 논의되면서 발전한 개념으로, 시설수용의 문제가 사회적으로 야기되면서 치료와 서비스를 수용시설에서 제공하던 방식에서 지역사회 내에서 치료와 서비스를 제공하는 방식으로 전환되면서 지역기반의 사회서비스제공이라는 기반을 구축할 수 있게 되었다. 특히 국민보건서비스법에 따라 의료서비스를 받을 수 있는 권리를 국가의 정책으로 정해 놓고 지역사회 내에서 보건의료의 조직적인 대응을 공적인 책임하에 전개함으로써 장애인과 노인영역에서 지역사회보호가 강화되었다.

영국의 지방자치단체에서 제공하는 사회복지서비스를 보면 수용시설(Residential Care)과 지원서비스(Support Services)로 구성되어 있다. 지역사회보호인 지원서비스는 데이케어(Day Care)와 커뮤니티케어(Community Care)로 구성되어 있어 재가에서 받을 수 있는 서비스 뿐만 아니라 시설과 가정의 중간시설의 역할을 하는 데이케어서비스를 통해 서비스를 받을 수 있는 체계를 구축하였다. 지역사회보호는 지역사회의 욕구를 지역사회 안에서 해결하기 위한 서비스로 정의된다(최일섭, 1997). 따라서 지역사회에서 생활하고 있는 지역주민에게 필요한 서비스가 제공된다는 점에서 지역사회보호는 재가복지와 맥을 같이 한다고 하겠다(고양곤, 1995: 153). 지역사회보호는 재가복지서비스는 물론 보다 광범위하게 지역사회 내의 입소시설 및 이용(통소)시설, 그리고 자원봉사활동 등도 포괄하는 광의의 상위개념으로 설명된다.

우리나라는 영국과 달리 국가의 책임에 의한 지역사회보호가 지역이라는 기반을 갖지 못하고 국민기초생활보호대상자를 중심으로 거택보호를 해 왔었다. 거택보호는 생활보호대상자 또는 저소득층 가정을 중심으로 해왔기 때문에 서비스대상 측면에서 국민기초생활보호대상자 뿐만 아니라 일반인까지 대상으로 삼고 있는 재가복지와는 확연히 다르다고 하겠다. 거택의 의미가 용어상 재가와 비슷하여 혼동될 수 있지만 거택보호는 지역보호의 개념에서 보아도 재가복지와는 다른 개념임을 분명히 해야 할 것이다.

〈표 1-1〉 지역복지서비스의 범위와 내용

<table>
<tr><th>구 성</th><th>서비스</th><th>내 용</th><th>활 동</th></tr>
<tr><td rowspan="3">재가복지
서비스</td><td>예방적
복지증진
서비스</td><td>요원호자 뿐만 아니고 일반주민을 포함한 모든 사람의 복지증진을 도모하는 활동으로 지역주민전체 또는 특정계층의 집단에 대한 서비스</td><td>◦정보 제공, 상담활동
◦욕구 조기발견
◦사고예방활동
◦노인의 사회참여 증진 및 삶의 보람을 느끼게 하는 일</td></tr>
<tr><td>재가케어
서비스</td><td>가정 내 일상생활상의 보조・보호, 양육 등의 서비스로서 가족기능의 변화에 따라 사회적 대응이 필요한 경우 재택의 상태에서 생활할 수 있도록 행하는 일상적 원조서비스</td><td>◦가사원조서비스
◦급식, 배식 등 도움
◦방문간호
◦무거운 보호서비스</td></tr>
<tr><td>시설이용
서비스</td><td>요원호자의 욕구 중 전문적서비스가 가능한 욕구에 대해서 과거에는 주로 사회복지시설, 의료기관 등에서 전문적 서비스를 했으나 현재에는 재택상태에서 서비스를 할 수 있도록 지역에서 재편성하는 일</td><td>◦재활
◦시설의 사회화
◦중간시설
◦각종 동행서비스</td></tr>
<tr><td rowspan="2">복지교육
자원봉사
활동</td><td>복지교육</td><td>지역조직의 복지의식을 향상시키기 위해 아동, 청소년, 주부 등에 대한 교육</td><td>◦사회교육
◦평생교육</td></tr>
<tr><td>자원봉사활동</td><td>자원봉사자를 육성하고 지역사회에 필요한 각종 자원봉사활동 실시</td><td>◦연령별 자원봉사단구성
◦기능별 자원봉사단구성
◦자원봉사단 활동지원</td></tr>
<tr><td rowspan="2">공동기금
복지기금</td><td>공동모금</td><td>사회복지의 충실을 위해 주민의 상호부조에 기초하여 기부를 행함</td><td></td></tr>
<tr><td>복지기금</td><td>자원봉사활동을 지원하기 위해 기부를 행함</td><td></td></tr>
<tr><td rowspan="3">환경개선
서비스</td><td>물적
환경개선</td><td>요원자의 생활・활동을 저해하는 물적 조건의 개선정비를 도모함</td><td></td></tr>
<tr><td>제도적
환경개선</td><td>요원자의 사회참가를 촉진하기 위해 필요한 제도적 조건의개선정비</td><td></td></tr>
<tr><td>의식적
환경개선</td><td>요원자나 그에 대한 주민의 의식이나 태도의 변화를 도모하기 위해 개선정비</td><td></td></tr>
<tr><td rowspan="2">조직활동</td><td>복지조직화</td><td>복지서비스 이용자를 중심으로 조직화・조정을 도모하고 서비스 공급체계의 정비나 효과적 운영을 행함</td><td></td></tr>
<tr><td>지역조직화</td><td>주민의 복지 참가나 협력을 도모하고 복지의 지역교류나 복지지역사회를 만들어가는 일</td><td></td></tr>
</table>

자료: 류상렬(2004), 재가복지와 사례관리, 학문사 p. 24 재구성

3) 재가복지

재가복지는 1900년대 초 미국에서 주로 엄마가 부재한 빈곤가정에 가사원조와 아동보호를 제공하면서 시작되었다. 즉, 재가복지서비스의 일차적 대상자는 다양한 형태의 요보호 대상자(아동, 빈곤여성, 장애인, 노인 등) 중에서도 아동과 여성이었다고 할 수 있다.

1960년대에 이르러서 역시 복지선진국인 미국, 유럽으로부터 그 인식이 촉발되었으며 이는 앞서 언급한 시설보호의 폐해를 알게 된 것과 무관하지 않다. 따라서 재가복지개념은 일반적으로 시설복지와 대칭되는 개념으로 쓰이고 있다. 선진국에서 타인의 도움을 필요로 하는 요보호 대상자들은 주로 시설에 거주하며 보호를 받아왔으나 시설보호가 그들의 욕구충족이나 삶의 질을 보장해 주는 것은 아니었다. 오히려 집단생활에 따른 무기력, 수동성, 의욕저하, 정신적·신체적 건강저하, 비위생 등 여러 부작용이 나타나면서 다시 요보호 대상자들을 지역사회 내 가정으로 회귀시키는 움직임이 일었다. 이때부터 재가복지를 단순히 시설복지의 대칭되는 개념으로만 인식하지 않고 더 나아가 전문적인 복지실천 영역으로 구축하려는 노력이 일게 되었다.

재가란 현재 우리나라에서 사용하는 용어로 가정 내에서의 가족기능을 강조한 것으로 복지를 가족에게 맡기려는 우리나라 경향성을 반영한다고 하겠다. 이에 반해 일본에서 사용되는 용어는 재택 혹은 거택으로 가정의 장소적 의미가 더 강조되어 있다(선우덕·조추용, 2004). 즉, 요보호자의 부양의 일차적 책임을 가족에게 전가하지 않고 사회적 책임임을 인정하되 부양, 간병, 보호 등의 서비스 제공 장소는 요보호 대상자들이 사는 가정이라는 장소를 강조하고 지역사회를 벗어나지 않겠다는 의미를 지닌다. 미국의 경우, home help service 혹은 home care service, home health aid 등의 용어가 쓰이지만 각 의미가 다르고 집이라는 장소적 의미가 강하다. 결국 어떤 용어를 쓰던 모든 용어가 내포하는 의미는 가정에서 서비스를 제공받는다는 점에서 공통점이 있다고 하겠다.

재가복지의 개념을 어떻게 정의하느냐에 따라 복지서비스에서 차지하는 위치가 다르다. 일반적으로 재가복지는 세 가지 차원으로 분류되고 정의되곤 한다.

(1) 재가복지서비스는 재가 대상자를 위한 사회복지서비스로 정의한다. 여기에서 재가 대상자란 지역사회 내 가정에서 생활하는 요보호 대상자로 시설에 입소되어 있어 시설 대상자를 제외한 모든 요보호자를 일컫는다. 따라서 재가 대상자를 위한 제반 사회복지서비스인 소득보장, 의료보장, 주택보장 관련 급여와 서비스를 모두 포함하는 것으로 재가복지의 광의적 개념이라고 할 수 있다. 이를 그림으로 제시하면 다음 〈그림 1-1〉과 같다.

〈그림 1-1〉 노인복지서비스 체계 내 재가복지서비스의 위치 1

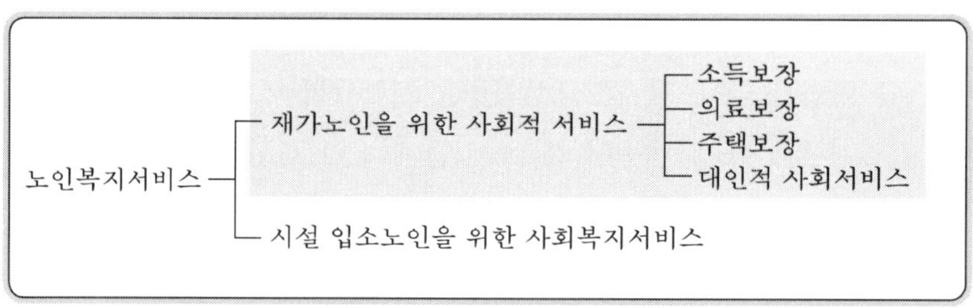

(2) 재가복지서비스는 재가대상자를 위한 대인적 사회서비스(personal social service for the elderly at home)로 정의되고 있다. 대인적 사회서비스는 일반적으로 ① 재가복지서비스 ② 시설복지서비스(out-of-home service, institutional care service)로 나눠지고 있다. 대인적 사회서비스를 재가대상자를 대상으로 이들이 계속 가정에 머물면서 생활할 수 있도록 제공하는 서비스가 재가복지서비스이며, 시설입소대상자를 위해 제공되는 대인서비스를 시설복지서비스라고 할 수 있다. 따라서 두 번째 재가복지서비스의 개념은 첫 번째 개념에서 소득보장, 의료보장, 주택보장 관련 급여는 제외한 재가 대상자를 위한 비물질적 서비스만을 의미한다. 재가복지의 협의적 개념이라 할 수 있다. 이와 같은 두 번째 정의는 다음 〈그림 1-2〉

와 같이 제시될 수 있다.

〈그림 1-2〉 사회복지서비스 체계내 재가복지서비스의 위치 2

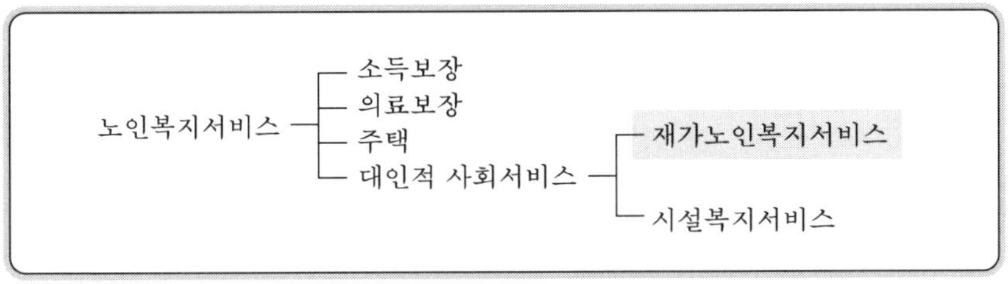

(3) 재가복지서비스는 서비스가 제공되는 장소에 따라 다시 ① 대상자 자신의 가정내에서 이루어지는 보호(in-home service) ② 대상자가 거주하는 지역사회내의 이용시설, 통원시설에서 이루어지는 보호로 나누어질 수 있다. 재가복지서비스의 세 번째 개념은 두 번째의 개념 중에서 대상자 자신의 가정에서 제공되는 서비스만으로 국한된다. 이와 같은 세 번째 정의는 아래 〈그림 1-3〉과 같다.

〈그림 1-3〉 사회복지서비스 체계 내 재가복지서비스의 위치 3

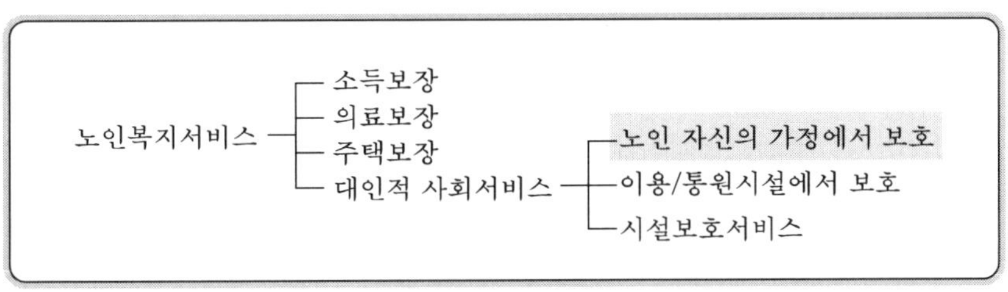

제 2 절 재가복지의 발달배경

재가복지서비스란 선진 복지국가에서 먼저 시작된 개념으로서 복지욕구의 변화에 따라 제기된 사회복지의 새로운 분야라고 할 수 있다. 지금까지 발전해 온 사회복지가 욕구의 측면에서는 화폐적, 물질적 욕구에 대응하기 위한 것이었고, 제공 장소의 측면에서는 시설보호 중심이었다면 1950년대 이후의 사회복지는 비화폐적인 욕구에도 대응하는 서비스 중심, 재가중심의 발전을 전개해 오고 있다고 할 수 있다.

1950년대 후반부터 격리수용의 부작용에 대한 연구와 사실들을 통해 시설보호가 요보호자를 후천적인 무능력 상태로 몰아간다는 비판이 제기되는 등 시설보호가 요보호자의 복지증진에 별로 도움이 되지 못한다는 사실이 새롭게 인식되기 시작하였다(Ever & Olk, 1991: 79). 1970년대에는 시설에서 발생한 학대가 사회문제화 되면서 시설보호의 한계와 비효율성이 부각되어 요보호 대상자를 시설에 보호하는 것이 그들의 삶의 질을 담보해 주지 못하며 또한 대상자의 집단적 수용이 비용적인 면에서도 비효율적이라는 주장이 제기되었다. 또한 요보호 대상자를 시설에서 보호하기 위해 자신의 거처에서 새로운 시설로 옮기면 새로운 환경에 적응하기 위한 심리적인 어려움을 겪게 된다는 사실이 연구를 통해 밝혀지면서, 요보호 대상자는 지금까지 살아온 익숙한 환경에서 도움을 받으면서 살 수 있도록 돕는 것이 더 필요하다는 인식하에 재가복지서비스가 발전하게 되었다.

세계적으로 요보호대상자를 시설에 수용하기보다는 지역 내에서 보호하려는 탈시설화가 진행되었고 이들의 보호는 지역사회에서 지역의 일원으로 생활할 수 있도록 해야 된다는 정상화개념을 기반으로 하게 되었다. 요보호에 대한 이념적 변화는 보호에 있어서도 수용, 생활, 병원 등의 시설중심에서 지역에서의 보호로 전환하게 하였고 요보호 대상자를 지역사회에서 가능한 보호하기 위해 재가복지의 확대가 요구되었다.

제 3 절 재가복지의 이념

재가복지의 기반이 되는 이념적 배경은 크게 정상화와 탈시설화를 들 수 있다. 재가복지서비스 정책과 서비스방향을 이해하기 위해서 정상화에 대한 인식확장과 탈시설화 움직임에 대해서 살펴보고자 한다.

1. 정상화 개념

정상화(normalization)는 1960년대 후반 스칸디나비아에서 정신지체 장애인을 대상으로 하는 서비스 실천 원칙의 하나로 제기된 개념으로서 일상생활이 정상적인 생활의 리듬과 패턴을 지향하도록 강조하는 것이다. 이런 사회적인 흐름은 비슷한 시기에 북미에서도 유행하여 울펜스버그(Wolfensberger) 등에 의하여 1970년대와 1980년대 초반을 거치면서 정교화되었고, 그 대상이 점차 확대되어 정신지체 장애인뿐 아니라 노인 등 정상적인 생활이 어려운 사람들에게까지 적용되기에 이르렀다. 따라서 정상화라는 개념은 1970년대 이후 재가복지 정책형성의 이념과 서비스 실천에 있어 가장 중요한 원칙의 하나로 자리매김하게 되었다.

정상화의 개념을 더욱 세밀히 논할 때 동화(同化)로서의 정상화와 이화(異化)로서의 정상화를 구분하여 설명하는 것도 가능하다.

동화로서의 정상화란 '대규모 수용시설의 비인간적 보호에 대한 반성에서 기인한 것으로 모든 수용시설에서 생활하는 사람들에게 일상적인 생활을 영위하는 보통의 사람들과 같은 생활조건과 생활방식을 제공함'을 목적으로 하는 개념이다. 이화로서의 정상화란 그간 수용시설에서 생활하는 사람들을 배제 및 차별해온 행위와 환경에 대한 반성으로서 기회평등을 포함한 모든 주민의 실질적 평등을 권리로서 보장하는 것을 목표로 하는 개념이다. 이화로서의 정상화가 갖는 실천적 목표는 요보호자가 아닐지라도 자신이 원하면 가족지원의 유무를 떠나 지역사회에서 독립생활이 가능할 수 있도록 지원한다는 점에서 재가복지의 목표와 상응한다고 할 수 있다.

재가복지의 발전이라는 세계적 흐름에서도 알 수 있듯이 현재의 정상화 개념은 요보호대상자들을 지역사회 내에서 보호한다는 이화로서의 정상화가 강조되고 있는 추세이다.

이와 같은 흐름 속에서 정상화에 대한 개념정의가 몇몇 학자들에 의해 시도되었다.

니르제(Nirje)는 정상화를 '모든 정신지체인의 생활방식과 하루하루의 생활이 그 사회의 일반적인 환경과 생활방식에 가깝게 만드는 것'이라 정의하였고, 울펜스버그(Wolfensberger)는 '가능한 만큼 사람들에게 가치 있는 사회적 역할을 습득, 정립, 유지시키기 위해 문화적으로 가치 있는 수단을 이용하는 것 또는 사람들이 문화적으로 가치 있는 삶을 영위할 수 있도록 하기 위하여 문화적으로 가치 있는 수단들을 이용하는 것'이라 정의하고 있다.

이 두 학자의 정의를 보면, 정상화란 무엇을 의미하는지에 대한 주요한 개념들이 사회적 측면, 문화적 측면, 그리고 발달적 측면에서 다루어지고 있음을 알 수 있다.

먼저, 사회적 측면에서의 정상화란 기존의 정상적이고 일상적인 생활리듬을 존중할 것을 강조하고 있다. 즉, 정상화란 일반 사람들이라면 누구나 가지는 하루, 한 주일, 한 달, 일 년 동안의 정상적인 생활과 휴식, 휴가 등이 노인 등 모든 요보호 대상자들에게도 동일하게 보장되어야 함을 강조하고 있다.

둘째, 문화적인 측면에서 본 정상화란 요보호대상자들을 일탈과 가치 이하로의 평가라는 잣대를 가지고 판단하는 것을 배제해야 함을 의미한다. 일탈이란 관찰자에 의해 규정되며 문화적으로 상대적 특성을 가지고 있기 때문에 특정한 일부의 사람들이 정상인과 현저한 차이점이 사회적 규범이나 사회구성원에게 부정적 평가되기보다는 개개인의 다양한 차이점으로 인정되어야 한다는 것이다.

셋째, 발달적 측면에서 정상화는 개인의 성장과 발달에서 정상적인 발달 경험, 인생주기에서의 자유로운 선택, 정상적인 이웃과 함께 하는 정상적인 가정생활, 지역사회에 통합되어 있는 삶 등 탈시설화를 강조한다.

2. 정상화의 목표와 원칙

현 시대에도 여전히 요보호대상자에 대한 시설보호가 다양하게 이루어지고 있다는 점에서 정상화의 목표를 앞에서 언급했던 동화로서의 정상화냐 이화로서의 정상화냐에 따라 구분할 수 있겠으나 재가복지가 추구하는 정상화에 초점을 맞추었을 때는 다음 세 가지 목표를 언급할 수 있다.

첫째, 지역사회 통합의 실현을 목표로 한다. 일반적으로 정상적인 생활보장이란 모든 사회구성원들이 가능한 범위 내에서 성장하고, 생활하고, 학습하고, 일하며, 일상적으로 사람들과 교류하며 생활을 영위하는 것이다.

둘째, 새로운 '지역공동체이념'의 구축을 목표로 한다. 사회적으로 정상적인 생활이 어려운 사람들을 포함한 모든 사람들의 평등한 권리가 실질적으로 보장되는 것을 인정하는 사회는 불완전한 요소를 가진 사람들이 서로 돕고 각자가 생활의 주체자로서 자기를 주장하고 상호개성을 존중하는 사회를 기반으로 한다.

셋째, 지역사회에서의 보호를 위한 주거방식의 전환을 통한 정상생활의 영위이다. 즉, 정상화는 지역사회 내 보호를 위한 주거방식이 사회적으로 도움이 필요한 사람들이 생활하기에 적합한 주택과 그룹홈의 형태로 확산되는 것을 목표로 한다. 따라서 중증의 노인 또는 장애인이라도 기존의 대규모 수용시설에서의 보호 대신 지역사회를 기반으로 하는 주택 또는 소규모 생활시설에서의 정상적인 생활이 가능하도록 하는 것을 목표로 한다.

이와 같은 정상화의 목표를 달성하기 위해서는 다음과 같은 원칙들이 지켜져야 할 것이다.

첫째, 정상화는 요보호 대상자들이라 할지라도 전 생애주기에 걸쳐 정상적인 생활패턴에 따라 활동하며, 상호책임을 나누어야 할 것을 원칙으로 한다. 요보호대상자들도 일반 사람들과 마찬가지로 정상적인 생활을 가능케 하는 주거와 직장 및 각종 학습기회가 제공되는 시설, 사회적 교류가 가능한 장소가 필요하다.

둘째, 정상화란 전 인생주기에 걸쳐 요보호대상자들 역시 정상적인 성장을 경험할 수 있는 기회를 주어야 할 것이다. 따라서 노인 또는 장애인도 자신의 인생주기에 맞게 일반 사람들이 경험하는 성장발달과정을 경험해야 할 것이다.

셋째, 정상화는 요보호 대상자에 의해 표현된 자기 의사는 물론 표현되지 않은 바람이나 욕구에 대해서도 정상적인 이해와 존중을 해야 한다. 즉, 일반 사람들이 가지는 경제적, 정서적, 사회적, 문화적, 성적 욕구를 요보호 대상자들도 가지고 있음을 인식하고 동일한 경험이 허용되어야 한다는 것이다.

넷째, 정상화는 요보호 대상자가 더 이상 자신의 가정에서 가족들과 함께 생활하는 것이 불가능하여 사회에서 주거를 제공받을 때, 이 역시 정상적인 가정의 크기여야 하며, 정상적인 주거 지역에 위치해야 함을 원칙으로 한다. 즉, 요보호 대상자들의 주거 환경 규모와 위치는 사회 교류와 사회 통합에 저해되지 않는 범위 내에 존재해야 한다는 것이다.

결론적으로 정상화란 가능한 많은 요보호 대상자들이 재가의 형태로 지역사회에서 생활의 주류에 동참할 수 있도록 하는 것을 의미하며, 가능한 긍정적인 방향으로 지역사회에서 이해되는 것을 의미한다. 그 동안의 사회복지는 일부 요보호 대상자들을 차별하여 사회로부터 격리시키고, 각종 사회참여의 기회를 박탈하는 방향으로 이루어져 왔으나 이제는 이들이 정상화 과정 속에서 지역사회에 적응해 가는 속도와 정도에 맞추어 각종 재가복지서비스를 대상별로 차등 제공하는 방향으로 전개되어야 할 것이다. 일반사람들과 요보호 대상자들이 사회 환경 속에서 자연스럽게 어우러져 살아갈 때 그것이 정상적인 사회이며, 그것이 바로 정상화 이념의 실체이다.

3. 탈시설화

사회복지의 역사를 돌이켜 볼 때, 서구의 요보호대상자들에 대한 원론적인 보호방법은 시설보호중심이었다. 노인 또는 장애인들 역시 예외가 아니어서 질병이나 장애로 인해 보호가 필요할 때 생활시설이나 병원 등에 수용하여 보호하는 시설보호가 중심이 되어 왔다. 그러나 시설병이라는 개념으로 대표될 만한 각종 문제가 제기되고 사회문제화 되면서 시설보호의 한계와 다양한 측면의 비효율성이 부각되어 시설보호도 탈시설화의 물결을 타게 되었다.

탈시설화가 비인도적인 시설수용의 문제점을 해결하기 위해 제기되었기 때문에 요보호 대상들이 일반 사람들처럼 지역사회 내에서 정상적인 생활을 추구하도록 한다는 측면에서 정상화와 탈시설화가 동일한 개념으로 받아들여지는 경향이 있다. 하지만 탈시설화와 정상화는 최초의 등장배경이나 방향, 목표 등에서는 다르다고 할 수 있다. 특히 탈시설화의 배경에는 지역사회보호보다 수용시설에서의 보호와 서비스 제공의 비용부담이 더 크다는 경제적 논리가 깔려 있다. 결국, 탈시설화는 시설 및 인력유지와 불필요한 서비스 제공에 따른 비합리적인 재정 투입에 반대하여 정치인들이 복지예산을 삭감하는 수단적 역할을 하기도 하였다. 반면에 정상화란 개념은 수용시설에 대한 부정적 관점을 지향한다는 점에서 탈시설화와 동일하나 복지예산의 대폭적인 증대를 통하여 서비스의 질적인 향상을 추구한다는 점에서 지역사회에서의 정상화를 위해서는 수용시설의 경우보다 훨씬 많은 예산이 투입되어야 함을 강조하고 있다.

결론적으로 정상화와 탈시설화가 복지예산에 있어서는 상호 모순되는 지향점을 견지하기도 하나 현재 OECD국가들의 복지정책 동향은 재가복지를 주축으로 한 지속가능한 서비스 제공으로 정상화와 탈시설화를 동시 추구하는 것이고 아울러 이를 통해 복지재정을 억제하는 것이다.

제4절 우리나라 재가복지사업의 이해

재가복지의 발전배경은 국가와 사회 상황에 따라 다른 형태를 보이고 있으나 대부분 국가마다 탈시설보호의 의도가 강하게 나타나고 있음을 알 수 있다. 우리나라만이 갖는 특이한 점이라면, 영국과 일본 등 선진 복지국이 시설보호의 폐단을 줄이고 서비스 향상을 꽤했음에 반해 우리나라에서는 시설보호의 대체수단으로 재가복지를 실시하는 경향을 보이고 있다는 것이다. 그러나 의도에 상관없이 시설서비스의 한계를 인식하고, 탈시설화, 정상화, 사회통합을 지향한다는 점에서 현재 재가노인복지는 전세계적인 추세라고 할 수 있다.

복지사업이 시설중심에서 재가복지중심으로 전환할 수밖에 없는 필연적인 사회적 배경을 다카하시(1981: 33-34; 손홍숙, 2002 재인용)는 다음과 같이 설명하고 있다.

첫째, 지금까지의 사회복지는 생활보호제도에 대응하기 위한 구빈적 성격을 띠고 경제적(화폐적) 욕구에 주력해 왔다. 이런 구빈적 성격을 탈피하여 비경제적(비화폐적) 욕구에 대응하기 위한 수단으로서의 역할변화가 필요하다.

둘째, 지금까지의 사회복지사업은 한정적 대상을 가졌지만 앞으로는 모든 국민이 사회복지의 대상이 될 수 있다.

셋째, 지금까지의 사회복지사업은 수용시설이나 거택에서의 서비스가 대부분이었지만 앞으로는 사회복지사업의 이용과 사업의 장소를 욕구에 따라 체계적으로 대처할 필요가 제기되었다.

넷째, 지금까지의 사회복지서비스와 같이 요보호자를 생활의 장으로부터 격리시켜 보호하는 데 그치지 않고 예방, 재활, 특히 사회통합에 목적을 둔 양질의 서비스가 요구되고 있다. 또한 요보호자가 사회의 일원으로 생활할 수 있도록 정상화의 이념에 입각한 사회복지서비스의 조직화가 요구되고 있다.

다섯째, 사회복지욕구를 충족시키는 장으로서 지역사회의 역할이 중요하게 되었고, 이를 뒷받침하는 지역주민들의 자발적인 자원봉사활동이 필요하게 되었다. 서비스의 수혜자임과 동시에 사회복지문제의 해결에 함께 참여하는 것이 필요하기 때문이다.

이러한 전세계적인 추세와 함께 우리 사회가 갖고 있는 인구학적, 사회구조적, 경제적 문제로 인한 시대적 요구에 부응하고자 우리나라에서도 재가복지에 깊은 관심을 갖게 되었다. 선진국의 경우, 재가복지사업이 등장한 시점은 시설복지가 어느 정도 성숙단계에 이르렀거나 시설서비스가 향상된 이후인 반면, 우리나라는 시설서비스가 매우 열악한 가운데에도 재가복지사업을 도입하지 않을 수 없는 상황에 처하게 되어 재가복지를 도입한 것이 특징이다.

즉, 1960년대 이래 지속적인 경제개발계획의 추진으로 도시화, 산업화, 핵가족화가 가속화함으로써 노인문제, 아동문제, 장애인문제 등 기존의 사회복지시설과 제도만으로는 감당할 수 없는 폭발적인 사회문제가 등장하게 되었고 이로 인해 정부에서 하나의 대안으로 재가복지사업을 도입하게 된 것이다.

공적인 재가복지의 시작은 1992년 보건사회부(현재 보건복지부)가 「재가복지센터 운영지침」과 「재가장애인 순회재활서비스 사업지침」 등을 발표하면서부터이다. 보건복지부는 2004년 「재가복지센터 운영지침」에서재가복지의 개념을 “지역사회 내에서 일정한 시설과 전문 인력을 갖추고 필요한 재가복지서비스를 제공하는 것”이라고 정의하고 있다.

우리나라에서 재가복지의 발전은 서양과 다르게 노인 대상자를 중심으로 전개되었다. 재가복지서비스가 발전하게 된 배경을 장세철 외(2004)는 다음과 같이 제시하고 있다.

첫째, 1980년대에 들어오면서 고령화로 인한 만성질환 노인의 증가와 단독세대 노인의 증가 현상이 두드러지게 나타났고, 특히 저소득층 노인들에게 나타난 이러한 현상을 시설보호만으로 대처할 수 없다는 인식이 확산되어 가정을 중심으로 하는 새로운 노인복지 대책이 요구되었다.

둘째, 서구 선진복지국가의 정책적 발전이 전반적으로 영향을 미쳤다고 할 수 있다. 즉 노인문제와 이에 대한 대책을 연구하는 학계에서 서구국가의 시설복지 문제점과 이에 대한 대안으로서의 지역사회보호의 발전배경을 연구하여 서구의 경험에서 교훈을 얻어 시행착오를 줄이자는 의미에서 재가복지정책을 제안하게 된 것이 재가노인복지서비스의 도입에 상당한 영향을 미친 것으로 생각된다.

셋째, 일본 재가복지서비스의 발전이 크게 영향을 미친 것으로 볼 수 있다. 특히 일본에서 1962년부터 발전시켜 온 가정봉사원 제도는 보건사회부 관계자로 하여금 비슷한 제도를 우리나라에 도입할 가능성을 타진하는 조사연구를 수행하도록 하는 데 영향을 미쳤다고 생각된다.

넷째, 국내의 민간노인복지기관인 한국노인복지회가 영국 노인복지기관의 후원으로 자원봉사자를 이용한 가정봉사원 제도를 1987년에 처음 도입하게 되었고, 그 운영비의 일부를 정부예산으로 지원하게 된 것이 재가노인복지서비스의 공식적 실시의 배경이 되었다.

이와 같이 노인의 인구학적 변화와 이들의 다양한 욕구, 서구와 일본의 노인복지의 경험을 적극적으로 수용하려고 노력했던 점과 1987년에 한국노인복지회가 시범사업으로 시작한 가정봉사원파견사업의 제도적 도입이 우리나라에서 재가복지사업이 시작될 수 있었던 배경이라 하겠다.

참고문헌

고양곤(1994), 재가노인서비스 프로그램 개발에 관한 연구, 한국사회복지., vol 1.

김훈(2004), 전주시 지역사회의 재가노인복지사업의 실태와 개선방안: 가정봉사원 파견센터를 중심으로, 노인복지연구, 한국노인복지학회, vol.23, 봄호, 2004, pp. 7-36.

류상열(2004), 지역사회복지론, 형설출판사.

박윤희(2003), 부산기장군 지역 노인들의 치매유병 실태 및 관련요인, 인제대학교 보건대학원 석사논문.

변용찬 외(1997), 치매관리 Mapping 개발연구, 보건사회연구원.
보건복지부(2003), 노인복지사업지침.
보건복지부(2006), 노인보건복지사업안내.
선우덕・조추용(2004), 노인장기요양보장제도의 성공적 정착을 위한 재가노인복지시설의 역할 재정립과 확충방안, 밝은노후모임 세미나.
손홍숙(2002), 재가복지이론과 실제, 양서원.
송파구청(2000), 송파구청 내부자료.
윤현숙(2004), 재가노인복지서비스에 관한 연구, 한국사회복지행정학회, 14(1)호.
이혜원(1997), 노인복지론-이론과 실제-, 서울 : 유풍출판사.
이혜원(1999), "우리나라 재가노인복지사업의 현황과 과제", 한국재가노인복지협회 편저, 재가노인복지서비스, 11-60.
장세철・배창진・이재모・한정란・황성하・이용환・이선미・황현숙(2004), 『현대노인복지론』, 홍익재.
정경희 외(2001), 노인 장기요양보호 요구조사 실태 및 정책제언, 한국보건사회연구원.
정경희 외(2005), 2004년도 전국노인생활실태조사, 한국보건사회연구원.
최순남(2000), 현대노인복지론, 한신대학교 출판사.
최일섭(1997), 지역사회복지론, 서울대학교출판부.
통계청(2006), 시도별 장래인구 특별추계.
한국재가노인복지협회(2003), 재가노인복지사업 10년 발자취, 재가노인복지총서 10.
황성철・한혜경(2003), 재가노인복지의 정책과 실천, 현학사.
龍澤仁唱(1995), 사회보장론, 京都: ミネルウァ書房
高橋鉱土(1981), 재가복지서비스의 성립조건, 지역복지연구9호, 일본생명제생회.
Ever, A. & Olk(1991), The mix of Care Provision for the Frail Elderly in the Federal Republic of Germany: Deficits, Changes and Prospects of Reform in A. Ever & Svetlik, *New Welfare Mixes in Care for the Elderly*, Vol. 3 Vienna: European Center for Social Welfare Policy and Research.
A. E. Benjamin and Ruth E. Matthias(2000), *Comparing Consumer-and Agency-Directed Models : California's In-Home Supportive Services Program, Generations,* Vol. 24, No. 3, 85-87

2 chapter

재가노인복지

제 1 절 재가노인복지의 개념

재가노인복지라는 용어는 관점에 따라 다양하게 재가노인복지, 재가노인복지사업, 재가노인복지서비스 등으로 혼용되어 사용되고 있다.

재가노인(在家老人)[1]의 개념은 다양한 관점에서 논의될 수 있지만, 일반적으로 1950-1960년대 영국과 미국에서 처음 사용되면서 시설거주 노인에 대비되는 개념으로서 이해되고 있다. 즉 자녀와 떨어져 시설에서 수용되어 있는 서구 노인들의 경우 탈시설화(deinstitutionalization)와 더불어 지역사회보호(community care)를 받는 노인이란 의미로 사용되고 있다. 특히 재가노인복지 사업은 1993년 사회복지사업법 개정에 따라 사회복지사업의 한 종류로서 세부사업이 법정화되었다. 그리고 같은 해 12월에는 노인복지법의 개정을 통하여 재가노인복지 사업의 개념이 표출되고, 노인복지사업의 개정을 통하여 재가노인복지사업의 개념이 정의되면서 노인복

1) 재가복지(在家福祉) 용어는 학자들에 따라 재택복지(財宅福祉)라 사용하는 경우도 있는데 본란에서는 재가복지로 통일하고자 한다.

지사업이 제도화되기에 이르렀다. 이에 재가노인복지사업의 세부사업은 가정봉사원파견사업, 주간보호사업, 그리고 단기보호사업으로 명시되었다.

한편 재가노인복지서비스는 재가노인을 대상으로 일반 가정에서 생활하고 있는 노인 중 장애나 질병 등으로 일상생활을 독립적으로 수행하기 어려워 타인의 보호를 필요로 할 때, 자신의 집에서 지역사회 차원의 다양한 도움을 받으면서 살 수 있도록 일상생활을 지원하고 각종 서비스를 제공하는 것을 말한다(황성철 외, 2004). 따라서 재가노인복지서비스는 대다수 노인들이 자신이 평소 거주해 왔던 익숙한 환경에서 필요한 서비스를 지원·제공받거나 때로는 지역사회 노인복지시설을 이용함으로써 정상적인 가정생활을 유지하도록 원조하는 서비스라 할 수 있다. 이러한 재가노인복지는 가족의 부양부담을 경감시킴으로써 현대사회에서 약화된 가족수발 또는 가족보호의 기능을 지지하고 보충하는데 결정적 역할을 한다고 볼 수 있다.

제 2 절 재가노인복지의 등장배경

재가복지사업은 1960년대 영국에서 시작되었는데, 우리의 경우 시설중심의 사회복지사업이 국가적으로나 개인적으로 막중한 경제적 부담이 되었음에도 시설 대상자들에게 만족을 주지 못한다는 연구에 따라 새롭게 도입된 제도라 할 수 있다. 재가노인복지사업의 사회적 등장배경은 산업화·도시화·핵가족화로 가족 규모가 축소되고 여성의 사회 참여가 증대됨에 따라 가정의 노인부양기능이 약화되어 이를 보완해 줄 사회지원체계가 필요했기 때문이다. 특히 1970년대 이후 노인문제가 단순한 가족 문제가 아니라 사회문제로 인식되기 시작하였고, 1980년대 들어서면서부터 가족가치관의 변화와 고령화로 인한 노인인구의 증가로 단독세대 노인의 증가 현상이 두드러지게 나타나면서 기존의 시설보호만으로 대처할 수 없다는 인식이 확산되자 재가노인복지사업이 그 대안으로 모색되었다. 다른 한편 노인의 생활을 정상화하고 사회통합에 기여하기 위해서 재가보호가 바람직하다는 인식이 대두되었던 점도 꼽을 수 있다. 또한 종전에 통제하기 어려웠던 노인들의 문제행동들이 약물이나 노인 일상생활용구의 발달 등으로 통제 가능해 시설보호에 대한 요구가 낮아진 면도 그 배경으로 꼽을 수 있다. 더욱이 노인들의 사회복지 욕구가 다양화, 복잡화되고 비화폐적 욕구가 증대됨에 따라 다양한 욕구충족을 위해서는 지금까지 선별주의에 입각한 시설복지보다 보편주의에 입각한 재가복지를 통해 복지서비스의 일반화, 보편화가 필요해졌다고 볼 수 있다. 따라서 노인을 소극적인 피동의 대상자로부터 복지서비스를 주체적으로 선택하여 이용하는 권리 주체로 파악해야 한다는 인식이 확대됨으로써 재가노인복지사업이 등장하게 되는 계기가 되었다.

특히 정부에서는 가정에서 보호를 요하는 장애인, 노인, 소년소녀가장, 모자가정 등 지역사회에서 재가복지서비스가 필요한 요보호 대상에게 가사원도, 간병, 정서적 지원, 결연 등의 제반 사회복지서비스를 제공하기 위해 1992년 시급 이상의 도시에 총 144개소의 재가복지봉사센터를 설치, 운영하도록 했다(양옥남 외, 2006). 이후 재가복지봉사센터가 설치·운영되면서 재가노인 복지사업이 본격적으로 활발해졌는데 그 배경을 살펴보면 다음과 같다.

첫째, 복지서비스가 필요한 노인들을 생활의 장으로부터 격리시켜 보호하는 데 그치지 않고 예방, 재활, 사회통합(social integration)에 목적을 둔 서비스가 필요하게 되었다는 점이다. 따라서 사회의 정상인으로서 생활할 수 있도록 정상화의 이념에 입각한 노인복지서비스의 조직화가 요구된다는 노인복지의 변화 경향을 반영한 결과라 할 수 있다. 노인들의 경우 격리된 시설에서 장기간 수용되면 사회에 대한 적응력이 떨어지지만, 재가노인복지서비스는 지역사회 속에서 상호교류를 하면서 서비스를 제공받기 때문에 요보호 노인들이 지역사회 내에서 자립하고 이에 통합되는데 용이하다.

둘째, 사회적 보호대상 노인의 확대와 보호메커니즘의 다양성을 요구하고 있다는 점이다. 왜냐하면 기존 시설보호로는 현재의 사회인구학적인 변화에 탄력적으로 적응할 수 없을 뿐 아니라 보호를 필요로 하는 노인들을 모두 포괄할 수 없었기 때문이다. 그렇기 때문에 사회적 서비스를 필요로 하는 노인들은 급속히 증가함에도 시설수용에는 한계가 있었기 때문에 지역사회 내에 머물면서 가정의 기능을 원조할 사회적 서비스가 필요하게 되었다.

셋째, 국민들의 복지욕구가 그 동안의 경제성장의 결과 다양화되고 복잡화하여 개별사회적서비스로 대응해야 할 비 화폐적인 요구가 증대함으로써 경제적 급여뿐만 아니라 각종 다양한 요구충족의 방법이 요구되고 있다는 점이다. 이러다보니 노인복지 요구를 충족시키는 장으로써 지역사회의 역할이 증대되었다.

이처럼 노인인구 증가에 따른 급증하는 노인대상자와 다양한 요구에 대하여 사회통합에 목적을 둔 여러 형태의 보호체계 필요성에 따라 재가노인복지사업이 등장하면서 기존의 사회복지서비스 체계에 대한 하나의 변혁을 가져온 것이라 할 수 있다. 따라서 지금까지 사회복지가 선택적(selectivism)이라고 했다면, 재가노인복지사업은 보편적(universalism)인 원리에 입각한 것이라 할 수 있다(이정서 외, 2005: 153-156).

제 3 절 노인복지법에 나타난 재가노인복지

1980년대 이전의 경우 오갈 데 없는 노인들을 대상으로 하는 시설보호사업이 노인복지 사업의 주 분야였지만, 중반부터 재가노인복지의 필요성이 논의되기 시작하였다. 1980년대 이후 재가노인복지사업의 발달과정을 노인복지법에서 나타난 범위로 한정하여 살펴보면 1980년대를 시초로 형성기(1981-1988년 : 노인복지법 제정), 도입기(1989-1992년 : 1차 개정), 확립기(1993-1996년 : 2차 개정), 확대기(1997-1998년 : 3차 전면개정), 발전기(1999년-현재 : 4차 개정 이후)의 5단계로 나눌 수 있다.[2)]

2) 재가복지사업의 발달과정에 대해 최성재(1997)는 1980년 초반부터 1986년까지를 서비스 필요성인식기, 1987-1991년 서비스의 실험적시행기, 1992년 이후 서비스

이처럼 재가노인복지서비스 주요발달 내용을 좀 더 구체적으로 정리하면 다음과 같다.

첫째, 1980년대 이전까지 무의탁 노인을 위한 시설보호 사업이 노인복지정책의 중심을 이뤄왔기 때문에 노인복지법이 제정된 이후에도 몇 년 동안의 시간은 재가노인복지란 용어 자체가 낯선 상황이었다. 특히 1981년 노인복지법이 제정될 때 재가노인 서비스에 관한 규정이 전무했고, 다만 1980년대 중반에 접어들면서 일반가정에서도 장기적인 보호를 필요로 하는 고령자의 증가, 가족보호기능의 저하 등 재가노인복지의 필요성이 제기되면서 정부에서도 재가노인을 위한 서비스 필요성을 인식한 정도라 할 수 있다.

둘째, 1987년 재가노인을 위한 가정봉사원파견 사업의 도입을 꼽을 수 있다. 1980년 이전까지 65세 이상 전체 노인인구의 0.3%인 무의무탁 노인을 위한 시설보호 사업이 노인복지정책의 주류를 이루어 왔던 것이 사실이다. 그러나 일반 가정에서도 장기적으로 보호를 필요로 하는 노인층의 증가, 가족보호기능 약화 등 사회적 변화에 따라 1980년대 중반부터 재가노인복지사업의 필요성이 논의되기 시작하였다.

이에 따라 전체 인구에서 65세 이상 노인인구 비율이 4.5%를 차지하던 1987년 재가노인을 위한 가정봉사원 파견서비스가 도입되었고, 5.0% 수준이었던 1993년에는 본격적으로 제도화되기에 이르렀다. 그 후 5.4% 수준이었던 1996년 최초로 유급 가정봉사원 형태의 서울시 가정도우미제도가 도입됨으로써 비용부담의 이원화가 시작되었다. 1987년에는 한국노인복지회가 영국 Help Age International의 재정적·기술적 후원으로 가정봉사원 서비스 제도를 도입하여, 서울시 거주의 생활보호대상자중 거택보호노인을 대상으로 중앙정부의 예산지원을 받아 시범 사업을 전개하기에 이르렀다. 이 당시 2개의 가톨릭교회(서울의 영천 영문 및 영등포 영문)의 요원도 참여하여 훈련을 받고 가정봉사원 파견서비스를 시작하였다. 시범적으로 운영했던 서비스사업이 긍정적으로 평가되자, 1987년 11월부터 실시하여 오

제도화 확대기로 분류하였고, 이혜원(2000)은 1987-1992년 도입기, 1993-1995년 확립기, 1996년 이후 확대기로 구분하고 있다.

던 은천노인상담소(현재의 은천노인복지재단)의 가정봉사원 파견서비스도 중앙정부에 의해 그 다음 해부터 지원을 받게 되었다. 또한 1989년에는 서울시와 지방정부의 지원으로 중부노인복지관(현, 노원노인종합복지관)과 남부노인복지관(현, 관악노인복지관)에서도 가정봉사원 파견서비스를 실시하게 되었다.

셋째, 1989년 가정봉사원 파견 사업이 노인복지사업으로 법정화되었던 시기이다. 1989년 6월 보건사회부 훈령 제 458호로 제정된 사회복지관시설 운영규정에 의하여 가정봉사원 파견을 통한 목욕서비스, 식사서비스 등 재가노인복지사업이 법정사업으로 규정되기에 이르렀다(보건사회부, 1989). 또한 그해 12월에는 노인복지법의 개정을 통하여 '가정봉사사업', '재가노인'이라는 용어를 공식적으로 사용하기 시작하였고, 가정봉사원파견 사업을 노인복지사업으로 규정하게 되었다. 이로써 정부가 가정봉사원 파견 사업을 지원할 수 있는 법적 근거가 마련되었던 셈이다.

넷째, 1991년 재가복지센터의 설치 · 운영이다. 정부는 1991년 노인, 장애인, 소년소녀가장 등 재가요보호자에게 일상생활 원조서비스를 제공하기 위하여 지역사회 복지관 부설 재가복지센터의 설치 · 운영계획을 마련하고 시급 이상 도시에 재가복지봉사센터를 설치 · 운영하게 하였다.

같은 해에 한국사회복지협의회 시 · 도지부도 정부의 지원을 받아 지역사회봉사센터를 설치하고, 자원봉사자를 모집 · 교육하여 가정봉사원 파견시설(8개소, 1991년) 및 지역사회복지관 부설 재가복지봉사센터(102개소, 1991년)에 파견하게 되었다. 1992년에는 3개소의 재가복지봉사센터가 신설되었고, 같은 해 재가노인복지사업으로서 가정봉사원 파견사업 외에 주간보호사업(3개소)과 단기보호사업(4개소)이 시범적으로 도입되기도 하였다.

다섯째, 1993년 재가노인복지사업의 개념 및 세부사업이 법정화되었는데, 사회복지사업법 개정에 의하여 재가복지사업이 사회복지사업의 한 종류로서 규정되었다. 그리고 같은 해 12월에는 노인복지법의 개정을 통하여 재가노인복지사업의 개념이 정의되고, 노인복지사업의 개정을 통하여 재가노인복지사업의 개념이 정의되면서 노인복지사업이 제도화되기에 이르렀다. 또한 재가노인복지사업의 세부사업으로 가정봉사원파견사업, 주간보호사업, 그리고 단기보호사업이 명시되기도 하였다.

특히 1993-1995년에는 유급가정봉사원 프로젝트가 진행되었는데, 자원봉사자인 무급가정봉사원이 요보호노인 등 장애정도가 심한 노인을 대상으로 서비스를 제공하기에는 한계가 있다는 평가결과가 나왔다. 이에 따라 한국노인복지회는 1993년부터 1995년까지 2년 동안 삼성복지재단의 지원을 받아 유급가정봉사원 프로젝트를 시행하게 되었다.

여섯째, 1996년 최초의 유급가정봉사원 제도가 도입되어 파견사업이 진행된 시기이다. 이에 따라 1996년 최초의 유급가정봉사원인 서울시 가정도우미 526명이 서울시로부터 급여(시간급)를 받고 서울시 거주 거택보호노인을 대상으로 서비스를 제공하게 되었다. 같은 해 전국의 가정봉사원 파견시설 33개소에서 시설당 1-2명의 유급가정봉사원 인건비가 정부예산으로 책정되기에 이르렀다.

이에 힘입어 1996년 유료가정봉사원 활동이 본격적으로 시작되어 중산층 이상의 노인으로부터 이용요금을 받는 유료가정봉사원이 활동하게 됨으로써 서비스 대상이 점차 확대되었다.

일곱째, 1997년 가정봉사원양성교육사업이 추가되었고 재가노인복지시설이 법정화되었다. 특히 노인복지법이 개정되어 가정봉사원파견사업, 주간보호사업, 단기보호사업 외에 가정봉사원양성교육사업을 재가노인복지사업에 추가하게 되었다.

여덟째, 1999년 재가노인복지 시설의 인력 및 운영에 관한 기준과 설치신고는 보건복지부령으로 정한다는 규정이 개정되었다(www.mohw.go.kr/index.jsp).

노인복지법은 1981년 제정된 후 지금까지 10차례의 개정이 이루어져 왔는데, 이 가운데 재가노인복지사업은 총 4차례의 개정이 이루어졌으며, 현재 2006년도 하반기에 또 다시 5차 개정이 이루어질 예정이다. 위에서 언급한 노인복지법을 중심으로 재가노인복지서비스의 주요 발달과정을 정리해 보면 〈표 2-1〉과 같다.

〈표 2-1〉 노인복지법 중심의 재가노인 복지서비스 변천내역

주요연도	주 요 내 용
1981	- 노인복지법 제정 - 재가노인복지의 필요성 논의(탈시설)
1987	- 재가노인을 위한 가정봉사원 파견사업(이하: 가파) 도입 - 한국노인복지회가 영국 Help Age International 후원으로 최초의 가정봉사원 파견사업 도입 및 서울시 거택보호노인 대상으로 시범사업 실시 - 무급 가정봉사원들에 의한 가사원조와 상담 등 서비스 제공 - 1988년 은천노인상담소 가정봉사원 파견사업 정부지원
1989	- 노인복지법 2차 개정 - 서울시 지방정부 지원 중부노인종합복지관과 남부노인종합복지관 가파사업 실시 - 가정봉사원 파견을 통한 목욕서비스, 식사서비스 들의 재가노인복지사업이 법정사업으로 규정(보사부 훈령) - '가정봉사사업', '재가노인' 법적용어 공식사용 - 가정봉사원 파견사업 노인복지 사업으로 규정(정부의 가파 사업 지원 근거 마련)
1991	- 지역사회복지관 부설 재가복지봉사센터 설치, 운영 계획 마련(보건복지부) - 한국사회복지협의회 시・도 지부 정부지원 지역사회봉사센터 설치, 자원봉사자 모집・교육 - 정부보조로 가정봉사원 파견사업, 주간보호사업, 단기보호사업 시범운영
1992	- 주간보호사업, 단기보호사업 시범도입
1993	- 노인복지법 3차 개정 - 노인복지법 상 재가노인복지사업 명문화를 통한 재가노인복지사업 활성화 - 노인복지법 상 재가노인복지사업의 종류를 가정봉사원 파견사업, 주간보호사업, 단기보호 사업으로 명시 - 시설복지사업중심에서 재가복지사업의 확충으로 전환 - 사회복지사업법 상 재가복지사업이 사회사업의 한 종류로 규정 - 한국노인복지회 유급가정봉사원 프로젝트 실시(1993-1995)
1994	- 재가복지사업 활성화 - 노인여가시설/프로그램 확충
1996	- 최초의 유급가정봉사원 서울시 거택보호노인 대상으로 파견(서울시 가정도우미 527명) - 가정봉사원 파견시설 시설당 1-2명의 유급가정봉사원 인건비 정부예산으로 책정 - 유료가정봉사원 활동(중산층 이상 노인대상)
1997	- 노인복지법 5차 개정 - 가정봉사원 양성교육사업 재가노인복지 사업에 추가 - 세부사업별로 유형화된 재가노인복지시설을 법정 노인복지 시설로 규정
1999	- 노인복지법 7차 개정 - 재가노인복지시설의 시설, 인력 및 운영에 관한 기준과 설치신고는 보건복지부령으로 규정 - 가정봉사원의 교육, 가정봉사원교육기관의 설치에 관한 규정
2005	- 가정봉사원의 교육을 위한 기관을 설치하고자 하는 자는 시장・군수・구청장에게 신고하여야 한다고 개정 - 방문목욕서비스 규정 및 요양보호사 교육기관의 설치와 관련된 내용 신설

자료: 김민경, 2004, 재구성: www.mohw.go.kr/index.jsp

참고문헌

김민경(2004), "재가노인서비스 발달과 정책형성요인에 관한 연구," 이화여자대학교 석사논문

보건사회부/ 보건복지부(각 연도), 노인복지사업지침

보건복지부(2005), 『노인수발보험제도 입법예고안』, 보건복지부

손홍숙(2006), 『재가복지』, 양서원

이정서 · 서상철 · 황성철(2005), 『재가노인복지론』, 유풍출판사

이혜원(1998), "우리나라재가노인복지사업의 현황과 과제," 『노인복지정책연구』 10, 한국노인문제연구소

양옥남 외(2006), 『노인복지론』, 공동체

엄기욱(2004), "한국과 일본의 장기요양보장제도 도입 환경 비교연구," 『노인복지연구』, 24호. 한국노인복지학회.

전채근(2005), "재가노인복지서비스 발전방안," 대전대학교 대학원 논문집 제7권 제1호

한국노인복지회(2000), 『현대재가복지사업』, 홍익제.

황성철 · 한계경(2004), 『재가노인복지 정책과 실천』, 현학사.

http://www.mohw.go.kr/index.jsp

http://www.kacold.or.kr/

3
chapter

외국의 재가노인복지

제 1 절 영국의 재가노인복지

영국은 1601년 제정된 엘리자베스 여왕의 「구빈법(The Poor Law)」을 통하여 빈민들의 문제를 자선사업에서 사회정책사업의 하나로 발전시킨 나라이다. 산업혁명이 진행되면서 산업현장에서 쫓겨나 부랑인으로, 걸식자로 바뀌어지는 사람(homemaker service)들이 많아지는 등 사회적 불안이 가중되었는데, 이 시기에 빈민층가족들을 도와주기 위해 여러 가지 복지사업이 전개되었다(손홍숙, 2002).

영국에서 재가복지가 공식적인 정책으로 채택된 것은 지방정부가 노인복지의 증진을 위한 정책적 책임과 권한을 갖도록 규정되어 있는 1968년 의료서비스 및 공중보건법(Health Services and Public Health Act)의 시행에서 시작된다. 영국에서 가정간호 서비스는 국민보건서비스(National Health Services)를 통해서 이루어지고 가정봉사 서비스는 주로 지방정부의 사회적 서비스 부서에 의해서 관장되고 있다. 가정간호서비스 제공에 대한 재원은 중앙정부의 국민보건서비스(NHS) 담당기관이 광역 또는 지역 단위의 보건당국을 통해서 전달하고 있다. 영국의 국민보건서비스(NHS)는 노인의장기간 병원보호와 요양원 보호에 관한 비용은 전액 국가가 부담하지만 가정봉사서비스는 소득조사에 의해 부분적으로 노인에게 스스로 비용을 부담하도록 하고 있다(Hill, 1986 : 161-166).

1990년 재가복지 관련 제도의 개혁으로 지역복지를 담당하는 지방당국은 직접적으로 서비스 제공하는 것을 피하고 지역의 비영리 기관 또는 영리추구 민간기관과 계약을 통해서 서비스를 구매하는 방법을 택하게 되었다(Teaster, 1996: 91). 한편 노인에 대해서 일정한 요건이 구비되면 재가복지의 대상으로 삼는 대신 소득조사 후에 일정한 소득 수준 이상의 노인이 재가복지의 서비스가 필요한 경우 노인에게 일정 부분 비용을 부담하도록 조치하고 있다. 따라서 전통적으로 재가복지에 대해서 전혀 관심이 없던 영리 추구 민간기관들도 지금은 전국에 걸쳐 각종 재가복지서비스 프로그램을 개발하여 적극적으로 참여하고 있다. 민간의 비영리기관들은 주로 이동급식, 개인보호, 가정방문, 위급시 경보 서비스, 정보 제공 및 조언 등 "가정봉사 관련 서비스를 제공해 주고 있다. 지방의 사회적 서비스, 부서에 의해 고용된 사회사업가들은 상담과 지지서비스를 제공해 주고 있는데 그들은 주로 사례관리자(care manager)로서 노인의 재가복지 관련욕구의 사정과 다양한 서비스의 연계 및 조정 업무에 종사하고 있다(황성철 · 한혜경, 2003).

1. 가정봉사원사업

영국은 1834년 「신빈민법(The New Poor Law)」을 제정하여 재가복지제도의 기초를 마련하고 빈민가족을 돕기 시작하였다. 1850년에는 중산층 자원봉사자들이 빈민지역을 방문하여 빈민가정의 자활을 위한 다양한 서비스를 제공하였고, 1859년에 라스본(William Rathbone)이 리버풀시에 있는 빈민지역의 환자들을 돌보는 간호조직을 만들었는데 이것이 가정봉사원 파견사업의 기원이라고 할 수 있다.

1881년에는 「모자 · 아동복지법(The Maternity and Child Welfare Act)」이 제정되면서 가정봉사원제도가 처음으로 입법화되었고, 노인인구가 점차로 증가함에 따라 1944년부터는 노인들에게 가정봉사원을 보내주기 시작했다. 1946년 「국민보건서비스법(The National Health Service Act)」 제정 이후에는 노인들을 위한 가정봉사원 활동이 더욱 확산되었으며, 1948년에는 가정봉사조직기관인 영국가정봉사기관연합회(The National Association of Home Help Organization)가 설립되어 가정봉사파견 사업을 증진시키는 계기가 되었다.

이후 1970년에는 「지방정부사회복지서비스법(The Local Authority Social Service Act)」을 제정하여 지방정부에서 실시해 오던 복지국, 아동국, 보건국의 업무를 사회복지서비스국(Department of Social Service)으로 통합하였다. 가정봉사원활동은 재가복지사업에 소속되어 있으며, 지방정부의 사회복지서비스국에서 관장하고 있다. 이에 비해 중앙정부는 전국적인 사회복지서비스의 계획, 예산, 지원, 점검 및 지도를 실시하고 있다.

영국에서 실시되고 있는 가정봉사원의 구체적 활동은 다음과 같다 .

① 가사적 서비스(household tasks) : 일상적인 집안 청소, 식사 준비, 세탁, 난방, 침대 정리, 의복 다림질, 쇼핑 서비스 등

② 대인적 서비스(personal care) : 목욕, 의복 손질, 면도 및 이발, 개인위생 대소변 보기, 치료 또는 처방약의 복용 보조 등

③ 사회적 서비스(social care) : 연금수급 , 법규 및 규정 알려 주기 , 편지 써주기, 집세 계산 및 지불, 친척과 관계 유지, 지속적인 취미활동 또는 사회활동 보조, 1차 진료기관과의 연결, 전화 걸어 주기, 가계부 써주기 등

④ 역할훈련 서비스(training role) : 자아보호능력의 유지 및 회복시키기 등

Home help service의 경우 재택복지서비스의 핵심이 되고 있고 건강하

고 완전한 자립생활을 할 수 있는 노인과 건강상태가 나빠 시설에 입소해야 하는 노인과의 중간상태에 있는 노인들을 대상으로 하고 있다. 이 중 가정원조자를 필요로 하는 노인은 각 지방자치단체의 사회복지부에 소속된 가정원조자 담당관에게 신청한다. 당해 담당관은 대상자의 건강상태, 일상생활 행동, 친인척 등의 원조상태, 주거상황 등을 검토하여 가정원조자가 필요하다고 판단이 되면 봉사 내용과 봉사의 회수 등을 평가하여 결정한다. 신청자들은 대기자 명부에 등록되고, 곧바로 서비스를 받을 수 없는 경우라도 욕구의 긴요성이 높은 경우에는 담당 가정의가 신청자의 욕구사항 및 문제점을 사회서비스부로 연락해 주고 거기에 따라 특별히 배려를 받을 수 있다(강욱모, 1996, 42).

최근 들어 영국의 가정봉사원들은 보조간호사(nursing auxiliary) 역할과 가사보조원(home help service)의 역할을 통합적으로 수행하는 경향을 보이고 있다. 이와 같은 가사지원과 간병서비스를 동시에 제공할 수 있는 가정보호보조인(home care assistant)이 되기 위해서는 적어도 80시간의 기초교육과 20시간의 보충교육을 받아야 한다. 가정보호보조인으로서의 가정봉사원은 의사, 간호사, 치료사, 사회사업가 등의 보조자로서 다음과 같은 여러 가지 역할을 수행하고 있다(Chalis et al., 1995).

① 지역 간호사의 지시와 감독 하에 간단한 간호업무를 수행한다.
② 물리치료사, 언어치료사 작업치료사의 지시와 감독 하에 간단한 치료업무를 수행한다.
③ 족병(足病) 치료사의 지시와 감독 하에 환자의 발을 관리·보호해준다.
④ 가사지원과 대인서비스를 제공한다.
⑤ 환자와 부양자에게 사회심리적인 지원을 해준다.

한편 가정봉사원서비스의 비용부담에 대해서는 중앙정부지침서가 없기 때문에 지방정부들마다 그 형태가 다양하다. 다음은 비용부담의 4가지 형태이다.

① 무료서비스
② 일정률의 비용부담 : 사용자는 소득에 관계없이 동일한 비용을 부담한다.
③ 이중비용구조 : 보충급여를 받는 저소득층은 무료 또는 저렴한 비용을 부담한다.
④ 자산에 의한 비용부담 : 자산조사에 의한 소득 정도에 비례하여 비용을 부담한다.

2. 주간보호사업(day care service)

영국에서 노인을 위한 주간보호 사업으로는 주간병원(day hospital)과 주간보호센터(day center)를 들 수 있다. 주간병원은 종합병원의 작업치료분야에서 시작되었는데 영국의 최초 노인주간병원은 1952년 설립된 옥스퍼드 주간병원이다. 그 전까지는 노인주간병원이 종합병원의 병동과 병실을 같이 사용하였으나 옥스퍼드 주간병원은 이 방식에서 벗어나 단독건물에서 주간치료 및 보호서비스만 제공하였다(Oxford Day Hospital). 그 후 1970년까지 무려 120개의 노인주간병원이 생겨났다.

이에 비해 주간보호센터는 초기장애가 있는 노인을 대상으로 사회심리적인 서비스를 제공하는 것으로 요양원 또는 지역복지기관과 긴밀한 연계하에서 행해지고 있다. 데이클럽에서는 주로 식사, 사교활동, 교육, 발치료 등을 제공하고 있으며, 데이센터는 데이클럽에서 제공하는 모든 서비스와 함께 보다 적극적인 보건교육과 각종 상담을 실시하고 있다. Day Hospital의 경우 데이센터에서 제공하는 서비스는 물론 보다 적극적이고 집중적인 치료와 재활 서비스를 제공한다.

노인주간병원을 이용하는 환자는 65세 이상의 노인으로 24시간 내내 치료를 요하지 않는 초기 심신장애 노인이다. 이들이 받는 서비스는 신체활동 능력의 평가, 사회적 능력의 평가, 물리치료, 작업치료, 집단치료, 식사서비스, 목욕 등이다. 영국에는 현재 300개 이상의 주간병원이 있다. 직원으로는 노인병 상담의사, 치과의사, 발치료사, 간호사, 작업치료사, 물리치료사, 언어치료사, 사회복지사, 그리고 보조원들로 구성되어 있다.

노인주간병원의 장점은 ① 환자들이 노인전문병원이나 요양시설에 입소하지 않고 자기 집에 거주하면서 필요한 재활서비스를 이용할 수 있고, ② 가족들의 수발부담을 덜어 주며, ③ 사회적으로 고립된 환자들의 사회적 접촉을 증가시켜 소외감을 완화하고, ④ 병원의 조기퇴원을 가능하게 하며, ⑤ 시설입소를 예방하거나 지연시켜, ⑥ 결과적으로 시설보호에 소요되는 막대한 경비를 절감시켜 준다는 것이다(Aronson, 1983).

〈표 3-1〉 영국의 주간병원과 주간보호센터의 개념 차이

구 분	주간병원(day hospital)	주간보호센터(day center)
후원기관	노인전문병원 또는 종합병원과 밀접하게 연계된 병원	지방정부 또는 자원봉사조직
직원구성	봉급을 받는 전문요원과 보조요원	봉급을 받는 정규요원 또는 자원봉사자
서비스강조점	의료서비스	사회적 서비스
주요서비스	진단과 평가, 치료(의료, 간호) 재활치료(물리, 작업, 언어치료)	사회적 상호작용, 최소한의 지도, 감독, 식사, 목욕 및 작업치료
환자의 특성	심각한 장애가 있는 환자	초기 장애가 있는 환자
기대되는 결과	보다 기능적인 수준의 재활	현 기능 유지 및 악화의 예방
연계기관	장기치료병원, 노인전문병원	요양원 또는 지역복지관
운용일	1주일에 5~7일	1주일에 5~7일

자료 : Welier, P. G. & Rathbone-McCuan, Adult Day Care: Community Work with The Elderly, New Yark: Springer Publishing Company, 1979, pp. 18-19.

노인주간병원이 심신장애가 있는 재가노인들의 재활을 위한 의료서비스를 제공하는 반면에 주간보호센터(day center)는 주로 사회심리적인 서비스를 제공하고 있다. 구체적으로 주간병원과 주간보호센터의 차이점은 후원기관, 직원들의 구성, 서비스의 범위와 종류, 대상노인의 특정, 기대되는 서비스 결과 등이다(〈표 3-1〉 참조).

제 2 절 독일의 재가노인복지

독일의 재가복지정책은 의료보험체계, 특히 건강보험(Krankenversicherung)하에 있는 가정간호와 주로 사회부조(Sozialhilfe)를 통해 지원되는 재가대상자에 대한 사회적 보호로 엄격히 구별된다(Teaster, 1996: 89). 독일연방 헌법재판소는 1967년 7월 18일 '방문서비스와 관련하여 국민건강 관련 사회 정책 수단을 강구하여 마련하는 것은 각 지자체의 의무'라고 규정한 바 있다. 아울러 연방사회부조법(Bundessozialhilfegesetz) 93조 1장 1조 및 10조 5장에도 위 사항이 명시되어 있다. 그 후 1984년 공적부조 법률은 노인에 대한 장기보호에서 시설보호보다는 재가복지를 우선하도록 개정한 바 있다.

그간 독일에서 사회부조체계 하에 있는 가정봉사서비스는 잘 발달되어 있지 않았던 것이 사실이다. 왜냐하면 사회부조의 원조를 받는 노인에 대해서는 일차적으로 가족이 도움을 주어야 하고, 만일 그런 도움을 받을 수 없는 노인에 대해서만 보충성의 원칙(Subsidiätsprinzip)이 적용되어 국가의 지원이 있었기 때문이다.

보충성의 원칙은 개인이나 가족의 생활은 가급적 각자의 책임 하에 스스로 해결하는 것을 원칙으로 하되, 본인의 능력이나 여건으로 도저히 해결할 수 없는 부분에 한해서 지역사회의 민간단체가 보충적으로 해결될 수 있도록 도와주어야 한다는 관점이다. 따라서 국가나 지방자치단체는 비영리 민간단체가 주도하는 사회복지사업을 지원해 주는 역할만 담당하는 것이다(김근홍 외, 2001). 사회부조 법률에 의하면 사회복지기관이 특정한 재가복지서비스를 제공할 때 사회부조를 담당하는 정부기관은 반드시 재정적인 지원을 해주도록 되어 있다. 대부분의 재가복지는 비영리 복지기관[1])에 의해 제공되고 있으며 민간의 영리기관도 점차 증가하고 있으나 영리 추구 민간기관이 재가서비스를 제공하는 경우는 정부의 지원을 받을 수 없다.

그 밖에 가정보호는 의료에 치중되어 있기 때문에 허약하고 의존적인 노인들의 장기보호에 대한 다양한 욕구를 충분히 충족시켜 주기에는 미흡했던 것이 사실이다. 이에 1980년대 후반부터 노인들의 장기보호를 위한 새로운 보험제도 신설이 정책적 이슈가 되기도 하였다. 결국 노인의 장기보호를 위한 별도의 건강보험이 1988년 제정된 의료서비스개혁법률안(Health Service Roform Act)에 근거해서 1991년부터 시작되었다. 이를 근거로 1995년부터 재가복지에 대해서도 국가에 의한 수발보험(Pflegeversicherung)이 세계최초로 사회보험 방식으로 도입되어 적용되면서 획기적인 전기를 맞고 있다.

1. 사회복지지역센터(Sozialstation)[2)]

독일은 갈수록 심각해져 가는 노인 수발문제를 의식하고 전 국민을 대상으로 수발이 필요한 사람의 수를 파악하기 위해 1978년 대대적으로 통계조사를 벌인바 있다. 그 후 재가복지 우선 정책을 법으로 명문화시키면서 소치알슈타치온(Sozialstation), 즉 사회복지지역센터 혹은 우리의 노인복지법에서 채택하고 있는 '가정봉사원파견시설'이 뿌리를 내리게 되었다. 따라서

1) 6개의 민간복지단체협회 〈독일노동복지재단(AWO), 독일 신구교 복지회(EPWV), 독일 개신교 기독교사회봉사국(Diakonisches Werk), 독일 적십자사(DRK), 독일 카리타스 복지회(DCV) 및 재독 유태인 복지중앙본부(ZWStdJ)등〉 에 의해서 설립된 시설들은 정부시설보다 다양한 프로그램들을 제공하고 있다. 그것이 가능한 것은 민간단체에 대한 법적 보장이 확립되어 있기 때문이다.

2) 독일어 "소치알슈타치온" 뜻은 사회복지관련(Social) 지역본부나 센터(Station), 다시 말해 "사회복지지역사업소" 정도로 번역이 가능하다. 그러나 수발 및 보조요원의 파견을 통한 방문서비스가 주 역할이란 점에서 우리 법문에서 명시된 "가정봉사원파견시설"과 같은 의미로 사용이 가능할 것 같다. 물론 엄격한 의미에서 두 말에는 상당한 차이가 있다. 우선 우리의 가정봉사원 제도는 전문적 수발과는 직접적인 관계가 없는 반면 독일의 경우 전문적 수발은 반드시 포함되어야 한다. 따라서 소치알슈타치온이 단순히 가정봉사원파견 시설만은 아니라 할 수 있다.

현재 독일의 대표적인 재가보호서비스는 지역 단위의 'Sozialstation'을 중심으로 제공된다고 할 수 있다. 'Sozialstation'은 시설 의료 및 복지를 담당해 온 민간복지단체가 지역거주 재가요보호 노인들을 대상으로 방문서비스를 제공한 것이 계기가 되어 전국적 조직망의 거점이 되었다. 이처럼 독일에서 일반적 형태의 재가서비스는 'Sozialstation'를 중심으로 지역사회 거주 노인들(기타 수발과 도움을 필요로 하는 사람들)을 대상으로 수발과 간호, 생활상담, 가사지원 등 일반적으로 행할 수 있는 모든 서비스를 총괄해서 수행되고 있다. 시설의 구성은 사회복지사, 행정사무직요원, 간호사, 노인수발요원, 가사 보조요원 그리고 공익요원 등 10명 내외의 유급직원들이지만, 특이한 점은 공익요원과 자원봉사자의 참여가 적극적으로 이루어져 있다는 사실이다. 이는 우리 공익요원 제도와 비슷하겠지만, 일방적 배정이 아니라 자신의 희망 사항으로 이곳에서 일정 근무시간을 채움으로써 병역의무를 대신한다는 점이 다르다. 특히 정년퇴직한 60세 이상의 건강한 노인들이 자원봉사자로 참여하여 일정한 역할을 담당하고 있음은 자신들의 역할부여를 위해서도 중요한 의미가 있다고 볼 수 있다.

1) 사회복지지역센터 출연배경

1950년 독일의 65세 이상은 전체인구의 10% 정도 차지하였는데, 그 후 50년이 지난 2005년에는 전체인구 대비 16.8%에 이르렀다. 이는 2010년이면 20.2%까지 증가될 전망이어서 머지않아 소위 '초고령사회'에 진입할 만큼 노인인구의 수는 갈수록 증가 추세를 보여주고 있다.

뿐만 아니라 80세 이상 고령 노인들도 급속하게 증가할 추세여서 2001년 80세 노인이 전체의 3.9%를 차지했지만, 2050년쯤에는 무려 12.1%에 이를 것으로 전망되고 있다. 이처럼 80세 이상 고령노인의 지속적 증가는 바로 요보호 노인이나 독거노인의 증가를 의미하기 때문에 그만큼 노인문제의 심각한 사회적 문제 등장을 알리는 서막이라 할 수 있다.

따라서 증가하는 노인인구에 따라 수발 대상자 수만큼 시설을 증축하여 필요한 서비스를 제공하는 것이 이상적일 수 있겠지만 그런 정도의 사회적 재원을 단기간에 마련하는 것 자체가 쉽지 않다는데 문제의 심각성이 내포되어 있다. 전통적으로 독일도 주변 유럽국가와 마찬가지로 신체적 부자유의 노인들에 대한 수발과 봉양은 주로 아내와 자녀 등 가족이나 친지 혹은 이웃들에 의해서 이루어져 왔던 것이 사실이다. 1998년 기준으로 수발을 필요로 하는 사람 중에서 약 45만 명이 수발시설에서 수발을 받았고 대략 120만 명 정도는 재가복지서비스를 받은 것으로 나타났다(BMAS, 1998).

그러나 제2차 세계대전 이후 고도의 경제성장과 여성의 사회활동 및 사회진출 증가 등 사회구조의 변동으로 병약한 노인을 보살피는 일이 더 이상 가족의 기능에만 의존하기에는 한계에 이르게 되었다.

그럼에도 노인들 대다수는 가능하면 시설보다 가족과 함께 혹은 적어도 자신이 살아왔던 환경에서 자유롭게 생활하기를 더 선호하고 있다. 그렇기 때문에 자신의 평소 거주지에서 적절한 서비스를 받으며 생활할 수 있도록 정책적 차원에서 지원하려는 의도로 강화된 것이 바로 사회복지지역센터의 제도라 할 수 있다.

2) 사회복지지역센터의 도입 및 현황

독일에서 인구사회학적 변화 추이의 심각성이 이론적 차원으로 제기되었던 것은 이미 1960년대부터였다. 물론 이때 관심사는 의료간병에 관한 것으로서 아직 수발까지는 생각이 미치지 못했다. 처음 쉽게 제기되었던 대안이 시설 수용이었지만, 그것은 곧 시설만능주의로 인한 인간관계 훼손과 사회적 비용부담 증가에 따른 부정적 영향을 고려하게 되었다. 따라서 대안점으로 시설과 재택보호의 병행이 제시되면서 비로소 방문서비스란 개념이 자리 잡기에 이르렀다. 즉 재가복지 서비스가 개입됨으로 인해서 우선 직접적인 의료비용을 현저히 줄일 수 있을 뿐만 아니라 부족한 병실이나 양로원 등 시설확충을 위한 막대한 예산지출을 줄일 수 있었던 것이다(Beimdiek et al., 1992).

이처럼 갈수록 방문서비스를 통한 재가복지 쪽에 무게가 실리게 된 직접적인 원인으로는 다음 세 가지가 지적될 수 있다. 첫째, 입법 차원에서 '시설에 우선하는 방문서비스(Ambulant vor Stationär)'를 명시적으로 요구하게 되었고 둘째, 국민건강체계에서 발생되는 지나친 비용부담으로 인해 병원의 환자들을 조기 퇴원시켜 집에서 돌보도록 하였으며 셋째, 시설에서 거주하던 사람들 역시 자기 집에서 지내기를 선호하는 경향이 늘었다는 점이다(Fraling et al., 2001: 223).

이러한 경향에 따라 사회적 · 정책적으로 역점을 기울인 것이 바로 방문간병서비스였고, 사회주의 및 지방자치의 성격이 매우 강한 독일에서 그 책임은 지방자치단체에 지워지게 되었다. 이는 독일 연방 헌법재판소의 1967년 7월 18일 판결에서 '방문서비스와 관련하여 국민건강 보장을 위한 사회 정책적 수단을 강구하여 마련하는 것은 각 지자체의 의무'라 명시함으로써 처음으로 지자체의 참여가 법으로 규정되었다. 특히 20세기 중반에 접어들면서 국민들의 복지수요가 급증함에 따라 민간단체 단독의 능력만으로 다양한 욕구를 완벽하게 충족시킬 수 없다는 점을 감안하여 지방자치단체 주도의 사회복지사업을 지원하는 형태로 개입하기에 이르렀다.

개념적으로 볼 때 독일의 사회복지지역센터 제도는 지역사회에서 방문에 의한 재가수발 및 간병과 기타 보조적 서비스들을 연계시킨 것이라 볼 수 있다(BMFSFJ, 1997: 34). 다시 말해 주로 건강유지와 관련한 서비스로서 사회적 성격이 가미되어 있는 것이다. 즉 영리추구가 아니라 사회적 복지증진이 시설 운영의 기본원칙이 되는 셈이다. 조직적인 관점에서 본다면 사회복지지역센터는 시민들에게 방문에 의한 건강수발 및 사회수발 서비스를 수행하는 수발요원들의 활동을 조정-지휘하는 통제소로 정의되기도 한다. 여기서 알 수 있듯이 방문 서비스를 필요로 하는 사람이 있으면 나이나 성별에 제한 없이 누구든지(물론 일정한 전제 조건은 충족시켜야 함) 서비스를 받을 수 있는 것이다.

서비스 대상자 대부분이 노인들이지만 다른 장애인들이나 기타 환자들도 대상에 포함된다. 아울러 전체적인 개념으로 볼 때 독일의 사회복지지역센터 파견시설은 역사적 발전과정이나 종교적 분위기 및 정치적 관계 등이 복합적으로 작용하여 지역적으로 커다란 차이를 보인다는 점이 우리와는 차이가 있다고 볼 수 있다(Jürgens, 2000: 84).

3) 시설 운영과 서비스

(1) 사회복지지역센터의 구성

독일의 사회복지지역센터 파견시설을 포함하여 방문서비스 시설들은 '독자적인 경영능력'을 갖추도록 법으로 규정되어 있다(SGB XI, 1 §71)[3]. 즉, 이들 시설들은 수발보험과 합법적인 계약을 통해서만 수발보험사에 수발에 따른 비용을 청구할 수 있기 때문에 시설들은 일단 법적으로 하자가 없는 조건을 갖추어야 하는 것이다. 보험사에서는 그러한 법적 조건을 포함하여 시설이 갖추어야 할 제반 요건들을 심사한 후 정식계약을 맺게 된다. 물론 개인의 경우도 재가에서 수발보호서비스를 수행하고 그 비용을 수발보험사에서 받을 수 있는데, 이 경우 공식적인 허가 대신 수발보험사와의 계약만 있으면 된다(SGB XI, 1 §77). 물론 이러한 수발 서비스를 직접 제공하는 것은 법적 수발보험, 즉 사회보험에 한정되며 기타 다른 민간보험들의 경우에는 수발이 필요로 하는 가입자들에게 금전지급만 하도록 되어 있다(BMAS, 2000: 59).

한편 재가복지 차원의 수발서비스를 제대로 실현하는 데는 많은 어려움들이 있다. 그 대표적인 것 중 하나가 교구 간호사 수가 감소되고 있는 것에서도 알 수 있듯이 필요한 수발요원의 충원문제다. 이 문제에 대해서는 이미 1970년대부터 지속적인 조사와 연구를 시도하였지만, 결과는 심각한 상황이었다. 일례로 북부독일 함부르크 市의 경우 1970년대 후반 수발요원의 수급현황을 조사한 적이 있었는데, 당시 160만 정도의 인구가 분포되어 있는 이 도시에 적절한 수발서비스가 이루어지기 위해서는 추가로 2,000명의 수발요원이 더 필요하다는 결과가 나왔었다. 이러한 상황에 대한 위기의식에서 '수발비상사태(Pflegenotstand)'란 말이 나오기도 하였고 함부르크 시의회에서 마침내 사회복지지역센터 파견시설 제도의 도입을 통한 문

3) SGB XI은 독일 사회법전으로 원어는 Sozialgesetzbuch이다.

제해결을 시도하기 시작하였다. 그에 따라 시범적으로 3개소 시설을 지정하여 시험 운영하되, 운영자는 공익적 성격을 띠어야 하며 설치된 해당 구역의 모든 방문-수발 재가서비스를 도맡아 책임지도록 하였다. 따라서 그 업무의 고유영역은 기본적으로 재가 환자수발, 가사수발, 수발을 맡고 있는 가족보호, 노인수발 및 가사보조를 모두 포괄하도록 하였다. 그 후 시간이 흐르면서 시범운영의 긍정적인 결과가 알려지자 노인들이 주를 이루었지만 그밖에도 신체 혹은 정신장애인, 암환자 및 유아가 있는 가정 등에서 서비스 신청이 쇄도하게 되었다. 그 결과 다른 도시들의 경험들을 두루 참조하여 인구 4만 명 당 1개소로 정하여 총 41개소의 사회복지지역센터 서비스망을 구축하게 되었다(Beimdiek et al., 1992: 78-80).

이제 평균수명이 증가되고 있음에도 불구하고 가족해체 현상의 심화로 수발이 필요한 병약한 노인들을 보살피는 일은 더 이상 가족의 기능에만 의존하는데 한계에 도달하기에 이르렀다. 따라서 자녀들이 언제까지나 본인에 생계를 포기하면서까지 부모의 수발을 감당한다는 것이 갈수록 어려워지자 독일은 1970년부터 가족을 대신할 전문인력을 양성하기 시작하였다. 즉 노인들을 전문적으로 보살필 수 있는 국가자격증 제도를 신설하여 일정시간 교육 후 시험에 합격한 사람에게는 알텐플레거(Altenpfleger)라는 자격증을 발부하였다. 1년에서 2년 동안 교육과정을 마치고 국가시험 시험에 합격한 자격증 소지자들의 경우 양로원이나 요양원 그리고 지역사회복지센터 등에서 전문적으로 노인들을 수발할 수 있도록 하였다. 그럼에도 재가복지를 담당할 수 있는 전문요원은 아직도 매우 부족한 상황이지만, 다행스러운 것은 수발과 가사 보조에 있어서 비전문적이라 할 수 있는 분야의 일들이 오히려 더 많다는 점이다. 그렇기 때문에 전문수발요원의 수급이 이루어지지 않은 상태에서도 어느 정도 조기의 성과를 거두면서 문제점들이 봉해지고 있다고 볼 수 있다. 물론 여기에는 공익요원(Zivildienst)과 자원봉사자 그리고 교회단체와 자선단체 등의 역할이 매우 크게 작용하고 있다.

(2) 사회복지지역센터 운영주체

독일에서 사회복지지역센터 형식을 갖춘 가정봉사원 파견시설의 운영주체는 매우 다양하게 분포되어 있다. 우선 비영리 민간복지단체(Freie Wohlfahrtspflege)차원에서 사회복지지역센터 파견시설과 병행하는 AWO(노동복지재단), 개신교 봉사단체 디아코니(Diakonie Station), 적십자사(DRK), 카리타스-복지연합회(DCV), 노인 및 이웃돕기 자유연맹(FAN), 가족 및 환자수발과 노인 이웃사랑 연맹 등 독자적으로 운영되는 노동자-구급협회, 요한기사수도회-사고처리-도우미 등을 꼽을 수 있다. 이들이 하는 활동은 다양하지만 대표적으로 청소서비스, 차량운송 및 나들이 동행서비스, 장보기 서비스 등이 있다. 또한 공식적 표준 서비스는 ① 외부 주변세계와의 교류 유지와 확대를 위한 도움, ② 가사일 보조, ③ 수발 관련 보조, ④ 방문 보조서비스와 관련한 제반 문제 상담, ⑤ 필요하다고 판단되거나 클라이언트의 요구가 있을 때 특수 방문서비스 및 사회복지지역센터 파견시설에 연락하는 인계사업(BMFSFJ, 1997) 등을 꼽을 수 있다.

2. 수발보험에 따른 시설종류

독일의 수발보험법에 따른 시설종류를 살펴보면 크게 재가수발, 부분수발시설, 시설수발 등 3가지로 나눌 수 있는데 그에 따른 구체적인 세부내용은 〈표 3-2〉와 같다. 〈표 3-2〉에서 볼 수 있듯이 재가수발은 수발 담당자를 지원하고 수발의 질을 개선하기 위해서 수발보험사에서는 수발강좌를 제공하여, 수발의 수월함과 개선을 위한 지식과 상담을 중재하기도 한다. 또한 현금과 현물급여를 선택할 수 있고 필요에 따라서는 수발담당 요원이 휴가나 그밖에 정신적 안정을 위해 단기간 그 일을 할 수 없을 경우 대체 수발요원을 활용할 수 있다. 물론 수발보험사는 이 경우 대체 수발요원에게 해당되는 현금을 연 4주까지 부담하도록 되어 있다.

〈표 3-2〉 수발보험법에 따른 서비스구분

수발의 종류	서비스 분야
재 가 수 발	수발과 관련한 현물급여서비스(Pflegesachleistungen)
	수발비용 현금급여(Pflegegeld)
	수발보조서비스(Pflegehilfsmittel)
	수발강좌(Pflegekurse)
	수발요원에 대한 사회적 보장 (Soziale Sicherung der Pflegeperson)
시설수발	시설수발(Heimpflege)
	주간수발시설(Tagespflegeheim)
	단기수발(Kurzzeitpflege)
부분시설수발	주간 및 야간 수발서비스(Tages- und Nachtpflege)

자료: Klie, 2001.

재가수발로서 충분한 서비스를 제공받을 수 없는 경우에는 이를 보완하기 위해 주간 및 야간 수발서비스 등과 같은 부분시설수발도 선택할 수 있도록 하고 있다.

시설수발은 일반시설수발, 단기수발, 재가수발이 있기 때문에 자신에게 필요한 서비스 종류를 선택하여 사용하면 된다. 한편 보험급여는 재가급여, 시설급여 그리고 부분시설급여가 있는데, 이 가운데 재가급여가 우선적으로 적용되고 있다.

3. 재가수발(Häusliche Pflege)

독일의 시설들이 아무리 많은 것처럼 보여도 결국 노인들을 모두 수용한다는 것은 아무래도 불가능할 수밖에 없다. 수발이 필요한 노인들을 수용하는 수발시설의 경우만 보더라도 마찬가지다. 사실 전문적인 시설에 모두 수용하여 전문적인 서비스를 누리도록 한다는 게 한편으로 이상적인 해결책인 것처럼 보이고, 애초 독일에서도 그런 쪽에 정책의 무게를 두었던 것이 사실이다. 그러나 그것이 끝내 불가능한 것으로 확인된 이유는 크게 두 가지를 들 수 있다. 첫째는 역시 비용 문제를 꼽을 수 있다. 전문적인 서비스를 집중적으로 제공함으로써 시너지 효과가 있지 않을까 하지만, 한 개인의 입장을 고려할 때 오랜 삶의 터전을 시설로 옮겨놓아 말 그대로 '집처럼' 편안하게 느낄 수 있도록 하면서 서비스를 제공하는 데에는 여간 비용이 많이 들지 않기 마련이다. 그러나 경제 발전 추이가 만족스럽지 않은 현실을 몇 십 년째 겪고 있는 독일로서는 비용절감이 절박하여 자꾸만 시설보다는 재가수발(Häusliche Pflege) 쪽으로 유도하고 있는 실정이다. 둘째로 당사자 개개인의 성향이다. 우리와 마찬가지로 독일의 노인들도 대부분 평생 혹은 최근 한참 동안 자기 삶을 꾸려온 곳을 그리워하는, 일종의 '귀소본능(歸巢本能)' 같은 게 있다. 자식들이나 배우자와 같은 가족들이 있다면 더 말할 것도 없고 비록 혼자라고 하더라도 크게 다르지 않다. 갈수록 어느 정도 그 정도가 약화되어 시설에 대한 선호도가 높아 가는 경향을 보이기도 하지만, 그래도 여전히 대부분은 그동안 살아왔던 자기 삶의 터전에서 노후를 보내고 싶어 하기 마련이다. 따라서 시설에 들어가는 걸 서비스를 누린다고 생각하기보다 불가피한 현실을 별수 없이 받아들인다는 식으로 생각하는 게 아직까지 일반적 정서다.

결국 비용이라는 현실적인 면에서나 개개인의 행복이라는 의식적인 면에서 시설보다는 가정이 노후 살림터와 수발 장소로서 보다 나은 대안이라는 것이 현재까지 거듭 확인된 사실이다. 그렇다면 제대로 된 재가수발, 즉 가정에서 이루어지는 수발이 가능하도록 만드는 여러 가지 장치들이 필요한데, 이러한 장치는 크게 세 갈래로 나누어볼 수 있다. 첫째, 가정에서 재가수발이 이루어질 수 있도록 집안환경을 개선하는 일이다. 이에 독일에서는 시설법(Heimgesetz)으로 시설의 요건을 다스리는 것과 함께 노인친화형 주택 보급에 힘을 쓰고 있다. 아울러 수발보험에서는 재가수발에 편리하도록 집안을 고치는 데 필요한 비용을 상당부분 제공하기도 한다.

둘째는 집안 수발을 맡아하는 사람의 문제다. 수발에 대한 지식이 전혀 없는 사람에게 수발을 맡기는 것도 안 될 일이고, 수발을 하느라 자기생활을 못하는 사람을 방치하는 것도 안 될 일이다. 그래서 수발보험에서는 수발에 필요한 지식교육과 함께 재가수발을 맡아하는 사람의 기본적인 생활 유지 비용을 지불하는 방식을 선택하게 되었다. 수발담당자의 제반 사회보험료를 납부해 주고 그밖에 생활이 가능하도록 생활비를 지원해 주는 것이다.[4)]

셋째, 집안에서 재가수발을 맡아 하는 이도 나름의 생활을 해야 하기 때문에 휴가를 가거나 다른 일을 할 때를 위해 그동안 대신 맡아하는 수발서비스나 혹은 전문적인 수발 기술이 필요한 수발을 제공하는 서비스가 마련되어야 한다. 그렇지 않고 따로 수발을 해줄 사람이 없지만 어느 정도 혼자 생활이 가능한 사람들을 위한 수발서비스도 역시 빠지지 말아야 한다. 이에 대한 해결책은 크게 두 가지로 나뉜다. 단기간 수발을 맡아서 이어갈 수 있도록 하는 단기수발시설이 그 하나고, 다른 하나는 직접 집집마다 다니며 전문적으로 수발을 대신해주는 가정봉사수발서비스다.

한편 수발보험(Pflegeversicherung)의 목적은 수발대상자의 모든 욕구나 수요를 해결할 수 있는 것이 아니고 한정된 재원 속에서 가능한 정들어 살아왔던 주거환경을 떠나지 않고 계속적으로 거주할 수 있도록 지원하는데 있다. 그렇기 때문에 될 수 있으면 수발대상자가 자주적인 자립생활을 할 수 있도록 원조한다는 목적으로 건강보험 등의 기능회복의 경우가 수발보험 급부보다 우선시되며 그 중에서도 재가수발이 최우선시 된다고 볼 수 있다(김근홍, 2002).

4. 시설수발(Stationäre Pflege)

시설수발의 성공적 전제조건이라 할 수 있는 것은 적정 수준의 시설을

4) 독일에서 제반 보험에 들어 있다면 기본적으로 장래가 보장되는 것이나 마찬가지다. 병이 들면 100% 치료받을 수 있고, 늙어 소득활동을 할 수 없을 때 지급되는 연금으로 살 수 있으며, 수발이 필요할 때 필요한 수발비용이 나오기 때문이다. 그래서 극단적으로 표현하면 독일에서는 따로 돈을 저축하는 일은 휴가와 여행을 위해서이지 노후를 위해서가 아니라고 할 수도 있다

마련하는 것이다. 이와 관련하여 독일의 시설분포 현황을 살펴보면 일례로 1992년 독일 전체의 노인 관련 시설을 모두 합치면 8,181개소에 이르고 입소정원도 660,048명에 달했다(Deutscher Bundestag, 1994). 더욱이 이러한 수치는 수발보험이 도입되면서 더욱 더 빠른 속도로 증가하게 되었다[5]. 2006년 기준으로 독일 인구가 약 8천만을 조금 넘으니 남한의 두 배로 치고 2001년 9,165개 이상의 수발시설이 수발공급계약을 체결한 자료(BMGS, 2003)를 놓고 보더라도 우리의 노인관련 시설 수 851개(정원 40,002명)와는 차마 함께 비교할 수가 없다(보건복지부, 2006).

독일에서 이렇게 시설이 구축될 수 있었던 요인에는 라인강의 기적에 따른 재원의 확보와 시설중심을 지향하는 사회정책에 따른 것이기도 하지만, 보다 더 근본적인 것은 일찍부터 자리 잡은 독일의 사회보장 정책 덕이라 볼 수 있다. 대부분 연금을 받게 되어 있는 노인들이 생활시설에 입소한다고 할 때 시설 운영자들은 그리 크게 부담이나 걱정 없이 시설에 투자도 하고 운영도 할 수 있었다. 적정 인원만 유치할 수 있다면 다른 걱정을 하지 않을 수 있기 때문이다. 게다가 시설을 짓는 데에 주어지는 지자체의 금융 및 세제지원으로 위험부담은 그만큼 더 줄어들기 마련이다. 산업화에 따른 핵가족화와 홀로 사는 독거노인들이 우리보다 빨리 일반화된 까닭도 있겠지만, 역시 이러한 기본 바탕이 있었기 때문에 독일은 애초부터 시설이 어느 정도 구비될 수 있었다. 거기다가 수발보험이 생기고 나서는 연금과 사회부조에만 의존하던 때보다 더 많은 시설들이 생겨나게 되었다. 정부에서도 적극적으로 유도하기도 했지만, 이제 엄청난 시장으로, 그것도 갈수록 커질 시장으로 확인되었기 때문이다. 그 결과 현재 민간이 운영하는 시설이 순수 시설의 경우 50%, 재가수발 관련 서비스시설은 60%를 차지하기에 이르렀다. 독일은 정부차원에서 방문 서비스를 통한 재가보호가 보다 원활하게 이루어지도록 하기 위해 갈수록 여러 가지 보완책들을 연구하며 개발하는 과정을 보여주고 있다. 먼저 지속적이고 원활한

5) 수발시설의 경우 2000년 현재 약 13,000개소가 서비스를 하고 있으며 전체 수발을 맡는 전문수발시설도 10,000개소가 허가되어 있다(Bäcker, et al., 2000).

재가보호가 가능하도록 주간 및 단기 수발을 대행해 주는 시설들이 있고, 그밖에 수발을 필요로 하는 사람들이 편하게 살 수 있도록 주거시설의 개축과 수발장비 지원 그리고 기타 신속한 연락망을 위한 전화 등의 통신시설 지원 등을 꼽을 수 있다.

이처럼 독일의 노인관련 시설들이 그렇게 위험부담을 덜고 또 여러 혜택을 보는 만큼 정부에서는 시설의 요건 강화와 함께 그 운영에 대한 감독을 철저하게 하고 있다. 시설 관련법의 변화 추이를 보면 그런 사실이 확인된다. 그 변화는 크게 두 가지 방향으로 정리되는데, 첫째 시설요건의 강화를 꼽을 수 있다. 노인시설의 목적과 용도에 따라 그에 따른 철저한 시설기준 및 채용 인력기준들이 요구되었고, 그리고 그 요구수준이 갈수록 강화되었다. 둘째는 입소자 권리의 강화를 꼽을 수 있다. 입소자를 중심으로 한 운영위원회를 의무적으로 두게 하여 입소자들이 운영에 직접 참여케 하거나 혹은 적어도 감독을 할 수 있도록 함으로써 입소자들의 입장이 시설운영에 반영되도록 한 것이다. 아울러 감독관청에서는 시설 운영과 관련된 회계장부와 시설 및 고용 인력 상태 그리고 시설 운영 상태 등에 대해 정기적으로 감사를 하고 있다.

한편 시설보호의 대표적인 것으로 주간보호시설과 단기보호에 대해서 구체적으로 살펴보면 다음과 같다.6)

1) 주간보호시설(Tagespflegeheim)

독일의 주간보호시설은 직업생활을 하는 가족들이 노인을 계속해서 보살피길 원하는 경우 평일 낮 동안 보호의 필요성이 있는 노인들을 맡아서 수발을 들어주는 시설을 말한다. 이를 독일어로 타게스플레게하임(Tagespflegeheim)이라 하는데 이는 재가서비스의 한 종류로서 매우 중요한 역할을 하고 있다.

독일의 주간보호시설은 재가보호에서 노출되는 문제점들을 보완하고 지

6) 독일 시설종류에 대한 보다 구체적인 자료는 다음의 자료를 참고할 것. 김근홍(1996), '독일의 노인복지 관련법' 「노인복지정책연구」 3호, 한국노인문제연구소.

원하는 시설로서 가정에서 수발을 전담하는 가족들이 생계를 위해 일을 해야 할 때 그 시간 동안 맡아 돌보아주는 시설이다. 더욱이 대부분 주간보호시설은 주간클리닉 혹은 주간수발시설의 역할도 함께 감당하고 있어 노인들에게 많은 도움이 가능하다. 물론 꼭 일 때문이 아니라도 낮 동안 클라이언트가 의학적 치료나 물리치료 또는 상담을 위해 체류하게 되는 것이 주간 클리닉의 주된 업무라 할 수 있다. 따라서 낮 동안 지속적인 관찰과 수발 및 보호가 필요한 노인들을 위해 대부분 치매와 같은 신경 및 정신적 장애를 얻은 노인들에게 서비스도 개입된다.

이 밖에 주간보호시설은 노인들에게 서로간의 이야기 상대를 만날 수 있고 여가선용의 기회가 제공되며, 정보와 교양을 얻을 수 있는 장으로도 활용되고 있다. 이러한 일들을 위해 전문요원들이 고용되어 노인들의 자유의사에 따른 만남과 적당한 문화행사들을 제공하고 또 개인적이거나 사회적인 어려움들을 극복할 수 있도록 도와주고 있다. 한편 평일 낮 동안 노인들을 대상으로 하여 여러 가지 프로그램이 제공되는 주간노인정(Tagesstaedte)도 주간보호사업과 병행되어 운영되는 경우가 있는데, 내용은 제공되는 프로그램에 따라 조금씩 차이가 있다.

2) 단기보호시설(Kurzzeitpflege)

단기보호시설은 휴가나 여행 등 단기간 집을 비워야 할 때 수발을 대신 맡아줄 수는 시설을 말한다. 독일에서는 수발원이나 수발양로원 등에 의무적으로 일정량의 단기수발시설용 방을 할당하도록 법적으로 명시시켜놓고 있다. 주야간 수발과 단기수발은 재가수발이 충분하지 않을 경우 부분적 시설수발도 가능하지만, 일시적인 재가수발이나 부분수발이 불가능할 경우에도 단기수발 시설에 위탁할 수 있다. 특히 가정에서 수발을 담당하는 가족들의 정신적·육체적 부담을 덜어주기 위해 수발보험사에서 연 4주간 단기간 휴가프로그램을 제공하기도 한다. 대부분 단기보호시설은 4주에서 특별한 경우 6주까지 이용이 가능하다. 이처럼 단기시설은 갑작스런 질병이나 단기간의 수발이 필요한 사람들을 위한 시설로서 재활치료시설이나 노인병원 등에 일정 시간 머물게 하는 경우도 있다. 본 시설의 이용자는 주로 혼자 사는 독거노인이나 그밖에 병 뒤치레가 필요한 퇴원 환자들이 주 대상자이다.

결론적으로 독일의 재가노인복지 관련 제도는 아직 큰 문제점은 없는 것처럼 보이는 것이 사실이다. 왜냐하면 최소한 노인의 기본적 '삶'의 증진을 위해 국가 또는 지방자치단체의 사회적 책임의식이 강하게 남아 있기 때문이다. 그에 대한 단적인 일례가 바로 국민총생산에서 차지하고 있는 사회보장비가 2006년 현재 30% 내외를 유지하고 있다는 사실만 보더라도 알 수 있을 것 같다.

제 3 절 일본의 재가노인복지

일본의 노인인구는 1975년에 전 인구의 7.1%로 고령화사회에 접어든 후 1985년에는 10.3%에 달할 만큼 빠른 증가추세를 보여주고 있다. 1992년 총인구 1억2천4백만 명 중 65세 이상의 노인인구가 1,600만명(13.1%)이고, 2000년에는 2,170만명(17%)이었으며, 2025년에는 3,244만명(25.8%)이 될 것으로 예측되고 있다. 일본의 노인문제연구소 추계에 의하면, 일본의 고령화율은 2018년에 25%를 넘은 후 2025년쯤에는 25.8%, 그리고 2045년 28.4%에 이를 것으로 전망된다. 즉 국민의 4명중 1명이 고령자라는 상태가 1세기 가깝게 계속되어 21세기에는 고령자의 세기가 된다고 말하고 있다.

이보다 더욱 심각한 문제는 노인인구가 증가하는 가운데에서도 특히 후기 노인인구수의 증가가 두드러진다는 사실이다. 2020년을 내다볼 때 80세까지의 노인은 겨우 2배 정도 늘어나는 데 비해 80세 이상의 노인은 4~8배로 늘어날 전망이다. 더욱이 2020년이 되면 일본의 평균수명은 81.4세(남자 78.6세, 여자 84.2세)로서 본격적인 인생 80시대가 전개될 것으로 전망되고 있다.

일본의 노인복지는 1960년대 초까지만 하더라도 주로 가난하고 허약한 노인들을 위한 시설 중심으로 전개하여 왔다. 그러나 경제성장에 따른 생활수준 개선으로 인한 노인인구의 증가, 가족제도의 변화, 부양의식이나 주택사정 악화 등으로 노인문제가 심각해짐에 따라 1963년 「노인복지법」이 제정되면서 노인복지향상을 위한 종합정책이 추진되기 시작하였다.

이처럼 급속한 인구 고령화에 의한 고령자수의 급격한 증가와 특히 후기 고령자의 증가, 그리고 자립생활이 불가능하여 타인의 수발을 필요로 하는 노인의 증가는 사회복지 문제라기보다 일본 사회 전체의 문제가 되어 있을 만큼 심각하다. 인구 고령화에 수반하여 노인의료비 지출의 급증이 국가재정에 큰 영향을 준다는 것은 서구 선진국의 공통적인 문제이지만 특히 일본은 1973년 이후 노인의료에 대해서 거의 국비지원으로 대처해 왔기 때문에 노인의료비의 증가는 매우 심각한 상태이다. 이러한 배경하에 1990년대 초부터 일본정부는 개호문제를 국비부담에 의존하는 것에서 탈피하여 사회 보험방식으로 전환하는 계획을 추진한바 있다. 그 후 1997년 12월 드디어 개호보험법이 성립되었으며, 2000년 4월 1일부터 전면적인 개호보험이 실시되고 있다.

1. 일본 재가복지사업의 변모

일본 재가사업의 역사는 대개 4단계로 구분할 수 있다. 제1단계는 1955년에서 1960년대로서 제도성립기, 제2단계는 1970년대의 제도의 확충과 상근화의 시대, 제3단계는 1980년대로서 유료화와 다양화의 시대이며, 제4단계는 1990년대에서 서비스의 양의 확대와 전문화의 시대로 정의할 수 있다.

제1단계인 1955-1960년대는 제도의 성립기로서 1956년 가정양호부 파견 사업을 일본에서는 home help 사업의 시작이라고 본다. 이것은 기존 자원봉사자 활동을 육성하는 예산을 확보하고, 지방자치단체에서 제도화한 것이다. 이후 1958년 임시가정부파견사업이 시작되면서 이 부분에 종사하던 여성들을 가정봉사원이라는 명칭으로 채용하였다. 이것은 1959년 가정봉사원 파견제도로 변경되었으며, 이를 바탕으로 '독거노인 가정순회 봉사원 제도'가 만들어졌다. 그리고, 1960년에는 노인이나 모자, 부가 home help 제도가 이후 전국적 제도화를 촉진시켰다.

제 2 단계인 1970년대는 제도 확충과 상근화 시대로, 1968년 전국사회복지협의회와 전국민생위원협의회가 "거택 와상노인 실태조사"를 실시하여 와상노인의 문제가 사회문제로 대두되기에 이른다. 이로 인하여 1969년 와상노인 가정봉사사업운영요강이 만들어져, 가정봉사원의 예산인원은 1968년도의 1,338명에서 3배인 4,145명으로 대폭 증가했다. 그리고 이 사업을 실시하는 시 · 정 · 촌의 수가 폭발적으로 증가하기에 이른다.[7)]

제 3 단계는 1980년대의 유료화와 다양화 시대로서, 1981년 12월 중앙사회복지심의회는 저소득층에만 한정되어 있는 가정봉사원 파견대상을 확대하여 일정소득계층에게 부담을 요구하는 유료화와 helper 10인에 대해 한 명의 감독관을 둘 것을 의무화했다. 이에 1982년 10월 노인가정봉사원 파견사업의 운영요강이 개정되어 소득세 과세 세대의 봉사원 파견 확대와 함께, 과거에는 거의 주 2회에 그쳤던 파견횟수를 주당 총 18시간으로 그 상한을 확대하였다. 이로 인하여 1982년도에는 가정봉사원의 수가 3,298명이 증가하였고, 예산도 16,168명분의 예산이 책정되었다.

또한 이러한 변화에 발맞추어 유료화 제도를 도입하였다. 'home helper가 재택복지의 핵'이라는 말은 바로 이 유료화의 제도 도입이후에 등장한 것이다 .

제 4 단계는 1990년대의 서비스 양의 확대와 전문화의 시대로서, 1981년 재택노인복지 대책을 논의한 중앙사회복지회에서 home helper의 전문성에 대해서 요모(擾母)와 관련시켜 논의를 진행하였다. helper가 고유의 전문성을 필요로 하는 것인지 아니면 그 수준을 어느 정도로 할 것인지에 대한 합의에 이르지 못하였다. 그리고 1987년 다시 개호복지사의 자격을 둘러싼

7) 당시 638 시 · 정 · 촌에서 1,960개의 시 · 정 · 촌으로 이후 전국의 시 · 정 · 촌으로 확대되어 1973년도 말에는 2.9407개 의 시 · 점 · 촌' 1974년 말에는 전국의 93%, 1976년에는 전국 시 · 정 · 촌의 95.4%가 이를 실시하기에 이른다.

논쟁이 있었다. 즉 개호복지사의 자격은 재택, 개호에서의 실버서비스의 질을 확보하고자 한 것이었다. 이를 바탕으로 하여 개호복지 관련자격의 확대와 정착이 이루어지게 되었으며, 근본적으로 개호 관련직의 종사자들을 보건·복지팀의 일원으로 평가하는 전문화의 단계에 와 있다. 당시 개호의 전문성이란 care work, home helper 또는 개호 등의 비전문적인 활동의 영역도 전문성에 근접해야 한다는 주장이 점차 설득력을 가지게 되었다.

2. 시설종류 및 내용

일본도 다른 서구국가와 마찬가지로 평균수명의 연장으로 인해 80세 이상의 후기 노인인구가 증가함에 따라 치매, 중풍 , 기타 노인성 만성질환으로 인한 와상노인(6개월 이상 누워 있는 상태의 노인)들이 급증할 것으로 예상되고 있다. 따라서 이들 병약 노인들의 종합적인 요개호(要介護) 대책으로 가정에서 간호가 어려운 노인을 대상으로 하는 특별양호노인홈 설치·운영과 재가노인들의 수발요구에 적절히 대응할 수 있는 재가노인서비스 프로그램이 다양하게 개발되고 있다. 재가노인서비스의 주 대상은 치매노인, 와상노인이며 이들을 위해 가정봉사원 파견사업, 주간보호사업, 단기입소사업을 주로 펼치고 있는데, 후생성이 실시해 온 재가노인복지사업을 구체적인 내용들을 살펴보면 다음과 같다.

1) 가정봉사원파견사업(home helper service)

1962년부터 실시한 가정봉사원 파견사업은 시·정·촌이 주체가 되어 신체적·정신적 장애가 있는 저소득층 노인(65세 이상)을 대상으로 그들의 일상생활을 도와주고 있다. 가정봉사원은 식사준비, 세탁, 생활필수품 구매, 의료기관과의 연락 등을 하며 일상생활이나 신변에 관한 조언을 한다. 1982년부터는 가정봉사원을 필요로 하는 모든 노인들에게 유료봉사원 제도를 실시하고 이용자가 비용을 부담하도록 했다. 이용료는 수혜노인의 소득수준에 따라 산정하고, 저소득층에 대하여는 종전과 같이 무료로 제공하고 있다.

파견대상의 확대에 따라 가정봉사원 프로그램은 급성장되어 1990년에는 3만 5,905명, 1992년에는 4만 6,405명에 이르렀고, 가정봉사원사업에 대한 국고보조도 1/3에서 1/2로 인상되었다. 지난 1989년 시작한 「고령자보건복지추진 10개년 전략(Gold Plan)」에 근거하여 1994년에는 10개년 전략을 다시 보완했는데 가정봉사원 증원을 주요 목표로 하였다 .

가정봉사원들이 제공하는 서비스 내용은 ① 신체적 보호(식사, 용변보기, 탈의 목욕 등에 필요한 서비스), ② 가사 원조(식사 준비, 세탁, 생필품 구입, 관계 기관과의 연락 등), 상담 및 조언 등이다.

2) 주간보호사업

1979년부터는 주간보호사업이 시작되어 통원서비스가 제공되고 있다. 허약노인이나 와상노인에게 교통편의 서비스를 제공함으로써 주간보호센터(탁노소)를 이용할 수 있게 하였으며, 1981년부터는 방문서비스사업을 실시하였다. 주간보호사업은 자기 집에서 살고 있는 허약한 노인을 대상으로 주 1~2회 정도 노인홈이나 노인 복지센터에서 병설로 또는 단독으로 설치된 주간보호시설에 목욕서비스, 일상행동훈련, 생활지도 등의 서비스를 제공하는데 입소시설과 재택개호의 중간적인 시책으로 실시되어 왔다. 그러나 1986년부터 통원서비스사업과 방문서비스사업을 통합하여 재택노인주간보호사업이 시행되고 있다.

1991년부터는 특별양호노인홈이나 노인복지센터에 병설하는 것을 원칙으로 하여 주간보호센터의 설치・운영을 촉진하였다. 이 센터에서는 일상행동훈련, 가족 교실, 생활지도 등의 기본 서비스를 제공하고 있으며, 노인의 가정을 방문하여 입욕, 급식, 세탁 등의 서비스를 제공하는 방문사업이 실시되고 있다. 1990년부터는 특별양호노인홈의 병설이 아닌 단독형의 주간보호소도 설치・운영되고 있다 .

주간보호의 주요 대상자는 65세 이상의 신체장애인으로 일상생활에 지장이 많은 노인들이다. 이들은 특별양호홈, 양호노인홈, 노인복지센터 등에 병설되어 있는 주간보호센터 또는 단독형의 주간보호소에서 시비를 제공받는데, 서비스 내용을 살펴보면 다음과 같다.

① 기본 사업 : 생활지도, 일상행동훈련, 양호, 가족개호자 교실, 건강검진, 이동

② 통원 사업 : 목욕, 급식

③ 방문 사업 : 목욕, 급식, 세탁

주간보호센터에서는 보건간호사와 간호사, 개호복지사 등의 재택개호지도원을 배치하여 지역의 자원봉사자들의 재택개호상담협력원이나 민생위원, 노인클럽, 사회복지협의회, 약국 등 지역의 관계자와 항상 연락한다. 고령자의 상황이나 서비스의 필요성을 전문적이고 종합적으로 처리하여 서비스의 적용을 결정하는 시・정・촌과의 사이에서 서비스 적용의 대상을 결정함과 아울러 지역의 자원봉사자와의 연계를 추진하고 있다. 주간보호사업의 프로그램은 특별노인을 대상으로 하는 경우 치매, 신체이상, 와상노인과 일반노인을 대상으로 하는 경우로 나누어 지역에 알맞은 서비스를 제공하고 있다.

3) 단기보호사업

수발자가 질병, 출산, 관혼상제 등의 이유로 심신장애가 있는 65세 이상의 와상노인을 일시적으로 간병할 수 없게 된 경우, 그 노인을 단기간(원칙은 7일이지만 연장할 수 있음) 특별양호노인홈이나 양호노인홈에 입소, 보호함으로써 수발가족 등의 부담경감을 기하는 것을 목적으로 한다(「노인복지법」 제10조, 제1항 제3조). 일본의 재택노인 단기보호사업은 1978년부터 시작되었고, 1985년부터는 와상노인은 아니지만 신체가 허약한 노인에 대하여도 가족의 간병이 일시적으로 불가능한 상태가 된 경우, 양호노인홈에 입소 가능하도록 허용하는 등 이용자 범위를 확대하였다. 단기보호사업의 실시주체도 시・정・촌이다.

1988년부터는 단기보호사업의 일환으로 노인환자뿐만 아니라 부양자도 함께 특별양호노인홈에 단기간 숙박하여 가족부양자가 심신장애를 가진

노인의 수발에 관한 기술을 배울 수 있도록 하는 홈케어촉진사업이 실시되고 있다. 와상노인은 3주일정도, 가족은 1주일 정도 입소할 수 있는데, 와상노인의 식비나 가족의 식비 및 노인수발실습 경비는 이용자가 부담한다. 단, 생활보호대상자 가구에 대해서는 경비를 경감해 주고 있다.

이외에 1989년부터는 야간 수발이 안 되는 와상노인이나 치매성 노인을 단기간 특별양호노인홈에서 보호 수발함으로써 가족부담을 경감하고 본인의 재택생활유지, 향상을 지원하는 야간보호사업이 창설되었다. 단기보호사업으로는 단기숙박, 식사, 목욕, 기능훈련 등의 서비스를 행하고 있으며 홈케어촉진사업 및 야간케어사업으로 구분하여 제공되고 있다.

단기보호시설에서 일하는 직종은 소장 외에 간호사, 보모, 생활지도원, 물리치료사, 작업치료사, 영양사, 조리사 및 사무원 등이며 대상 노인의 요구에 맞는 서비스를 제공하고 있다. 그러나 단기보호시설은 노인들의 가정생활을 계속시키기 위해서 세워진 것이지만 어떠한 이유에서든 노인은 익숙하지 않은 환경에서 알지 못하는 사람들과 숙박하지 않으면 안 되는 것으로 노인의 스트레스는 클 것이라는 단점이 있다.

단기보호시설을 이용하는 노인의 신체변화 발생상황에 관한 보고에 의하면 변비가 가장 많고, 발열, 혈압변화 등 신체적 변화와 함께 불안, 불면, 배회 등의 정신적 증상도 발생하고 있다(水河, 1982). 환경변화가 노인의 심신 양면에 미치는 영향이 크다는 것을 시사하고 있다.

참고문헌

김근홍 외(2007), 『사회복지 역사와 철학』, 학지사.

김근홍(2002), "독일 노인수발제도의 한국적 시사," 『한국노년학』 38호, 한국노년학회.

김근홍(2001), "독일 재가복지와 소치알슈타치온", 『재가노인복지연구』 1호, 한국재가노인복지협회.

보건복지부(2006), 2006년 노인복지시설현황, 보건복지부.

박병일(2001), "재가노인복지서비스 전달체계의 평가에 관한 연구," 영남대학교 박사학위논문, 18-27.

손홍숙(2002), 『재가복지의 이론과 실제』, 양서원.
조유향(2002), "일본의 지역사회 재가노인서비스전달체계," 『보건간호소식』, 4-13, 보건간호사회.
황성철 · 한혜경(2003), 『재가노인복지정책과 실천』, 학현사.
Bäcker, G.; Bispinck, R.; Hofemann, K. & Naegele G. (2000), Sozialpolitik und soziale Lage in Deutschland, Wieesbaden.
Beimdiek, Ursula; Hollenrieder Jutta & Kezser, Pia (1992), Der Pflege-Fall, Ergebnisse Vrl., Hamburg.
BMAS, (2000), Soziale Sicherung, Bonn.
BMAS, (1998), Sozialrecht, Bonn.
BMFSFJ (Bundesministerium für Familie, Senioren, Frauen und Jugend)(Hrsg.) (1997), Wohnberatung in Anbindung an die Sozialstation der freien Alten und achbarschaftshilfe Ennepetal, Bonn.
BMGS, (2003), Soziale Sicherung im Ueberblick.
Fraling, Felix & Dörr, Ulrike, (2001), Darstellung einer Sozialstation in: BMAS, Sozialrecht. Berlin.
Heckemeier, Krings & Marie-Therese, (1998): Handbuch für Inverstoren-Wohnen mit Service, Köln.
Klie, Thoma(2001), Rechtskunde, Vincentz, Köln.
Jürgens, A.(2000), Mein Recht bei Pflegebeduerftigkeit, DTV, München.
Welier, P. G. & Rathbone-McCuan, Adult Day Care(1979), Community Work with The Elderly, New York: Springer Publishing Company, pp. 18-19.

제2부

재가노인복지의 이론적 접근

4 chapter

케어 매니지먼트

제 1 절 케어 매니지먼트의 기원

케어 매니지먼트(care management)는 1960년대 미국에서 시작되었으며 이것은 급격한 복지서비스의 개발 및 확장에 따른 문제를 해결하기 위하여 다양한 복지 영역에서 서비스 전달 메커니즘으로 개발되었다. 1970년대에 들어서면서 미국 연방정부의 지원 하에 추진되었으며 1975년 발달장애 보조와 권리법안이 통과되면서 구체화되었다. 미국에서 케어 매니지먼트의 주요한 발생 원인은 전통적인 보수주의 복지 정책에 따른 민간영역에서의 급격한 서비스 팽창, 클라이언트 욕구의 다양화, 그리고 보험의 일반화에 따른 클라이언트의 서비스 구매력의 증가 등에서 찾아볼 수 있다. 산만하게 개발된 복지 서비스 프로그램의 급격한 증가에 따라 클라이언트 서비스 선택에 어려움의 경험과 함께 탈시설화 그리고 서비스 통합기법에 대한 광범위한 관심 등이 또한 케어 매니지먼트의 발생과 발달을 조장하였다고 요약할 수 있다.

영국에서 케어 매니지먼트의 개발은 주로 노인과 장애인을 위한 지역사회보호에서 개발되었다. 시봄보고서(Seebohm, 1968) 이후 1970년대에 접어들면서 노인을 위한 지역사회보호에서 보건과 복지의 통합을 통한 케어계획 또는 통합재정을 통한 서비스의 조정을 시도하였다. 이러한 노력의 일환으로 케어 매니지먼트는 1970년대 후반에 켄트대학(Univ. of Kent)의 개별 사회사업 연구소(Personal Social Service Research Unit)에 의한 켄트 지역사회보호 프로젝트(Kent community care project)에 미국의 케이스 매니지먼트(case management)의 개념을 도입하면서부터 시작되었다. 그 이후 공식적인 케어 매니지먼트의 도입은 그리피스 보고서(Griffiths Report, 1988)의 권고안에 의해서이다. 그의 보고서는 즉시 그 다음해에 정부 백서(White Paper, 1989), '국민을 위한 케어'(caring for people)에 의하여 받아들여졌으며, 1990년에 국민보건 및 지역사회보호법(the NHS and Community Care Act)이 제정되면서 영국의 모든 지방정부에서 케어 매니지먼트 서비스 도입을 위한 법적 근거를 마련하게 되었다. 1991년에는 보건성(DoH)에서 1994년 4월 영국 전역에 케어 매니지먼트 도입을 위한 지침서인 '케어 매니지먼트 실천자와 매니저를 위한 가이드'를 출판과 함께 지방정부에 보급하게 된다.

한국에서 케어 매니지먼트는 1989년 김만두 교수가 목슬레이(Moxley)의 케이스 매니지먼트의 실제(the practice of case management)를 한국어로 번역하여 소개하면서 본격적으로 사회복지현장과 학계에 알려기 시작하였다. 1990년대 이후 케어 매니지먼트에 대한 교육과 훈련이 꾸준하게 이루어지고 학계에서 사회복지현장 적용을 위한 논문과 사회복지현장에서 사례집이 출판되었다. 케어 매니지먼트의 도입에 대한 본격적인 공식적 논의는 공적노인장기요양 보험의 도입이 논의되기 시작부터였다고 할 수 있다. 공식적이고 체계적인 케어 매니저의 양성은 2005년 공적노인장기요양보험의 시범사업을 위하여 2005년 8월부터라고 할 수 있다. 현재 3차 시범사업을 위하여 70명의 케어 매니저가 사회복지 현장에서 활동 중이다.

제 2 절 케어 매니지먼트의 개념

케어 매니지먼트의 개념적 정의에 앞서 케이스 매니지먼트(case management)와 사례관리와의 차이점을 명확히 함이 선행되어져야 될 것이다. 미국에서 사회복지분야를 중심으로 사용하던 케이스 매니지먼트와 보건·의료 분야분심으로 사용하던 케어 매니지먼트는 영국이 초기 도입 과정에서 케이스 매니저(case manager)라는 용어와 함께 그 용어를 그대로 사용하였다. 그러나 영국의 사회복지 학계·현장의 일각에서 용어 '케어 매니지먼트'(care management)를 사용하게 되었고, 그 이후 점차 케어 매니지먼트라는 용어가 일반화되어졌다. 일군의 학자들은 케어 매니지먼트는 클라이언트 중심의 서비스 공급을 의미하며 케이스 매니지먼트의 매니지먼트로서 상위 개념이라고 주장한다. 또한 케이스라는 용어는 사람을 경시하는 의미로 받아들여지고 매니지되는 것은 사람이 아니고 케어 서비스라는 근거에서 케이스 매니지먼트라는 용어사용의 한계를 지적하였다. 또한 오르미 & 그라스톤버리(Orme & Glastonbury, 1993)는 용어 '케어 매니지먼트'의 사용 근거를 다음과 같이 진술하고 있다. '지역사회보호에서 수행되어져야 될 일은 단지 하나의 케이스인 클라이언트, 개인, 또는 한사람이 관계되는 것뿐만 아니라 다양한 범위의 활동과 분야에서 서비스가 공급되어짐을 인식해야 된다'.

그러나 오니트(Onyett, 1992)는 '케어'라는 용어는 클라이언트의 욕구에 대한 초점의 필요성을 애매하게 하며 클라이언트와 서비스 공급자 사이가 수동적 관계로 형성됨을 의미함으로 그 용어사용의 한계가 있다고 주장한다. 일부 학자들은 케어 조정(care coordination), 서비스 매니지먼트(service management), 서비스 조정(service coordination), 서비스 통합(service integration) 등의 용어를 혼용하여 사용하고 있다.

한국에서는 1989년 김만두 교수가 케이스 매니지먼트(case management)를 '사례관리'라는 용어로 번역하여 사용하였다. 일부학자들은 케이스 매니지먼트라는 용어를 그대로 사용하고 있다. 본서에서는 케이스 매니지먼트, 사례관리, 그리고 케어 매니지먼트는 동일한 원리가 적용되는 동의어로 간주하며, 보건복지 통합서비스를 요구하는 재가노인복지 분야의 특성상 케어 매니지먼트라는 용어를 사용하며, 용어정의를 소개하면 다음과 같다.

미국의 전국사회사업가협회(1994)는 "케어 매니지먼트를 전문적 사회사업가가 클라이언트 및 가족의 욕구를 사정하고 클라이언트의 복잡한 욕구를 충족시키고자 다양한 서비스를 확보, 조정, 평가 및 옹호하여 서비스를 제공하여 제공하는 방법"이라고 정의하였다.

일본의 시라사와 교수(2004)는 "클라이언트가 사회생활을 영위하는 데 필요한 욕구를 충족시키기 위해 적절한 사회자원과 연결시키는 방법의 총체"라고 하였다.

네덜란드의 코이들(1994)는 "케어 매니지먼트는 복합적 욕구를 가진 클라이언트에게 하나 이상의 독립적인 서비스 제공자들이 재단된 서비스의 제공을 위한 케어 조정방법"이라고 정의하였다.

영국의 보건성(1991)은 "케어 매니지먼트는 개개인의 독특한 욕구가 인식되어졌을 때, 이용이 가능한 서비스 안에서 개개인의 욕구를 파악하고 진술하는 통합과정이다. 케어 매니지먼트는 현재의 서비스에 클라이언트를 맞추기보다 그들의 욕구에 서비스를 맞출 것을 강조"한다.

한국의 임병우 교수(2002)는 국민기초수급권자 중심의 케어 매니지먼트 대상자 선정을 고려하여 "법률 및 규정에 근거하여 클라이언트와 그들 보호자의 선호도를 고려한 욕구사정에 의하며, 욕구사정을 근거로 지역사회 내의 다양한 서비스를 연계, 조정, 통합 및 서비스를 개발하는 방법"이다라고 정의하였다.

이상과 같은 용어정의들에서 내포하는 케어 매니지먼트의 주요한 개념은 욕구중심 접근, 혼합경제 케어, 클라이언트 선택권의 중요성, 욕구에 맞는 적절한 서비스 조정을 통한 비용절감, 직무 책임성 재고, 능력부여(empowerment) 등으로 볼 수 있다.

제 3 절 케어 매니지먼트의 주요 원리

재가노인복지분야에서 케어 매니지먼트의 주요원리는 체계수준과 클라이언트 수준에서 고려되어진다. 체계수준(system level)에서 케어 매니지먼트의 원리(특징)는 주로 클라이언트의 욕구충족 증진을 위해 복잡한 서비스 공급 체계를 통합과 조정하는데 연관되어 있다. 클라이언트 수준(clients level)에서는 소비자 중심주의의 근간을 이루는 개념들을 통하여 욕구·클라이언트 중심의 서비스 공급을 위한 기본적인 메커니즘 형성에 있다.

1. 체계수준

1) 혼합경제 케어와 구매자·공급자의 분리

혼합경제 케어(a mixed economy of care)는 재가노인복지분야에서 케어 매니지먼트 서비스를 제공하기 위한 주요한 전제조건 중의 하나로 인식되어지고 있다. 혼합경제 케어는 서비스의 재정과 서비스 제공에서 비공식, 자원봉사, 영리분야, 그리고 공식적인 서비스분야가 다른 역할을 위해 구성된 단순한 조직적 구조를 일컫는다.

혼합경제 케어의 필요성에 대한 이론적 근거는 두 가지로 요약할 수 있다. 첫째, 현대의 자유주의자(보수주의자)들은 자유의 긍정적인 개념을 강조한다. 재가노인복지분야에서 서비스 제공에 있어서 개인의 자유를 강조하게 되면 실질적인 서비스 제공자인 국가는 서비스 제공을 통한 개입에 여유를 가질 기회를 준다. 일정량의 재가노인복지서비스의 제공과 선택에 대한 의무를 국가보다는 개인의 책임으로 인식하기 때문이다. 둘째, 서비스를 통한 개입의 결정·형태는 경제성, 효율성, 그리고 과정의 공정성에 의하여 결정되어진다. 니콘(Nocon, 1994)은 혼합경제 케어의 개발은 보다 다양한 클라이언트의 선택, 보다 강한 경쟁력, 보다 적은 비용과 개선된 질적인 서비스를 제공할 수 있다고 주장한다. 혼합경제 케어를 통한 다양한 서비스의 개발은 클라이언트의 다양한 선택권을 보장하고 서비스를 제공하는 분야 간의 경쟁과 같은 분야 내에서 서비스간의 경쟁은 보다 강한 경쟁력과 양질의 서비스를 생산할 수 있고 이를 통하여 비용개선의 효과를 거둘 수 있다.

혼합경제 케어와 더불어 서비스의 구매자·공급자의 분리(a purchaser · provider split)는 재가노인복지분야의 케어 매니지먼트에서 중요한 조직적 요소로 간주되어진다. 서비스 공급자·구매자의 분리는 개별 클라이언트의 욕구사정과 클라이언트의 욕구 충족을 위한 서비스의 구매와 조정을 효과적으로 수행하기 위함이다. 이것은 비용의 효율성과 양질의 서비스 개발을 통한 서비스 질의 증진에 중요한 요인으로 간주된다. 영국 보건성의 사회적 서비스 조사 보고서에 의하면 서비스의 구매자와 공급자의 명확한 분리는 서비스 중심의 제공 체계에서 클라이언트 중심의 서비스 제공 체계로의 전환에 지대한 영향을 준다고 보고되고 있다. 일반적으로 세 분야의 다른 측면에서 구매자/공급자 분리의 개발을 분류하고 있다: 단지 전략적 측면에서의 기능(macro), 케어 매니지먼트팀 수준(micro), 그리고 지역 수준(mezzanine).

2) 욕구중심 접근

광범위한 재가노인복지분야의 서비스체계에서 케어 매니지먼트는 클라이언트 개개인과 그들의 보호자들에게 이용가능 서비스를 효과적으로 제공하기 위한 서비스 전달 메커니즘 중의 하나이다. 용어 정의에서 언급하였듯이 케어 매니지먼트는 현존하는 서비스에 클라이언트를 맞추는 것보다 그들의 욕구에 맞추어 서비스를 제공할 것을 강조한다. 전통적 서비스

전달 체계들은 클라이언트의 욕구를 충족시켜 주지 못했으며 클라이언트나 그들의 보호자보다 서비스 제공자들의 욕구에 맞게 구성되었다. 욕구중심의 접근(needs-led approach)은 이러한 기존의 약점을 극복할 수 있다. 욕구 중심적 접근은 두 가지 주요한 요소를 갖는 것으로 간주된다. 클라이언트의 욕구에 관한 초점에 따른 서비스로부터 사정의 분리와 서비스 공급자로부터 구매자에게로 사정의 영향력 전환이다.

3) 비용의 효율성

비용의 효율성(cost-effectiveness)에 관한 문제는 재가노인복지분야에서 케어 매니지먼트의 광범위한 이해와 분석에 가장 근본적인 목적 중의 하나이다. 케어 매니지먼트의 일반적 목적은 계약되어진 서비스 제공 기간 동안에 가능한 한 효율적인 비용으로 양질의 서비스를 생산·제공하는데 있다. 비용의 효율성을 제고하기 위한 중요한 요소들은 충족되어져야 될 클라이언트의 욕구가 정확하게 사정되고, 욕구에 맞게 배정될 지역사회 내에서 자원을 확보할 수 있는 체계이다. 케어 매니저는 선택되어진 서비스 옵션(option)의 비용과 클라이언트의 서비스 욕구가 가능한 근접시키려 노력한다. 그러므로 케어 매니지먼트의 과정은 비용의 효율성을 고려한 케어 계획을 강조하며 클라이언트의 선택과 자원의 부족을 고려한 자원과 욕구의 균형이 이루어졌을 때보다 실질적 접근으로 보여진다.

2. 클라이언트 수준

1) 클라이언트의 참여

재가노인복지 분야에서 서비스 중심의 서비스 제공에서 클라이언트 중심의 서비스 제공으로의 전환을 이루기 위하여 클라이언트가 서비스 제공과정에 참여(participation)의 기회를 극대화함으로써 이루어질 수 있다는 것이 일반적인 관점이다. 여타의 재가노인복지서비스 제공과 케어 매니지먼트의 과정에 클라이언트의 참여는 클라이언트에게 그들 자신의 욕구와 그들의 욕구 충족을 위한 서비스의 종류를 규정하는데 어느 정도의 현실적인 기회를 제공하기 위한 것이다. 재가노인복지에서 케어 매니지먼트의 과정이 수행되어지는 동안에 클라이언트의 참여에 대한 권리가 광범위하게 인정되어져야 한다는 전제조건하에서 효과적으로 적용될 수 있다. 또한 이것은 법률이나 공식적인 가이드에 명기되어져야 효력을 발휘할 수 있다. 이러한 것이 명확하지 않을 경우 케어 매니지먼트의 과정에서 모든 결정들이 클라이언트를 대신한 전문가 집단에 의하여 이루어질 가능성이 크며 클라이언트 삶의 양식이 전문가들에 의하여 조성되어진다.

그러므로 서비스의 적격성과 재가노인복지 서비스 수혜에 대한 가치나 기대가 클라이언트의 욕구와 상이하게 규정되는 경향이 있다. 서비스 제공과정에서 클라이언트의 격리는 정상화·통합화의 원리에 역행하는 것이다. 서비스 결정 및 제공 과정에 클라이언트의 참여가 요구되어지는 것은 지금까지 클라이언트의 욕구를 전문가 집단이 충분하게 반영(고려)하지 않았음을 의미한다. 클라이언트의 광범위한 서비스 결정·제공 과정에의 참여는 전문가 집단에게는 그들의 영역과 의무를 포기해야 되는 것으로 간주할 수도 있다. 전문가 집단은 이러한 문제를 가볍게 다루기가 힘들 것이다. 그러나 클라이언트의 참여가 고무·보장된다 할지라도, 과도한 기대는 현실적인 두 가지 문제에 봉착하게 될 것이다.

첫째, 모든 클라이언트가 서비스 제공과정에 참여하기를 원한다고 할 수 없다. 어떤 클라이언트가 참여할 것인가에 대한 의문이 있을 수 있다. 비록 서비스의 결정과 제공에 클라이언트의 참여 기회가 주어진다고 할지라도 허약한 노인이나 장애인의 경우 그러한 기회를 적절하게 활용할 수 있는 범위와 정도는 어느 정도인지 의문이다. 특히 적절한 참여와 서비스 선택을 위한 정보의 습득은 필수 불가결한 요인 중의 하나인데 이들 클라이언트의 정보수집 능력과 기회는 전문가들과 비교가 될 수 없기 때문이다.

둘째, 광범위한 클라이언트의 참여가 광범위하고 실질적인 힘을 발휘할 수 있을 것인가는 의문이다. 실질적인 힘을 발휘하기 위하여 서비스의 수

혜는 클라이언트의 당연한 권리라는 인식과 실천이 전제되어져야 한다. 이러한 문제는 클라이언트의 불만 토로 과정에 대한 제도적 장치가 되어 있다면 어느 정도 해결될 수 있다.

2) 자기결정권과 선택권

최근에 재가노인복지분야에서 선택의 자유와 자기결정권(self-determination)은 가장 중요한 이슈 중의 하나이다. 이것에 대한 가장 기초적인 관심은 첫째, 클라이언트의 욕구에 맞는 서비스의 조정과 서비스 제공자보다 클라이언트의 선호도 강조, 둘째, 그러므로 클라이언트의 목소리를 찾아내야 하고 들어야만 한다는 당연한 결과에서 나온다. 이것은 서비스의 개별화를 추구하는 자기결정권과 선택(choice)의 자유는 재가노인복지분야에서 점점 더 중요한 이슈로 발전될 것이다.

클라이언트의 자기결정과 선택에서 잘못 선택하는 것 자체도 중요한 개인적인 권리이다. 이러한 것의 강조는 소비자 중심주의가 발전하는데 중요한 근간이 될 것이다. 그러나 많은 클라이언트는 자기 스스로 서비스에 대한 적격한 선택과 자기결정을 할 수 없는 상황인 경우도 많이 발생한다. 그들이 적격한 선택을 할 수 있도록 적절한 정보와 지식들을 얻을 사회적 환경의 미비, 그리고 그들의 육체적 정신적인 능력이 문제가 되는 경우도 있다. 그래서 사회복지사들은 클라이언트가 받아들일 수 있는 선택과 받아들일 수 없는 선택의 균형에 대한 진퇴양난에 빠질 수 있다.

3) 임파워먼트 & 통제

재가노인복지 서비스를 받는 클라이언트는 어느 정도의 자율선택과 통제(empowerment & control)의 능력이 요구되어진다. 전통적으로 클라이언트를 위한 의사 결정과 서비스 제공의 변화는 케어 담당직원이나 매니저에 의하여 좌우되어져 왔다. 과거의 재가노인복지 서비스는 케어 담당자에 의하여 시설보호 기준에서 벗어난 클라이언트의 통제 수단의 한가지로 인식되어졌다.

노만 튜트(Norman Tutt)는 클라이언트와 케어 전문가 사이의 힘의 불균형, 즉 클라이언트에 대한 전문가의 과도한 힘은 클라이언트의 재가노인복지서비스 제공 과정에 참여하는 것을 어렵게 하고 있다고 주장한다. 욕구 중심 서비스는 재가노인복지의 조직과 서비스 제공과정을 클라이언트와 보호자 중심의 발전적인 형태로 바꾸었다. 이러한 형태로의 전환을 위해 임파워먼트의 중요성은 결정적인 것으로 간주되어진다. 욕구 중심적 접근이 클라이언트의 임파워링을 위해 이용되어지기 위한 접근에서 한 가지 방법은 클라이언트가 가능하면 독립적인 생활을 할 수 있도록 돕는 것이다.

임파워링의 두 번째 요인은 클라이언트를 서비스 제공자들의 의도(희망)에 종속되어지는 것을 방지하기 위함이다. 클라이언트가 스스로 가능한 모든 결정이 가능하도록 필요한 기능을 돕는 훈련과 교육을 통하여 클라이언트 집단의 책임성과 파워는 점차적으로 개발이 가능하다. 클라이언트에게 정보 이용정도 역시 서비스 선택을 위한 그들의 임파워먼트에서 결정적인 역할을 한다. 이러한 변화를 위해 재가노인복지에서 의사결정 과정(메커니즘)과 서비스의 가치에 대한 급진적인 사고의 전환이 요구되어진다.

4) 어드버 커시(옹호)

어드버커시(옹호)(advocacy)는 재가노인복지에서 아주 흔하게 쓰이는 용어중의 하나이며 정상화(normalization) 또는 임파워먼트(empowerment)와 같은 단어처럼 실제 협의 사항으로 많이 고려되어지고 있다. 렌하우(Renhaw, 1987)는 서비스 전달 체계에서 어드버커시의 중요성이 증가하는 이유를: 첫째, 서비스의 다양성과 복잡성 증가; 둘째, 정보기술 도입; 셋째, 클라이언트의 서비스에 대한 불만족 증가를 제시하고 있다. 어드버커시는 재가노인복지에서 클라이언트가 적절한 커뮤니케이션이 불가능할 때 매우 중요하다. 렌하우(Renhaw, 1987)는 여러 가지 지속적인 주의와 논쟁들 중에 어드버켓츠의 역할에 대한 규정은 가장 어려운 것으로 지적하고 있다. 이와 함께 도우슨(Dowson, 1995)은 어드버커시의 단점들을 다음과 같이 지적하였다: 어드버커시의 이념/사상이 전문가나 서비스

공급자들에 의하여 시작되었고; 어드버커시는 서비스 제공을 지체시키고 말뿐인 서비스가 될 수 있다; 또한 이 용어는 클라이언트를 위한 이익집단의 도전을 회피하기 위한 전문가집단의 말장난일 수도 있다. 클라이언트가 자기 자신을 완전하게 표현할 수 없는 경우나 그들을 대신할 어드버컷츠가 없을 경우 사회복지사의 어드버컷츠 역할에 대하여 확실한 근거와 진술을 두는 것은 유용할 것이다. 클라이언트의 직/간접 지원과 관련된 단체/사람들은 결정적인 결정을 함에 있어서 어드버컷츠에게 실질적인 의사결정력의 부여를 원하지 않을 것이다.

제 4 절 케어 매니지먼트와 욕구

재가노인복지분야에서 욕구는 기본적으로 고려되어져야 될 개념 중의 하나로 간주되어진다. 특히, 케어 매니지먼트에서 욕구는 절대적으로 고려되어져야 될 중심 개념임을 부정할 수 없다. 케어 매니지먼트의 용어정의에서 언급하였듯이 케어 매니지먼트는 클라이언트의 욕구를 고려한 서비스 제공을 강조하기 때문이다. 그러나 지금까지 욕구의 개념은 케어 매니지먼트를 포함한 사회복지 분야의 학문 영역에서 다른 영역과 비교하여 체계적인 주의와 관심을 받지 못하였다. 리차드(Richard, 1994)는 그 이유를 다음과 같이 설명하고 있다.

"서비스의 적격성에 관한 지속적인 결정으로부터 욕구사정을 분리하는 것은 독립적으로 정의, 수행되어지는 각 기관의 정책에 의해 욕구의 개념이 규정되어지기 때문이다. 이러한 정책 가이드들은 무엇이 욕구로서 고려되어 어디에 어려움이 있느냐에 의하여 결정되어진다." 윌리암스(Williams, 1974) 역시 재가노인복지에서 욕구라는 단어 사용의 어려움을 다음과 같이 지적하고 있다: "욕구라는 개념은 재가노인복지분야에서 추방해야 된다. 그 이유들은 그 개념의 애매함 때문에 많은 재가노인복지에 관한 토론

과정에서 모호한 입장으로 자주 사용되기 때문이다."

이와 같이 욕구는 다양한 방법으로 정의되어질 수 있는 복잡하고, 애매하고, 그리고 모호한 개념으로 간주되어지고 있다. 영국 보건성에 의해 발행된 케어 매니저를 위한 가이드(DoH, 1991)는 욕구를 역동적, 상대적, 다면적, 개인적 그리고 복잡한 개념으로 규정하고 "욕구는 보호기관이나 지방정부의 보호담당 부서에서 정의되어진 것으로서 삶의 질 또는 사회적 독립성이 수용될 만큼의 수준까지 유지, 성취 및 회복할 수 있는 개인의 필수 요건"이라 정의하고 있다.

앞의 논의들에서 케어 매니지먼트와 욕구에 대한 정의에는 기본적 욕구, 상대적 욕구, 절대적 욕구, 그리고 사회적 욕구의 개념들을 포함하고 있음을 파악할 수 있다.

1. 기본적 욕구와 사회적 욕구

기본적 욕구는 시간, 장소, 사회, 그리고 문화적 환경 등에 의하여 다르게 규정되므로 획일적으로 규정하기에는 논쟁의 여지가 있는 개념이다. 명백한 기본적이다. 욕구를 규정하는데 있어서 시간과 장소에 따라 다르다는 것은 기본적 욕구의 상대성이 중심 논점임을 말하고 있다.

우리에게 잘 알려진 기본적 욕구의 유형은 매슬로(Maslow)에 의하여 규정된 생리적, 안전, 소속·사랑, 성취, 존중, 그리고 자기실현의 욕구이다. 그러나 도얄 & 고프(Doyal & Gough, 1991)는 생존과 자율성은 기본적 욕구에 두 가지 주요한 구성요소라고 주장한다. 이러한 조건은 어떤 문화에서 모든 개개인의 어떤 행동을 위한 전제조건이다. 생존과 자율성은 각각의 개인이 심각한 위험·고통을 피하기 위한 삶의 계획을 성공적으로 수행하고 어떤 형태의 삶을 효과적으로 꾸려나가기 전에 어느 정도 만족되어져야 되는 것이다.

하리스(Harris, 1987)에 따르면, 사회복지정책은 한 사회의 시민들이 어느 정도 삶의 기회를 보장받을 수 있도록 세워져야 된다. 적절한 삶의 기회는 개개인이 지역사회의 일원으로 개인적 지위를 보장받을 때 주어진다. 기본적 욕구는 이러한 목적에 필수 요건으로 규정되어진다.

기본적 욕구는 항상 특정 사회 안에서 해석되므로 어떤 면에서 사회적 욕구에 상대적이라고 할 수 있다. 사회적 욕구의 개념은 사회적 서비스의 도입에서 유래되었다. 사회적 서비스의 역사는 사회적 욕구 인식과 그들을 충족시키기 위한 사회조직의 역사와 일치한다. 사회적 욕구는 정부의 개입에 의하여 충족되어져야 하는 서비스·재화로서 사회적으로 이것의 필요성이 인식·규정되어져야 한다. 그러므로 사회적 욕구가 목적적으로 정의될 수 있는 것은 한 사회에서 광범위하게 받아들여지는 포괄적인 사회적 합의로 간주되어진다. 이것은 사회적 욕구가 정부 또는 행정 전문가에 의하여 범위와 형태가 규정되어짐을 의미한다. 재가노인복지에서는 클라이언트의 견해보다는 사회 복지사 또는 행정가들에 의하여 욕구가 규정되어질 수 있음을 의미한다. 이러한 것은 자기결정, 참여, 자율성의 위배에 대한 논쟁과 연결되어진다.

2. 목적적 욕구와 상대적 욕구

목적적 욕구는 명확하게 클라이언트의 욕구가 무엇인지를 정의하는데 도움을 주며 '원함'(want)과 '욕구'(needs)의 차이점을 통하여 이것을 설명할 수 있다. "원함은 목적적으로 묘사되지만 개개인의 특이한 선호도나 문화적 환경에 의하여 규정됨으로 욕구와는 구별된다. 원함은 개인적인 공언과 행위를 기초로 진술된 심리적인 상태이다. 반면에 욕구는 심리적 상태가 아니라 무엇인가 필요로 하는 사람에게 목적적으로 진술하는 것이다."

이러한 욕구의 목적적 접근의 형태는 케어 매니지먼트에 관한 영국정부의 공식적인 출판물에서도 보여진다. 영국정부에서 발행된 케어 매니저를 위한 가이드에서 욕구중심의 접근은 '욕구를 정책적 진술로 정확히 정의(한정)되어져야 되고 우선시되어져야 된다'라고 주장한다. 이러한 맥락에서 쉪퍼드(Sheppard, 1995)는 욕구를 보편적 사정에 포함되는 여섯 가지로 광범위하게 분류하였다: 개인적 · 사회적 보호, 보건 케어, 주거형태, 재정, 교육 · 고용 · 레저, 교통. 이러한 욕구중심의 사정을 근거로 케어 매니저는 서비스의 우선순위 결정이 요구되어진다. 그러나 이러한 체계에서 케어 매니저는 욕구의 질적 사정을 위한 자율성에 대한 여력이 조금밖에 주어지지 않는다. 그러므로 욕구의 목적적 개념은 케어 매니지먼트에서 요구되는 욕구를 설명하는데 완벽하지 못하다.

케어 매니지먼트에서 욕구의 규정은 분명히 상대적 접근이 요구되어진다. 욕구는 역동적 개념이다라는 주장에서 국가의 규정, 지방정부의 정책, 자원의 이용성, 서비스 요구의 유형에 의하여 달라질 수 있음을 지적한다. "욕구의 상대성은 두 사람의 욕구를 똑같이 인식(받아들임)할 수 없는데서 찾아볼 수 있다. 케어 매니지먼트는 각 개인의 독특한 특징을 파악하기 위한 케어 매니저의 노력에 의한 상대적 욕구의 인식을 추구한다." 그러나 욕구만족을 위하여 우리가 선택(선호)해야 하는 궁극적인 전략은 상대적 욕구 만족을 위해 이용 가능한 상대적 메커니즘이 무엇이냐와 어떻게 효과적으로 그들을 발생시키느냐에 따라 달라질 수 있다. 상대적 욕구측면에서 욕구충족의 방법은 필요한 사람이 더욱 많은 욕구 자원을 소유하는 것이라기보다는 다른 사람들이 얼마나 적게 소유하느냐에 달려 있다. 가장 기본적으로 우리는 욕구를 자원이 요구되어지는 목표에 항상 상대적인 것으로 볼 수 있다. 욕구는 원천적으로 정치적 철학적인 면에서 도구적이며, 욕구의 인식은 개인적 · 사회적인 삶에 의하여 결정되어진다. 그러므로 정책은 이러한 상대적인 방법이 요구되어지는 자원의 극대화보다 형평성, 정의에 의하여 이끌어져야 한다.

사회적 서비스들은 복지정책 개발 역사에서 사람들의 욕구를 인식하는 과정과 밀접하게 관련되어 있다. 발독(Baldock, 1994)이 주장하듯이 욕구는 사회복지 역사를 고려하여 볼 때, 개별 서비스의 개발에서 양적 · 질적으로 그렇게 많이 고려되지는 않았다. 욕구에 부응하여 서비스를 제공하는 것은 정부의 제한된 재정과 갈등을 빚어 왔다. 그러므로 서비스에 대한 권리의 결정 인자로서 욕구의 이념은 항상 비판되어져 왔다. 보수주의자들은 선천적 온정주의로서 욕구의 이념을 무시하는 경향이 있다. 그들은 재가노인복지 분야의 케어 매니지먼트는 클라이언트의 욕구 증가와 제한된 서비스는 항상 경쟁하고 있다고 보고 있다(Lewis, 1997).

5
chapter

사회체계 이론

제 1 절 사회체계의 개념

사회체계는 구조기능론에 근거를 둔 거시적 접근 방법으로 사회를 하나의 실체로 보고 사회실체의 본질이 무엇인가에 대한 규명으로부터 시작된다.

사회체계는 사회체계의 구성부분들을 초월하여 하나의 특수한 전체단위를 지니고 있다고 간주하며 그것은 명백히 규정된 경계에 의해 체계의 환경이 구별되는데, 각각의 체계단위들은 비교적 안정된 사회질서의 유형들 안에서 부분적으로 상호관련을 맺고 있다고 간주된다.

파슨즈(Parsons)는 사회를 4가지 차원의 체계로 이루어진다고 했다. 문화체계(culture system)는 상징들로 이루어지는 가치관과 신념 및 규범에 관련된 체계로 가장 포괄적이고 최상위의 차원으로, 그 다음의 하위체계로서 사회체계(social system)는 정치, 경제, 사법 등 여러 기관의 활동을 통합하는 체계이며, 그 다음 하위체계로서 인격체계(personality system)는 사람이 사회적 존재로서의 태도를 갖는 품성에 관련된 체계이며, 그리고 최하위 체계로서 행동적 유기체(behavioral organism)는 일반적으로 인간의 생명체를 의미한다.

반면에 올센(Olsen, 1968)은 사회체계적 접근이 다른 유형의 접근들과 다른 점을 3가지 요인으로 설명하고 있다.

〈그림 5-1〉 다양한 수준의 사회체계

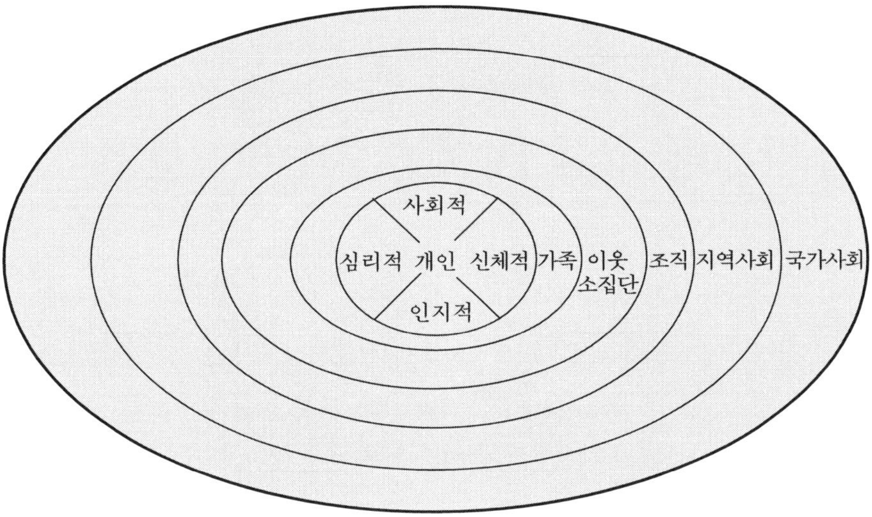

첫째, 사회체계적 접근은 주로 체계의 전체성(totality)을 강조한다. 전체는 부분의 합보다 큰 것으로 가정한다. 전체를 강조한다고 해서 부분(parts)을 배제하는 것은 아니지만 부분은 그 것이 속해 있는 전체에 관련지어서만 이해되어야 한다는 것이다. 둘째, 사회체계를 이해하기 위해서는 그 것을 환경과 분리시켜야 한다. 그러한 분리를 통한 경계는 인간과 정보를 공유하는 사회 환경에 최소한 부분적으로라도 개방되어야 한다. 그러한 경계는 폐쇄적이고 엄격한 것이 아니라, 개방적이고 무너지기 쉽다. 사회의 체계와 그 체계 내에 존재하는 하위체계는 생성되고 사라지는 변화의 과정을 지속적으로 한다. 셋째, 사회체계의 부분은 질서의 패턴과 정도가 변한다고 할지라도 서로 어느 정도는 상호의존성과 상호연관성이 있어야 한다. 사회체계의 부분이 어느 정도 기능적 자율만 보유하고 있는 한 그것은 자체체계 또는 다른 체계의 하위체계로 분류될 수 있다. 다시 이 하위

체계는 또 다른 하위-하위체계로 구성될 수 있다.

사회체계는 재가노인복지를 해석 및 분석하는 데 유용한 접근 방법 중의 하나로 사용될 수 있다. 아래의 다양한 수준의 사회 체계도에서 볼 수 있듯이 재가노인복지에서 가치 및 규범 등의 문화체계뿐만 아니라 국가, 지역사회, 이웃들의 사회체계, 그리고 노인의 신체, 인지, 시밀 등의 인격체계에서 서로 영향을 주고받음을 알 수 있다.

제 2 절 사회체계 이론의 구성 개념

사회체계 이론은 "전체는 부분의 단순한 총합 그 이상이다"라는 말로 상징되면서 사회체계 내 상호작용의 복합적인 상황을 분석하기 위하여 그 방법을 찾고자 하는 다양한 영역에 적용되고 발전되어 왔다. 즉, 사회체계 이론은 시간과 공간에서의 관계성과 이상과 현실의 관계를 이해하게 하는 방법을 제공해 준다.

이와 같은 사회체계 이론은 재가노인복지의 기능에 유용하게 활용할 수 있도록 지식을 조직하는 개념적인 준거 틀을 제시해 주고 있다. 사회체계이론을 구성하는 주요개념으로는 경계, 개방체계, 평행성, 항상성, 안정 상태, 상호간 체계, 연결성, 발달적 체계, 그리고 환류 등이 있다. 특히 재가노인복지 서비스 제공을 담당하는 종사자에게 사회체계에 대한 이해가 매우 중요한데, 그 이유는 어떤 역할을 수행하든 간에 개인, 가족, 집단, 조직체 등의 상호관계성을 파악하고 접근해야 하기 때문이다. 따라서 재가노인복지와 관련하여 사회체계 이론을 구성하는 개념들을 제시하면 다음과 같다.

1. 경계성

사회체계의 경계는 사람의 피부와 마찬가지로 물리적(physical)인 경계

(boundary)와 남녀 역할분담의 경계로서 추상적인 경계로 구분할 수 있다. 개인체계의 경계는 개인적 역할의 종류, 개인의 생물학적 조직에서 일어나는 영역구분의 모든 것들을 말한다. 집단체계의 경우는 가정 내의 개인, 가족 속의 개인문제 등이 될 수 있다. 국가의 경계는 물질적이거나 철학적일 수 있다. 그리고 단일국가(nation state)는 두 대양을 경계로 접하고 있으며, 재가노인복지분야에서는 재가노인복지체계 내에서 구성원의 이해관계를 통하여 다양한 경계로 구분할 수 있다.

2. 개방체계

사회체계 이론에서 중심적인 개념은 그 체계를 개방적인 것으로 보는 것이다. 개방체계(open system)는 체계의 계속성과 변화의 본질적인 요인이 환경과의 상호 교환 속에 관여되고 있음을 의미한다. 이것은 환경으로부터 투입을 받아들이고 산출을 생산하여 환경에로 환류시킨다. 따라서 재가노인복지 대상자는 외부환경과 교류가 체계의 존립에 기본이 되며, 대상자가 성장, 개선, 발전하는 것은 이러한 개방성 때문이라 할 수 있다.

3. 평행성

어떠한 사회체계든 조직내부에서 작용하는 다양한 제 세력(forces)들 사이에는 균형을 이루려고 노력하는 경향이 있다. 평행(equilibrium)이라 함은 정적(still)이든 동적(moving)이든 균형적인 상태를 의미한다. 현상적인 균형은 체계 속에서 이익을 얻고자 하는 사람들에게 바람직하다. 예를 들어, 재가노인복지를 위하여 예산을 할당받은 기관은 많은 대상자에게 충분한 서비스를 제공할 수 없기 때문에 어느 정도 희생을 감수시키면서 긴축적인 예산을 운용할 수밖에 없다.

4. 항상성

일반적으로 사회체계들이 정태적(static)이라고 설명하는 것은 불가능하다. 왜냐하면 사회체계는 개방성을 지니고 있는 체계의 경계 내에서 제 요소들이 상호작용을 하기 때문이다. 또한 체계들은 지속적인 변화와 운동의 과정 속에 놓여 있다. 사회체계에 있어서 이러한 운동은 목표 지향적인데, 사회체계는 목표를 향한 운동이 유지될 수 있도록 내적 질서의 항상과 체계의 경계를 넘어서 수용된 외적 자극의 배열을 갈구하게 된다. 따라서 재가노인복지체계는 지속적으로 변화의 상태에 놓여 있는 동시에 역동적인 균형 상태를 유지해야 하는데 이것이 곧 항상성(homeostasis)의 개념이다.

5. 안정상태

사회체계의 생존을 위해 항상성이 환경과 성공적으로 타협할 수 있는 능력이라고 말한다면, 안정상태(steady state)는 체계 내 부분들의 관계를 유지시키고 점차 쇠퇴하여 붕괴되지 않도록 에너지가 계속적으로 사용되는 상태를 말한다. 안정 상태에 있는 체계유지의 그 자체는 에너지의 활용과 지속적인 성장과정이 동시에 이루어지는 특징이 있다. 안정 상태는 전체적인 체계가 평행적인 상태이며 체계의 목표와 통합성을 유지하려는 체계의 의도적인 노력들에 의해 수정되어진다. 따라서 재가노인복지체계에서 안정상태는 체계의 지속적인 정체유지이며 체계가 거쳐 온 이전의 연속상태를 의미한다.

6. 상호간 체계

상호간 체계(inter system)는 두 체계가 서로 관련되어서 상호간 의존하고 작용하는 개방체계(open system)를 말한다. 체계 간 상호작용은 사회체계이론을 더욱 확대시키게 되거나 취소시키게 된다. 즉 재가노인복지체계를 모든 환경에 포함시켜 확대하거나 두 개의 소단위 체계들을 하나의 체계로 압축시키기도 한다.

7. 연결성

연결성(connectives)은 체계와 체계간의 관계를 묶어 주는 것을 의미한다. 예를 들어 재가노인대상자와 담당 사회복지사의 계약(contract)이나 동의(agreement) 등을 말한다. 사회복지사는 재가노인대상자와 재가복지봉사센터 사이의 연결성이 될 수 있다. 그러나 연결성은 현존 체계의 기능에 부정적인 영향을 미치는 역기능적인 경우도 있다. 따라서 사회복지사는 재가노인복지의 체계에서 바람직한 종류의 연결성이 무엇인가를 숙지해야 한다.

8. 발달체계

발달체계(developmental system)는 성장(growth)과 지향적 변화(directional change)에 강조점을 두고 있다. 일반적으로 개인, 집단, 조직 등의 체계는 점차 일정한 방향으로 진행하고 성장해간다. 이러한 형태의 변화는 무계획적인 것이 아니라 성장 지향적이다. 따라서 재가노인복지의 실천에 있어서 사회복지사는 재가대상자에 대해 어느 정도 변화의 단계나 형태를 파악하거나 예측을 하게 된다. 그러나 과거의 성장이 현재와 미래의 성장을 반영해 준다는 것은 아니다. 따라서 사회 현상 속에는 다양하고 많은 체계들이 존재하고 있으며, 이들에게 고려되어야 할 많은 변수들(variables)이 있다는 점을 인식해야 한다.

9. 환류

환류(feedback)는 정보의 투입에 반응하는 행동을 가져오며 새로운 정보에 자신의 행동결과를 포함시키고 그것에 의하여 다음의 행동을 수정하는 의사소통의 조직망을 의미한다. 환류는 체계의 평행을 유지시키거나 변화를 촉진함으로써 체계를 혼란시키는 작용을 하는데 대개 긍정적 환류와 부정적 환류로 구성되어 있다. 즉, 전자는 재가노인복지체계가 그 목적과 관련하여 올바르게 행동하고 있으며 같은 종류의 행동이 요청되는 것을 말하고, 후자는 재가노인복지체계가 그 목적달성을 어렵게 하는 행동으로서 체계행동의 수정을 가져오게 하는 것을 의미한다.

각 체계는 체계의 요소로서 기능하는 공통적인 방법을 갖고 있는데, 즉 투입, 과정, 산출, 환류, 재투입 등 질서정연하게 진행된다는 점이다. 따라서 재가노인복지분야에 사회체계 이론을 적용함으로써 어떤 것이 다른 것으로 변화하는 과정을 이해하는 것은 매우 중요하다.

제 3 절 사회체계의 에너지와 진화

1. 사회체계에너지

사회체계는 생물과 같이 살아 있는 개방체계로서 부분체계와 전체체계간의 상호작용에 의하여 에너지를 만들어내고 존속, 분화, 진화, 질서화, 발전하게 된다.

1) 사회체계에너지의 성격

사회체계는 생존하고 목적을 수행하기 위하여 에너지를 필요로 한다. 이러한 에너지는 사회체계 활동의 기본 원동력이다. 사회체계의 에너지는 물질의 원자 에너지에 비유되곤 한다.

물질의 원자는 에너지를 기본재료로 하여 역학운동을 하여 분화와 소별 상태로 진전하게 되는 반면에 사회체계에서는 기본재료가 활동역량 에너지를 통하여 에너지가 다른 체계로 전이되어 분화를 거쳐 질서화를 이루게 된다(〈표 5-1〉 참고).

〈표 5-1〉 원자와 사회체계의 에너지 성격 비교

비 유	기본 재료	기능(활동현상)	활동형태
원 자	에너지	에너지의 역학적 운동	분화와 소멸
사회체계	에너지(활동역량, 행동, 변화 추진력)	에너지의 전이 (체계간의 상호작용)	분화와 질서화

2) 사회체계에너지의 기능

이러한 사회체계의 역량 에너지는 4가지의 기본적인 체계기능을 통해서 획득되고 상호 전이되어진다. 에너지의 확보와 보존 측면에서 첫째, 체계 외적환경으로부터 에너지를 확보하여 보전한다. 둘째, 체계 내부에서 에너지를 확보하여 에너지의 원천에 접근한다. 목표 지향적 측면에서 첫째, 체계외부에서 목표 지향적 활동을 하게 한다. 둘째, 체계내부에서의 목표 지향적 활동을 가능하게 한다(〈표 5-2〉 참고).

〈표 5-2〉 사회체계 에너지의 4가지 기능

구 분	체계외적 환경	체계내적 구성요소
에너지의 보존과 확보	체계외부로부터 에너지의 확보와 보존	체계내부에서 에너지 확보 및 에너지 원천에의 접근
목표 지향적	체계외부에서 목표 지향적 활동	체계내부에서의 목표 지향적 활동

3) 사회체계 생존의 기능

사회체계 생존의 기능은 적응, 통합, 목표달성, 잠재성의 4가지로 분류된다. 첫째, 적응은 환경으로부터 충분한 편익설비를 확보하여 체계 내에 분배하는 기능을 한다. 둘째, 통합은 체계단위들 사이의 상호관계에 조정 및 유지 기능을 한다. 셋째, 목표달성은 체계목표의 우선순위를 결정하게 하고 목표달성을 위해 체계자원의 동원이 가능하게 한다(〈표 5-3〉 참고).

〈표 5-3〉 사회체계 생존의 4가지 기능

적 응	환경으로부터 충분한 편익설비를 확보 및 체계 내 분배함
통 합	체계단위들 사이의 상호관계 조정 및 유지
목표달성	체계목표 우선순위 결정과 목표달성 위한 체계자원동원
잠 재 성	체계의 행위자가 적절한 성격을 표출하도록 하게 함

2. 사회체계의 진화

사회체계의 지속적인 존속과 목표달성을 위해 안정한 상태를 유지해야 한다. 안정한 상태(steady state)는 부분들의 관계를 유지시키고 사회체계가 쇠퇴하여 붕괴되지 않도록 하기 위하여 에너지가 계속적으로 사용되는 상태를 말한다. 때문에 안정한 상태의 특징은 고도의 조직성, 복잡성, 환경에 대한 개방성을 요구하게 된다. 안정한 상태는 균형(equilibrium)과 항상성(homeostasis)과 구분되어지며, 적절한 긴장을 경험하고 광범위한 구조적 변화, 개방적, 그리고 환경과의 끊임없는 상호작용을 하는 상태이다.

〈표 5-4〉 안정한 상태, 균형 및 항상성의 비교

비교 기준	균형	항상성	안정한 상태
스트레스	가능성이 가장 적음	최소정도	최적수준이고 필요함
구 조	변화 없음	변화 없음	변화의 범위가 큼
환경과의 상호작용	가능성이 가장 낮음	최소 정도	최적수준이고 필요함
개방성	폐쇄적	최소 정도	개방적

제 4 절 사회체계 이론의 재가노인복지체계에 적용

사회체계 이론을 사회체계에너지의 기능과 생존기능의 조합을 재가노인복지체계에 적용하면 다음과 같이 나타날 수 있다. 첫째, 사회체계에너지의 기능인 체계외적 환경/에너지의 보존과 확보와 사회체계의 생존기능인 적응이 조합되면 재가노인복지체계와 환경간의 조화 또는 상위체계들의 조정이 발생하게 된다. 둘째, 사회체계에너지의 기능인 체계 내적 구성요소/에너지의 보존과 확보와 사회체계의 생존기능인 통합이 조합되면 재가노인복지체계 내 구성원의 역할이 계속적으로 수정되게 된다. 셋째, 사회체계에너지의 기능인 에너지의 보존과 확보/체계외적 환경과 사회체계의 생존 기능인 목표달성이 조합되면 체계목표 달성을 위한 재가노인복지체계 구성원의 역할이 규정되고 및 역할이 수행된다. 넷째, 사회체계에너지의 기능인 목표지향적/체계 내적 구성 요소와 사회체계의 생존기능인인 잠재성이 조합되면 유형화된 재가노인복지의 구조적 특성을 유지하게 된다.

〈표 5-5〉 사회체계 에너지의 기능과 생존기능의 조합

체계외적 환경/에너지의 보존과 확보/적응	재가노인복지체계와 환경간의 조화 또는 상위체계들의 조정
체계 내적 구성요소/에너지의 보존과 확보/통합	재가노인복지체계 구성원의 역할이 계속적 수정
에너지의 보존과 확보/체계외적 환경/목표달성	체계목표달성을 위한 재가노인복지체계 구성원의 역할 규정 및 수행
목표 지향적/체계 내적 구성요소/잠재성	유형화된 재가노인복지의 구조적 특성 유지

6
chapter

네트워크 이론

제 1 절 네트워크의 개념

네트워크(network)는 정보화 사회로의 진입부터 주목을 받게 되었고 최근에 관심의 확대와 함께 사회 모든 영역 전반에 걸쳐 주요한 현상들을 설명하는 이론 중의 하나로 인정되고 있다.

네트워크는 사전에 실 또는 와이어 등의 망 직물, 상호 연결된 망 모양 또는 그 속성 등으로 정의되고 있다. 네트워크는 적용되는 분야에 따라 그 의미가 약간씩 다르게 사용되고 있으나 '망 모양을 이루고 있는 구조 내지는 양태 또는 그 속성, 즉 관계의 구조(a structure of relationships)'를 나타내는 공통성을 가지고 있다.

네트워크의 개념은 사회적 의미에서 비추어 볼 때 관계를 맺는 사회구성원들이 위계적이거나 종속적인 관계가 아닌 횡적이고 평등한 위치에서 자유롭게 정보와 가치를 공유함을 그 핵심으로 하고 있다. 또한 그러한 관계를 유지하기 위해서는 조직 구성원 간의 상호작용과 상호이해를 기반으로 하는 의사소통이 중요한 요소이다.

이러한 네트워크의 개념은 여타의 분야에 있어서도 그 의의가 크지만, 특히 정보, 가치, 자원의 공유가 자유롭고 활발해야 하는 재가노인복지 분야의 서비스 측면에서 함의하는 바가 무척 크다고 할 수 있다. 특히, 네트워크는 주어진 목적달성을 위한 일방적인 지시와 복종관계가 아니라 목적을 공유하거나 이에 공감한 개체가 자율적으로 연계하여 이루는 조직이라는 점에서 재가노인복지 분야에서 제공되는 서비스간의 관계적 측면의 특성에서 합치되는 부분이 있다.

네트워크를 완성시키는 과정을 네트워킹(networking)이라 한다. 네트워킹은 네트워크가 가능하도록 개인들 사이(inter-organization)에 사회적 관계를 구축하고 유지하도록 상호 작용하는 활동이다. 이러한 활동을 통해서 네트워크에 참여한 개인이나 조직은 종적인 관계가 아닌 횡적인 관계에서 서로 정보를 주고받는 일이 용이하게 되어 이를 계기로 폭넓은 범위에서 가치를 공유할 수 있게 된다.

제 2 절 네트워크 이론의 특성

1. 네트워크 이론의 일반적 특성

일반적으로 네트워크의 특성을 설명하기 위하여 계층적 구조와 대비하여 설명하곤 한다. 먼저 립네크(Lipnack)와 스탐슴(Stampsssm)의 네트워크 이론을 계층구조와 비교하여 살펴보도록 한다.

박용관(1999)에 따르면 계층적 구조는 첫째, 고정적인 경계를 유지하면서 견고하게 결합되어 있으며 특정 목적을 달성하기 위하여 합리적이며 효율적으로 설계되고 몰인격적으로 운영되는 조작적 협동시스템이다. 그에 반해 네트워크는 사람들의 관계 내지는 관계 양태를 나타내고 있으며 자주적인 개개인 또는 유닛트(unit)들이 공동의 목적을 실현하기 위하여 자율적으로 연계하여 이루는 협동적인 활동시스템으로서 새로운 조직 형태이며 구성원의 자발적 협동이 중시된다.

둘째, 계층적 구조는 생산성과 효율성 향상을 위해 고안된 구조이기 때문에 과정보다는 결과를 강조하며 개인이나 구성원의 의사소통보다는 조직 목적을 우선시하는 시스템이다. 생산성, 효율성, 합리성, 목적성 중심의 사회에서 자연스러운 욕구로서 인간 본래의 관계 양식에 대한 추구가 발현된 결과로서 네트워크를 이해할 수 있을 것이며 횡적인 인간관계 중심에서의 정보 교환과 협동을 추구하는 것이 네트워크의 핵심내용이라고 볼 수 있다.

〈표 6-1〉 계층적 구조와 네트워크 특징의 비교

구 분	계층적 구조	네트워크
규범적 기초	상하관계	수평적 관계
의사소통수단	위계명령	교환적 규범
갈등해소수단	관리감독	명망/평판/리더십
유연성	낮음	중간
분위기	공식적, 관료적	개방적, 호혜적
상대방 선택	일방 의존적	상호의존적

출처 : Walter W. Powell(1990) : 박용관(1999), 재구성

2. 네트워크 이론의 구조와 과정적 특성

좀더 자세하게 네트워크 이론을 구조와 과정적 특성 측면에서 제시하면 다음과 같다. 먼저 구조적 측면에서의 특징(박용관, 1999)은 첫째, 네트워크는 독립된 전체(자립적인 참여자)로서 기능함과 동시에 서로 의존하는 부분으로서 기능하는 유닛트(unit)로 이루어진다. 둘째, 네트워크에는 여러 수준(level)이 있는데, 모든 수준이 중요하며 구성원은 모두 동등한 동료(associates)인 동시에 협력자(collaborators)이다. 셋째, 네트워크에는 권한과 책임이 분산되어 있다. 넷째, 네트워크는 다양한 견해와 관점에서 목표, 수단을 중시 한다. 다섯째, 네트워크에는 다수의 리더가 있다.

네트워크의 내용적 특면에서 특징들은 다음과 같다. 첫째, 네트워크에는 구성원간의 다양한 링크, 관련, 신뢰 및 가치관계 등의 다양한 유형이 복합되어 엮이어진 역동적인 다양한 관계로 이루어진다. 둘째, 네트워크의 내부와 외부의 경계는 확실하지 않다. 셋째, 네트워크의 구성원들은 어떤 때는 강도 높은 역할을 수행하지만 어떤 때는 느슨한 역할을 수행한다. 넷째, 네트워크에서는 구성원들이 목적 또는 가치관을 공유하게 됨에 따라 견실하게 연결된다.

제 3 절 네트워크 이론의 재가노인복지분야에 적용

재가노인복지분야에 네트워크 이론을 적용함에 있어서 장점으로는 조직구조와 관련한 측면과 조직의 운영측면이 있다. 조직구조 측면에서 조직의 개방화, 조직의 슬림화, 수평적 통합화가 가능하다는 것이다. 조직운영 측면에서는 조직 구성원의 임파워먼트(empowerment)의 향상, 혁신을 통한 경쟁력 배양 등을 들 수 있다. 그리고 여러 가지 어려움과 갈등을 극복해 나가는 가운데 성원들 간의 관계가 더욱 강해질 수 있다는 장점이 있다. 이에 반하여 단점으로는 행동의 제약, 네트워크의 폐쇄화, 경쟁자 배양, 대안의 필요, 네트워크 간의 경쟁심화 문제 등이 있을 수 있다.

이러한 장・단점을 떠나서 재가노인복지분야에서 네트워크 개념과 이론은 구성원간의 자율성과 개방성을 통해서 기존 조직체계에 새로운 대안을 제시해 주고 있다는 점이다.

앞에서 언급된 네트워크 이론의 특성을 고려하여 재가노인복지분야에서 네트워크의 성립과 활성화의 조건을 알아보는 것은 이들 내용을 통해서 네트워크 활동과 참여에 대한 실제적인 기준을 제시할 수 있다. 재가노인복지 네트워크의 성립조건과 활성화 조건에 대한 개괄적인 내용은 다음과 같다.

첫째, 재가노인복지분야의 네트워크는 강제나 의무가 아니라 자주적인 개인이 자율적으로 참가하여야 한다. 둘째, 재가노인복지분야의 네트워크는 일정한 목적을 공유 내지는 공감하는 자주적인 구성원들이 자율적으로 연계하여 이루는 협동적 시스템이어야 한다. 셋째, 재가노인복지분야의 네트워크는 분권적 시스템으로 구성되어져야 한다. 이는 구성원들 모두가 네트워크 전체에 관하여 책임을 지는 것을 의미한다. 또한 리더의 역할은 구성원들을 통제하거나 관리하는 것이 아니라 네트워크의 제반활동이 잘 이루어지도록 촉진하고 지원하는 데 있다. 넷째, 재가노인복지분야의 네트워크가 활성화되기 위해서는 그 참가조건이 너무 엄격해서는 안 된다. 즉, 네트워크가 추구하는 목적에 공감하는 사람이라면 누구라도 자유로이 네트워크에 참여 및 탈퇴할 수 있어야 하며 스스로 새로운 네트워크를 형성하거나 공감하는 다른 네트워커의 구성원으로서 참여할 수 있어야 한다. 다섯째, 재가노인복지분야의 네트워크가 경직되지 않기 위해서는 구성원들이 여러 네트워크에 동시에 중복적으로 참가할 수 있어야 한다. 중복적 네트워크 활동은 네트워크에 새로운 정보를 유입하고 교차시키며 결합시키는 역할을 함으로써 동 네트워크에 활력을 불어넣고 새로운 질서를 형성시키는 촉매 역할을 할 수 있게 된다.

참고문헌

박용관(1999), 『네트워크론』, 커뮤니케이션북스.

정은하(2003), "사회복지관 간 네트워크에 대한 사회복지사의 인식과 태도," 카톨릭대학교 대학원.

조명래(1998), "새로운 산업 공간과 네트워 이론," 한국지방개발학회 제10호 제2권.

미국사회사업가협회(1994), 사회사업백과사전, NASW.

시라사와(2004), 개호보험과 케어매니지먼트, "International trends and issues in care management," 삼육/대구한의대 국제학술세미나.

임병우(2002), 『지역사회보호에서 케어매니지먼트 모형개발』, 아산복지재단.

임병우(2003), Comparative perspectives on care management in the USA and UK, 『한국노년학』, 23(4), pp. 85-98.

최순남, 1994, "인간행동과 사회환경," 한신대학교 출판부.

홍현미라(2001), 지역사회 네트워크. 사회복지시설 기관·실무자 교육 교재, 서울특별시 사회복지협의회.

황미영(1989), "도시빈민의 지역사회조직활동에 관한 사례연구," 이화여자대학교 석사학위 논문.

Amatea, E. Sherrard, P.(1993), The ecosystemic view: a choice of lenses Journal of Mental Health Counseling, pp. 6-21.

Anderson, R. & Carte, I.(1984), Human behavior in the social environment, New York, Aldine Publishing Co.

Anthony, O.(1978), Theories of social conflict, Annual Review of Sociology 4.

Olsen. Marvin E.(1988), The process of social organization, New York, Rinehart & Winston.

Audit Commission(1989), Caring for people, London, HMSO.

Auerswald, E. H.(1968), "Interdisciplinary versus ecological approach," Family Process 7, pp. 205-215.

__________, "Families, change, and the ecological perspective," Family Process 10, pp. 263-280.

Baldock, J.(1994), The personal social service: the politics of care; in George, V. & Miller, S.(1994), Social policy toward 2000, London, Routledge.

Becvar, D. S. Becvar, R. J.(1996), The structural approach In Family therapy: a systemic integration, Allyn and Bacon Boston, pp. 187-206.

__________, Strategic approaches and the milan influence in family therapy: a systemic integration, Allyn and Bacon Boston, pp. 221-248.

Bertanffy, L.(1968), General system theory, New York, Braziller.

Charles Tilly(1978), From mobilization to revolution. Reading, Mass, Addison Wesley Publishin Co., Chap. 3.

Compton, B. & Galaway, B.(1984), Social work process, Illinois, The Dorsey Press.

Cho, Myungrae(1997), Interfirm networks as a foundation of the globalizing economy in South Korea, Environment and Planning A, vol. 29.

DoH(1991a), Care management and assessment: managers' guide, London, HMSO.

DoH(1991b), Care management and assessment: practitioners' guide, London, HMSO.

Doyal & Gough(1991), A theory of human need, London, MacMillan.

Eisenstadt, S. N.(1985), Macro-societal analysis-background, Development and Indications.

Eisenstadt & H. J. Helle(1985), Macro-sociological theory: perspectives on sociological theory, Newbury Par, CA Sage.

Goodin, R. E.(1990), Relative needs; in Ware & Goodin, R. E.(1990), Need and Welfare, London, Sage.

Greif, G.(1986), The ecosystems perspective 'meets the press', Social Work 31, pp. 225-226.

Griffiths Report(1988), Community care: Agenda for action, London, HMSO.

Huxley, P.(1993), Case management and care management in community care, British Journal of Social Work, Vol. 23, pp. 365-381.

Intagliata, J.(1982), Improving the quality of community care for the chronically mentally disabled: The role of case management, Schizophrenia Bulletin, Vol. 8(4), pp. 655-674.

Keeney, B. P.(1982), Not pragmatics, not aesthetics Family Process 21, pp. 429-434.

Koedoot, N.(1994), Home sweet home, in Chllis, D.(1994), community care: new agenda and challenges form the UK and overseas, England, Arena.

Lewis, J., Bernstock, P., Bovell, V., & Wookey, F.(1997), Implementing care management: Issues in relation to the new community care, British Journal of Social Work, Vol.27, pp. 5-24.

Lim, B. W.(1995), An effective approach to community care for elderly people in the UK, MA-dissertation, The University of Kent.

Keodoot, N. & Hommel, A.(1993), Case management and incentives for the elderly: Finding from the Rotterdam experiment; in Coolen, JAI.(1993), Changing care for the elderly in the Netherlands, Assen/Maastricht, Van Gorcum.

Laszio, E.(1972), The systems view of the world, introduction to systems philosophy, New York, Gorden &Breach.

Lewis, J.(1997), Our collective responsibilities, community care, Jan., 19-26, pp. 12-16.

Lewis, J. & Glennerster, H.(1996), Implementing the new community care, Buckingham, Open University Press.

Means, R. & Smith, R.(1994), Community care: policy and practice,

London, MacMillan.

Minar, Z. Teune, H.(1978), Social ecology at the crossroads. In the social ecology of change Sage, Publications Beverly Hills. CA, pp. 5-29.

Michael T. Hannan & John H. Freeman(1977), The population ecology of organizations, American Journal of Sociology.

Miller, D.(1976), Social justice, Oxford, Clarendon press.

Moxley, D. P.(1989), The practice of case management, London, Sage Pub.

NASW(1992), Case management in health, education, and human service settings; in Nocon, A.(1994), collaboration in community care in the 1990s, England, Business Education Publishers.

Rose(1992), Case management and social work, NY., Longman.

Orme, J. & Glasonbury, B.(1993), Care management, London, The macmillan press Ltd.

Parker, M., Quinn, J., Viebl, M., McKinley, A., Polich, C. L., Deniel, F. D., Hartwell, S., & Korn, K.(1992), Case management in rural areas, Journal of Nursing Administration, Vol. 22(2), pp. 54-59.

Payne, M.(1995), Social work and community care, London, The macmillan press Ltd.

Peter M. Blau & Marshall W. Meyer(1987). Bureaucracy in modern society. 3rd ed. New York. Rondom House. Chapter 6.

PSSRU(1987), Consumerism, Care in the community, Autumn, PSSRU at the University of Kent.

Renshaw, J.(1987), Clients, consumers or anticipants? Discussion paper 482/2, PSSRU, The University of Kent.

Rothman, J.(1991), A model of case management: toward empirically based practice, Social Work, Vol.36(6), pp. 520-527.

Rubin, A.(1992), Case management; in Rose, S. M.(1992), case management and social work, NY, Longman.

Slife, B. D. Williams, R. M.(1995), What's behind the research?: discovering hidden assumptions in the behavioral sciences thousand oaks, Sage Publications. CA.

Sheppard, M.(1995), Care management and new social work: a critical analysis, London, Whiting & Birch Ltd.

Vetere, A.(1987), Gale ecological studies of family life, New York, John Riley &Sons.

Wakefield, J. C.(1996), Does social work need the eco-systems perspective? Part 1. Is the perspective clinically useful? Social Service Review 70

(1), pp. 1-32.

__________________, Does social work need the eco-systems perspective? Part 2. does the perspective save social work from incoherence?, Social Service Review 70 (2), pp. 183-213.

Walker, A.(1993), Community care : from consensus to conflict; in Bornat, J. et al.(1993), community care a reader, London, MacMillan.

Wistow, G.(1988), Beyond joint plinning: manageming community care; in Wistow, G. & Brooks, T.(1988), Joint planning and joint management, England, Royal institute of public administration.

Yeung, H. W.(1998). Transnational corporations and business networks: Hong Kong Firms in the ASEAN Region, London, Routledge.

제3부

협의의 재가노인복지

7 chapter

가정봉사원 파견사업

제 1 절 가정봉사원 사업 현황

1. 목적

가정봉사원 파견 사업은 노인복지법 제38조 1항에 따라 신체적 · 정신적 장애로 일상생활을 영위하기 곤란한 노인이 있는 가정에 가정봉사원을 파견하여 노인의 일상생활에 필요한 각종 편의를 제공하여 지역사회 안 에서 건전하고 안정된 노후생활을 영위하도록 하는 것을 목적으로 하고 있다.

2. 대상자

1) 대상자

가정봉사원 파견사업의 대상자는 ① 일상생활 수행능력(ADL ; Activities of Daily Living)에 이상이 있는 자 ② 노인성 질환 또는 노쇠로 인해 심신의 장애가 있는 자 ③ 일반 질환으로 인해 일시적인 일상생활 서비스가 필요한 자 ④ 혼자서 생활하는 노인으로 일상생활에 다른 봉사자의 도움을 받아야 하는 자 ⑤ 기타 복지시설 기관장이 가정봉사원 파견 서비스가 필요하다고 인정하는 자 및 그 가정이다.

2) 대상 노인별 비용부담

가정봉사원 파견 사업을 통해 서비스를 받을 수 있는 대상 노인은 무료, 실비, 유료로 구분된다. 무료로 서비스를 받을 수 있는 사람은 65세 이상의 국민기초생활 수급권자이며, 실비 이용자는 65세 이상의 저소득 노인으로 각 해당년도의 도시 근로자 월 평균 소득 미만인 가구의 노인들로 선정기준을 정하고 있다. 실비의 경우 식비·간식·목욕서비스 등 각종 서비스내용에 따라 실비를 징수한다. 실비이용자는 이용정원의 30% 이내 범위 안에서 실비로 이용할 수 있으며, 이용인원이 80명이 초과하는 경우 그 초과인원에 대해서 실비로 이용할 수 있다. 유료 이용자들은 무료 및 실비 이용 대상 이외의 60세 이상 일반노인이면 이용가능하다(〈표 7-1〉 참조).

〈표 7-1〉 가정봉사원 파견사업 대상노인 구분

대상 노인 구분	선정기준
무료대상자	65세 이상의 국민기초생활 수급권자 또는 복지실시기관의 장이 이용을 의뢰한 자 65세 이상인 저소득노인으로 부양의무자로부터 적절한 부양을 받지 못한 사람으로 시·군·구청장이 의뢰한 자 65세 미만이라도 노쇠현상이 현저하여 특별히 보호할 필요하다고 시·군·구청장이 인정한 자
실비대상자*	65세 이상 저소득 노인(각 해당년도 도시근로자 월평균소득 미만인 가구의 65세 이상 노인) 식비·간식·목욕서비스 등 각종 서비스내용에 따라 실비 징수
유료대상자	무료 및 실비 이용 대상 이외의 60세 이상 일반노인 국고 또는 지방비 예산 지원이 없는 시설을 이용하는 자

* 1인당 월평균 소득액 988,097원 기준(2005년 3/4분기 통계청 발표: 도시근로자 가구당 월평균 소득 3,310.9천원/평균 가구원수 3.42명)

자료: 보건복지부(2006). 노인보건복지사업안내, .

3. 사업 내용

가정봉사원 파견 사업에서 제공하는 서비스는 5개 영역으로 ① 신체적 지원 ② 일상생활지원 ③ 노화, 질병 및 장애관리에 관한 사항 ④ 상담 및 교육에 관한 사항 ⑤ 지역사회 복지자원 발굴 및 네트워크 구축 등에 관한 사항이다(보건복지부, 2006). 노화, 질병 및 장애관리에 관한 사항은 2005년부터 재가복지사업지침에서 명시된 것으로 고령화 사회 진입 이후 급속히 증가하고 있는 고령 및 초고령 노인세대를 위해서 예방적 복지서비스를 제공하려는 시도에서 제시된 것이라 할 수 있다. 고령노인들은 노화와 질병 또한 그로 인한 장애도 발생하게 되는데 이런 상황을 전적으로 피할 수 있는 것은 아니지만 적절한 서비스를 통해 이런 상황을 지연시키거나 더 심화되는 것을 막을 수는 있다. 이제까지 문제발생 후 서비스를 제공하는 입장과 달리 예방적 입장에서 적극적으로 개입하려고 하는 시도를 보여준다는 점에서 진일보했다고 할 수 있다. 가정봉사원 파견사업의 내용은 〈표 7-2〉에 상세히 제시했다.

재가노인복지사업 내용에 따르면 재가서비스는 비전문적인 서비스인 일상생활지원에서 상담 및 교육과 같은 전문적 서비스까지 제공하도록 하고 있지만 현재 재가복지사업에서 가정봉사원을 통해 주로 제공되는 서비스는 일상생활 지원이 대부분이고, 신체적 지원 중에서는 목욕 및 머리감기와 간병 두 가지만이 이루어지고 있다. 상담 및 교육의 경우에는 전문적인 훈련이 요구되는 부분으로 아직 활성화되지 못하고 있다(한국재가노인복지협회, 2003).

〈표 7-2〉 가정봉사원 파견사업 내용

항 목	내 용
신체적 수발에 관한 사항	◦ 세면도움, 구강관리, 머리감기기, 몸단장, 옷 갈아입히기, 목욕도움, 식사도움, 체위변경, 이동도움, 신체기능의유지·증진, 화장실 이용하기 등
일상생활지원에 관한 사항	◦ 가사지원 서비스: 취사, 생활필수품 구매, 청소·세탁·주변 정돈 등 ◦ 개인활동 서비스: 신체청결, 외출시 동행·부축 ◦ 우애서비스: 안부 전화 및 방문, 말벗, 편지 전달, 생활상담
노화, 질병 및 장애관리에 관한 사항	◦ 노화, 질병 및 장애관리를 위한 보조 및 사회서비스 ◦ 생활지도 및 일상동작 훈련 등 심신의 기능 및 강화를 위한 서비스
상담 및 교육에 관한 사항	◦ 지역사회 내에서 노인의 자립생활에 관한 상담 서비스 ◦ 질환 및 장애노인 가족을 위한 상담 및 교육
지역사회 복지자원 발굴 및 네트워크 구축에 관한 사항	◦ 무의탁 노인 후원을 위한 결연 사업(1인당 10,000원 이상을 3개월 이상 지속) ◦ 지역사회 자원봉사자 등 인적 자원 발굴 사업

자료: 보건복지부(2006). 노인보건복지사업 안내.

4. 사업운영

1) 사업 주체

가정봉사원 파견사업의 실시주체는 국가, 지방자치단체, 법인 또는 개인이다(한국재가노인복지협회, 2003). 서울시의 경우 가정봉사원 파견시설(민간 또는 법인의 위탁시설), 노인종합복지관, 서울시 가정도우미 팀운영센터, 지역사회복지관 부설 재가복지봉사센터가 주체가 되어 가정봉사원 파견 사업을 운영하고 있다.

운영주체별 주무부서를 살펴보면 민간이 위탁운영하고 있는 가정봉사원 파견시설은 저출산 고령정책본부 내 노인운영 팀에서 관리하고, 재가복지봉사센터는 보건복지부 사회복지 정책과에서 관장하고 있다. 자치구와 민간법인이 운영하고 있는 노인종합복지관의 경우 서울시는 노인복지과, 각 시도는 사회복지과에서 업무를 담당하고 있으며, 서울시가 자체적으로 운영하고 있는 가정도우미팀 운영센터는 서울시 직제에 따라 노인복지과에서 그 운영을 담당하고 있다.

가정봉사원 파견시설은 2004년도의 300개소에서 2005년도에는 399개소로 증가하였고 대상 노인의 수도 2004년도의 24,836명에서 2005년도에는 32,752명으로 대폭 증가하는 추세를 보이고 있다(보건복지부, 2006). 2005년 가정봉사원 교육기관은 가정봉사원 양성·보수교육과 노인 부양가정 교육을 담당하는 시설로서 3개소가 운영되고 있다(보건복지부, 2006).

2) 가정 봉사원의 유형 : 급여 유무/근무 형태

1996년도에 보건복지부는 자원봉사자를 가정봉사원으로 활용하던 방식에서 벗어나, 가정봉사원의 유급제도를 실시하면서 가정봉사원의 명칭을 유급가정봉사원 또는 무급가정봉사원으로 분류하여 호칭하고 있다.

무급가정봉사원은 가정봉사원의 능력 및 지역 여건 등을 고려하여 가정봉사원 1인당 무료이용 대상노인 1-5명 기준으로 기본적인 서비스(가사지원·개인활동지원·정서지원)를 월 2-3일, 1일 4-5시간 제공한다. 무급가정봉사원은 자원봉사자들에게 일정한 교육을 시켜 저소득 노인 가정을 방문하여 서비스를 제공하도록 한 자원봉사자를 활용한 가정봉사원 파견 사업이라 할 수 있다.

유급가정봉사원은 장애정도가 심한 무료·실비이용 대상노인에게 기본서비스, 특별서비스 제공, 급여(정부지급) 수급 등의 서비스를 제공한다. 유급가정봉사원은 가정봉사원 파견시설, 서울시 가정도우미, 노인복지관과 재가복지센터에 소속되는데, 가정봉사원 파견시설에 소속된 유급가정봉사원은 1시간 당 4,500원으로 주 8시간, 주 5일 근무로 월 90만원 정도의 실비 활동비를 받는다. 서울시가 도입한 가정도우미는 각 구청의 사회복지과에 소속되어 1일 8시간 근무를 기준으로 시급 3,750원, 월 78.8만원을 받는다.

2005년 12월말 현재 가정봉사원 파견시설에 소속된 가정봉사원은 총

15,854명이며, 이중 유급이 1,249명(7.9%), 무급이 14,595명(92.1%)으로 무급가정봉사원, 즉 자원봉사자에 의해 이루어지는 서비스가 대부분이다.

3) 가정 봉사원 파견시설의 직원배치 기준

가정봉사원 파견시설은 노인복지법시행규칙(부령 제00231호) 제29조 '재가노인복지시설의 시설 기준 등'의 규정에 따라 서비스 제공에 필요한 최소한의 직원과 가정봉사원을 배치하여야 한다. 따라서 가정봉사원 파견시설은 시설장, 사회복지사(1인), 보조원 또는 운전기사(1인)를 두도록 되어 있으며, 1개 시설당 서비스 대상 노인의 수는 80명이다. 그리고 노인결연 500인 이상 시 사회복지사 1명을 전담직원으로 별도로 배치할 수 있다. 무급가정봉사원의 경우 가정봉사원의 능력과 지역여건 등을 감안하여 가정봉사원 1인당 1~5명을 기준으로 배치하며, 유급가정봉사원의 경우는 1인당 8명의 노인을 담당하도록 하고 있다. 유급가정봉사원은 기관당 2명씩 지원되고 있고 단, 이용인원이 80명을 초과하는 경우에 지방자치단체예산에 따라 유급자원봉사원 수당에 대한 추가지급이 가능하게 하여 기준배치 2인 이상을 쓸 수 있다.

한편 사회복지시설에 가정봉사원 파견시설을 병설하는 경우에는 사회복지사 및 가정봉사원 외의 직원은 사업에 지장이 없는 범위 안에서 시설의 직원이 겸임 가능하나 겸임 시 인건비 이중 지원은 불가능하다. 겸임으로 인한 서비스 제공이 소홀하지 않도록 시·군·구는 철저히 지도·감독이 필요하다.

4) 재정

보건복지부는 가정봉사원 파견시설에 대해 2004년까지는 국고 예산을 지원해 왔으나 2005년부터 지방정부로 이양되어 추진되고 있다. 따라서 가정봉사원 파견 사업은 2005년부터 인건비, 운영비 등 사업비 일부를 지방자치단체에서 보조받고, 초과하는 부분에 대해서는 운영주체 자체 부담으로 충당한다. 2006년도 가정봉사원파견시설 예산지원액은 120,440천원이며 이는 적정 평가도구를 통해 지원중단 및 예산 차등지원이 가능하게 하고 있다.

제 2 절 방문요양서비스로의 변화

우리나라 가정봉사원 파견 사업은 외국에 비해 시행된 역사가 길지 않아 체계적인 틀을 갖추지 못하고 지속적으로 보완·발전해 나가고 있는 과정이다. 하지만 2008년 노인장기요양보험제도 실시는 재가복지의 변화를 가져오고 따라서 가정봉사원 파견 사업도 용어와 내용에 있어 변화가 불가피하다. 이 부분은 노인장기요양보험제도 도입에 따른 방문요양서비스(구 가정봉사파견사업)에서 고려되어야 할 부분들을 중심으로 살펴보려고 한다.

1. 사업의 목표 : 국가의 사회부양 및 보편주의

2007년 개정 노인복지법 제38조 1항에 방문요양서비스는 "가정에서 일상생활을 영위하고 있는 노인으로서 신체적·정신적 장애로 어려움을 겪고 있는 노인에게 필요한 각종 편의를 제공하여 지역사회 안에서 건전하고 안정된 노후를 영위하도록 하는 서비스"로 규정하고 있다. 방문요양서비스의 목적은 혼자서 일상생활을 영위하기 어려운 노인이 있는 가정에 노인의 일상생활에 필요한 각종 서비스를 제공하고, 지역사회 안에서 건전하고 안정된 노후생활을 도모하는데 있다고 하겠다. 이런 목표는 노인장기요양보험제도의 목표와 상응하는 것이지만 재가복지에서 제공하는 서비스의 목적으로는 매우 협소하다고 하겠다. 방문요양서비스가 고령화 사회에서 가장 심각하게 드러나는 노인부양의 문제를 해결하려는 의지를 담고 있으나 신체적 지원이나 일상생활활동 지원을 돕는 것으로 한정되어 있는 점이 있다.

따라서 방문요양서비스의 목표 설정에 있어서 노인의 자립생활을 돕고 노인 가족의 부양기능을 지지하거나 보충하는 목표 이외에 장기적으로는 국가의 사회적 부양부담을 줄이고, 부양에 대한 예방적 기능을 함께 설정하여 국가 차원에서의 보편주의적 접근을 시도해야 한다.

2. 대상자

1) 대상노인 선정기준

현행 가정봉사원 파견사업의 대상노인은 신체적·정신적 이유로 혼자서 일상생활을 영위하기 어려운 노인으로서 소득 수준에 따라 65세 이상의 국민기초 생활 수급권 노인과 저소득층 노인 그리고 60세 이상의 중산층 이상 노인으로 구분하여 각각 무료, 실비, 유료의 형태로 이용하도록 되어 있다.

현행 노인복지법에 제시된 "신체적·정신적 이유"라는 기준이 기능적 장애를 의미하는 것인지 또는 전문적 질환을 의미하는 것인지 애매모호하며, "일상생활을 영위하기 어려운 정도"라는 기준도 명확하지 않다. 따라서 가정봉사원 파견에 있어서 대상노인을 선정하기에는 현행 기준이 모호하여 대상 노인의 특성에 따른 전문적인 서비스 개발에도 제한을 주고 있다(박차상 외, 2004).

2008년 노인장기요양보험제도 도입으로 방문요양서비스를 받는 대상은 노인장기요양보험법에서 규정한 요건을 충족시켜야 한다.

(1) 노인장기요양보험가입자 또는 그 피부양자
(2) 장기요양서비스를 신청
(3) 6개월 이상 동안 혼자서 일상생활을 수행하기 어렵다고 인정하는 경우
(4) 장기요양점수에 따라 등급판정위원회에서 장기요양 1-3등급을 받은 자

등급판정은 노인성질환, 일상생활활동 의존성, 가족의 부양능력 등이 고려하여 등급판정위원회에서 수급자를 결정한다. 등급판정은 장기요양보호

의 필요성이 장기요양점수로 환산되어 결정되기 때문에 생태적 한계를 가지게 된다. 장기요양점수 환산은 다양한 상황을 고려하기 위해 지속적으로 개발 보완되어야 한다. 한편 이를 보완하기 위해 등급판정위원회가 심의를 하는데 개인의 개별적 상황을 충분히 고려할 수 있는 위원들로 구성될 필요가 있다.

2) 대상노인의 확대

대상노인의 선정 기준이 제한되어 있기 때문에 2004년 12월 31일 주민등록인구 기준 65세 이상 노인인구 중 가정봉사원 파견 사업을 이용하고 있는 노인은 약 0.6%에 불과한 것으로 추정된다. 노인장기요양보험제도가 도입되어도 현재의 재가대상노인보다 많이 늘어나지 않을 것이다. 노인장기요양보험 수급자가 중증이상의 노인이 장기요양등급 1-3급에만 국한되기 때문에 다양한 이유로 인해 장기요양이 필요한 노인의 소수에 지나지 않을 것이다.

노인장기요양보험을 받을 수 있는 수급자가 장기요양등급 중에서 중증이상의 의존성을 가진 1등급에서 3등급으로 제한되어 있어 의존성은 높지 않지만 여전히 타인의 도움이 필요한 노인들이 많이 배제되어 있는 상황이다. 특히 가족의 부양능력이 부족하고 의존성이 낮지만 여전히 타인의 도움이 필요한 경증 수준의 많은 노인들은 노인장기요양보험 수급자에서 배제됨으로서 이중의 고통을 받을 가능성이 있다. 빠른 시간 내에 장기요양 수급자의 기준을 확대해 나가야 할 것이다. 그리고 과도기 동안은 노인장기요양보험에서 배제된 노인들을 위해 기존의 재가서비스 즉 방문요양서비스를 제공 받을 수 있는 등급을 확대해 나가야 할 것이다.

따라서 현행의 소득 수준별 선정기준을 단계적으로 상향 조정하여 무료·실비이용노인의 수를 확대하고, 노인의 건강상태별 선정기준을 개발하여 중도의 장애·질환노인, 경도의 장애노인 순으로 확대해야 한다.

3. 서비스의 다양화와 전문화

노인인구의 증가에 따라 앞으로 다양한 경제계층에 속한 재가노인들의 욕구도 증가할 것이며 의료기술의 발달에 따른 평균수명의 연장으로 의존수명이 증가되어 재가 노인 중 요보호 노인들의 욕구도 강하게 드러날 것으로 전망된다. 현재 가정봉사원 파견시설에서 제공하는 서비스가 기초생활수급대상자와 저소득층 노인을 대상으로 일상생활지원에 해당하는 가사지원 및 우애 서비스에 치우쳐 있는 반면 경제적 중산층 이상의 재가 노인들의 욕구를 충족시킬 수 있는 서비스와 요보호 노인 등 중등도 이상의 장애 · 질환노인을 위한 보건 · 의료서비스(방문간호, 욕창간호, 기능훈련, 야간간호 등) 및 응급서비스 등은 매우 부족하다.

하지만 노인장기요양보험제도는 가정봉사원 파견 사업에서 부족했던 부분을 세분화하여 방문요양서비스 이외 방문목욕, 방문간호, 주 · 야간보호 서비스를 제공하기 때문에 방문요양서비스에서는 신체활동 및 가사활동을 지원하게 되어있다. 이런 요양지원은 보험에서 비용을 지원하는 것이기 때문에 노동력이 필요한 신체활동이나 가사활동에 집중될 것이다. 하지만 장기요양에서 물리적 지원 이외 더욱 필요한 것은 심리적 지원이라 할 수 있다. 장기요양노인에게 삶의 질을 보장하고 더 나아가 품위 있는 죽음을 준비할 수 있도록 하는 호스피스와 같은 서비스도 필요하다.

요양보호사는 간호사, 간호보조원, 치과위생사가 일정교육시간을 이수하면 자격을 취득할 수 있다. 요양보호사 1급은 240시간, 요양보호사 2급은 120시간으로 되어 있다. 방문요양서비스의 경우, 간호적 요양은 가능하겠지만 의료 · 간호적 요양의 효과를 유지하고 증진시킬 수 있는 심리사회적인 전문적 서비스는 제외되어 있는 형편이다.

4. 사업운영

1) 사업 주체별 특성화

방문요양서비스는 장기요양기관에서 제공하도록 하고 있다. 장기요양기관은 현재의 재가복지시설들이 전환되어 방문요양서비스 이외에도 방문간호나 방문목욕서비스 등도 함께 제공하게 될 것이다. 노인장기요양보험제도가 실시되면 장기요양시설은 정부의 지원이 아닌 서비스 이용료를 받아 운영하게 되기 때문에 장기요양기관간의 경쟁은 불가피해 진다. 장기요양기관간의 경쟁은 서비스 질을 향상시키게 될 것이다. 다만 지역 내에서 이용 가능한 기관들 충분해야 하므로 앞으로 장기요양기관 인프라가 구축되어야 한다.

2) 지역별 균형 배치

2002년 말에는 총 165개였던 가정봉사원 파견시설이 2004년 12월 말에는 총 300개(보건복지부, 2005)가 운영되고 있어 양적으로 증가하고 있음을 알 수 있다. 그리고 2002년 말에 가정봉사원 파견시설의 64.7%가 광역시 이상의 도시지역에 편재되었던 것에 비해 2004년 말 현재는 42%로 줄어 지역 간의 편차도 줄어드는 추세이다. 그럼에도 시도별로 구분해서 보면 전북이 49개소로 가장 많고, 부산이 34개소, 서울이 31개소, 전남이 28개소인 반면 제주 6개소, 충북 7개소, 충남 8개소여서 여전히 지역에 따라 차이가 크다.

〈표 7-3〉 시도별 가정봉사원 파견시설 설치 현황

(2004년 12월 말)

시·도	65세 이상 노인인구 (2005.12.31 주민등록 인구기준)	가정봉사원파견시설						
		시설수	이용인원		종사자수	가정봉사원수		
			정원	현원		계	유급	무급
합 계	4,324,780	399	32,752	32,102	1,428	15,854	1,249	14,595
서 울	731,349	31	2,493	3,329	73	2,021	76	1,945
부 산	302,784	40	3,315	3,025	146	1,697	107	1,590
대 구	195,419	25	2,020	2,047	87	787	129	658
인 천	178,602	17	1,510	1,386	59	751	43	708
광 주	99,389	24	1,942	1,756	96	1,906	65	1,841
대 전	99,811	10	845	864	34	208	57	151
울 산	57,977	10	800	1,133	36	214	49	165
경 기	755,511	39	3,242	2,294	139	1,234	144	1,090
강 원	183,471	22	1,760	1,684	77	697	59	638
충 북	168,670	9	621	648	26	188	24	164
충 남	261,797	15	1,210	1,242	57	525	20	505
전 북	243,785	62	5,212	5,244	243	1,208	200	1,008
전 남	306,439	34	2,682	2,486	128	1,461	65	1,386
경 북	360,086	20	1,691	1,496	74	919	108	811
경 남	323,895	33	2,779	2,814	120	1,938	85	1,853
제 주	55,795	8	630	654	33	100	18	82

자료: 보건복지부 내부자료

또한 지역별 인구분포에 따른 시설 배치 현황을 분석하면 전북, 부산, 대구, 광주, 울산 등이 65세 이상 노인인구 대비 시설 수가 다른 지역에 비해 많은 편이고, 경기, 충북, 충남, 경북 등이 적은 편이다. 시도별 인구분포에 따라 적절한 수와 규모의 가정봉사원 파견시설의 설치가 필요하다.

가정봉사원 파견 시설들이 모두 장기요양기관으로 전환한다고 해도 지역적인 불균형을 해소하기는 어려운 형편이다. 각 시도 내에서 지리적 여건을 감안하여 장기요양기관을 증설하여 방문요양서비스의 접근성을 높여야 하며, 방문요양서비스를 제공하는 장기요양기관 간의 경쟁을 통해 서비스를 차별화하고, 다양화하며, 전문화함으로써 서비스의 질과 양을 향상시켜 나가야 할 것이다.

3) 지역사회 기관연계

우리나라 가정봉사원 파견 시설기관은 지역사회 행정기관(동사무소・구청・시청), 보건소, 사회복지시설・상담기관, 후원단체(각종복지재단), 민간 의료기관 등의 순으로 협조 관계를 맺고 있는 것으로 보고되고 있다(한국재가노인복지협회, 2003). 그러나 해당 기관의 전문성 부족, 융통성 부족, 빈번한 실적보고로 인한 업무 지장, 지나친 업무 간섭, 비공식적 관계 등의 문제로 인하여 시설・기관간의 협조 관계가 제한되어 있는 것으로 평가된다. 실제로 서울시 가정도우미 팀 운영센터와 민간 가정 봉사원파견 시설・기관간의 연계부족으로 인하여 서비스 중복문제가 제기되고 있다.

지역사회 기관과의 연계는 지역사회 자원의 활용을 의미하는데 이는 지역사회 자원을 개발하고자 하는 가정봉사원 파견시설의 노력에 따라 차이가 난다. 따라서 지역사회 자원을 최대한 활용하기 위해서는 기초 자치 단체 수준별로 지역사회 재가복지 협의체를 조직하여 지역사회 기관・시설들을 통합・관리하고, 보건・의료기관 종사자(특히 가정방문간호사)와 역할 분담을 통한 팀워크 체계를 형성해야 한다. 또한 연계 부족 원인을 명확하게 규명하여 대응하고, 행정기관 담당 공무원, 후원단체 종사자 등과의 의사소통 방법을 개선해야 할 것이다.

가정봉사원 파견센터에서 하던 지역사회연계사업은 장기요양기관에 이전되지는 않을 것이다. 다만 재가복지시설이 장기요양기관으로 전환하지 않고 남아있게 된다면 재가복지시설에서는 이 기능을 유지할 수 있겠다.

제 3 절 가정봉사원 활동사례

본 사례는 2004년 3월 가정봉사원 파견교육을 수료한 김○○ 가정봉사원의 활동사례로서 2004년 3월부터 2006년 현재까지의 활동사항을 요약한 것이다.

1. 대상노인에 관한 사항

1) 의뢰과정

본 대상노인은 가정봉사원이 파견 나가는 지역 내 종합사회복지관에서 가정봉사원 파견이 필요한 노인을 동사무소로부터 의뢰받아 복지관 재가팀이 의뢰받은 대상노인의 실태조사를 하여 서비스 제공이 필요하다는 판단 하에 선정되었다.

당시 대상노인은 72세로 지체장애 1급이면서 기초생활수급권자로 선정되어 있는 상태였고, 부양의무자의 부재와 거동하기 힘든 신체적 어려움으로 인하여 힘들게 생활하고 있었다.

2) 대상노인의 인적사항

이름	임○○		나이	1930년 6월 21일
주소	서울시 광진구		성별	여
직업	무		전화번호	455-****(주인집)
건강상태	지체장애 1급, 당뇨합병증		종교	기독교
경제상태	월수입	30여 만원(수급액)	부채	없음
	주택	다세대 주택(월세)	자산	없음

3) 생활력

대상노인은 5살 때부터 혼자 생활해 오며 부모에 대한 기억도 없는 상태로 여러 보육시설을 다니다가 여러 집의 집안일을 해주며 살아왔다.

무학에 생활이 어렵고 여의치 않아 결혼은 못하였고, 수양아들을 얻어 키웠지만 자라면서 관계가 좋지 않아 현재는 연락이 두절된 상태이다. 20년 전에 현재 거주지로 와서 집주인의 큰 딸을 키우며 가정부처럼 생활하였고, 이후 집주인 딸이 성장한 후에는 동사무소의 취로사업을 하면서 생활하였다.

하지만 지병이었던 당뇨의 합병증이 생기면서 2003년 오른쪽 다리를 절단하게 되어 지체장애 1급 판정을 받았고, 목발이나 휠체어와 같은 보조기구로 거동을 하지만 의식주 문제와 신체변화의 적응과정에서 나타나는 우울증세의 관리가 필요한 상태이다.

주거공간은 주인집 지하에서 살다가 주인집에서 공장을 하게 되면서 옮기게 되어 1층의 창고로 거처를 옮겼지만 1평 남짓한 공간에 외부화장실로 주거환경이 열악한 상태이며, 수급액 30여만 원의 소득에 지출은 월세로 14만 원을 집주인에게 주며 그 돈으로 전기세 수도세 및 각종 공과금을 납부하며 생활하고 있다.

4) 생태도

대상노인을 둘러싼 환경을 〈그림 7-1〉에서 보면 동사무소와 교회, 이웃주민, 친구들과 관계를 맺고 있고, 양아들과는 전혀 관계를 맺지 않고 있음을 알 수 있다.

〈그림 7-1〉 생태도

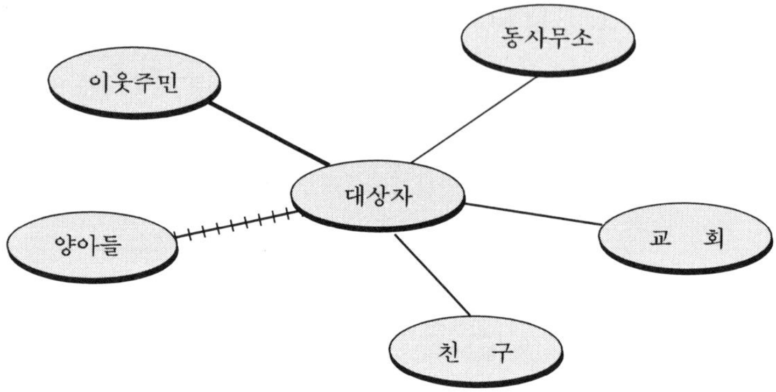

2. 봉사활동 내용

1) 활동초기단계(2004. 3~2004. 5)

대상노인이 가까운 친척이나 가족이 없어서 외로움을 많이 갖고 있는 상태여서 가정봉사원과 초기의 관계형성을 하는데 별다른 어려움은 없었다.

가정봉사원이 파견되었을 당시 대상노인은 거동이 불편한데 따르는 식사 문제와 외부로 외출하는 것이 어렵다고 하였으며, 실제로 예전의 종교활동이나 이웃이나 친구들과의 만남을 모두 회피한 채 집안에만 있는 상태였다. 또한 갑작스런 신체의 변화로 인한 적응 과정에서의 어려움으로 약간의 우울 증세를 보였으며 이에 대한 지속적인 건강관리도 필요한 상태였다.

초기에는 복지관의 사회복지사와 가정봉사원이 함께 제공될 서비스에 대한 계획수립과 대상자와의 계약이 이루어졌다.

2) 활동중간단계(2004. 6~2005. 12)

가정봉사원은 주 4회, 10시부터 12시까지 대상자 가정에 방문하였으며 주로 가사지원서비스와 우애서비스를 지원하였다.

우선, 대상노인이 가장 힘들어하는 식사문제의 개입을 위해 복지관에서 제공되는 밑반찬 지원서비스를 제공하기로 하였다. 주 2회 2찬의 밑반찬을 제공하였으며, 복지관 내 자원봉사자를 연결하여 대상노인에게 다양한 사람과의 만남을 통해 외로움과 우울을 극복할 수 있도록 개입하였다. 제공된 밑반찬과 가정봉사원의 식사수발을 통해 대상자의 식사문제를 해결할 수 있었으며, 대상자도 이에 대한 만족도가 높았다.

또한, 당뇨에 대한 지속적인 건강 체크도 대상노인이 원하여 가정봉사원에게 당뇨의 수치를 체크할 수 있는 기기를 대여하여 방문당시 아침마다 정기적으로 체크할 수 있도록 하였다.

지속적인 가정봉사원의 방문으로 대상자와의 관계가 더욱 좋아졌으며, 가정봉사원도 정해진 시간 이후에도 전화로 안부 인사나 건강 체크와 같은 서비스를 계속적으로 제공하였다.

3) 현재 활동단계(2006. 1~현재)

초기에 다리 절단으로 인한 적응과정에서의 어려움으로 보였던 우울함이나 외로움에 대한 개입으로 인한 효과가 가장 크게 나타나 복지관에서 진행하는 장애인 나들이에도 참석하는 등 활발한 활동을 보이고 계신 상태이다.

따라서 현재는 가정봉사원이 주 4회에서 주 3회로 방문의 횟수를 줄이는 대신 다른 말벗 자원봉사를 연계한 상태이며, 가정봉사원은 지속적인 당뇨 건강 체크에 더욱 신경을 쓰고 있다. 가사지원서비스의 경우 처음에는 가정봉사원이 100% 준비를 하였다면 현재는 대상노인도 신체의 무리가 가지 않는 범위에서 몸을 움직여서 재활을 할 수 있도록 조금씩 개입을 하고 있는 상태이며, 앞으로 이와 같은 대상자의 재활에 관한 개입이 주 목표가 될 것이다.

3. 평가

1) 가정봉사원의 평가

대상자와의 초기 관계 형성에서부터 편안하게 시작을 하여 가정봉사원은 초기 방문의 부담을 덜 가질 수 있었다. 또한 대상자가 원하는 서비스 욕구를 가정봉사원이 해결해 주고 있다는 것에서 오는 대상자의 만족감 역시 가정봉사원에게는 큰 보람이었고 즐거움이었으며, 이 대상자의 경우 더 나아가서 차츰 생활의 변화를 보이자 가정봉사원이 더욱 적극적으로 활동하게 되었다.

하지만 대상노인의 경우, 가정봉사원에게 너무나 많은 의존을 보이는 경우가 있어서 시간이 갈수록 부담감도 다소 느낄 수가 있었기에 자원봉사자의 연계로 그 부담감을 해결하고자 하였다.

2) 기관의 평가

집중 사례관리가 필요한 대상자에게 가정봉사원의 파견으로 대상자의 꾸준한 건강과 심리상태를 파악할 수 있었다. 또한 그 과정을 통해 자원봉사자와 같은 지역 내 자원을 연계하고 기관의 서비스를 지원하여 대상자의 삶의 만족도 역시 높아질 수 있었다고 생각한다.

다만 시간이 흐르면서 가정봉사원에게 대상자가 의지하는 비중이 높아지면서 부담이 생길 수가 있었고 대상자 또한 주말이나 야간에는 가정봉사원의 활동이 힘들어서 서로의 힘든 점이 있다고 생각한다. 이러한 점은 다른 자원의 연계로 어느 정도는 해결될 수 있지만 질적인 서비스의 제공을 위해서는 가정봉사원의 지속적인 지원이 이루어져야 한다고 생각한다.

참고문헌

김범수(1998) 서울가정도우미사업 2개년 운영평가 및 서비스 전달체계 개선방안 연구, 서울시.

김순양 · 박병일 · 고수정(2003), 가정봉사원 파견사업의 수혜자 만족도 및 그 영향요인에 관한연구, 한국노년학, 23(2), 1-20.

김훈(2004), 전주시 지역사회의 재가노인복지사업의 실태와 개선방안 : 가정봉사원파견센터를 중심으로, 노인복지연구, 23(봄), 7-36.

박차상 · 김옥희 · 배창진 · 엄기욱 · 이경남 · 정상양 공저(2004), 『한국노인복지론』, 학지사.

박현정 · 김형길(2003), 가정봉사원 파견사업의 문제점과 개선방안, 한국노년학연구, 12, 67-83.

보건복지부(2003), 2003년도 노인보건복지사업안내.

보건복지부(2004), 2004년 보건복지백서.

보건복지부(2005), 2005년 노인복지시설현황.

보건복지부(2006), 2006년 노인복지시설현황.

보건복지부(2006), 노인보건복지사업 안내.

한국재가노인복지협회(2003), 재가노인복지사업 10년 발자취, 재가노인복지총서 10.

Gilbert & Terrell(1998), *Dimensions of Social Welfare Policy*, Pearson Education, Inc.

8 chapter

주간보호사업

제 1 절 주간보호사업의 현황

1. 주간보호사업의 의의

다양한 오늘날의 노인들의 욕구에 대응하기 위해서는 노인복지생활시설, 가정봉사원이나 방문간호에 의한 방문간호서비스 등의 제공만으로는 이러한 욕구의 대응이 곤란할 것이다. 그 가운데 주간보호사업은 케어가 필요한 노인의 다양한 욕구에 대응하기 위해 이용시설이다. 즉 주간보호서비스는 노인복지생활시설처럼 시설에 입소해서 생활 전반에 걸친 서비스를 제공하는 형태에 대해 이용서비스를 제공하는 이용형이다.

우리나라에서 노인복지의 정책방향이 시설복지서비스에서 재가노인복지서비스로 변화되어 가면서 재가노인복지사업이 확산되고 있다. 특히 재가노인복지사업 중 노인주간보호사업은 노인을 가정에서 모시면서 낮 시간을 이용하는 형태여서 많은 사람들의 관심을 끌고 있는 것이 사실이다. 실제로 재가노인을 의식 조사한 연구에 의하면, 노인주간보호사업은 가정봉사원파견사업과 더불어 가장 선호하는 사업으로 나타나고 있다(김봉일 · 윤창현 · 강병근, 2003: 205).

주간보호서비스는 영어로 Day care center, Day service center, Day center, Day club, Day hospital 등으로 부르는데 이것들을 우리말로 직역하면 주간보호, 탁로소 등에 해당된다. 따라서 주간보호서비스의 명칭은 국가마다 상이하지만 그 기능은 낮 동안에 노인들에게 가족을 대신해서 서비스를 제공한다는 것은 대체로 일치한다.

그러나 각 주간보호서비스센터가 대상에 따라서는 그 정의를 다르게 하고 있는데, 예를 들면 대구시노인종합복지관은 뇌졸중 등의 노인성 질환으로 심신이 쇠약한 노인들을 대상으로 낮 동안 시설이용과 함께 각종 서비스를 제공하여 노인의 생활안정과 심신기능을 유지 · 향상을 도모하고 수발하고 있는 가족의 부담을 덜어주기 위한 곳(대구시노인종합복지관, 1997)으로 정의하고 있고, 서울의 송파노인종합복지관의 치매탁로소에서는 낮시간 동안 보호하여 각종 편의를 제공하고 치매의 증상악화를 예방하고 부양가족의 수발부담을 덜어주는 곳(서울특별시 송파노인종합복지관, 1997)으로 정의하고 있다. 노인복지법에는 노인주간보호시설을 '부득이한 사유로 가족의 보호를 받을 수 없는 심신이 허약한 노인과 장애노인을 낮 동안 시설에 입소시켜 필요한 각종 편의를 제공하여 이들의 생활안정과 심신기능의 유지 · 향상을 도모하고, 그 가족의 신체적 · 정신적 부담을 덜어주기 위한 시설'이라고 정의하고 있다.

일본의 주간보호서비스는 재가에서 생활하고 있는 케어가 필요한 노인이 일상생활을 영위하는데 생활장애를 이용 · 방문 등의 각종 서비스에 의해서 그것을 제거 또는 경감하게 하는 원조서비스로 규정하고 있다. 이 서비스에 의해서 케어가 필요한 노인이 하루라도 더 오랫동안 재가생활을 가능하게 하고, 그 생활의 질의 향상을 목표로 하는 것이다. 또한 주간보호서비스는 노인홈의 전문가집단과 설비를 지역주민과 고령자에게 개방하고 노인홈을 주민지원형(community supported institution) 지역노인복지의 중요한 사회자원으로서 역할을 책임져야 하는 방향으로 진행되고 있다. 그 결과, 노인홈에 주간보호센터를 병설하는 것은 양로원적 이미지의 불식에도 기여하는 효과를 기대할 수 있다. 따라서 노인홈의 사회화 촉진에 기여할 수 있다는 일석이조의 효과를 기대하고 있다.

일반적으로 입소시설은 사회적으로 고립하기 쉬운 단점이 있고, 가정봉사원파견서비스 등의 방문형 재가노인복지서비스는 케어가 필요한 노인의 가정에서 서비스가 제공됨으로 가정에서의 고립을 낳는다는 약점이 있다. 이러한 것들과 비교해서 주간보호서비스는 이용시설이기 때문에 항상 사회와 접촉하고 사회성을 배워간다는 특징이 있다. 요컨대 이용형인 주간보호서비스는 종래의 생활형과 가정방문형의 장점을 살리고, 단점을 제거한 제3의 서비스 제공방식이라고 할 수 있고, 시설을 이용해서 목욕, 물리치료 등의 서비스가 제공된다는 점에서 입소시설서비스를 받을 수 있으며, 또한 재가생활을 지탱하는 급식, 건강체크서비스 등의 재가서비스가 제공된다는 점에서 그 양자의 중간적 역할을 담당하는 사회적인 서비스기능을 가지고 있다고 할 수 있다.

이상과 같이 주간보호사업은 노인을 위한 시설복지와 재가노인복지의 중간적 역할을 수행하는 서비스로써 지역사회에서 생활하고 있는 케어가 필요한 노인의 시설복지와 재가노인복지를 연계하는 역할도 수행하고 있고, 주간보호서비스가 복지서비스의 만능적 역할이 기대되고 있는 것이 아니고 다른 재가노인복지서비스가 충실하면 그 효과를 발휘할 수 있다.

2. 주간보호사업의 현황

1) 목적

재가노인복지서비스는 기본적으로 노인이 심신에 장애를 가지고 있다고 하더라도 가정과 지역사회에서 생활할 수 있도록 지원해 주는 서비스이다. 가족은 클라이언트에게 중요한 사회적 지지 체계가 되고 있기 때문에 가족의 기능이 제대로 작용할 수 없다면 가족전체에 위협이 따르기 마련이다. 따라서 가족에 대한 적절한 개입은 가족을 개발하고 발전하는 방향으로 진행되어 그것이 가족원들에게 적절한 지지체계를 제공할 수 있도록 해야 한다. 그러므로 노인의 지원체계로서 가족의 기능을 지원하는 서비스가 필요하다고 하겠다. 다시 말하면, 많은 가족들이 어려운 상황아래서도 생활하고 있지만 심리적·경제적·사회적·정신적으로 압도된 가족의 경우 보다 큰 지지체계와 연결할 필요가 있다(장인협·오세란 역, 1996: 157-158). 그 가운데 주간보호사업은 1989년 모델사업으로 서울에 2개소가 설치되었고, 1992년에 사회복지법인 및 비영리법인에 3개소가 추가로 개설되었다. 또 주간보호사업이 1993년에 법적으로 규정되었으며, 국고의 지원을 받고 있는 주간보호사업소는 전국적으로 93년 4개소, 94년 6개소, 95년 9개소, 98년 30개소, 2005년 현재 135개소가 있고, 실비주간보호가 신규 10개소를 포함하여 30개소로 집계되고 있다(보건복지부, 각년도 참고).

이 사업이 필요하게 된 사회적 배경으로는 ① 핵가족화에 따른 노인단독세대의 증가, ② 여성의 사회진출과 이에 따른 맞벌이 부부의 증가, ③ 만성퇴행성 질병·출장 등 일시적으로 노인을 보호할 수 없는 사유 발생, ④ 장기입소시설이 아닌 가정과 중간형태인 일시보호시설 설치 필요 등이다.

주간보호사업은 다음과 같은 목적을 지닌다. 주간보호사업은 "부득이한 사유로 가족의 보호를 받을 수 없는 심신이 허약한 노인과 장애노인을 낮동안 시설에 입소시켜 필요한 각종 편의를 제공하여 이들의 생활안정과 심신기능의 유지·향상을 도모하고, 그 가족의 신체적·정신적 부담을 덜어주기 위한 사업"(노인복지법 제38조)을 말한다. 여기서 낮동안 보호란 1일을 원칙으로 하는 것으로 평일은 07:30~19:30, 토요일은 07:30~15:30으로 하되 이용노인과 그 가정의 형편에 따라 다음과 같은 목적으로 신축성 있게 운영할 수 있도록 하고 있다.

① 노인의 일상생활에 있어서 신체적·사회적·정신적으로 손상된 기능의 향상 및 유지를 도모하고 보호한다.

② 부양가족의 스트레스와 부담을 덜어줌으로써, 가능한 노인이 가족과 생활할 수 있도록 하여 부적절한 시설입소를 방지한다.

③ 주간보호서비스를 통해 동년배들과의 교류 및 접촉을 가짐으로써 노인들의 고립감을 방지하고 활동성과 의욕을 회복시켜 삶의 질을 향상시킨다.

이상의 목적을 이루기 위하여 노인주간보호는 사회적 서비스, 기능회복서비스, 건강서비스를 제공해야하는데, 이러한 서비스를 제공함으로써 부가적으로 다음과 같은 효과를 기대할 수 있다.

① 개인의 최대한의 독립적 생활을 하도록 돕고 요양원(Nursing home)이나 병원 등의 입소나 입원을 예방한다.

②개인의 현재 잔존기능유지를 돕고, 건강의 악화를 예방한다.

③ 개인의 변화하는 욕구를 조사하고 제시한다.

④ 노인들의 신체적, 정신적, 정서적 기능을 최대한 회복시키고 재활하도록 돕는다.

⑤ 원조적 환경에서 계획되고 감독된 레크리에이션, 사회활동과 동료들 간의 상호관련적 활동을 한다.

⑥ 가족부양자에게 휴식과 원조, 교육을 제공하며 가족부양자의 신체적, 정신적 건강을 보호해 준다.

⑦ 지역사회서비스망과 보호의 지속성을 유지하고 서비스 간의 갭을 줄인다(N. Gordon, 1992: 74).

2) 대상자

주간보호사업은 (가) 일상생활 수행능력(ADL ; Activities of Daily Living)에 지장이 있는 자 (나) 노인성 질환 또는 노쇠로 인해 심신의 장애가 있는 자 (다) 일반 질환으로 인해 일시적인 일상생활 서비스가 필요한 자 (라) 독거노인으로서 낮동안 주간보호 서비스가 필요한 자 (마) 기타 복지실시기관장이 주간보호시설의 서비스가 필요하다고 인정한 자를 그 대상으로 한다.

비용부담은 무료 및 실비사업과 유료사업으로 구분된다. 무료대상자는 65세 이상으로 국고지원시설로 수급권자 또는 복지실시기관의 장이 이용의뢰한 자, 실비대상자는 65세 이상으로 국고지원시설로 저소득층(도시근로자의 월평균소득 미만) 노인이 이용한 경우 식비·간식·목욕서비스 등 각종 서비스내용에 따라 실비징수, 유료대상자는 60세 이상으로 국고 또는 지방비 예산지원이 없는 시설을 이용하는 자이다.

즉 주간보호시설은 공통의 기준(노인복지법시행규칙 第27조)에 따라 서비스 이용대상을 무료, 실비, 유료 대상자로 나누고 실비, 유료대상자에 대해 서비스제공에 필요한 비용을 부담하도록 하고 있다. 이때 국고지원시설을 이용하는 65세 이상 저소득층 노인(실비대상자)은 식비 등의 최소 실비를, 예산지원을 받지 않는 시설을 이용하는 60세 이상 일반노인(유료대상자)은 1일당 6,000원의 기본서비스 이용비용을 부담하여야 한다.

3) 사업 내용

주간보호시설은 (가) 생활지도 및 일상동작훈련 등 심신의 기능회복을 위한 서비스 (나) 급식 및 목욕서비스 (다) 취미, 오락, 운동 등 여가생활서비스 (라) 무의탁 노인 후원을 위한 결연사업 및 인적자원발굴사업을 그 내용으로 하는 지역사회 복지자원 발굴 및 네트워크 구축에 관한 사항 (마) 이용노인 가족에 대한 상담 및 교육 등을 사업의 내용으로 하고 있다. 여기에서 지역사회 복지자원 발굴 및 네트워크구축에 관한 사항이란 지역사회 자원봉사자 등 인적 자원발굴사업과 무의탁 노인후원을 위한 결연사업(1인당 월 10,000원 이상을 3월 이상 계속하여 지원)을 말하는 것으로 가정봉사원파견사업과 그 내용을 같이 하고 있다.

4) 전달체계

주간호보사업은 보건복지부의 지원을 받는 정부지원시설과 종합사회복지관, 노인종합복지관 등에서 실시되고 있는데, 이 역시 상이한 전달체계하에서 서비스를 전달하고 있다.

주간보호시설(정부지원시설)은 보건복지부 노인보건과가 그 업무를 관장함에 따라 보건복지부 노인보건과에서 지방정부(서울시 노인복지과·시·도 가정복지과)를 거쳐 시·군·구 가정복지과를 통해 주간보호사업이 전개되고 있으며, 종합사회복지관은 보건복지부 복지자원과에서 지방정부(서울시 사회과·시·도 복지정책과)를 거쳐 시·군·구 사회복지과를 통해 서비스가 전달되고 있다.

노인종합복지관은 서울시의 경우, 노인복지과에서 구의 사회복지과로, 각 시·도의 경우에는 시·도 가정복지과에서 시·군·구 가정복지과로 이어지는 전달체계를 구축하고 있다.

서비스대상 노인수는 이용정원 5인 이상으로 하고, 시설규모는 연면적 100㎡ 이상을 확보하여야 하되 5인 초과시에는 1인당 5㎡ 이상의 거실을 확보하여야 한다. 다만, 사회복지시설에 병설하는 경우에는 완화적용이 가능하다.

시설의 구조 및 설비는 일조·채광, 환기 등 이용자의 보건위생과 재해방지 등을 고려하여, 이용자가 쾌적한 일상생활을 하는데 적합한 규모 및 구조설비를 갖추어야 한다. 설비시설 및 기준(10인 이상)은 거실, 사무실, 욕실, 식당, 작업 및 일상동작 훈련실, 화장실이고, 다만 사회복지시설에 병설하는 경우 거실, 욕실, 작업 및 일상동작훈련실 이외의 시설은 병용할 수 있다. 또 10인 미만시 시설기준은 거실, 식당, 화장실이 설치되어 있어야 한다.

직원배치기준은 주간보호시설은 시설의 장 외에 사회복지사 1인, 생활지도원 1인(이용자 10인당), 물리치료사 또는 간호사(간호조무사) 1인, 사무원 1인, 조리원 1인, 보조원 또는 운전기사 1인 등의 직원을 배치하여야 한다. 이때 사회복지사와 사무원은 이용정원이 10인 이하일 경우 두지 아니할 수 있으며, 생활지도원은 치매·중풍 등의 노인을 주 이용대상으로 하는 시설의 경우 이용노인 5인당 1인을 두도록 정하고 있다.

이는 노인복지법시행규칙(부령 제00231호) 제29조 '재가노인복지시설의 시설기준 등'의 규정에 따른 것으로 주간보호시설을 사회복지시설에 병설하는 경우 사회복지사, 생활지도원, 물리치료사 또는 간호사 외의 직원은 사업에 지장이 없는 범위 안에서 시설의 직원이 겸임할 수 있다.

이러한 서비스 가운데 구체적으로 전문가가 해결해야 될 분야도 있지만 대개는 일상생활 전반에 걸친 것으로 사회복지사의 역할이 중요하다. 주간보호사업에서 사회복지사의 역할에 관하여 고든(N. Gordon)은 다음과 같이 말하고 있다. ① 서비스내용을 지도·감독하며, 프로그램을 진행한다. ② 초기의 면접과정에서 서류신청과 행정절차에서 내담자의 욕구를 파악한다. ③ 심리사회적 욕구를 사정하고 서비스를 조정하고 감독한다. ④ 노인과 가족에게 상담을 통하여 정보를 제공한다. ⑤ 정서적 원조를 제공하며 자조집단을 형성하도록 원조한다. ⑥ 노화에 관한 지식, 만성적 질병, 가족역동, 건강 등 노인의 기능을 최대한 회복·유지하도록 돕는다. ⑦ 노인과 가족 양쪽을 원조하는 기술을 가져야 한다(1992: 77).

실비주간보호시설의 이용대상은 심신이 허약하여 가족의 보호가 필요함에도 불구하고, 부득이한 사유로 가족의 보호가 어려운 노인 중에 소득이 일정금액(도시근로자 월평균 소득) 미만의 저소득층 노인으로 비용부담은 시설에서 제공되는 서비스내용에 따라 실비의 징수가 가능하다.

적용기준은 실비주간보호시설의 사업실시와 관련하여 규정되지 아니한 사항은 주간보호시설의 규정을 준용하고, 실비주간보호의 경우에는 주간보호시설의 실비이용 범위제한에 관한 규정을 적용하지 않는다. 실비주간보호시설의 시설신고 및 신고필증은 주간보호시설 시설신고 및 신고필증으로 갈음하되, (실비)주간보호시설로 명기하여야 한다(보건복지부, 2005: 79-82).

제 2 절 주간보호사업의 형태와 과제

1. 형태

주간보호사업의 형태를 대상자별로는 와상, 치매, 병·허약 등의 노인으로 나눌 수 있고, 시설의 규모별로는 50명 이상의 대형, 49-20명의 중형,

19-10명의 소형, 9명 이하의 초소형으로 나눌 수 있다. 프로그램의 운영상에 있어서 대개 대형은 일반적으로 건강한 노인을 대상으로 하고, 중형은 병·허약 노인, 소형과 초소형은 와상과 치매노인을 대상으로 한다. 인력의 구성에서 고찰하면 규모가 클수록 적은 인력으로 운영이 가능하고, 규모가 작을수록 많은 인력이 필요하다. 특히 규모가 크면 활동적인 프로그램으로 대응할 수 있고, 비전문적인 인력으로 대응할 수 있지만 규모가 작으면 일대일의 케어로 단순한 프로그램으로 많은 인력이 필요하다. 또한 적은 규모에서는 전문적인 보건의료의 인력이 필수인 반면 대규모에서는 지역사회에 연계할 수 있는 보건의료 인력으로 대체할 수 있다. 이상의 내용을 표로 나타내면 다음과 같다.

〈표 8-1〉 주간보호센터의 형태

구분	대형	중형	소형	초소형
인원	50명 이상	49-20명	19-10명	9명 미만
대상	건강노인	병·허약	거동불편, 경증치매	와상, 중증치매
프로그램	비교적 활동적인 프로그램←			→단순한 프로그램
인력구성	복지인력중심←			→보건의료인력중심

실제적인 주간보호센터의 프로그램은 대상자의 이송, 건강체크, 간식과 식사, 기능회복훈련, 건강체조, 취미활동, 레크리에이션(Recreation), 일·월·연간 행사, 목욕 등이 있다. 또한 질 좋은 서비스를 제공하기 위한 물리적 환경, 지역사회의 복지·의료기관과의 네트워크 또는 연계, 충분한 예산 및 훈련된 인적자원의 확보 등이 필요하다.

일본에서 제공되고 있는 주간보호서비스의 형태는 다음과 같다. 이용대상자를 신체적 특성과 시설의 규모에 따라서 A형-E형으로 나누어서 적절한 서비스가 제공된다.

A형(중케어형): 2/3 이상이 요양원(Nursing home)의 입소요건에 해당하는 자로, 서비스내용[1]은 기본사업, 이용사업, 방문사업을 필수로 한다.

1) ① 기본사업: 생활지도, 일상동작훈련, 양호, 가족케어교실, 건강체크, 이송
② 이용사업: 목욕서비스, 급식서비스
③ 방문사업: 목욕서비스, 급식서비스, 세탁서비스

B형(현행형): 1/3 이상이 요양원의 입소요건에 해당하는 자로, 서비스 내용은 기본사업, 이용사업을 필수로 하고, 방문사업은 선택으로 한다.

C형(경케어형): 주로 허약노인을 대상으로 하고 있고 기본사업의 이송을 필수로 하고 이용과 방문사업의 일부를 실시한다.

D형(소규모형): 5-8명이 이용하는 소규모시설로 각 서비스의 일부를 실시한다.

E형(치매노인형): 서비스내용과 이용자의 규모는 D형과 같지만 대상자는 치매성노인을 주로 하면서 매일 이용을 원칙으로 한다.

2. 과제 및 개선방안

주간보호사업의 활성화를 위한 정책과제는 여러 가지 측면에서 대안제기가 가능하지만 한국재가노인복지협회의 제언을 토대로 제시하면 다음과 같다(한국재가노인복지협회 편, 2003: 167-168 참고).

첫째, 전체 시설의 61.5%가 7대 도시에 집중되어 있고, 농촌지역(읍·면부)에 위치한 시설이 전체의 5%수준에 머무르고 있어 도농간 시설설치의 격차가 심한 실정이다. 주간보호센터의 농촌지역(읍·면부) 설치방안을 강구하여야 한다. 시지역보다는 군지역 지자체의 재정자립도가 취약하기 때문에 지역주민의 주간보호서비스 욕구가 크지만, 시설운영비에 대한 지자체의 부담이 큰 것으로 보인다. 따라서 지자체의 재정자립도를 감안한 시설운영비의 차등지원방안을 모색하여야 한다.

둘째, 지난 1990년대 중반이후 노인복지법의 개정으로 시설이 크게 확충되었고, 그 중에서 사회복지법인이 설치·운영하는 시설이 전체의 69.1%로 2/3를 차지하고 있고, 법인상대가 아닌 개인이 운영하는 시설은 조사응답시설 내에서는 없는 실정이다. 중산층을 주 대상으로 하고 있는 개인 또는 영리기관에 의한 주간보호시설을 지원할 수 있는 방안이 강구되어야 하고, 일반주택을 개조하여 주간보호시설로 활용하는 경우에는 이용노인의

④ 고령자 케어용주택(실버하우징) 생활원조원 파견사업

건강상태 등을 고려한 별도의 설치기준을 마련하여야 할 것이다.

셋째, 주간보호센터에 직원(전담 및 겸직 포함)으로 등록되어 있는 종사자수가 시설당 평균적으로 5.4명으로 나타나고 있고, 겸직직원을 포함하여 총 직원수가 4~5명인 시설이 전체의 57.4%로 절반을 차지하고 있다. 그리고 전담직원이 3~4명인 시설이 전체의 59.7%이고, 겸직직원이 2명 이하인 시설이 전체의 82.1%이다. 전담직원의 채용률이 국고지원수준에 못 미치고 있는 것은 지원수준이 낮기 때문에 적합한 전담직원을 채용하기 어렵기 때문으로 판단되기 때문에 최소한 국고지원대상의 직종에 해당하는 경우에는 현실적인 국고지원액이 뒤따를 수 있도록 하여야 한다.

넷째, 사회복지사의 채용률은 100%에 이르고 있으나, 간호(조무)사나 생활지도원은 각각 63%와 43%수준에 머무르고 있고, 전담직원 채용률만을 보면 사회복지사도 85.3%로 나타나, 약 15%정도의 시설에서는 겸직으로 채용하고 있는 실정이다. 또 시설의 주요인력인 사회복지사의 근무경력이 대략적으로 2~3년 정도이고, 생활지도원은 26개월 정도로 나타나고 있는데, 상기 직종의 1년 미만 종사자들도 20~35% 수준인 실정이다. 주간보호센터에서 제공하는 서비스내용에는 각종 재활치료서비스를 포함하고 있기는 하지만, 물리치료사 등의 재활치료인력의 채용률이 저조하여 질적인 서비스를 제공하지 못하고 있는 실정이다. 전담직원의 낮은 채용률은 서비스의 질적 문제로 이어지고 있기 때문에 현재 국고지원수준의 현실화와 함께, 적합한 전문인력의 확보대책을 수립하여야 할 것이다. 특히, 주간보호센터의 주요 서비스내용이 재활치료이라는 점을 감안할 때, 물리치료사 등 재활전문인력의 채용을 확보할 수 있는 방안을 강구한다.

마지막으로, 재정수지(총지출/총수입)를 보면 93.9%로 나타났으며, 평균적인 정부지원금 비중이 66.0%, 법인전입금 비중이 15.0%, 후원금 비중이 4.6%, 인건비 비중이 63.7%로 나타났다. 각 시설의 인건비 비중의 차이는 질적인 서비스의 확보와도 직결되고 있는데, 높은 비중의 시설은 적합한 양질의 전문인력의 확보에 기인하기 때문이기도 하고, 낮은 비중의 시설은 보다 많은 이용대상노인에게 서비스를 제공하는데 치중하기 때문일 수도 있다는 점이다. 따라서 합리적인 시설종사자의 인건비 지원기준과 별도의 사업비 지원기준을 마련하여야 한다.

제 3 절 주간보호사업의 실제와 설립

1. 주간보호사업의 실제

노인주간보호센터의 운영에 관해서는 실제 프로그램을 중심으로 고찰하고자 한다. 이 프로그램은 서비스의 질적 내용과 귀결되는 것으로 매우 중요하며, 대상자에 따라서 또는 시설의 규모에 따라서 다양해야 한다. 여기서는 가장 일반적인 프로그램을 소개하고 부가적으로 필요한 사항을 첨언하고자 한다.

주간보호사업에서는 생활지도 · 일상동작훈련 등 심신의 기능회복을 위한 서비스, 급식 및 목욕서비스, 취미 · 오락 · 운동 등 여가생활 서비스, 그리고 장애노인 부양가족에 대한 교육 등이 제공된다. 이러한 주간보호사업의 장점은 크게 두 가지로, 첫째는 심신의 기능이 약화된 노인에게 기능을 향상시킬 수 있는 안전하고 의료적인 환경을 제공하는 것이며, 둘째는 낮 동안 노인을 돌봄으로써 노인부양자에게 휴식을 제공하고 직업이 있는 부양자는 일할 수 있도록 하고, 가족의 긴장을 줄이고, 노인과 관련된 문제를 상담하고, 가족성원들을 심리적으로 지원하는 것이다(E. D. Huttman, 1985).

주간보호센터의 일과는 이용 노인들의 낮 동안 생활에 필요한 각종의 서비스를 다음과 같은 주안점을 두고 진행한다. ① 필요한 교통수단의 제공 ② 건강체크 및 치료서비스 제공 ③ 급식서비스 ④ 취미생활 및 심리사회적서비스 등이다.

노인주간보호사업의 실제 프로그램은 세부적으로는 1) 서비스의 신청과 계획, 2) 이송서비스, 3) 건강체크, 4) 일상동작훈련, 5) 목욕서비스, 6) 기타서비스로 나눌 수 있다. 구체적인 내용은 다음과 같다.

1) 서비스의 신청과 계획

주간보호서비스의 이용은 케어가 필요한 노인 자신 또는 가족의 신청에 의해서 시작한다. 또 신청서의 접수는 우리나라의 경우는 이용자나 그 가족이 시설과 기관에 직접 운영하는 것으로 되어 있으나, 일본의 경우는 노인관련 기관이나 사회복지협의회 등 지역주민이 편리한 곳에서 언제나 신청할 수 있도록 하고 있다. 신청을 받은 주간보호서비스의 실시기관은 담당부서에서 이용을 결정·처리한다.

사회복지서비스 이용의 대부분은 주위에 있는 누군가의 권유에 의해서 신청하게 되는데 실시기관의 적극적 홍보로 가능한 한 서비스가 필요한 노인이면 누구나 이용할 수 있도록 배려할 필요가 있다. 특히 케어가 필요한 노인 자신은 사회활동에 제한이 있기 때문에 사회복지서비스의 정보에 부족한 편이다. 따라서 주간보호서비스 이용의 욕구를 가진 케어가 필요한 노인에게 적극적인 정보제공이 중요하다. 주로 주간보호서비스 이용의 계기가 되는 것은 지역사회의 병·의원, 의료사회사업가의 권유·소개, 방문·지도하는 보건소의 간호사, 복지상담창구인 행정의 복지담당자 또는 사회복지전담공무원, 지역사회의 통·반장, 이미 이용하고 있는 이웃노인과 주변사람 등에 의하는 경우가 많다.

2) 이송서비스

이송서비스란 협의의 의미로 서비스대상자를 복지서비스에 한정해서 자택에서 서비스실시기관까지 왕복을 이송차량에 의해서 실시하는 것이다. 광의의 의미로는 복지서비스에 한정하지 않고 그 범위를 확대해서 고령자·장애자의 외출을 지원하는 ST(Special Transport)서비스를 통칭하는 개념이다(全國社會福祉協議會, 1992: 12). 주간보호서비스는 와상, 치매성, 허약 노인 등을 대상으로 하고 있기 때문에 자력으로 시설에 이용하는 것이 곤란한 케어가 필요한 노인이 많다. 따라서 일본의 경우는 이송서비스를 기본사업으로 하고 있다. 단 가족에 의한 이송과 보행훈련을 겸해 자력으로 이용하는 것을 거절할 필요는 없다.

실제로 이송서비스의 형태도 다양한데 우선 유·무료에 관해서 ① 무료로 이송을 실시하는 시설 ② 유료로 실시하는 시설이 있을 수 있고, 다음으로 차량에 관해서 ③ 시설의 차량을 사용하고 있는 경우 ④ 업자에게 위탁하고 있는 경우 ⑤ 독자적으로 차량의 확보와 운전수를 고용하는 경우 등이 있다. 와상, 치매성, 허약 노인의 경우 서비스의 실시기관에서 이송서비스를 실시하지 않고, 가족에게도 이송수단이 없으면 그 가족에게 침대차와 휠체어를 싣고 이송할 수 있도록 업자의 소개 등 필요한 조치를 취해야 할 것이다.

3) 건강체크

주간보호서비스의 이용은 기능회복훈련, 목욕서비스, 게임 등 신체에 부담이 많은 프로그램이 많다. 따라서 이용노인의 건강상태는 매우 중요하다. 뿐만 아니라 나이가 들어서 심신이 허약해지기 쉬운데 전문가에 의한 건강의 체크는 필수적이고 재가생활의 유지에도 필요하다. 건강체크의 내용은 혈압, 맥박, 체온측정, 문진 등이 있고 또 한달에 한번정도의 체중측정을 실시한다. 건강체크의 실시자는 간호사 등의 유자격자가 실시해야 한다.

4) 일상동작훈련

일상동작훈련이란 물리치료사 또는 작업치료사 등의 전문가가 실시하는 기능회복훈련과 임시적으로 간호사와 보조원이 물리치료사 또는 작업치료사 등으로부터 일정의 훈련과 지도를 받아서 실시하는 것을 말한다. 주간보호서비스센터에서 일상생활동작훈련을 실시하는 이유는 고령으로 크고 작은 신체적 기능이 저하되고 있고, 신체를 움직일 기회가 적은 케어가 필요한 노인에게 그 기회를 제공해 준다는 의미를 가지고 있다. 일상생활동작훈련은 이용자의 신체상황이 다양함으로 훈련을 할 수 있는 범위도 개개인의 신체 정도에 맞춰서 실시해야 한다.

5) 목욕서비스

목욕서비스에는 일반욕과 일부케어욕, 특수욕이 있다. 일반욕은 자력으로 목욕할 수 있는 이용자에게 제공하여 목욕에 의한 신체적 기능회복의 효과를 기대한다. 또 가정의 욕실과 지역적 조건이 열악한 경우는 뺄 수 없는 서비스이다. 일부케어욕은 목욕할 때 개조가 필요한 상태로 허약·치매노인 등의 경우를 말한다. 특히 일반가정에서 목욕이 곤란한 노인, 허약노인, 독거노인, 노인부부세대는 중요한 서비스의 하나이다. 특수욕은 와상상태로 있는 노인을 위해서 목욕보조기기를 사용하거나 또는 복수의 보조원에 의해서 행해지는 목욕서비스이다. 일반가정에서는 목욕이 곤란하기 때문에 와상노인 등의 케어가 필요한 노인에게는 방문목욕 등의 특별한 목욕방법도 있지만 목욕시설이 정비되어 있는 곳에서 목욕할 수 있는 유일한 기회이다.

6) 기타서비스

장애를 안고도 지역사회와 가정에서 생활할 수 있도록 지원하고 있는 서비스가 재가서비스이다. 따라서 이러한 노인을 가정에서 케어하고 있는 가족의 역할은 대단히 중요하다. 가족에 대한 원조의 목표는 노인의 케어에 스트레스를 적게 받게 하여 케어의욕을 저하시키지 않는 것과 케어능력을 강화·향상시키는 것이다. 그 내용은 케어자교실뿐만 아니라 개개인의 노인과 가정상황에 따른 개별연수와 케어상담이 있다. 그 방법으로는 비디오교제와 실습, 견학 등이 있다. 케어자교실의 내용에서 배려해야 할 사항은 ① 고령자의 특성(질병, 기능의 저하, 심적 변화 등)에 관한 이해하고, ② 케어자를 심리적으로 지원하고, ③ 가족관계를 조정하고, ④ 보건·복지서비스 이용을 원조해야 한다(橋本泰子, 1994: 196).

또한 노인의 식사서비스에도 많은 배려가 필요한데 신체적 기능이 저하되어 있는 노인을 위해서 주식은 보통식, 완전죽, 반죽 등이 있을 수 있고

반찬은 보통, 잘게 썰은 것, 아주 잘게 썰은 것, 믹서식 등의 배려가 필요하다. 또한 결핍되기 쉬운 영양의 관리가 무엇보다도 중요하다.

2. 주간보호사업의 설립

노인주간보호센터의 설립과 관련하여 설립주체는 사회복지법인, 민간기업체, 개인, 병원 등이 시·도지사의 허가를 받거나 정관을 변경하여 설치·운영할 수 있다. 이것은 다양한 복지욕구를 정부가 감당할 수 없기 때문에 정부의 지도·감독하에 민간에 위임한 형태라고 할 수 있다.

1) 개설할 때 고려해야 할 사항

사업의 경영은 경제적인 원리에 기초하여 설립하고 운영하여야 소기의 목적을 달성할 수 있다. 따라서 주간보호센터를 개설하기 위한 설립요건은 다음 세 가지 항목을 충분히 점검한 후에 설치해야 할 것이다. 즉 목적과 위험부담, 그리고 보상이다.

주간보호센터를 개설할 때 우선적으로 고려해야 할 사항으로 첫째, 개설의 목적을 분명하게 해야 한다. 왜 주간보호센터를 시작하려고 하는지, 그 동기를 솔직하게 찾아내고 인정한 후 시작해야 할 것이다. 동기를 객관적으로 평가한 후 설정된 목적은 제반활동의 지침을 제공하고, 지역사회에서 주간보호센터를 운영하는 정당성의 근거되며, 활동의 결과를 평가하는 기준의 역할을 한다.

둘째, 사업을 함에는 위험부담을 안고 하기 때문에 제반 위험사항을 고려해야 한다. 사업을 기획하고 경영할 사람들은 사업, 재정, 이자율, 시장, 구매력 등의 위험부담 요인들을 미리 알아야 하고, 이 위험들을 어떻게 대처할 것인가를 미리 대비하여야 한다. 구체적인 위험은 ① 경제적 위험부담, ② 정서적 위험부담, ③ 배우자나 가족관계에 미치는 위험, ④ 사회적 위치에 미치는 영향 등이다. 참고로 어떤 사업의 실패원인을 분석한 것을 살펴보면 다음의 〈표 8-2〉와 같다.

〈표 8-2〉 사업에 실패한 주요원인

사업에 실패한 비율	사업에 실패한 주요 원인
64%	경영적인 요인, 불충분한 이익, 경쟁력 약화
24%	금전적인 요인, 사업상의 부채증가, 과다한 경영비용, 불충분한 자본
7%	직원들의 불성실한 업무수행과 관리, 재해(화재, 홍수, 도난)
5%	부주의, 경영미숙, 전략실패, 잘못된 작업습관, 가족문제, 지나친 사업확장

자료: 현외성 외, 『노인상담』, 유풍출판사, 1998, p.200

셋째, 위험부담이 있는 반면 그에 상응한 보상에는 어떠한 것이 있는가를 파악하면 의욕과 동기부여에 긍정적인 영향을 미칠 것이다. ① 경제적 수익 ② 자유 ③ 직업적 혹은 개인적 만족감 ④ 쌓여가는 명성 등이다.

이상과 같이 주간보호센터를 개설하는 목적, 운영할 때 감당해야 할 위험부담, 그리고 이에 상응하는 보상들을 충분하게 이해하고 사업을 시작하는 것이 매우 중요하다.

2) 시설의 설립

노인의 주간보호센터는 시설과 기관의 부설로서 설립되는 것이 보통인데 법인이 아니더라도 개인이 설립할 수 있다. 단독으로 설립하고자 하는 경우에는 거기에 필요한 부지 100㎡의 확보와 규정된 6명의 인원확보로 개설이 가능하다.

일본의 경우는 각 초등학교 학구에 1개소씩의 설치를 원칙으로 준비를 하고 있는데 이것은 서비스의 접근성을 용이하게 하는 것으로 시설입소나 병원의 입원욕구를 상당히 억제할 수 있을 것으로 기대되고 있다.

어떠한 사업에도 손익분기점이 있는데, 주간보호센터는 기존의 시설과 기관의 부설로 설립될 경우 2명의 신규직원채용으로 설치가 가능하고, 주간보호센터의 전용면적 또한 완화 적용됨으로 설치가 용이하고 손익분기점이 상당히 낮아 경제적으로 실패할 가능성이 상당히 낮다. 그러나 단독설치의 경우는 신축건물의 건축비, 6명의 신규채용인원의 인건비, 기능회복훈련을 위한 시설설치비 등 초기에 과다한 비용이 부담된다.

참고문헌

김봉일 · 윤창현 · 강병근, "노인주간보호시설의 현황과 치료공간 선호도 분석 : 이용자 유형별 재활 프로그램을 중심으로", 한국노인복지학회, 『노인복지연구』 통권 21호, 2003.

대구시 노인종합복지관, 노인주간보호소 소개서, 1997.

보건복지부, 『노인보건복지사업 안내』, 2005.

부산시 남광재가복지관, 주간보호 소개서, 1997.

서울특별시 송파노인종합복지관, 노인주간보호소 소개서, 1997.

장인협 · 오세란 역, 『사회지지체계론』, 사회복지실천연구소, 1996.

한국재가노인복지협회 편, 『재가노인복지사업 10년 발자취』, 2003.

현외성 외 『노인상담』, 유풍출판사, 1998.

N. Gordon., "About Day Care", in A. Minahan, Rosina J. Becerra, S. Briar et al.,(eds.), *Encycloredia of Social Work 19th*, Vol. 1., Washington. DC: NASW Press, 1992.

Huttman, E. D., *Social Service for the Elderly*, New York: The Free Press, 1985.

福祉士養成講座編集委員會 編, 『老人福祉論』, 中央法規, 1994.

橋本泰子, "デイサービス", 大國美智子 · 米本秀仁 編, 『在宅支援の技法〈明日の高齢者ケア③〉』 中央法規, 1994.

全國社會福祉協議會, 『デイサービス』, 1992.

副田あけみ, "デイサービスの展開", 針生誠吉 · 小林良二 編, 『高齢社會と在宅福祉』, 日本評論社, 1994.

9
chapter

단기보호사업

제 1 절 단기보호사업의 현황

1. 단기보호사업의 의의

노인복지시설도 재가서비스도 충분하다고 할 수 없는 우리나라의 현실에서 재가노인복지 추진에서 세 가지 중심서비스의 하나로서 단기보호사업은 시설의 기능과 재가서비스의 기능을 합친 것이다.

단기입소사업은 입소기간의 차이에 따라 쇼트스테이(short stay)와 미들스테이(middle stay)가 있고, 특별히 일본에서는 밤 동안에 가족과 동거가 곤란한 노인을 위한 나이트케어(night care) 등이 있다. 그러나 단기보호사업을 쇼트스테이라고 표현하는 경우가 많다. 단기보호사업은 상시 개호가 필요한 고령자를 어떠한 이유(사회적 및 사적 이유)에 의해 가정에서 개호하는 것이 곤란하게 된 경우에 일시적으로 시설에서 맡아 노인의 심신상황에 따라 케어를 제공하는 것이다.

단기보호사업은 일상생활상에서 집안에서 밖으로 나올 기회가 적어 사회와의 접촉이 부족한 노인에게 사회성을 되찾아 주고, 특히 노인복지입소시설 병설형은 지금까지 축적되어 있는 전문시설로서의 기능과 노하우를 살리고, 입소·보호기능을 제공함과 동시에 입소 중 기능회복과 취미활동을 통해 생활의 감각을 되살리게 한다. 또 상담을 통해서 케어자에게 가정에서 할 수 있는 기능회복과 케어방법을 조언해 줌으로써 노인의 가정생활의 충실함을 도모한다. 그러나 일시적이지만 시설입소에 저항감을 가지고 있는 경우에는 시설에 입소시키지 않고 가정에서 돌보지 않을 수 없다.

2. 단기보호사업의 현황

1) 목적

1991년 재가복지봉사센터 설립·운영지침이 마련된 이후 1992년부터 대구(성산노인양로원), 인천(영락요양의 집), 광주(벧엘타운), 충북(성암안식원), 전북(성예요양원), 전남(선희간병요양원) 등의 실비양로시설이나 요양시설에서 시범적으로 운영하여 왔다(김수영 외, 2003: 205). 이에 따라 1993년 노인복지법 2차 개정에서는 가정봉사원파견사업, 주간보호사업, 단기보호사업이 재가노인복지사업으로 규정되면서 재가노인복지사업의 기본적인 틀과 제도적 기반이 형성되기 시작했다. 1996년부터는 10개소에서 단기보호시설에 국고지원이 시작되었다.

한편, 1993년에 '주간 및 단기노인보호시설 운영' 지침 중 설치·운영 기준을 더욱 세분화하여 본격적인 사업수행을 위한 각종 기준을 제시하였다. 먼저 이용대상을 "65세 이상의 노인으로서 보호자의 부득이한 사유로 단기간 보호가 필요한 자"로 정했다. 이용기간을 15일 이내를 원칙으로 하고 필요에 따라 동기간 내 연장이 가능하도록 하였다. 이외에도 비용수납, 이용정원(시설당 10~20명), 종사자, 운영관리, 시설기준 등을 구체적으로 명시하였다.

1993년부터는 그 목적이 "정신적·신체적인 이유로 혼자서 일상생활에 불편이 있는 노인가정에 대하여 필요한 각종 사회적 서비스를 제공함으로써 지역사회 내에서 건전하고 안정된 생활을 영위할 수 있도록 도와주는 것을 목적으로 한다"라고 명시되었다.

현재 단기보호사업은 "부득이한 사유로 가족의 보호를 받을 수 없어 일시적으로 보호가 필요한 심신이 허약한 노인과 장애노인을 시설에 단기간 입소시켜 보호함으로써 노인 및 노인가정의 복지증진을 도모"(노인복지법 제38조)하는 것을 그 목적으로 하고 있다.

사업의 주체는 국가, 지방자치단체, 법인 또는 개인으로 보호기간은 45일 이내로 하되, 연간 이용일수를 3개월 이내로 제한하고 있다. 2003년 현재 단기보호시설은 총 48개소(종사자 259명, 이용자 769명)로 이중 31개소가 정부의 예산지원을 받고 있다(2003년 기존시설 70,000천원, 신규시설 68,000천원 연간지원).

2) 대상자

단기보호사업은 1993년 지침에 명시된 '주간 및 단기노인보호시설 운영'의 설치 · 운영규정은 단기보호시설의 이용대상을 "65세 이상의 노인으로서 보호자의 부득이한 사유로 일시 보호가 필요한 자"와 "60~64세 노인이라도 특별히 일시보호가 필요하다고 인정되는 자"로 정하였다. 이 규정은 1994년 '일시 보호'를 '단기간 보호'로 정정한 것을 제외하고는 그대로 유지되었다.

1995년에는 단기보호시설의 이용대상자를 "부양가족의 부득이한 사유로 단기간 보호가 필요한 60세 이상 노인"으로 정하였다. 2006년 현재 단기보호시설의 이용대상은 ① 일상생활 수행능력(ADL ; Activities of Daily Living)에 지장이 있는 자 ② 노인성 질환 또는 노쇠로 인해 심신의 장애가 있는 자 ③ 일반 질환으로 인해 단기간 일상생활 서비스가 필요한 자 ④ 독거노인으로서 단기간 일상생활 서비스가 필요한 자 ⑤ 기타 복지실시기관장이 단기시설의 서비스가 필요하다고 인정한 자를 그 대상으로 하고 있다(보건복지부, 2006: 165).

일본에서는 입소조건을 케어자 혹은 이용자의 사정에 의해, 개호를 필요로 하는 노인을 원조하는 것이 제도의 목적이지만, 단기보호시설을 이용하는 가족의 욕구를 알기 위해 그 신청사유를 분류해 보면 다음과 같다.

첫째, 사회적 사유로서 집안의 관혼상제, 입학, 졸업 등의 사회적 관계 등이다.

둘째, 가족의 사유로서 케어자의 질병으로 인한 입원과 휴(요)양, 여행, 주거의 증·개축과 이사, 육아 등의 가족 내 전체에 관계되는 일 등이다.

셋째, 본인의 사유로서 기분전환 등 이용자 본인에 관한 일 등이다.

넷째, 예방적 사유로서 체험적 이용, 사회참가, 동거생활을 부드럽게 하는 등, 장래 예상되어지는 상황에 대해서의 대처하는 것 등이다.

또 노인부부세대에서 다른 복지서비스와 병용해서 정기적으로 단기입소를 이용하는 것에 의해 노인요양시설의 입소나 노인병원 등으로의 입원을 회피하고 목적으로 이용하는 경우도 있다. 한편 케어자에게 그 나름의 케어능력이 있으면, 단기보호센터의 케어지도도 유효하지만, 그렇지 않는 경우에는 다른 사회자원의 적극적 활용이 필요하게 된다. 이용이유에 구애받지 말고, 긴급시도 포함해 필요할 때 필요한 기간이용이 가능한 제도로 정착해 가는 것이 필요하다.

비용부담은 무료 및 실비사업과 유료사업으로 구분된다. 정부지원을 받는 무료 및 실비사업은 국민기초생활보장 수급노인과 저소득층 노인을 대상으로 하고, 유료사업의 경우에는 일반노인을 대상으로 한다. 구체적으로 무료대상자는 65세 이상으로 국고지원시설로 수급권자 또는 복지실시기관의 장이 이용의뢰한 자이다. 실비대상자는 65세 이상으로 국고지원시설로 저소득층(도시근로자의 월평균소득 미만) 노인이 이용한 경우 식비·간식·목욕 서비스 등 각종 서비스 내용에 따라 실비를 징수한다. 유료대상자는 60세 이상으로 국고 또는 지방비 예산지원이 없는 시설을 이용하는 자이다.

3) 사업 내용

1993년 단기보호시설의 사업내용(보호내용)은 "급식, 생계보호 등 일상생활서비스"로 시설보호서비스와 동일한 내용을 담고 있었다. 1995년부터는 사업의 내용을 "급식·치료 기타 일상생활에 필요한 편의를 제공하는 서비스"로 정하였다. 2006년에는 사업의 내용을 ① 생활지도 및 일상동작훈련 등 심신의 기능회복을 위한 서비스 ② 급식 및 목욕서비스 ③ 취미, 오락, 운동 등 여가생활 서비스 ④ 지역사회 복지자원 발굴 및 네트워크구축에 관한 사항 ⑤ 이용노인가족에 대한 상담 및 교육 등의 서비스를 제공하고 있다.

이 중에서 지역사회 복지자원 발굴 및 네트워크구축에 관한 사항이란 지역사회 자원봉사자 등 인적 자원발굴사업과 무의탁 노인후원을 위한 결연사업(1인당 월 10,000원 이상을 3월 이상 계속하여 지원)을 말하는 것으로 주간보호사업에 비해 결연의 지속성을 보다 요구하고 있다(보건복지부, 2006: 165).

4) 전달체계

단기보호사업의 주체 역시 주간보호사업과 마찬가지로 1993년부터 지침에 명시되었다. 1993년부터 1994년까지 지침은 단기보호사업의 주체를 운영주체와 실시시설로 나누고, 운영주체를 사회복지법인과 비영리법인으로, 실시시설은 실비노인복지시설로 정하였다.

1995년에는 단기보호사업의 주체를 사업기관으로 표기하였는데, 지침은 사업기관은 사회복지법인 및 비영리법인으로 정하고 수익자가 이용료를 부담하는 유료사업기관의 경우, 개인이나 영리법인도 사업이 가능하다고 규정하였다. 1996년부터 2002년까지는 사업주체를 명시하지 않았으며, 2006년 현재 국가, 지방자치단체, 법인 또는 개인을 사업의 주체로 명시하고 있다.

단기보호사업은 보건복지부의 지원을 받는 정부지원시설과 노인종합복지관에서 실시되고 있다. 정부지원시설은 보건복지부 노인보건과에서 관장하고 있으며 노인종합복지관은 각 지치구가 그 사업을 관할하고 있다.

단기보호시설(정부지원시설)은 보건복지부 노인보건과에서 지방정부(서울시 노인복지과 · 시 · 도 가정복지과)를 거쳐 시 · 군 · 구 가정복지과를 통해 사업이 전개되고 있으며, 노인종합복지관은 각 시 · 도 가정복지과에서 시 · 군 · 구 가정복지과를 통해 서비스가 전달되고 있다. 한편 서울시의 경우에는 노인복지과에서 구 사회복지과를 거쳐 노인종합복지관의 단기보호사업이 실시되고 있다.

단기보호사업은 시설의 장과 사회복지사 1인, 생활지도원 1인(5인당), 간호사 또는 간호조무사 1인(25인당), 조리원 1인, 위생원 1인, 보조원 또는 운전기사 1인을 직원으로 배치하여야 한다. 단, 이용정원이 10인 이하인 시설은 사회복지사를 두지 아니할 수 있으며, 위생원의 경우 이용자가 50인 이상인 경우에 한하여 배치하되, 세탁물을 전량 위탁처리하는 경우에는 두지 아니할 수 있다고 규정하고 있다. 또 치매 · 중풍 등의 노인을 주 이용대상으로 하는 시설의 경우 생활지도원은 이용노인 3인당 1인 이상을 배치하도록 하고 있다.

사회복지시설에 단기보호시설을 병설하는 경우에는 사회복지사, 생활지도원, 물리치료사 및 간호조무사 외의 직원은 사업에 지장이 없는 범위 안에서 시설의 직원이 겸임 가능하다.

제 2 절 단기보호사업의 형태와 과제

1. 형태

단기보호사업의 형태는 기본이 쇼트스테이이다. 그러나 쇼트스테이의 이용기간이 너무 짧아 이용자의 다양한 요구에 대응하기 어려운 측면이 있다. 우리나라는 단기보호기간을 45일을 기준으로 하고, 동기간의 연장을 가능하게 하여 90일간의 보호가 가능하지만(보건복지부, 2006), 일본의 경우는 쇼트스테이가 7일이고, 8일부터 28일까지는 미들스테이라고 한다. 그 외에 단기보호사업 중에는 일본의 경우 나이트케어사업이 있다.

1) 쇼트스테이

케어가 필요한 노인을 케어하고 있는 케어자가 사회적·사적이유에 의해 일시적으로 케어가 곤란할 때, 쇼트스테이가 설치되어 있는 시설에 노인을 단기간 입소시켜 가족을 대신하여 간호·보호하는 것이다. 입소기간은 원칙으로 7일 이내이지만 케어자의 케어를 할 수 없는 사정에 따라 필요최소한의 범위에서 기간의 연장이 인정된다.

2) 미들스테이

이용요건은 쇼트스테이와 동일이지만, 기간이 원칙으로 1주일을 넘겨 4주일까지로 노인을 보호하게 하는 특징이 있다. 이것도 어쩔 수 없는 사정이 있을 때에는 필요 최소한의 범위 내에서 약간의 연장이 인정되고 있다. 즉 기계적으로 기간을 정하지 않고, 케어자에 대해서 가능한 한 부담을 줄이고, 재가케어가 가능하도록 하기 위해서, 특히 기간을 탄력적으로 운용한다.

3) 나이트케어

단기보호사업에서 나이트케어란 야간케어가 곤란한 치매성 노인들을 일시적으로 야간만 단기보호시설 또는 치매전문요양시설에 입소시켜 야간에서 가족의 케어부담의 경감을 도모함과 동시에 치매성노인들의 재가생활의 유지·향상, 치매성노인들과 그 가족의 복지향상에 도움이 되도록 하는 것이 목적이다. 서비스의 내용은 저녁 및 아침식사의 제공과 야간케어를 제공하는 것이다.

2. 과제 및 개선방안

노인을 위한 단기보호사업의 활성화를 위한 정책과제는 여러 가지 측면에서 대안제시가 가능하겠지만 한국재가노인복지협회의 연구결과를 토대로 제시하면 다음과 같다(한국재가노인복지협회 편, 2003: 188-190 참고).

첫째, 전체 시설의 58.3%가 7대 도시에 집중되어 있고, 농촌지역(읍·면부)에 위치한 시설이 전체의 20%수준에 머무르고 있다. 이 같은 수준은 생활시설에 병설되어 있는 경우가 많기 때문으로 보인다. 농촌지역의 단기보호센터 확대설치를 강구하여야 한다. 주간보호센터와 동일하게 시지역보다는 군지역 지자체의 재정자립도가 취약하기 때문에 시설운영비에 대한 지자체의 재정부담이 큰 것으로 보인다. 따라서 지자체의 재정자립도를 감안한 시설운영비의 차등지원방안을 모색하여야 한다.

둘째, 사회복지법인이 설치·운영하는 시설이 전체의 80%로 4/5를 차지하고 있고, 법인상태가 아닌 개인이 운영하는 시설은 존재하고 있지 않은 실정이다. 비치매노인만 전문적으로 보호하는 시설이 전체의 10%에 불과하고, 나머지의 시설은 치매노인까지 보호하고 있으며, 단기보호센터만 운영하는 단독시설이 전체의 절반정도 수준이다. 나머지의 시설은 다른 재가노인복지시설을 복합적으로 운영하고 있다. 또한, 단기보호센터가 주간보호센터와 달리 이용시설(전체의 27.8%)보다는 많은 생활시설(전체의 63.2%)에 병설되어 있는 실정이다. 중산층을 주 대상으로 하고 있는 개인 또는 영리기관에 의한 단기보호시설을 지원할 수 있는 방안이 강구되어야 하고, 일반주택을 개조하여 단기보호시설로 활용하는 경우에는 이용노인의 건강상태 등을 고려한 별도의 설치기준을 마련하여야 할 것이다.

셋째, 단기보호센터에 직원(전담 및 겸직 포함)으로 등록되어 있는 종사자수가 시설당 평균적으로 5명으로 나타나고 있고, 겸직직원을 포함하여 총 직원수가 4~5명인 시설이 전체의 75%로 3/4을 차지하고 있다. 그리고 전담직원이 4~5명인 시설이 전체의 80%이고, 겸직직원이 2명 이하인 시설이 전체의 90%이다. 전담직원의 채용률이 국고지원수준에 못 미치고 있는 것은 지원수준이 낮기 때문에 적합한 전담직원을 채용하기 어렵기 때문으로 판단되기 때문에 최소한 국고지원대상의 직종에 해당하는 경우에는 현실적인 국고지원액이 뒤따를 수 있도록 하여야 한다.

넷째, 사회복지사의 채용률은 100%에 이르고 있었으나, 간호(조무)사는 65%수준, 생활지도원은 85%수준에 머무르고 있었고, 전담직원 채용률만을 보면 사회복지사도 70%로 나타나 30%정도의 시설에서는 겸직으로 채용하고 있는 실정이었다. 전담직원의 낮은 채용률은 서비스의 질적 문제로 이어지고 있기 때문에 현재 국고지원수준의 현실화와 함께, 적합한 전문인력의 확보대책을 수립하여야 할 것이다. 특히, 단기보호센터의 주요 서비스내용이 재활치료서비스가 포함되어 있다는 점을 감안하여 물리치료사 등 재활전문인력의 채용을 확보할 수 있는 방안을 강구한다.

마지막으로, 재정수지(총지출/총수입)를 보면 99.9%로 나타났으며, 평균적인 정부지원금 비중이 64.4%, 법인전입금 비중이 9.1%, 후원금 비중이 1.5%, 인건비 비중이 65.4%로 나타났다. 각 시설의 인건비 비중의 차이는 질적인 서비스의 확보와도 직결되고 있는데, 높은 비중의 시설은 적합한 양질의 전문인력의 확보에 기인하기 때문이기도 하고, 낮은 비중의 시설은 보다 많은 이용대상노인에게 서비스를 제공하는데 치중하기 때문일 수도 있다는 점이다. 따라서 합리적인 시설 종사자의 인건비지원기준과 별도의 사업비 지원기준을 마련하여야 한다.

제 3 절 단기보호사업의 실제

단기보호사업의 실제는 일상생활의 대부분이 서비스로 제공된다. 병설형은 치매전문요양시설의 기상, 세면, 식사, 기저귀교환시간, 건강검진, 취미 프로그램 등 기본적 생활시간대에 준하고 있다. 독립형의 단기보호시설로는 독자의 프로그램을 작성하지 않으면 안 되겠지만, 기본적인 생활시간에 있어서는 병설형과 그다지 다르지 않은 시간대로 설정된다. 구체적인 프로그램을 살펴보면 다음과 같다.

1) 이송

단기보호시설의 경우, 가족이 이송이 곤란해 있는 경우를 고려해 원칙적으로 이용자의 이송서비스를 실시하는 것으로 한다. 실제로 이송형태도 다양한데, 먼저 유·무료에 관해서 ① 무료로 이송서비스를 실시하고 있는 경우 ② 유료로 이송서비스를 제공하고 있는 시설은 차량에 관해서 ③ 기존의 시설의 차를 사용하고 있는 경우 ④ 업자에 위탁하고 있는 경우 ⑤ 독자의 차량과 운전수를 고용하고 있는 경우 등이 있을 수 있다.

이송서비스는 그 시설의 관할구역과 도로사정 등 그 지역사회의 특징에 따라 다르다. 또 이송서비스는 가족이 해야 할 역할이라고 생각이 되면 실시하지 않아도 되겠지만, 그러나 그 경우에는 와상노인과 병·허약노인에게 이송수단이 없으면 침대차나 휠체어를 실을 수 있는 이송서비스를 업자의 소개 등 필요한 조치를 취해야 할 것이다.

2) 목욕서비스

목욕서비스는 이용자에게 중요한 서비스 중에서 하나이다. 목욕은 시설입소자와 동일하게 1주일에 2회가 평균적으로 제공되고, 일반욕, 일부케어욕, 특수욕(기계욕)으로 나누어서 제공한다. 그 중 이용자의 신체상황에 따라 보다 적합한 목욕을 제공한다. 즉 단기보호시설의 이용자는 상시 케어를 필요로 하는 사람이고, 가정에서 목욕이 곤란하거나 어려움이 있는 경우이다. 따라서 이용자에 따라 목욕서비스는 매우 중요한 서비스이고, 시설을 이용하는 중에 일부케어욕, 특수욕 등 다양한 목욕서비스를 경험하는 기회도 된다.

3) 기능회복훈련

단기보호시설에 물리치료나 작업치료설비가 설치되어 있으면 희망하는 전체 노인이 자신의 신체상황에 맞게 기능회복훈련을 할 수 있고 그것이 이상적이다. 그러나 물리치료나 작업치료 서비스를 제공하는 설비가 설치되어 있지 않으면 기능회복훈련서비스를 제공하지 않아도 괜찮다는 것은 아니다. 그 대신 무엇인가를 고안하여 노인의 잔존기능 유지를 도모할 수 있는 노력이 필요하다. 한편으로는 상시의 케어를 필요로 하는 노인이기 때문에 병원의 물리치료실이나 전문물리치료센터 등을 이용할 수도 있다. 이러한 노력으로 단기간이지만 입소하여 퇴소할 때까지 계속하여 기능회복훈련을 통하여 신체적 기능을 유지한다.

4) 상담

케어가 필요한 노인을 책임지고 있는 가족에게 케어기술 등을 습득시켜 케어가 필요한 노인의 재가생활의 유지・향상을 도모하는 일을 목적으로 입・퇴소 시에 전문성을 가지고 있는 전문가로부터 케어의 상담을 받을 수 있다.

5) 식사

식사서비스는 신체기능이 떨어져 있는 이용자를 위해 주식으로 보통식, 전죽, 오분죽(五分粥) 등이 있고, 반찬은 보통식, 잘게 썬 것, 아주 잘게 썬 것, 믹서식 등의 배려가 필요하다. 식사시간은 많은 시설의 경우, 저녁식사를 오후 5시경에 제공하고 있다. 그러나 일반가정에서의 저녁식사는 이것보다 조금 늦은 시간인 7시 전후이다. 가정생활의 리듬과 아침의 공복을 배려해 저녁식사시간을 재설정하는 것이 바람직하다.

이와 같이 단기보호서비스를 실제로 이용하는 것이 노인자신 즉 노인이 주체로 된 것은 말할 것도 없다. 단기보호서비스는 케어자의 이유에 의해 어쩔 수 없이 노인이 시설에 입소한다는 생각이 많지만, 환언하면 노인 자신이 기능회복과 일상생활훈련 등의 시설기능을 활용해서 생활범위를 확대하고 또, 노인 자신의 사회생활을 넓히기 위해 서비스를 적극적으로 이용할 것이라는 시각이 필요하며, 이러한 시각에서 단기보호서비스를 이용하면 보다 좋은 유의미한 시간이 될 것이다. 이처럼 노인 본인이 생활에 적극적으로 몰두하여 선택하는 것이 활력있는 노후생활에 밀접한 관계를 갖는 것이다.

6) 기록

이용 중의 관찰기록은 치매전문요양시설의 양식과는 별도로 독자의 기록용지에 정리해 둔다. 케어 및 간호의 상황기록은 한권의 파일로 해 두는 편이 다시 이용할 때나 다른 시설을 이용할 때 등 정보원으로서 도움이 된다. 기록의 양식과 방법에 대해서는, 각각의 서비스센터의 실정에 따라 고안하면 좋다.

참고문헌

김수영 · 성명옥 · 김경호 · 조추용, 『노인과 지역사회보호』, 양서원, 2003.

보건복지부, 『2006년도 노인보건복지사업 안내』, 2006.

보건복지부, 『재가노인복지사업 지침』, 각년도.

이혜원, "가정봉사원파견사업 매뉴얼", 『재가노인복지사업 매뉴얼』, 한국재가노인복지협회, 2000.

조추용, "한국 노인의 재택복지에 관한 연구", (일본)불교대학대학원, 박사학위청구논문(미간행), 1996.

한국재가노인복지협회 편, 『재가노인복지사업 10년 발자취』, 2003.

한국재가노인복지협회, 『재가노인복지사업 매뉴얼』, 재가노인복지사업 총서⑤, 2000.

한국재가노인복지협회, 『재가노인복지서비스』, 재가노인복지사업 총서②, 1999.

제4부

광의의 재가노인복지

10
chapter

노인보건의료사업

제 1 절 지역사회 노인보건의료사업

1. 노인보건의료사업의 필요성과 의의

노인들은 자연적 노화 이외에 관절염, 중풍(뇌졸중), 당뇨병 등 각종 만성질환과 치매, 정신질환에 의한 생활장애를 겪고 있다. 이러한 장기요양보호를 필요로 하는 노인보건의 문제는 비단 노인뿐만 아니라 가족과 사회구성원 모두에게 중요한 문제가 아닐 수 없다(김화중, 2005).

노인보건의료사업은 노화에 따른 신체적인 기능저하와 질병으로 인한 건강상의 문제를 해결하고 질병을 예방하며 건강을 증진하기 위해 국가적인 차원에서 보건의료서비스를 제공함으로써 노인의 삶의 질을 향상시키고자 하는 제반활동을 의미한다. 노인보건의료사업은 크게 예방적인 측면의 건강유지증진사업과 조기발견 및 치료에 해당되는 의료사업, 그리고 3차 예방에 속하는 재활 및 환자관리사업이 해당된다.

지역사회에서 제공되는 노인보건의료사업에 대한 법적 근거는 〈표

10-1〉과 같다.

노인복지법은 물론 보건의료기본법, 지역보건법, 의료법 및 국민건강증진법과 관련이 있다고 할 수 있다. 노인복지법에서는 보건복지증진의 책임, 건강진단, 치매관리사업을 주요 요점으로 하여 노인보건의료사업과 관련이 있다. 보건의료기본법에서는 노인의 건강증진을 기술하고 있으며, 지역보건법에서는 보건소의 업무에서 노인보건사업과 방문보건사업으로 찾아볼 수 있겠고, 의료법(시행규칙)에서는 가정간호과 관련이 있다고 할 수 있다. 그리고 노인복지법에서도 건강진단에서는 보건교육을 들고 있는데, 이는 국민건강증진법과도 연관이 있는 것으로, 노인의 보건의료사업은 이들 법과 관련이 있다.

특히 지역보건법에서 명시되고 있는 노인보건사업의 예시로는 노인요양시설에의 입소조치, 노인에 대한 건강진단 및 보건교육, 재가노인복지사업을 하는 자에 대한 지원, 건강진단의 공고, 건강진단기관의 지정이 포함되어 있다.

〈표 10-1〉 노인보건사업과 관련된 법적 근거내용

노인복지법

제1장 4조 (보건복지증진의 책임) : 국가와 지방자치단체는 노인의 보건 및 복지증진의 책임이 있으며, 이를 위한 시책을 강구하여 추진하여야 한다.

제3장 제27조 (건강진단) : 1항) 국가 또는 지방 자치단체는 대통령령이 정하는 바에 의하여 65세 이상의 자에 대하여 건강진단과 보건교육을 실시할 수 있다.

2항) 국가 또는 지방자치단체는 제1항의 규정에 의한 건강진단 결과 필요하다고 인정한 때에는 그 건강진단을 받은 자에 대하여 필요한 지도를 하여야 한다.

제3장 제29조 (치매관리사업): 1항) 국가 또는 지방자치단체는 치매예방 및 치매퇴치를 위하여 치매연구 및 관리사업을 실시하여야 한다.

2항) 제 1항의 치매연구 및 관리사업의 업무내용 및 기타 필요한 사항은 보건 복지부령으로 정한다.

보건의료기본법

제33조 (노인의 건강증진): 국가 및 지방자치단체는 노인의 질환을 예방 또는 조기발견하고 질병상태에 따른 적절한 치료와 요양이 이루어질 수 있도록 하는 등 노인의 건강을 보호·증진하기 위하여 필요한 시책을 강구하여야 한다.

지역보건법

제9조 (보건소의 업무): 보건소는 당해 지방자치단체의 관할구역 안에서 행하여지는 다음 각 호

의 사항을 관장한다.

1) 국민건강증진 : - 주민건강의 증진에 관한 세부적인 계획수립 및 시행
- 금연 및 절주운동 (교육 및 홍보를 통해)
- 질병의 조기발견을 위한 검진 및 처방
- 지역사회의 보건문제에 관한 조사 및 연구
- 건강상담 및 건강교실 운영
- 보건소 이용주민의 개인별 건강상태 기록 및 유지

2) 보건교육 : - 개인이나 집단에 대한 보건교육을 실시한다.
- 금연, 절주 등 건강생활의 실천에 관한 사항
- 만성퇴행성질환 등 질병의 예방에 관한 사항
- 영양 및 식생활에 대한 사항
- 구강건강에 관한 사항

3) 구강건강: 구강건강에 대한 교육사업

4) 영양개선사업 : - 영양교육사업
- 영양개선에 관한 조사 및 연구사업
- 지역주민의 영양지도 사업

5) 예방접종사업: B형 간염 예방, 독감예방, 결핵예방 사업

6) 노인보건사업 : - 노인 요양시설에서의 입소조치
- 노인에 대한 건강진단 및 보건교육
- 재가노인복지사업 지원사업 등

7) 만성퇴행성 질환관리사업: 만성퇴행성 질환자의 등록 및 관리사업

9) 가정 및 사회복지시설 등을 방문하여 행하는 보건의료사업

13) 지역주민에 대한 진료, 건강진단 및 만성퇴행성질환 등 질병관리에 관한 사항

16) 기타 지역주민의 보건의료의 향상, 증진, 및 이를 위한 연구 등에 관한 사업

의료법시행규칙

제22조 (가정간호) ① 법 제30조제1항제4호의 규정에 의하여 의료기관이 실시하는 가정간호의 범위는 간호, 검체의 채취(보건복지부장관이 정하는 현장검사를 포함한다. 이하 같다) 및 운반, 투약, 주사, 응급처치 등의 교육 및 훈련, 상담, 건강관리에 관한 다른 보건의료기관 등에의 의뢰로 한다.

② 가정간호를 실시하는 간호사는 제54조제1항제4호의 규정에 의한 가정전문간호사이어야 한다.

③ 가정간호는 의사 또는 한의사가 의료기관외에서 계속적인 치료와 관리가 필요하다고 판단하여 가정전문간호사에게 치료 또는 관리를 의뢰한 자에 한하여 실시하여야 한다.

④ 가정전문간호사는 가정간호중 검체의 채취 및 운반, 투약, 주사 또는 치료적 의료행위인 간호를 하는 경우에는 의사 또는 한의사의 진단과 처방에 의하여야 한다. 이 경우 의사 및 한의사의 처방의 유효기간은 처방일부터 90일까지로 한다.

⑤ 가정간호를 실시하는 의료기관의 장은 가정전문간호사를 2인 이상 두어야 한다.

⑥ 가정간호를 실시하는 의료기관의 장은 가정간호에 관한 기록을 5년간 보존하여야 한다.

⑦ 이 규칙에서 정한 것 외에 가정간호의 질관리 등 가정간호의 실시에 필요한 사항은 보건복지부장관이 따로 정하는 바에 의한다.

자료) http://www.Moleg.go.kr, 2007

한편 국민건강증진사업에서는 일반적으로 생애를 주기별로 나누어 보건

서비스 방향을 제시하고 있는데, 노년기의 경우에는 주로 치매예방관리 및 관절염관리, 말기 암환자와 재가암환자 관리 및 노인의치보철사업을 들고 있다(보건복지부, 2002).

그러나 새국민건강증진종합계획수립(2005)에서는 노인보건으로 ① 노인에게 적합한 각종 운동프로그램을 통하여 신체적 기능상태를 제고시키고, ② 노인에게 적합한 건강검진사업을 통하여 신체적 및 정신적 기능상태의 하락 위험요소를 조기에 발견, 제거시킴으로써 전반적인 건강수준을 제고시킨다는 목적을 가지고, 노인의 건강유지 및 향상을 통하여 생활습관병을 사전적으로 예방하고 건강수준의 하락으로 의존적 생활상태로의 전락위험도가 높은 생활기능저하 노인을 집중적으로 관리하는 것으로 가고 있다.

이러한 노인보건의료사업의 기본목표를 건강한 노후보장에 두고 있으며, 그 주요 추진방향으로서는 다음의 세 가지를 들고 있다.

첫째, 보건교육 · 건강증진사업 내실화를 통한 노인성 질환의 예방, 노인환자의 치료 · 요양을 위한 시설확충 등 사후관리체계를 구축한다.

둘째, 치매 · 중증질환 노인에 대한 지원대책을 중점적으로 추진한다.

셋째, 노인의 보건의료서비스를 확대하여 노인의 건강을 체계적으로 보장하고 노인의료비 부담완화를 추진하는 것이다.

2. 노인보건의료사업의 현황과 문제점

1) 노인질환의 예방

보건복지부는 노인질환을 조기에 발견하고 건강지도 및 보건교육을 실시하여 노인건강증진을 도모하고자 1983년 1월부터 국민기초생활보장 수급노인을 대상으로 무료 노인건강진단을 실시하였다.

노인건강진단사업의 목적은 다음과 같다.

① 질병의 조기발견 및 조기치료로 건강의 유지 · 증진 도모,

② 노인건강수준 향상으로 건강하고 활기찬 노후생활의 보장으로 하고 있다.

따라서 전국 시·군별로 국, 공립병원 또는 보건소에서 매년 1차 진단항목은 심전도검사 외 11항목으로 기본진료, 혈액검사 및 기타검사가 시행되고, 2차 진단항목은 정밀안저검사 외 29항목이 포함되어 실시되고 있다(http://www.mohw.go.kr). 2004년에는 치매검사, 골밀도검사 등 노인성 질환 검사항목을 추가하고, 타 검진과 연계 추진하는 등 지역수요에 따라 검진항목을 조정하여 시행하고 있다.

검사 후, 유질환자의 경우는 보건소에 등록하여 관리토록 하고 공공의료기관과의 연계하여 방문보건 등의 의료서비스를 체계적으로 제공하여 노인병의 예방과 치료에 힘쓰고 있다. 그리고 치매노인의 경우는 보건소「치매상담센터」에 등록관리 및 상담·물품지원 등 기본적인 서비스를 제공한다.

2006년부터는 국민기초생활보장 수급대상 노인에서 차상위노인으로 확대하고 건강검진 수가와 검진대상 항목을 연차적으로 확대하는 등 내실있는 노인건강진단이 되도록 노력을 기울이고 있다(보건복지부, 2006).

그리고 2003년부터 안과의사의 손길이 미치기 어려운 지역의 노인을 대상으로 정밀 안검사를 실시하고 있으며, 안검진사업과 연계하여 개안수술비의 지원을 하고 있는데, 이의 목적은 다음과 같다.

① 저소득층 노인 등에 대한 정밀 안검진의 실시로 안질환을 조기 발견·치료함으로써 노인들의 시력 향상 및 실명 예방,

② 노인 개안수술비 지원을 통한 노인 및 가족의 의료비 부담의 경감,

③ 노인건강진단사업과의 연계실시로 검진 및 치료의 연속성·효과성 제고,

④ 개안검진 및 수술대상의 단계적 확대로 저소득 노인건강 체계적 보장을 위한 것이다.

검진항목은 1차 진단으로 정밀 안저검사(양측) 1종과 2차 진단으로 정밀 안저검사(양측), 안압검사, 굴절검사 및 조절검사 (안경처방전 교부 포함), 각막곡률검사 총 4종이 된다. 수술대상 질환은 백내장, 망막질환 및

녹내장이며, 대상자선정기준은 안검진결과, 수술이 필요하다고 진단받은 자 중 수술의 시급성, 일상생활의 지장정도, 수술 후 예후 등을 감안하여 선정하고 있다.

- 백내장 : 안과전문의에 의한 백내장 진단을 받고 해당 눈 시력이 0.3 이하인 환자
- 망막질환 : 안과전문의에 의한 당뇨병성 망막증, 망막박리, 기타 망막 질환의 진단을 받고 수술이 필요하다고 인정받은 환자
- 녹내장 등 기타 안질환 : 안과전문의에 의한 진단을 받고 수술이 필요하다고 인정받은 환자

그리고 공공보건기관에서는 지역사회 노인의 보건사업을 집중적으로 전개, 확대하고 있다.

2) 노인환자관리

노인인구의 약 8.3%인 32만9천명(2003년 현재) 정도가 치매노인으로 추정되고 있으며, 이러한 치매노인의 수는 노인인구의 증가에 따라 계속적으로 늘어날 것으로 예상되고 있다(변용찬, 1997). 치매는 환자 자신은 물론 가족의 정신적, 육체적, 경제적 부담이 매우 심각한 것이 특징이다.

이러한 노인환자관리는 정부가 「치매 · 중풍 등 노인환자관리」로 2002년도에 '노인보건복지 종합대책' 및 '실행계획'을 수립하여 치매노인문제에 대한 대책을 마련, 추진하고 있다.

전국 보건소에 치매상담센터를 설치하여 운영하는데, 목적은 다음과 같다.

① 지역사회 치매관리사업에 대한 원활한 수행,

② 치매노인 등록에 따른 관리 및 이에 필요한 상담 · 지원 등의 서비스를 제공함으로써 치매노인이 보다 건강한 삶을 살 수 있도록 하는 것이다.

주요 업무는 다음의 5가지로 구분된다.

① 치매노인 등록 및 관리

- 지역에 치매노인이 있을 때에는 치매노인등록카드작성
- 치매노인 평가 : 선별진단 및 확진 의뢰

② 치매노인 및 그 보호자에 대한 상담 및 지원

- 치매노인가족의 효율적 간호와 치매가족간의 역할분담 등에 대한 상담·조언을 통해 치매가정의 간호부담감을 완화시키고 양질의 서비스 제공
- 치매노인가족모임 활성화
- 치매노인가족 상호간의 정보교환
- 홍보용 책자 보급
- 등록치매노인에 대한 신원확인팔찌 보급

③ 치매의 예방 및 치매노인의 간병요령 등에 관한 교육의 실시

- 치매노인 및 가족들에게 치매질환과 치매노인에 대한 교육
- 지역사회 주민에게 교육·홍보
- 보건소를 방문하는 주민에 대해 치매교육 및 홍보실시

④ 재가치매노인에 대한 방문·관리

- 방문보건사업의 강화
- 가정봉사원파견시설, 주·단기보호시설, 지역 내 자원봉사자 및 자원봉사단체 등과 연계한 서비스제공

⑤ 치매노인의 노인전문요양시설 등에의 입소안내

- 치매노인의 상태에 따라 주간보호시설, 관내 복지관 재활프로그램이용, 전문요양시설 및 외래·입원 등을 위한 치매전문요양병원·노인전문병원 등에의 입소안내

중증치매노인을 위해 노인전문요양시설 건립과 시설운영비를 지원하고 있다. 2003년 현재 총 338개소에 26천명의 국민기초생활보장 수급대상자 및 저소득층의 치매 등 중증질환 노인들이 보호를 받고 있는데, 앞으로 2011년까지 505개소로 확충할 계획이다.

또한 치매요양병원도 2003년도에 17개소, 2004년도에 10개소, 2005년도에 8개소, 2006년도에 5개소를 신축하는 등 총 67개소를 운영중이다. 노인

치매병원은 '치매노인에 대한 전문적인 치료 및 요양서비스를 제공하여 치매질환의 악화방지 및 치매노인 가족의 부담경감'을 목적으로 의료법(제3조 제5항; 요양병원)에 의하여 설치되었는데, 이용대상자는 다음과 같다.

① 신체적 정신적 장애로 일상생활을 영위하기 곤란한 노인
② 심신이 허약하거나 장애가 있어 일정기간 보호가 필요한 노인
③ 신체적 · 정신적 · 사회적인 이유 등으로 가정에서 보호가 곤란하여 전문적인 보호가 필요한 노인

그리고 치매관련 전문적 연구 및 정보수집을 효율적으로 관리해 나가기 위하여 질병관리본부에 뇌의약학연구센터를 설치하여 운영 중에 있다.

3) 노인의료서비스

우리나라는 전국민의료보험으로 노인의료서비스도 건강보험 내에서 의료서비스가 제공되고 있다 해도 과언이 아니다. 그리고 건강보험 적용 제외대상자는 의료급여법에 의한 의료급여대상자가 된다.

(1) 건강보험에 의한 의료서비스

건강보험급여는 현물급여와 현금급여로 구분할 수 있는데, 현물급여는 질병, 부상, 출산 시 요양기관에서 받는 의료서비스로 요양급여, 건강검진 등이 있고, 현금급여는 보험자로부터 지급받는 현금으로 요양비, 장제비, 본인부담금보상금 등이 있다. 그러나 질병이나 부상의 치료목적이 아니거나, 업무 또는 일상생활에 지장이 없는 질환의 치료를 위한 행위, 약재, 치료재료, 기타 보험급여의 원리에 부합되지 아니하는 사항은 요양급여에서 제외된다.

장제비란 가입자 또는 피부양자가 사망하여 장제를 행하는 자에게 현금급여를 하는 것을 말하는 것으로 가입자와 비부양자 구분없이 일률적으로 250,000원을 지급하고 있다.

본인부담액보상금은 건강보험이 적용되는 진료비 중 본인부담액이 매 6개월간에 150만원 이상 300만원 이내일 경우에 초과한 금액의 50%를 현

금으로 되돌려 받는 금액을 말한다.

(2) 의료급여

의료급여제도는 생활유지능력이 없거나 생활이 어려운 자에게 의료급여를 실시함으로써 국민보건의 향상과 사회복지 증진에 이바지함을 목적으로 하고 있다. 주로 생활무능력자 및 저소득층을 대상으로 국가재정에서 의료서비스를 부담하는 공공부조 형태의 건강보장제도이다.

의료급여수급권자는 1종 수급권자와 2종 수급권자로 구분하여 각기 대상자에 따라 본인부담을 달리하고 있다. 즉 의료급여 1종은 의료급여기관의 이용에서 입원이나 외래의 모든 진료비를 의료급여기금에서 부담하므로 본인부담 진료비는 무료이다. 2종 수급권자는 2차 외래의료급여 및 1, 2, 3차 급여기관의 모든 입원진료비는 본인부담이 급여액의 15%만을 부담한다. 다만 장애인의 경우, 본인부담진료비는 장애인의료비에서 부담하므로 본인부담은 없다. 그러나 1차 의료기관의 외래 본인부담금은 의료급여기관과 장애인 여부에 따라 달라진다.

의료급여의 기준은 진찰, 검사, 처치·수술, 기타치료, 약제 또는 치료재료의 지급, 입원, 간호, 이송, 기타의 의료목적 달성을 위한 조치, 분만 등을 대상으로 급여를 시행한다.

의료급여의 절차는 3단계 급여절차를 시행하고 있다. 따라서 의료급여수급권자가 의료급여를 받고자 하는 경우에는 먼저 제1차 의료급여기관, 제2차 의료급여기관, 제3차 의료급여기관의 순서로 이용하여야 하며, 반드시 의료급여의뢰서를 발급받아 이용해야 한다. 의료급여의뢰서는 그 발생일로부터 7일 이내에 의료급여기관에 제출하여야 한다. 제1차 의료급여기관은 의원, 보건기관(보건소, 보건지소, 보건진료소), 보건의료원에서의 진료를 말하여, 제2차 진료는 병원 및 종합병원에서 입원 및 외래진료를 받는 경우이고 제3차 진료는 보건복지장관이 지정한 제3차 급여기관에서 진료를 받는 것이다.

정부는 노인전문인력 확충을 위해 2003년 12월에 의료법을 개정하여 노인전문간호사제도를 도입하였으며, 급성기 병상을 요양병상으로 전환하는 등 노인전문병원 및 요양병상을 대폭 확충하여 노인성 질환치료에 불편이 없도록 추진하고 있다. 그리고 요양병원 수가를 개발하고 틀니, 보청기 등 노인용 보장구를 단계적으로 건강보험 급여에 포함시키도록 노력하고 있다.

노인의 만성퇴행성 질환의 장기적 치료와 관리를 위하여 공공보건의료사업의 일환으로 공공의료기관에서 간병 무료서비스를 제공하고 있으며, 이를 점차적으로 확대하여 저소득층의 입원치료가 원활하게 될 수 있도록 하고자 한다.

3. 노인보건의료사업의 과제

현재 우리나라의 건강보험법, 노인복지법 및 의료법에 근거한 노인보건의료사업 및 향후 실시될 노인수발보장제도에 대한 검토를 토대로 우리나라 노인보건의료사업에 대한 과제를 살펴보면 다음과 같다.

첫째 예방적인 측면과 조기발견을 위한 활동으로 노인건강진단사업이 실시되고 있는데, 기초생활수급권자인 노인을 대상으로 실시되고 있다는 점과 검진항목의 한계성이다.

이는 보건의료서비스 이용에 경제적 어려움이 있는 저소득층 노인에게도 확대, 실시되는 것이 바람직하다. 그리고 검진항목이 부적절한 실정으로 질병양상의 변화에 따른 검진항목의 조정이 필요하며, 종합건강검진도 고려해야 할 것이다. 건강검진을 통하여 질병이 발견되면 의료기관과의 연계를 강화해 신속한 후속조치가 이루어질 수 있도록 하고 의료비부담을 경감시켜주어야 할 것이다.

둘째 노인복지법에 의한 치매상담센터에 대한 재정지원이 낮아 예방과 치매노인에 대한 서비스가 제대로 이루어지지 않고 있다.

우선 치매상담센터로서의 역할을 충분히 하기 위해서는 전담, 전문인력이 배치되어야 하고 노인에 알맞은 전문적인 서비스가 이루어질 수 있어야 한다. 그리고 노인을 수발, 부양하는 가족에 대한 지원도 마련되어야 할 것이다.

셋째 의료기관의 도시편중으로 인하여 농·어촌노인들의 보건의료이용의 접근성 저하와 적절한 진료의 어려움이 질병관리에 지장을 주고 있다.

이러한 문제를 해소하기 위해서는 공공보건의료서비스의 강화, 확대가 요구되는 것으로 보건기관의 기능을 강화하고 순회진료서비스를 실시하는 등 보건지소와 보건진료소의 기능도 보강하여 건강상담, 정기검진, 보건교육이 활성화되어 노인의 질병예방과 건강유지, 증진을 위한 보건의료서비스가 실질적으로 이루어지도록 해야 한다.

넷째 건강보험과 의료급여의 범위축소로 인하여 노인에게 절대적으로 필요한 다양한 서비스가 제공되기 어려운 실정이다.

건강보험에 의한 노인의료서비스의 양적, 질적 확대가 요구된다. 건강보험 내에서의 의료상한일수가 365일로 되어 있으나, 노인의 경우는 만성질환으로 금액과 관련되어 제한받는 사례가 발생되므로 진료금액과 관계없이 급여기간을 확대하여 충분한 진료서비스가 가능케 하는 것이 바람직할 것이다. 그리고 노인은 전자요법, 온열요법 등 한방물리요법과 보청기, 안경, 의치 등의 서비스가 절대적으로 필요하나 급여대상에서 제외되어 있기 때문에 경제적 부담으로 제대로 서비스가 제공되지 못하고 있으므로 보장구지원서비스가 개발되어야 할 것이다.

제 2 절 맞춤형 방문건강관리사업

1. 맞춤형 방문건강관리사업[1)]의 개념과 필요성

인구고령화로 인한 만성퇴행성 질환증가, 사고 및 재해로 인한 장애증가 등으로 지역사회 내에 만성적인 건강문제가 증가하여 환자가족의 수발부

1) 맞춤형 방문건강관리사업은 2007년도부터 방문보건사업의 명칭을 변경하면서 사업의 내용을 확대한 것이다.

담 및 국가의 재정적 부담을 야기하고 있다. 이에 대상자 및 가족의 삶의 질을 향상시키고 의료비를 절감하기 위하여 경제적인 이유, 그리고 신체적 거동불편의 이유로 의료기관 접근성이 떨어지는 의료취약계층과 건강문제를 스스로 관리할 수 없는 대상자를 조기에 발견하여 관리함으로써 심각한 합병증발생을 예방할 필요성이 증대하면서 방문보건사업이 보건의료수단으로 자리매김하고 있다(김화중, 2005).

방문보건사업은 보건기관 인력이 지역주민의 가정, 또는 시설에 방문하여 가족 및 가구원 건강문제를 가진 가구를 발견하고 질병예방 및 관리, 건강증진 등을 위하여 적합한 보건의료서비스 등을 직접 제공하거나 의뢰·연계함으로써 가족의 자가관리 능력을 개선하여 삶의 질을 향상시켜 주는 포괄적인 건강관리 사업을 말한다(보건복지부, 2005).

인구의 노령화, 만성질환 및 사고로 인한 심각한 합병증 발생증가, 사회·경제 발전으로 인한 질병구조의 변화 등으로 지역사회 만성건강문제가 증가하고 있다. 이에 가구원의 건강문제나, 사회·경제적 가족문제를 스스로 관리할 수 없는 가구 및 시설을 방문하여 요구에 적합한 보건의료서비스를 직접 제공하거나 의뢰·연계함으로써 주민의 의료이용 편의성 등을 높일 뿐만 아니라 국민의료비 절감유도, 주민 스스로 건강을 유지·증진하여 삶에 대한 자립의지를 고취시킬 필요성이 증대되고 있다.

방문보건사업의 목적은 보건기관 인력이 가정 또는 시설을 방문하여 건강문제를 가진 가족 및 가구원을 발견하고 방문요구를 평가하여 요구에 적합한 서비스를 직접 제공하거나 의뢰·연계함으로써 주민의 의료이용 편의제공, 건강유지·증진을 통해 가족의 자기관리 능력 및 삶의 질을 향상하여 건강한 지역사회를 조성하고자 함이다.

방문보건사업 중에서 방문간호는 보건소에 소속된 방문간호사가 가정을 방문하여 가족단위로 건강문제를 가진 가구를 발견하고 정상발달 가족과 소외되거나 자가관리능력이 없는 취약가족으로 구별하여, 이중 취약가족을 대상으로 질병예방 및 관리 건강증진 등을 위하여 적합한 건강서비스를 제공하는 지역보건의료사업의 기본적인 접근방법이다(유호신외, 2005; 정연강 외, 2006).

이와 같은 우리나라의 방문간호는 보건소를 중심으로 보건간호사들이 가정방문을 통해 지역주민들이 필요로 하는 보건의료서비스를 제공하는 것으로, 1956년 보건소법(지금은 지역보건법임)제정 이후 정부주관의 보건사업 시작과 더불어 방문간호사업이 실시되었다. 그리고 1990년대 초부터 서울시 보건소에 지역보건과가 신설되어 방문간호사업을 전담할 수 있는 조직과 인력기반이 조성됨으로써 사업의 활성화에 영향을 미쳤다. 1995년 지역보건법의 개정으로 지역진단을 기반으로 한 지역보건사업의 기본수단으로서 방문보건사업의 필요성과 중요성이 다시 대두되기 시작하였다(김의숙·유호신 외, 2002).

방문보건사업은 보건소업무 중에 "가정, 사회복지시설 등을 방문하여 행하는 보건사업이다"라는 법적 근거(지역보건법, 1995)를 갖게 되었고, 1998년 공공근로 방문간호사업을 전국적으로 실시함에 따라 방문간호에 대한 개념과 서비스표준화틀이 구축되었다. 이를 토대로 2002년에 보건복지부에서는 '2001년도 방문간호사업지침'을 전국 보건소에 배포하였고, 공공근로 방문간호사들이 작성할 가정건강기록부에 대한 데이터베이스(D/B)구축을 위한 방문간호 전산화작업이 실시되었다. 이로써 2002년 이후부터는 지역별로 가족단위의 건강관리체계가 구축되어 가족을 대상으로 보건사업을 펼칠 수 있는 기반이 형성되었다.

보건복지부는 2003년도부터 노인, 장애인, 만성질환자 등 대도시지역 취약계층에 대한 방문보건서비스를 제공하기 위하여 방문보건사업 운영비를 지급하게 되었다. 2005년 현재 보건복지부의 공식적인 명칭은 방문보건사업으로 되었으나, 운영안내서에는 중심인력이 간호인력으로 명시되어 있어, 방문간호사업이 주임을 알 수 있다.

그러나 2007년도부터는 맞춤형 방문건강관리사업으로 명칭을 변경하여 더욱 방문보건사업을 확대하여 전국의 보건소에서 별도의 방문보건요원을 채용하여 실시하고 있다.

〈표 10-2〉 맞춤형 방문건강관리사업의 개요

	2006년도	2007년도
사업명칭	방문보건사업	맞춤형 방문건강관리사업
사업대상	기초 수급권자 및 자상위 (건강보험부과 등급 50% 이하	취약계층을 대상으로 하는 것은 유사하나 6단계로 순위를 정하여 그 단계를 마무리 하고 다음 순위로 범위확대 - 임신부(농어촌), 결혼이민자 포함
주요 중점대상	1군(집중관리군)	2군 (정기적 관리군) 3군 (추후관리군)
주요 서비스	거동불편자 위주의 간호 서비스	만성질환관리와 건강생활실천 상담(교육) 및 지역사회자원연계
평가지표	-	등록관리대상가구 및 가구원수, 고혈압 및 당뇨 지속투약률, 이용자만족도

방문간호의 사업대상은 해당지역의 지역주민 전체를 대상으로 포괄적인 보건의료서비스를 제공하는 것으로 원칙으로 하고, 방문보건요구가 높은 저소득 고위험가족에 우선순위를 두되, 보건소별로 지역여건에 맞게 자체 조정하여 관리하고 있었으나, 맞춤형 방문건강관리사업에서는 순위별로 정하고 있다(〈표 10-2〉 참조).

2. 사업의 범의와 내용

먼저 방문보건사업의 범위는 가족문제 및 가구원 건강문제를 가진 가구를 발견·등록하여 필요한 서비스를 제공하고, 만성질환, 장애, 사고 및 재해 등으로 가족 문제 및 가구원 건강문제를 관리하는 것이다. 우선 관리 건강문제는 독거이거나 가족의 지지가 약하여 의료기관을 이용하기 힘든 거동 불편불능자이며, 주요 관리질환은 뇌졸중, 고혈압, 당뇨, 암, 관절염, 뇌졸중, 치매, 정신질환 등이다.

주요 방문보건서비스 내용은 건강평가(assessment) 및 진단, 검사, 투약 및 투약관리, 처치, 환자증상관리, 교육 및 상담, 홍보, 의뢰, 방문진료 등이며, 서비스 수준은 가족 및 가구원 건강문제의 심각성 및 거동불편정도, 문제해결을 위한 가족 및 대상자의 지식과 대처능력, 가족 등 지지자원 보유 및 활용정도 등을 고려하여 결정한다.

가정방문을 통하여 이루어지는 지역사회 재활사업, 이동진료, 정신보건 사업 등과 연계하여 운영하며, 그 외 문제는 보건소 해당 사업부서 또는 보건지소, 보건진료소 및 기타 지역사회 기관에 의뢰 및 연계한다.

그리고 가족문제 및 가구원 건강문제가 보건기관의 방문보건서비스를 통하여 해결하기 어려운 서비스는 해당지역의 의료기관, 사회복지기관, 행정기관 등에 의뢰 및 연계를 한다.

가정방문 재가환자는 방문보건 요구도에 의해 관리하되, 직접 수행 보건 의료서비스를 제공하면서 반복적인 경미한 수준의 처치에 대해서는 가족 교육을 실시한 후 가급적 가족이 스스로 관리할 수 있게 한다.

가족문제 및 건강문제가 있는 노인, 장애인, 정신질환자 등이 수용되어 있는 시설의 요청이 있을 경우에는 보건기관 방문보건부서나 보건의료인력으로 구성한 팀이 출장하여 진료, 투약, 처치, 교육 등을 제공할 수 있다. 지역사회 자원을 발굴·교육을 실시하여 방문보건사업에 활용한다.

가족문제 및 가구원 건강문제에 대한 보건복지서비스를 효율적으로 제공하기 위하여 방문보건인력은 기본업무에 충실하여야 하며, 읍·면·동 사무소의 사회복지사와 업무의뢰 및 연계가 잘 이루어지도록 노력하여야 한다.

지역사회에서 제공되는 맞춤형 방문건강관리사업의 대상은 다음 〈표 10-3〉과 같다.

〈표 10-3〉 맞춤형 방문건강관리사업의 대상자

순 위	내 용
1 순위	기초생활수급자 중 65세 이상 장애인, 독거노인 및 노인부부세대
2 순위	1순위 대상자에 포함되지 않은 기초생활 수급자
3 순위	차상위계층 중 65세 이상 장애인, 독거노인, 노인부부세대, 임산부(농어촌), 결혼이민자 가구, 중증장애인 활동보조 및 노인돌보미신청자
4 순위	미인가시설 거주주민(노숙자 쉼터, 복지시설 등)
5 순위	위 순위 대상자에 포함되지 않은 차상위 주민
6 순위	1-5순위에 속하지 않은 일반주민

자료 : 보건복지부, 맞춤형 방문건강관리사업, 2007

사업 내용의 기본업무는 〈표 10-4〉와 같다.

〈표 10-4〉 방문보건사업의 기본업무

방문건강관리인력	읍·면·동 사무소의 사회복지사
·방문간호대상가구 선정 및 관리 ·가족 기능 평가(assessment) 및 진단 ·환자 및 질병관리 ·건강증진 및 질병 예방 ·재활 및 요양 ·환경위생관리 ·건강교육 및 상담 ·보건지지자원의 개발 및 관리 및 의뢰망 구축 ·복지문제 대상자 발견시 사회복지 담당자 연계 및 결과 확인	·복지대상자 선정·조사 및 관리 ·지역사회 인적·물적 자원의 조사개발 및 연계 ·상담 및 복지 프로그램 실시 ·생활지원·후원·결연 사업 ·보건문제 대상자 발견시 보건소 방문보건담당자 연계 및 결과 확인

자료 : 보건복지부, 방문보건사업, 2007

3. 방문보건사업의 운영체계와 추진 방향

방문보건사업에 관한 제반 운영사항은 방문보건사업 운영지침 등에 따른다. 방문보건업무에 관한 사항은 보건소가 총괄하며, 보건지소와 보건진료소는 해당지역(면, 리)의 방문보건사업을 책임지며 관할 보건소와 연계한다.

보건소장은 효율적인 방문보건사업을 위해 방문보건 담당부서를 두어 해당지역 방문보건사업의 운영 및 수행을 관장하게 한다. 방문보건부서는 책임자를 두어 방문보건사업을 기획하고 운영·평가한다.

사업대상 시·군·구 보건소는 각 시·도에, 각 시·도는 보건복지부에 방문보건사업 계획, 사업평가 및 사업실적을 제출한다.

〈그림 10-1〉 방문보건사업 운영체계

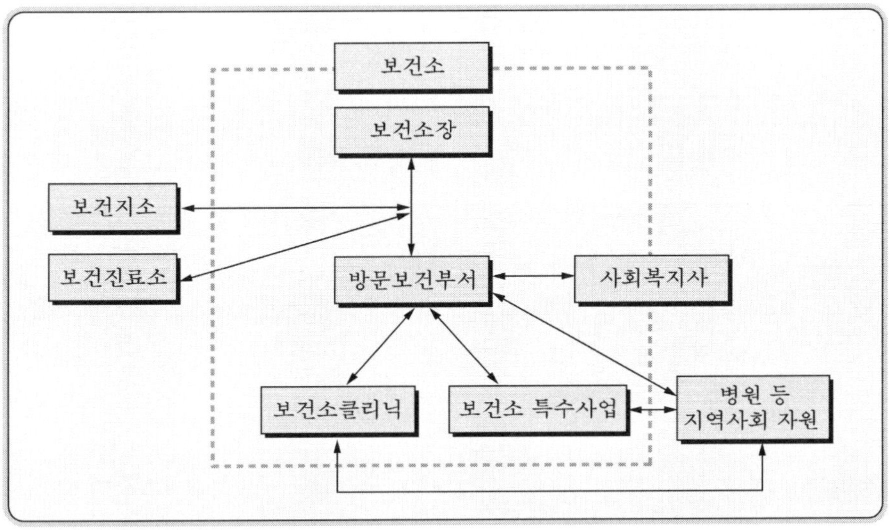

방문보건사업의 추진방향은 지역사회 내에서 제공되는 보건·의료·복지서비스의 통합을 지향하는 것이다. 그러기 위해서는,

- 사업단위는 가족중심으로 가족문제 및 가구원 건강문제에 대한 포괄적인 서비스를 직접 제공하거나 의뢰·연계한다.
- 지역적 특성, 거리의 근접성, 가구수, 담당인력수 등을 고려하여 방문보건인력이 지역을 할당하는 지역담당제 또는 필요로 하는 인력을 융통성 있게 활용할 수 있는 팀제를 운영할 수 있다.

- 가정방문을 통하여 보건의료서비스를 제공하여야 하며, 보다 전문적인 보건의료서비스 및 복지서비스 등이 필요할 경우에는 관할지역 내 보건의료기관, 사회복지기관, 행정기관 등에 의뢰 및 연계한다.
- 관할지역내의 자원 의뢰망 및 전산망 체계를 구축하고, 자원을 발굴·교육을 실시하여 방문보건사업에 활용한다.

4. 기관별 기능과 역할

1) 보건소

보건소는 다음과 같은 기능을 수행한다.

① 지역사회진단 결과와 지역보건법에 의한 지역보건의료사업계획에 의해 방문보건사업 세부계획을 수립한다.
② 관할지역 보건기관의 보건의료인력을 고려하여 방문보건사업을 지역담당제 또는 팀제로 운영한다.
③ 관할 보건지소/보건진료소의 방문보건사업 수행에 필요한 기술감독과 기술지원을 실시한다.
④ 관할지역에서 수행되는 사업의 질관리 및 평가를 실시한다.
⑤ 사업을 수행하는 과정에서 관할지역 내의 의사 및 사회복지사 등과의 의뢰체계를 수립한다.
⑥ 방문보건사업에 필요한 방문보건물품(비품, 소모품, 차량, 컴퓨터 등)을 확보·지원한다.

〈표 10-5〉 보건소 내 방문보건 담당부서의 업무내용

- 가정방문을 통한 지역사회 진단을 실시하고 대상가족을 발견한다. - 대상 가족문제 및 가구원 건강문제를 확인한 후 우선순위를 결정하고 방문보건사업계획을 수립한다. - 수립된 계획에 따라 가정방문을 통해 방문보건서비스를 제공한다. - 필요한 전문보건의료, 복지 및 행정분야에 의뢰하고 조정, 협력한다. - 방문보건서비스의 수행과정과 결과를 평가하여 다음 사업 단계에 반영한다. - 보건소, 보건지소, 보건진료소의 사업 모니터링 및 평가를 실시하여 시·도에 보고한다.

2) 보건지소

보건지소는 관할지역 방문보건사업의 주체가 된다. 단, 보건진료소 관할지역에 대해서는 보건진료소와 협의하여 업무를 분담한다. 따라서 보건지소장(공중보건의사)은 대상가족 기능평가(assessment) 및 의뢰시 의학적 판단을 제공하며, 보건요원은 지역사회 진단을 통해 파악된 대상가족과 관할지역 보건소의 방문보건 담당부서로부터 의뢰된 대상가족에 대한 방문보건 업무를 담당한다. 필요시 보건소 및 보건진료소의 지원을 요청할 수 있다.

만일 2·3차 의료와 행정·복지지원의 문제 해결이 필요한 경우, 의료기관이나 사회복지사 등에게 의뢰 및 연계한다. 그리고 대상가족 및 보건소로부터 의뢰된 대상가족의 방문보건결과와 방문보건사업 실적을 보건소에 보고한다.

3) 보건진료소

보건진료소도 관할지역 방문보건사업의 주체가 된다. 보건진료원은 지역사회 진단을 통해 파악된 대상가족과 관할지역 보건소의 방문보건 담당부서로부터 의뢰된 대상가족에 대한 방문보건 업무를 담당한다. 필요시 보건소 및 보건지소의 지원을 요청할 수 있다.

보건지소와 같이 2·3차 의료와 행정·복지지원의 문제해결이 필요한 경우, 의사나 사회복지사 등에게 의뢰 및 연계한다. 그리고 대상가족 및 보건소로부터 의뢰된 대상가족의 방문보건서비스 결과와 사업실적을 보건소에 보고한다.

4) 담당인력 및 업무

관할지역 내 방문보건사업의 중심이 되는 인력은 방문보건 사업부서의 간호인력이며, 필요시 의사, 기타인력을 활용하여 대상 가족문제 및 가구원 건강문제에 대하여 포괄적인 보건의료서비스 등을 제공하여야 하며, 복지 및 행정서비스 등이 필요할 경우 해당 인력과 협조한다.

(1) 기능

방문보건 대상가족을 발견하여 문제를 평가하고 서비스제공계획을 수립하는데, 서비스제공계획에 따라 필요한 인력을 구성하여 서비스를 제공하고, 의뢰 및 연계를 하고, 제공된 사업에 대한 평가를 실시하고 다음 사업에 반영한다.

방문보건사업이 보건복지서비스 통합운영을 지향하기 때문에 기존 방문간호사라는 명칭을 방문보건인력으로 개정하며, 방문보건인력은 방문보건간호사, 의사, 물리치료사, 영양사, 사회복지사, 보조인력 등을 포함한다(표 10-6).

〈표 10-6〉 방문보건인력별 기능

방문보건간호사 : - 방문보건사업 대상가족을 선정한다. - 방문보건서비스를 제공한다. - 필요시 관련분야에 의뢰하고 그 결과를 확인하여 타 분야간 서비스를 조정·통합한다. - 대상자 상태 변화에 대해 의사 및 다른 부서원과 정보를 교환한다. - 가정방문 결과를 기록하고 부서장에게 보고한다. - 대상가족에게 서비스 제공을 위한 전문능력을 유지하고 향상시키기 위하여 내·외부의 교육 프로그램에 적극 참여하여 자기 발전을 도모한다.
의사 또는 보건사업전담공중보건의사 : - 대상가족에 대한 초기 및 정기 기능 평가(assessment)시 의학적 판단자로 참여한다. - 지역사회 내 연계체계로의 의뢰시 의학적 판단자로 참여한다. - 사업 관련 실무인력 교육 및 홍보에 참여한다. - 사업 평가체계 개발에 참여한다. - 사업의 평가 및 질 관리에 참여한다.
물리치료사 : - 보건기관의 물리치료사는 방문보건인력이 협조를 요청한 대상자에게 전문적 물리치료가 필요하다고 판단될 경우 요구에 맞는 중재를 실시한다.
영양사 : - 보건기관의 영양사는 방문보건인력이 협조를 요청한 대상자에게 전문적 영양학적 중재가 필요하다고 판단될 경우 요구에 맞는 중재를 실시한다.
동(면)사무소 사회복지담당자 : - 동(면)사무소 사회복지담당자는 방문보건인력이 협조를 요청한 사항에 대해 협조하며, 또한 사회복지관련 업무에 있어서도 방문보건인력에게 협조를 요청할 수 있다.

방문보건사업의 대상자 등록은 등록기준을 충족시켜야 방문보건사업에 등록할 수 있다.

① 대상자는 관할구역 내에 거주하여야 한다.

② 대상자가 요구하는 서비스가 방문보건사업에서 제공되는 서비스의 범위 내에 있다.

③ 대상자 등록은 적어도 1회 가정방문 후까지는 결정되어야 하며 대상자의 권리와 의무를 설명한 후 등록한다.

④ 퇴록 대상자중 문제가 다시 확인된 경우에는 재등록할 수 있다.

방문보건사업의 대상자 중에서 퇴록되는 경우에도 기준에 따라 시행하는데, 다음 기준에 1항이라도 적용되는 경우는 퇴록을 결정할 수 있다.

① 대상자 가족문제 및 건강문제를 스스로 해결할 수 있다고 동의를 얻은 경우

② 대상자가 가정에서 안전하게 돌봐질 수 없고 입원 또는 시설수용이 필요한 경우

③ 대상자가 거부 등으로 서비스 중단을 요구하는 경우

④ 대상자가 관할지역에서 전출하거나 사망한 경우

⑤ 방문보건인력의 안전이 위협 등을 받는 경우

⑥ 대상자와 1년 이상 연락되지 않는 경우

5. 대상자 관리

1) 대상자 발견

대상자 발견은 지역사회 진단을 통해 발견한다. 이는 기존 관리가구(전년도 방문보건관리가구) 중 지속관리가 필요한 가구와 신규 발견을 병행하여 대상자를 발굴하되, 의료취약계층 중 의료기관이용이 어려운 거동불편불능자 및 만성질환자를 우선으로 발견 등록한다.

대상자의 발견방법은 다음과 같다.

① 관련 자료를 이용하는 방법 : 구청 및 동사무소 자료로 당해 연도 국

민기초생활보장 수급자 및 당해 연도에 국민기초생활보장수급자에서 탈락된 자, 독거노인, 노부부세대, 차상위 계층의 명단을 확보한다(그림 10-2).

② 보건소 지역사회 진단에서 파악된 문제가족 : 보건소 클리닉 등록자로 보건소 클리닉 이용자 중 질환관리를 중단한 대상자를 선정한다.

〈그림 10-2〉 대상자 관리 업무 흐름도

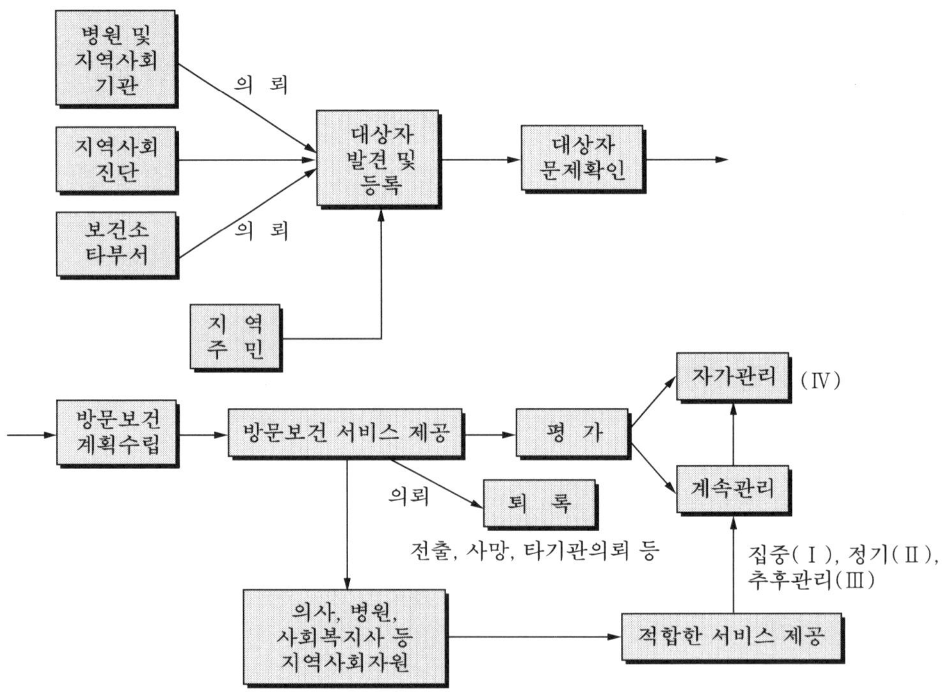

③ 자원인력을 활용한 신규 대상자를 발굴한다.

- 통·반·이장, 어머니회장, 부녀회장 등 지역사회대표자 : 국민기초생활보장수급자, 차상위 계층 가족 중 거동불편 및 건강문제가 있는 가족이나 독거노인 가구
- 읍·면·동 사회복지 담당, 마을 건강원

④ 지역주민 가정 방문을 통한 신규 대상자를 발굴한다.

⑤ 지역사회 기관으로부터 의뢰를 받는다.
- 병·의원 및 가정간호사업소 등 타 보건기관에서의 의뢰
- 노인정, 학교, 사회복지관 등 사회사업기관이나 교육기관에서의 의뢰

⑥ 보건소 타부서로부터 의뢰받는다.

⑦ 대상자나 가족의 요청(직접내방, 서신, 전화 등)을 받는다.

⑧ 이상의 지역사회 진단 및 의뢰를 기반으로 고위험 가족순위를 확인한다.

2) 가정방문 준비

대상자의 방문보건기록지를 준비하고, 방문시 얻어야 하는 정보 등 방문계획을 수립한다. 필요한 검사절차나 방문보건서비스 내용을 확인한다. 대상자에게 사전연락이 필요한 경우에 연락을 취한다.

필요한 물품 또는 교육자료를 방문가방에 준비, 정리한다. 그리고 정기회의를 통해 정보를 교환하여 당일 방문에 필요로 되는 지식 및 정보를 얻는다.

3) 대상가족 분류 및 문제확인

방문보건 요구도를 확인하기 위하여 가족의 자가관리능력을 측정하고, 이에 근거하여 집중관리군(Ⅰ군), 정기관리군(Ⅱ군), 추후관리군(Ⅲ군), 자가관리군(Ⅳ군)으로 분류한다.

집중관리군, 정기관리군, 감시/추후관리군으로 분류된 가족은 가족건강기록부 및 고위험가족 우선순위 결정기준, 자가관리능력 측정, 건강력 조사지 작성을 통해 분석하여 가족문제 및 가구원 건강문제를 진단한다.

대상자의 의학적 상태, ADL(IADL)수행능력, 생활자립도, 가족의 부양능력, 보건·의료·복지서비스 이용상태를 정확히 평가한다.

자가관리군으로 분류된 가족의 경우, 가족건강기록부 및 건강력조사지를 작성 후 자가관리가구로 신규 또는 관리 전환한다.

4) 방문보건계획 수립

대상가구의 초기평가(assessment)결과를 토대로 방문보건요구도에 따라 적합한 방문보건서비스 제공계획을 수립한다. 여기에는 방문횟수와 방문보건서비스내용을 대상자에게 설명하는데, 방문횟수를 결정할 수 있는 방문보건 대상자 분류·관리기준을 활용하여 각 보건소에서 관리하는 대상자 특성에 따라 탄력적으로 적용한다.

5) 방문보건서비스 제공

수립된 계획에 따라 가정방문을 통해 방문보건서비스를 제공한다. 그러나 대상자 상태에 따라 방문계획을 조정할 수 있다.

방문보건서비스 내용을 다시 한번 검토하고, 수립된 계획이 모두 수행되었는지 확인한다. 그런 다음 방문보건서비스 제공기록지에 기록한다.

방문보건 간호사의 이름, 근무처, 연락처를 대상자에게 알려주고 확인하며, 다음 방문 날짜와 시간을 정하고 대상자에게 알려준다.

6) 의뢰

방문보건서비스 이외에 다른 서비스가 필요하다고 판단될 때에는 의뢰서와 함께 관련 분야에 의뢰하여 필요한 서비스를 받도록 한다.

반드시 의뢰한 결과를 확인해야 하며 의뢰된 서비스 제공결과를 의뢰서에 기록한다. 필요시에는 보건복지서비스 연계기록지에 기록한다.

7) 방문보건서비스 평가

매 방문시 제공된 방문보건서비스의 효과 및 문제해결 정도를 파악한다. 필요한 경우 방문계획의 변경, 방문횟수를 재조정한다. 등록 가구는 매 6개월마다 자가관리능력을 평가한다.

8) 자가관리

문제가 해결된 대상자가 자가관리능력이 향상되어 자가관리군으로 판명된 경우에는 자가관리 가구로 유지하면서 정기적으로 가족문제 및 가구원 건강문제를 확인한다. 필요시 사례평가회를 갖는다.

제 3 절 가정간호사업

1. 가정간호사업의 개념과 필요성

가정간호는 가정을 보건의료 장소로 하여 전문적인 간호를 제공하는 간호사업의 한 분야이며, 단순히 간호를 제공하는 장소가 가정이라는 점보다 간호의 대상이 가정 전체라는데 의의가 있다. 따라서 가정간호는 개인 또는 가족에게 건강상의 문제가 발생했을 때 병원의 의뢰나 개인 또는 가족의 자발적인 요구에 따라 가정전문간호사가 가정을 방문하여 직접적인 도움을 줌으로써 질병과 장해로부터의 회복을 도모하고 개인과 가족의 건강관리 능력을 향상시켜 그들의 건강을 유지·증진하기 위해 제공되는 간호활동이라고 정의하고 있다(서울대학교 지역의료체계 시범사업단, 1994). 즉, 재가환자의 건강을 회복하고 재활시키는 것을 목적으로 하는 간호사업의 하나로서 간호사, 의사, 물리치료사, 작업치료사, 언어치료사, 사회사업가, 가사업무 보조자 등이 팀으로 수행하는 연속적인 전체 의료사업의 한 부분이다.

우리나라에서는 만성퇴행성 질환의 증가, 의료비 절감과 의료기관의 효율적인 이용, 노인인구의 증가, 환자의 권리와 의식구조의 변호, 사회환경의 변화 등과 같은 요인들에 의하여 가정간호사업의 필요성이 강조되면서 가정간호의 의미와 실효성이 부가되었다.

따라서 우리나라의 가정간호사업은 1990년 1월 9일 의료법 시행규칙 제54조의 업무분야별 간호사 자격기준이 기존의 보건, 마취, 정신간호 분야 외에 가정간호 분야의 간호사를 추가하여 개정되면서 합법화되어, 가정전문간호사에 의해서 병·의원 등의 의료기관이나 시설에서 제공하던 간호를 가정에 있는 환자에게 제공하는 것을 위미한다(의료법 제30조). 그러나 폭넓게 본다면, 가정간호는 국민건강관리체계의 한 요소로서 치료적, 지원적, 예방적 측면을 모두 포함한다. 즉 질병이나 고통, 만성질환 및 상해로 장기간의 불구제한이 있는 개인이나 가족이 최적의 건강을 획득하고 활동성 및 독립성을 유지할 수 있도록 가정에서 또는 가정과 연계된 곳에서 제공받을 수 있는 서비스라고 정의하고 있다(박정호 외, 2001).

보건복지부는 1994년부터 2년간 4개의 종합병원을 선정하여 가정간호 시범사업을 시행한 결과, 의료비 경감과 병상 회전율의 증가, 환자의 만족도 증가 등 긍정적인 평가를 받았고, 1997년부터는 다시 전국 45개 시범병원을 대상으로 확대·실시되었다(표 10-7).

그리고 2003년에는 가정전문간호사가 전문간호사로 고시되면서 2006년도부터는 석사과정에서 이수할 수 있도록 하고 있어 전문화로 가고 있음을 알 수 있다.

〈표 10-7〉 가정간호제도의 도입과 변천과정

연 도	내 용
1990	업무분야별 간호사제도에 가정간호사 포함 (의료법 시행규칙 제54조)
1994-1996	1차병원 중심 가정간호시범사업(4개 종합병원)
1997-2000	2차병원 중심 가정간호시범사업(37개 병원급 이상)
2000	의료행위 범위에 가정간호포함(의료법 제 30조)
2003	전문간호사 제도도입(전문간호사 고시)
2004	13개 가정간호전문교육기관에서 가정간호 전문교육과정 운영
2006	1년 교육과정 - 석사과정으로 전환

자료 : 유호신 외, 지역사회간호학Ⅱ, 고려대학교출판부, 2005

2. 가정간호사업의 실시

우리나라의 경우 가정간호와 관련된 법은 의료법 제30조(2000년 1월 12일 개정)에 "보건복지령이 정하는 바에 의하여 가정간호를 실시하는 경우"에 근거하여 가정간호관련 의료법시행규칙에 다음과 같이 명시하고 있다.

① 의료기관이 실시하는 가정간호의 범위는 간호, 검체의 체취 및 운반, 투약, 주사, 응급처치 등의 교육 및 훈련, 상담, 건강관리에 관한 다른 보건의료기관 등에의 의뢰로 한다.

② 가정간호를 실시하는 간호사는 가정전문간호사이어야 한다.

③ 가정간호는 의사 또는 한의사가 의료기관 외에서 계속적인 치료와 관리가 필요하다고 판단하여 가정전문간호사에게 치료 또는 관리를 의뢰한 자에 한하여 실시하여야 한다.

④ 가정전문간호사는 가정간호 중 검체의 체취 및 운반, 투약, 주사 또는 치료적 의료행위인 간호를 하는 경우에는 의사 또는 한의사의 진단과 처방에 의하여야 한다. 이 경우 의사 또는 한의사의 처방의 유효기간은 처방일로부터 90일까지로 한다.

⑤ 가정간호를 실시하는 의료기관의 장은 가정전문간호사를 2인 이상 두어야 한다.

⑥ 가정간호를 실시하는 의료기관의 장은 가정간호에 관한 기록을 5년간 보존하여야 한다.

⑦ 이 규칙에서 정한 것 외에 가정간호의 3질 관리 등 가정간호의 실시에 필요한 사항은 보건복지부장관이 따로 정하는 바에 의한다.

우리나라의 가정간호사업은 크게 병원중심의 가정간호기관과 지역사회중심의 가정간호기관으로 이분될 수 있다.

병원중심의 가정간호사업은 재가환자의 관리에 중점을 두는 입원대체서비스로서의 기능과 역할을 담당하는 것이다. 대상자는 의료기관에서 입원

진료 후, 조기 퇴원한 환자, 과거 입원경력이 있고 재입원이 요구되는 외래 및 응급실 환자 중 다음에 해당되는 자로서 진료담당이 의사 또는 한의사가 가정에서 계속적인 치료와 관리가 필요하다고 인정한 환자, 즉 수술 후 조기퇴원 환자, 만성질환자(고혈압, 당뇨, 암 등), 만성 폐색성 폐질환자, 산모 및 신생아, 뇌혈관질환자, 기타 진료담당의사 및 한의사가 가정에서 계속적인 치료와 관리가 필요하다고 인정하는 환자 등이다.

전국 45개의 2, 3차 의료기관에서 시범적으로 시행하다가 2005년 현재에는 전국 의원급 이상 148개 의료기관에서 시행하고 있어, 이용건수는 총 42,526건으로 방문선수는 124,053건으로 나타났다. 의료보험급여 규정에 따라 가정간호수가를 받고 있는데, 1회 방문당 평균 비용은 39,787원으로 보험수가에 청구되지 않은 교통비 6,300원을 합하면 46,087원으로 밝혀졌다(표 10-8).

〈표 10-8〉 의료기관 종류별 가정간호이용 및 비용

사업기관	기관수(개소)	가정 방문건수(%)	이용건=청구건수(%)
종합병원	97	102,148 (82.3)	36,346 (85.5)
병원	35	18,940 (15.3)	5,140 (12.1)
의원	16	2,965 (2.4)	1,040 (2.4)
합계	148	124,053 (100.0)	42,526 (100.0)

자료 : 유호신, 전국 의료기관 가정간호이용 및 가정간호비용, 대한간호학회지, 36(7) : 1193-1203, 2006. 12

지역사회중심의 가정간호사업은 공공기관 또는 법인체, 즉 지역사회에 기반을 둔 독립된 조직체계를 갖추어 비영리적으로 운영되는 기관에서 재가환자와 그 가족을 대상으로 하는 간호사업이다. 특히 지역사회중심의 가정간호사업은 병원중심의 가정간호사업과는 달리 법적 근거를 마련하지 못한 채 시범사업으로 운영되고 있는데, 재가환자의 접근성과 비용문제, 질적 수준의 보장 등이 주요 문제점으로 대두되며, 이를 해결하기 위해서 관련 연구의 수행 및 정책적 뒷받침이 요구되며, 운영기관의 독립성이 보장되어야 할 것이다.

외국에는 이미 이러한 형태의 가정간호사업이 활성화되어 있으나, 우리나라의 경우 아직 법인형태의 가정간호기관이 설립되지 않은 실정이다. 다만 대한간호협회 서울시간호사회, 서울대학교 및 연세대학교 간호대학 가정간호사업소 등에서 연구사업으로서 진행한 바 있는데, 긍정적인 평가를 받았으며, 주로 상태유지나 호스피스를 목적으로 이용되거나 뇌혈관질환, 고혈압, 근·골격계 및 욕창(유호신외, 2000) 등 장기적인 관리가 요구되는 재가환자들에 많이 이용되었다. 그러므로 이러한 병원 및 지역사회 중심의 가정간호사업은 의미 있는 사업의 일환으로 장기요양보장제도의 도입과 더불어 개발, 확대되어야 할 것임엔 틀림이 없다 하겠다.

〈표 10-9〉 가정간호사업의 서비스실태

순위	병원 중심의 가정간호사업	지역사회 중심의 가정간호사업
1	암기암환자 24.9%	뇌혈관질환 42.0%
2	뇌혈관질환 17.1%	고혈압 11.3%
3	제왕절개 11.0%	근, 골격계 질환 9.5%
4	초기, 진행성 암 8.3%	욕창 및 피부질환 9.3%

가정간호의 서비스범위는 단계에 따라 3가지 수준으로 구분되어 제공되고 있다. 즉, 대상자가 질병이 발생하기 전에 예방하여 건강을 유지, 증진시키는 1차 예방활동과 이미 질병이 발생한 후에는 이를 초기에 발견하여 질병의 진전을 막고 조기에 치료하도록 돕는 2차 활동 및 질병이 회복되는 단계에서는 장애를 최소화하고 합병증을 예방하며 남아 있는 능력을 최대한 활용할 수 있도록 재활, 교육시키는 3차 활동을 수행하고 있다(그림 10-3).

이와 같은 가정간호서비스 범위는 노인의 개호(수발)예방과도 연결되는 것으로 의미 있는 영역이기도 하다. 그러나 2008년 노인장기요양보험제도의 도입에 따른 수요증대에 대한 대응방안, 가정에서의 원격건강관리시스템의 발전, 지역사회 중심의 가정간호사업의 제도화 등의 과제가 남아 있다(유호신 외, 2005).

〈그림 10-3〉 가정간호의 서비스범위

질병 단계	발병전기 →	발병기 →	발병후기
예방 수준	1차 예방 질병예방 건강유지/증진	2차 애방 조기발견 조기치료	3차 예방 재활 합병증 예방
가정간호 적용 기준	산모와 신생아 1. 건강문제 사정 2. 교육 · 정보 제공	당뇨 환자 1. 식이요법교육 2. 인슐린 투여법 시범 및 교육	뇌졸증 환자 1. 합병증 예방을 위한 직접 간호 2. 재활 및 훈련

가정간호는 의료소비자 측면에서는 의료이용의 편의를 도모할 수 있고, 의료공급자의 측면에서는 병상회전율을 높일 뿐만 아니라 환자요구에 적합한 서비스를 제공하게 되어 의료소비자의 만족도를 증진시킬 수 있다. 그리고 국가적 차원에서는 보건의료자원의 효율적 활용과 의료이용의 활용성 및 의료비의 절감을 가져올 수 있으며, 그 활용범위와 사업유형이 매우 다양하다(정연강 외, 2006).

제 4 절 호스피스

1. 필요성 및 배경

우리나라는 암발생의 증가, 병원사망률의 증가, 노인인구의 증가로 인한 만성퇴행성 질환자의 증가 등으로 호스피스의 필요성을 요구하고 있으며, 말기 암환자관리의 필요성이 대두되고 있다.

우리나라 암(악성신생물) 사망자수는 2002년 총 사망자 246,515명(조사망률 인구 10만 명당 512명) 가운데 25.5%(남자 사망자의 29.6%, 여자 사망자의 20.5%)인 62,887명으로 암으로 인한 사망(조사망률 인구 10만 명당 130.7명)이 사망원인의 1위를 차지하고 있었다(보건복지부, 2003).

〈표 10-10〉 우리나라 호발암의 등록건수

(단위 : 명(%))

순위	전체(99,025명)		남자(55,398명)		여자(43,627명)	
	암 종류	등록수(%)	암 종류	등록수(%)	암 종류	등록수(%)
1	위 암	19,970(20.2%)	위 암	13,301(24.0%)	유방암	7,317(16.8%)
2	폐 암	11,741(11.9%)	폐 암	8,876(16.0%)	위 암	6,669(15.3%)
3	간 암	11,174(11.3%)	간 암	8,541(15.4%)	대장암	4,668(10.7%)
4	대장암	11,091(11.2%)	대장암	6,426(11.6%)	갑상선암	4,144(9.5%)
5	유방암	7,359(7.4%)	방광암	1,759(3.2%)	자궁경부암	3,979(9.1%)
6	자궁경부암	3,979(4.0%)	전립선암	1.660(3.0%)	폐 암	2,865(6.6%)

자료 : 보건복지부. 2002년 한국암등록사업 연례 보고서. 2003

우리나라 5대 사망원인의 변동추이를 보면, 뇌혈관질환과 심장질환에 의한 사망은 감소한 반면 사망원인 1위인 암은 지속적으로 증가하고 있다. 실제 암으로 인한 사망률은 1992년 인구 10만 명당 110.7명에서 2002년 130.7명으로 20.0명이 증가하였으며, 2001년(인구 10만 명당 123.5명) 대비 인구 10만명 당 7.2명이 증가하였다. 지난 10년간 암 사망률의 추이를 보면, 폐암 사망률이 인구 10만명당 9.3명 증가하여 암으로 인한 사망 가운데 가장 높은 증가율을 보였으며, 그 다음이 대장암(6.0명), 췌장암(2.3명), 전립선암(2.3명) 순이었다(〈표 10-10〉 참조).

국내에서는 연간 6만여명의 말기 암환자가 발생하고 있음에도 불구하고 말기 암환자와 그 가족을 위한 체계적인 관리시스템이 마련되어 있지 않아, 불충분한 통증관리, 3차 의료기관의 응급실 이용 및 입원 등 말기 암환자에 대한 부적절한 의료서비스를 제공하고 있는 실정이다.

실제 병원사망률이 1989년 12.8%에서 2002년 43.5%로 급격한 증가추세를 보이고 있으며, 사망에 가까워질수록, 특히 사망 2개월 전부터 의료비 지출이 급증하여 사망 2개월전 의료비가 1년 전체 의료비의 40~50%를 차지하였다. 따라서 말기 암환자관리의 대안은 호스피스·완화의료라고 할 수 있다.

세계보건기구에서는 호스피스·완화의료를 말기 암환자의 삶의 질 향상을 위한 대안으로 제시하고 있으며, 비용·효과적인 것으로 밝히고 있다. 미국은 사망 전 1개월 동안 호스피스환자가 비호스피스환자에 비해 비용이 약 46.5% 감소, 임종 전 1년 동안은 전체 의료비의 약 10.4% 절감한 것으로 나타났고, 대만의 경우에도 사망 전 1개월 동안 의료비용의 약 64%을 절감한 것으로 나타났다.

우리나라는 1996년부터 암정복 10개년 계획을 수립하여 추진하고 있으며, 2000년에는 국가 암관리정책을 총괄할 암관리과를 보건복지부 건강증진국 내에 설치하였고, 2001년 3월에 국립암센터를 설립하여 6월부터 체계적인 국가암관리사업을 진행하고 있다. 국가 암관리사업을 위한 중앙 정부차원의 기본적인 조직이 완성됨에 따라 암정복 10개년 계획을 수정·보완하여 현재 여건에 맞고 더욱 체계적이고 종합적인 중장기 암관리정책을 수립 중에 있으며, 이러한 국가 암관리사업의 법적 뒷받침을 위하여 2003년에는 '암관리법'을 제정하여 공포하였다(암관리법 제11조(말기암환자관리사업). 특히 2003년부터는 말기암환자에 대한 체계적인 관리를 위하여 '말기 암환자호스피스시범사업'을 2년간 추진하였으며, 시범사업을 평가하여 구체적인 제도화 방안을 마련, 시도한 바 있다.

2. 호스피스의 개념 및 철학

호스피스(hospice)는 hospes, hpspitum의 라틴어에서 유래된 것으로 객, 손님을 의미하는 말로 손님을 맞이하여 들이는 곳을 가리키는 것으로 손님에게 편안한 장소나 공간을 제공하고 돌보는 데에서 시작되었다(조유향, 1999). 그래서 초기호스피스는 과거 중세 십자군의 병역소, 휴식소, 치료장소였던 중간적 장소에서의 케어를 의미하였으며, 여행하는 사람들 또는 아픈 사람과 죽어가는 사람을 위한 종교단체 등이 경영하는 여행자용 숙박소라는 의미도 가졌다고 볼 수 있다.

그런데 현대호스피스는 초기 호스피스에서 제공했던 간호의 영적 지지 및 정서적 지지에 부가하여 말기환자의 관리와 증상조절에 초점을 두어 임종자들이 위엄있고 의미 있는 마지막 날들을 보낼 수 있는 장소라는 뜻에서 사용되어지고 있다. 특히 Dr. Ciceily Saunders가 말기환자가 관련된 통증을 조절하는 것에 초점을 맞추어 1967년 영국에서 St. Christopher's Hospice를 개방한 것이 현대 호스피스의 시초가 되고 있다.

최근에는 임종환자와 그 가족들을 돌보고 안위적 케어를 통해서 육체적 고통을 감소시켜 주고 죽음을 수용함으로써 환자와 가족에게 정신적 위안을 제공하는 시설, 간호 모두를 의미한다. 즉 호스피스는 말기환자와 가족에 대한 고통경감과 생활지원을 위한 케어를 제공하는 프로그램을 말한다. 그리고 지역사회의 의사나 간호사가 프로그램을 직접, 간접으로 지도하거나 진찰하는 형태를 취하며, 케어의 중심은 사망 전의 병상이나 통증의 통제가 주이나, 사망준비나 사후간호도 들어간다.

우리나라에서도 오래 전부터 죽음에 대한 케어와 죽어가는 사람들에 대한 케어가 존재해 왔다. 그러나 호스피스의 의미로 본 조직적인 임종간호는 1963년 강원도 강릉 마리아의 작은 자매회 수녀들이 갈바리의원을 세워 돌보기 시작한 것으로, 1981년 14개의 침상을 마련하여 본격적으로 임종환자들을 간호하고 돌보게 된 것으로 발전하였다.

호스피스의 목적은 삶의 마지막 단계에 있는 환자와 가족들에게 남은 기간을 보다 평온하고 고통스럽지 않게 하루하루가 의미있는 날들이 되기 위하여 통증관리와 신체적 증상을 조절하여 가능한 편안한 죽음을 맞이할 수 있도록 돕는 것이다.

Stoddard(1987)는 호스피스에 대한 개념과 철학에 대하여 다음과 같이 6가지로 구분하여 제시하고 있다.

① 사회적, 정서적, 신체적, 영적인 절망감에 있는 말기환자와 가족에게

용기를 북돋아 주고 고통을 경감시킨다.

② 환자를 돌보는데 있어서 가정적 분위기와 가정간호의 가치관을 부여한다.

③ 호스피스기능을 살리기 위해 참여하는 의가, 간호사, 가족, 친지 등 모두는 가능한 자기의 업무와 역할을 이행하여야 한다.

④ 환자와 가족이 팀으로서 호스피스활동을 하여야 한다.

⑤ 환자가 세상을 떠난 후에도 가족과 함께 사별에 대한 슬픔에 동참하여야 된다.

⑥ 호스피스활동에 임하는 사람들은 인종, 국적, 종교, 경제적 지위에 차별 없이 또한 누구에게나 지불능력에 상관없이 봉사와 서비스를 제공하여야 한다.

호스피스활동은 죽음을 긍정적으로 받아들이도록 해주는 것과 종교적인 신앙심을 갖도록 해주는 것이다. 이것이 받아들여지면 말기환자의 극심한 통증도 사라지며 환자는 편안히 죽음을 맞이할 수 있을 것이다.

3. 호스피스의 제공과 관리

1) 서비스의 제공원칙

환자의 등록시 '등록경로'를 작성해야 한다. 호스피스・완화의료기관이나 원외 비호스피스・완화의료기관에서 의뢰되지 않은 경우, 그 이유에 대해서 별도로 기술해야 한다.

원내외를 포함하여 의사 2인의 진단서를 받은 말기암환자에게 서비스를 제공해야 한다. 의사 2인의 진단서를 받지 못했거나, 의뢰받은 환자가 말기가 아닌 경우에는 그 이유에 대해서 자세히 기술하여야 할 것이며, 기관의 형태에 관계없이 1일 24시간 1주 7일간 연속적으로 서비스이용이 가능해야 하며, 언제, 어디든지 환자와 가족이 원할 때 서비스를 제공할 수 있어야 한다. 따라서 호스피스사업기관은 이러한 제공원칙에 부합되는 지리적 영역한계를 사전에 설정하여야 한다.

호스피스기관을 이용하는 환자의 통증 및 통상적인 말기증상에 대한 적절한 평가 및 처방을 통해 완화조치가 이뤄져야 하고, 전문요원팀접근을 통한 포괄적인 서비스가 제공되어야 하며, 팀 구성원간의 정보교류를 통해 서비스의 일관성을 유지하여야 하며, 응급환자 발생시 환자를 의뢰할 수 있는 지정 또는 연계의료기관을 두어야 한다.

① 입원 호스피스 · 완화의료기관

환자의 등록 시부터 이용기간을 기재해야 하고, 환자의 기관방문 소요시간을 기록해야 한다. 이용기간은 대상자의 등록 시부터 최소 17일간 입원이 권고되며, 정상퇴원자인 경우에 가정간호나 가정 호스피스로 적절히 연계되어야 한다.

② 가정 호스피스 · 완화의료기관

환자의 등록 시부터 이용기간을 기재해야 하는 것은 동일하며, 환자의 이용기간 중 호스피스 · 완화의료팀(의사, 간호사, 사회복지사, 성직자, 자원봉사자 등)이 실제 가정에 방문한 총 횟수에 대해서 기재해야 한다. 1회 가정방문 시 소요되는 교통시간, 간호시간, 정보설명시간을 기재하고, 환자가 가정에서 머무는 동안 24시간 전화상담이 제공되어야 하며, 제공되지 못한 경우에 그 이유를 자세히 기록해야 한다.

사망한 환자의 가족에 대해서도 사별가족 관리를 실시해야 하며, 그 세부적인 내용을 기록하고, 서비스제공에 필요한 물품, 기구, 약품을 항상 비치하고 활용할 수 있도록 하며, 환자와 가족에게 제공한 서비스내용은 표준화된 기록양식에 정확하게 기록하여 보관해야 한다.

전문요원팀과 자원봉사자는 지속적인 교육을 통해 최상의 서비스를 제공하도록 하고, 각 전문분야별로 환자와 가족을 대상으로 문제 및 요구를 사정하고 계획하고 서비스를 제공하며 이에 대해 평가하도록 해야 한다.

사업기관은 다음의 내용이 포함된 환자와 가족의 권리를 명시하고 이를 설명하여야 한다.

◦ 인간으로서의 존엄성을 존중해야 한다.
◦ 서비스 내용 및 비용에 대하여 알려줘야 한다.
◦ 환자와 가족은 서비스를 계획하고 변경하는 과정에 참여할 수 있도록 해야 한다.
◦ 환자와 가족이 서비스를 선택하고 거부할 수 있도록 해야 한다.
◦ 환자 개인의 요구에 적합한 서비스를 제공하고 서비스 과정에서 얻어지는 기록과 개인의 정보에 대한 비밀을 보장해야 한다.
◦ 담당의사에 의한 완화치료의 경우를 제외하고는 물리적, 화학적 구속을 하지 않아야 한다.
◦ 호스피스 · 완화의료팀원의 활동이나 업무태만으로 인해 정신적, 신체적 피해를 당하지 않도록 해야 한다.
◦ 환자와 가족의 입장을 대변하는 가족 1인을 임명하거나 가족 이외의 대리인 1명을 임명할 수 있도록 해야 한다.

2) 문서 및 기록의 관리

호스피스 · 완화의료서비스 제공과정에서 발생하는 서비스내용은 절차에 따라 서식지에 기록하고 보관해야 한다. 서식은 기관 내에서 기존에 사용하던 서식을 사용하여도 되고, 제공되는 서식을 활용하여도 된다.

전문요원은 환자 및 가족에 대해 다음의 내용을 기록하여야 한다.

- 병력을 포함한 환자의 신체적, 정신적, 사회 · 심리적, 영적 상태
- 전문요원팀의 호스피스 · 완화의료 계획 및 경과
- 제공된 서비스에 대한 환자와 가족의 반응
- 환자 사망 후 사별관리 계획 및 경과 등

호스피스 · 완화의료서비스를 제공한 의료인은 의료법 제21조 및 동법 시행규칙 제17조에 의거하여 진료기록부 및 간호기록부를 기재하여야 하고, 통증 정도를 평가한 내용을 반드시 포함해야 한다. 호스피스 · 완화의료에 대한 기록 중 위에 열거되지 않은 항목은 관련법을 따르고, 호스피

스·완화의료기관에서 작성된 의무기록과 기타 전문요원에 의해 작성된 기록은 의료법 시행규칙 제18조 등에 의거하여 유지·보존해야 한다.

환자에 대한 기록은 다음 각 호에 해당하는 경우에만 열람할 수 있으며 열람시 소정의 절차를 거쳐야 한다.

- 환자의 의료를 담당하는 의료인 또는 전문요원팀이 진료를 목적으로 열람할 경우
- 사업평가 등 연구를 목적으로 한 연구사업을 수행할 경우
- 환자 및 가족의 요구가 있는 경우

〈그림 10-4〉 호스피스기관의 사업의 운영모형

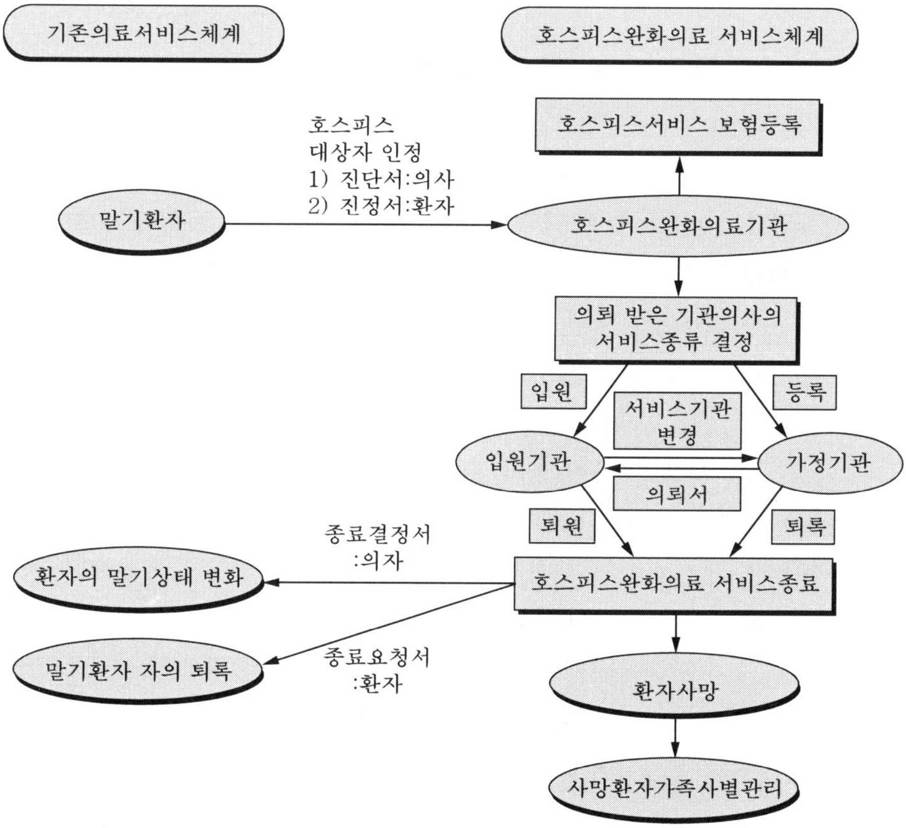

자료 : 보건복지부(2005). 2004년도 말기암환자호스피스시범사업안내, 2005

3) 사업 대상자 선정

호스피스·완화의료 사업대상자는 말기암환자로 한정한다. 말기암환자 중 호스피스·완화의료 기관으로 의뢰된 환자는 기본조사 내용을 작성하는데, 대상자의 판정기준은 다음의 2가지 조건을 고려한 후, 암전문의 또는 호스피스·완화의료 의사 2인이 호스피스·완화의료 대상자로 판단한 경우로 하는 것이 바람직하다.

① 예상 기대여명이 **6개월** 미만인 자 중 적극적인 항암치료(수술, 약물요법 등)의 시행이 환자의 경과에 더 이상 도움을 줄 수 없다고 판단되며, 환자의 전신상태가 악화되는 말기암환자

② 환자와 가족 모두 진단과 예후를 알고 있으면서 호스피스·완화의료의 철학과 내용에 동의하는 자

환자와 가족 모두 진단과 예후를 알고 있어야 하며, 호스피스·완화의료 이념과 서비스내용에 대해 충분히 설명을 들은 후, **호스피스·완화의료 동의서**에 서명하여야 한다.

만약 의식이 없거나 하여 본인이 직접 판단할 수 없는 경우, 법적으로 인정된 환자의 보호(의무)자가 대리인이 될 수 있고, 대리인은 환자의 보호(의무)자임을 확인할 수 있는 서류를 첨부하는 경우 동의서에 서명할 수 있다. 단, 이 경우에 환자가 판단이 곤란한 상황이 발생하기 전 의사(意思)를 명시한 경우, 이와 상반되어서는 안 되며, **사전의사결정서**를 통하여 사전에 호스피스·완화의료를 희망하는 의사를 표현한 경우에는 호스피스·완화의료에 동의한 것으로 간주할 수 있다..

사업대상자 등록절차 권고안은 다음과 같다.

① 환자가 의료기관을 방문하여 **말기암**으로 진단받아야 한다.

② 진료의사(암전문의)는 가능한 치료방법에 대한 설명을 하여야 한다.

③ 환자가 호스피스·완화의료를 신청할 의지를 표명하는 경우 진료의

사(암전문의)는 진단서에 근거하여 호스피스·완화의료 대상자로 적합한지에 대해 판단한다.

④ 만약 대상자로 적합하다고 생각하면 진료의사는 진단서의 의사소견란에 대상자로 적합함을 표시한다.

⑤ 진료의사는 호스피스·완화의료 의뢰서를 작성한 후 **2인 의사의 진단서를 첨부**하여 호스피스·완화의료팀에 상담을 의뢰한다.

⑥ 호스피스·완화의료팀의 조정자는 의뢰서를 접수한 후 환자와 가족과 연락하여 만남 일정을 정한다.

⑦ 환자와 가족은 일정에 맞춰 호스피스·완화의료팀을 방문한다.

⑧ 호스피스·완화의료팀 조정자는 방문한 환자와 가족에게 호스피스·완화의료에 대하여 설명하고 아울러 신체적, 정서적, 사회적, 영적 측면에 대해 사전조사를 실시한 후 호스피스·완화의료 진단서를 작성한다.

⑨ 호스피스·완화의료팀 조정자는 사전평가 결과 호스피스·완화의료 대상자로 적합하다고 생각되는 경우 진단서를 호스피스·완화의료 담당의사에게 송부한다.

⑩ 담당의사는 첨부자료를 검토한 후 호스피스·완화의료 **진단서**에 서명하고 호스피스·완화의료 대상자로 확정한다.

⑪ 호스피스·완화의료팀 담당의사는 **등록결정서**를 발급하며, 환자와 가족은 해당 기관의 담당부서에서 등록수속을 마친다.

- 기 입원환자로 호스피스·완화의료대상자로 선정되어 계속 입원하는 경우
  • 병동형: 퇴원수속후 호스피스·완화의료과로 전과전동 수속함
  • 산재형: 기존 과에 그대로 소속되어 입원함
- 외래환자로 호스피스·완화의료 대상자로 선정되어 입원하는 경우
  • 등록결정서를 이용하여 호스피스·완화의료 환자로 입원수속함
- 기입원환자로 시설 또는 가정 호스피스·완화의료 대상자로 선정된 경우

• 퇴원 수속 후 시설 또는 가정 호스피스 · 완화의료 대상자로 등록 수속함

⑫ 환자와 가족은 등록수속 후, 등록결정서를 호스피스 · 완화의료팀 조정자에게 제출하며, 호스피스 · 완화의료팀 조정자는 이를 등록결정서 파일에 보관한다.

만약 과거 말기암으로 진단받고 가정 또는 다른 의료기관에서 전통적 치료를 받던 중 호스피스 · 완화의료를 희망하는 경우에는 호스피스 · 완화의료기관의 외래를 방문한 후 위의 ③의 등록절차부터 시작하는 것으로 한다.

4) 서비스제공인력의 역할

대상 환자에 대해서 의료인, 사회복지사, 성직자, 자원봉사자는 효율적인 팀회의를 개최해야 한다.

(1) 의사

의료인은 환자와 가족 및 종사자들에게 임상적 소견과 의학적 정보를 제공해야 하며, 그 내용에 대해서는 기록을 남겨야 한다.

① 책임의사

'호스피스 · 완화의료 서비스'에 대한 검토, 조정할 권리 및 책임을 가진다.

- 진단, 통증 및 증상 조절, 처방업무 수행
- 정서적, 사회적, 영적 지지 제공
- 가정호스피스 · 완화의료를 의학적으로 지원
- 환자와 가족, 팀 구성원들에게 임상적 소견과 의학적 정보 제공

담당의사 중 1인이 책임의사가 되며, 담당의사가 1인인 경우에는 책임의사를 겸하게 된다. 담당의사의 역할 외에 연계 또는 지정한 시설 및 가정호스피스 · 완화의료를 의학적으로 지원하고, 환자와 가족, 호스피스 · 완화의료팀원들에게 임상적 소견과 의학적 정보를 제공하는 역할을 추가로 한다.

- 환자와 가족에게 제공한 서비스는 기록으로 남기고 문서보관지침에 근거하여 보관한다.

② 담당의사

지속적인 의료서비스를 환자에게 제공하고, 환자 및 가족에게 서비스 계획에 대하여 사전에 제공한다.

- 진단과 예후에 대한 의학적 소견 제공
- 투약, 통증 및 증상관리에 대한 처방 제공
- 응급상황에 대처할 수 있는 의사 지정
- 법과 규정에 근거한 마약 및 비마약류 약물관리
- 분야별 전문요원의 호스피스·완화의료 서비스 계획의 수립·조정·승인에 참여
- 담당의사로서는 해결할 수 없는 임상적인 문제 발생할 경우 다른 의사에게 의뢰

(2) 간호사

환자와 가족에 대한 평가자료에 근거하여 간호요구를 평가하고 연속적인 간호를 제공하며, 간호보조인력을 지도 감독하여야 한다.

환자와 가족에게 제공한 서비스는 기록으로 남기고 문서보관지침에 근거하여 보관하고, 가정호스피스의 경우, 담당간호사를 두어 환자와 가족의 신체, 정신, 사회, 영적인 요구를 지속적으로 사정하고 확인할 수 있다.

(3) 사회복지사

환자와 가족의 사회복지 요구를 평가하고 사회복지서비스를 제공하며, 치료기간 중 개인력 평가, 심리사회적 평가, 개별상담지도, 집단상담지도, 가정방문 및 지역사회자원 연계 등을 수행한다.

조정자 또는 사회복지사는 자원봉사자의 활동을 관리 및 지도하고, 환자와 가족에게 제공한 서비스는 기록으로 남기고 문서보관지침에 근거하여 보관한다.

(4) 성직자

환자와 가족의 영적 요구를 평가하고 그에 부합하는 영적 상담과 종교적 서비스를 제공하고, 호스피스 · 완화의료팀원 및 환자와 가족에게 적절한 영적 교육과 자문을 제공한다.

그리고 환자와 가족에게 제공한 서비스는 기록으로 남기고 문서보관지침에 근거하여 보관한다.

(5) 자원봉사자

환자와 가족에게 사회 심리적지지, 영적 지지 및 실제적인 도움을 제공한다. 그리고 환자와 가족에게 제공한 서비스는 기록으로 남기고 문서보관지침에 근거하여 보관한다.

5) 서비스 내용

(1) 의료서비스

환자에게 의학적으로 타당한 서비스를 제공하는데, 구체적인 내용은 다음과 같다.

① 병리 및 임상검사서비스

임상적으로 필요한 경우 기본적인 병리 및 임상검사서비스를 직접 제공하거나 혹은 다른 기관에 의뢰할 수 있다. 병리 및 임상검사서비스의 제공형태와 환자 또는 검체의 의뢰 및 이송과정에 대한 절차를 문서화한다.

병리 및 임상검사 서비스는 담당 의사의 처방에 따르고, 수혈서비스는 의료법에 따른다.

- 수혈은 담당의사의 처방에 따르며, 의사의 감독 및 지도를 받도록 한다.
- 수혈에 대한 정책과 절차를 문서화한다.

② 방사선검사

임상적으로 필요한 경우 방사선 검사를 직접 제공하거나 혹은 다른 기관에 의뢰할 수 있다. 방사선검사서비스의 제공형태와 환자의 의뢰 및 이송과정에 대한 절차를 문서화한다.

방사선검사서비스는 담당의사의 처방에 따른다.

③ 감염관리

감염관리를 실시해야 한다. 그러므로 감염관리프로그램을 수행하고 감시할 책임자를 선정한다. 감염의 확산을 주기적으로 확인, 예방 관리하는 지침을 문서화한다.

환자와 가족, 환자를 돌보는 사람들의 감염에 대한 노출의 위험성을 점검한다. 직원의 건강검진을 주기적으로 실시한다.

④ 응급의료

응급의료서비스를 직접 제공하거나 혹은 다른 기관에 의뢰할 수 있다. 응급의료서비스의 내용과 제공하기 위한 방법 및 절차를 문서화한다.

- 가능한 응급의료서비스 내용
- 환자, 가족, 직원 그리고 방문자의 의뢰 및 이송에 대한 방법 및 절차
- 가능한 응급의료서비스를 유지하고 관리할 수 있는 방침과 절차

응급의료서비스를 다른 기관에서 제공하는 경우에는 이를 제공할 병원이 지정되어 있어야 한다.

⑤ 통증관리

개개별 환자에 대한 **통증과 관련된 진단 및 평가**를 한다. 초기 평가 후 행해진 중재, 그 결과에 대한 환류과정을 문서화하여 기록에 남긴다. **1주일 후 통증의 정도**는 어떠한지 평가한다.

통증관리 결과 숫자통증등급(NRS)이 2 이하로 조절되어야 한다. 조절되지 못한 경우, 그 이유에 대해서 기록에 남겨야 할 것이다.

⑥ 증상 및 심리, 사회적, 영적 평가

초기조사 시 환자가 호소하는 **'신체적 증상관련 평가', 정신적 증상관련 평가, 사회적 평가 및 영적 평가**를 실시해야 한다. 구체적인 평가내용과 평가자를 기록하는데, 신체적 증상관련 평가는 오심·구토, 구갈, 식욕부진, 변비, 설사, 복수, 체중감소, 부종, 호흡곤란, 기침, 가래, 허약감, 배뇨곤란, 발열, 가려움증, 두통 등을 기록하고, 환자가 호소하는 구체적인 신체증상에 대한 치료계획을 수립한다.

환자가 호소하는 **'정신적 증상관련 평가'**는 수면장애, 우울, 불안, 분노 등을 기록한다.

(2) 간호서비스

환자와 가족에 대한 평가자료에 근거하여 간호서비스를 제공하는데, 주로 환자와 가족의 신체적, 심리·사회적, 환경적, 영적 요구를 등록부터 지속적으로 평가하며, 이에 대한 간호서비스를 연속적으로 제공한다. 환자와 가족 및 환자를 돌보는 사람들에게 환자간호에 대해 상담하고 교육하며, 호스피스·완화의료팀구성원들에게 환자와 가족에 대한 정보를 제공하고 협력하여야 한다.

(3) 사회복지서비스

등록초기부터 지속적으로 평가한 환자와 가족의 심리·사회적 요구를 토대로 사회복지서비스를 제공하는데, 환자와 가족을 도울 수 있는 지역사회기관과 연계하여 다음과 같은 사회복지서비스를 제공한다.

- 환자의 말기상황과 관련된 가족의 대처능력에 대해 지속적으로 심리·사회적 평가를 수행한다.
- 지역사회자원을 평가하고 이를 연계한다.
- 경제적, 법적 및 보험 등에 관련된 문제를 해결할 수 있도록 지원한다.
- 환자와 가족이 사별과 상실에 대한 고통을 극복할 수 있도록 개별적 또는 집단적 상담 및 추후관리서비스를 제공한다.
- 호스피스·완화의료 팀원에게 환자와 가족에 대한 정보를 제공하고 협력한다.
- 자원봉사자의 활동을 관리·지도한다.

그리고 호스피스·완화의료 팀과의 지속적인 의사소통을 통해 관련 정보 및 자문을 제공한다.

(4) 영적 상담서비스

환자와 가족에게 적절한 영적 상담을 제공하고 팀원에게 영적 지지를 제공하는데, 호스피스·완화의료 전과정에 걸쳐 환자와 가족의 영적 관심과 요구를 평가하여 이에 부합하는 서비스를 제공한다. 환자와 가족의 종교에 부합하는 영적 상담과 종교적 서비스를 제공한다.

(5) 자원봉사 서비스

호스피스·완화의료 자원봉사자의 활동을 통해 전반적인 호스피스·완화의료 프로그램 안에서 지역사회 참여의 활성화를 도모하여 환자와 가족에게 제공되는 서비스를 질적으로 강화한다. 호스피스·완화의료 자원봉사자들은 다음과 같은 활동에 참여한다.

- 환자와 가족에게 사회·심리적 지지, 영적 지지 및 실제적인 도움을 제공한다.
- 호스피스·완화의료 전문요원팀에게 환자와 가족에 대한 정보를 제공한다.
- 사별관리에 참여한다.
- 전반적인 프로그램관리와 발전을 지원한다.

(6) 영양서비스

환자의 상태와 특수한 식이요구에 적합한 영양서비스를 제공한다. 그리고 환자에게 적합한 영양서비스를 제공하기 위한 방침과 절차를 문서화하여야 한다. 실제 환자와 가족에게 영양상담, 식이교육 등의 영양서비스를 제공한다.

교육, 훈련, 실무경험 및 보수교육을 받은 자격 있는 영양사의 지도에 의해 영양서비스를 수행하여야 한다.

(7) 약제서비스

환자의 약학적 요구를 충족하는 약제서비스를 제공하는데, 의사의 처방에 따라 약제서비스를 적절하게 제공한다.

- 투약, 복약 지도 등 약제서비스를 제공한다.
- 환자의 부작용 및 특수한 약물경험을 확인하고, 이에 대한 적절한 약제서비스를 제공한다.

약사는 호스피스·완화의료팀과의 지속적인 의사소통을 통해 개별 환자에게 투여된 약물에 대한 정보 및 자문을 제공하고, 환자와 가족에게 약에 대한 교육과 상담을 제공한다.

(8) 환자의뢰 및 상담서비스

환자와 가족의 요구에 따라 적절한 서비스를 제공하는 개인이나 타 기관에 의뢰하는데, 예를 들어 가정호스피스·완화의료기관에서 의료적 서비스가 필요한 경우에는 지정의료기관으로 환자를 의뢰한다. 환자상태, 또는 가족문제에 대해 직접 또는 전화상담을 한다.

(9) 환자와 가족의 교육 및 훈련서비스

환자, 가족, 직원과 대중에 대한 지속적인 교육을 통해 양질의 서비스를 제공하는데, 호스피스·완화의료서비스를 제공하는 호스피스·완화의료전문요원팀과 자원봉사자에 대한 교육지침을 갖춘다.

호스피스·완화의료서비스를 제공하는 호스피스·완화의료전문요원팀과 자원봉사자를 훈련시키고 능력을 향상시키기 위한 교육을 지속적으로 실시하여야 한다. 그리고 환자와 가족 및 환자를 돌보는 사람에게 호스피스·완화의료의 방향을 제시하고, 교육프로그램을 갖춘다. 일반대중에게 호스피스·완화의료의 방향을 제시하고 교육하기 위한 프로그램도 갖춘다.

6) 서비스대상자의 종료관리

① 기관변경

호스피스·완화의료 환자는 방문한 기관에서 호스피스·완화의료서비스를 받게 되지만 다음과 같은 사유가 발생하는 경우 기관을 변경할 수 있다.

- 의사가 현 기관에서의 서비스가 대상자의 상태에 적합하지 않다고 판단하는 경우
- 환자가 현 기관의 관할 지역 이외로 이주한 경우
- 환자와 가족 모두가 기관 변경을 희망하는 경우

호스피스·완화의료팀 담당자는 환자와 가족이 희망하는 기관으로 호스피스·완화의료 의뢰서를 작성하고, 호스피스·완화의료의뢰서에는 각 분

야별 전문요원에 의해 평가된 환자의 신체적, 정서적, 사회적, 영적 문제들과 제공된 서비스 및 추후관리계획에 관한 정보를 포함한다. 호스피스·완화의료기관(사업기관)에서는 의뢰한 타기관의 요청이 있는 경우 환자기록의 복사본을 송부하여야 한다.

② 서비스제공의 종료

호스피스 환자의 종료기준은 다음과 같이 하는 것이 바람직할 것이다.

- 환자의 건강상태가 호스피스·완화의료 대상자 등록기준에 해당되지 않을 경우
- 환자와 가족이 종료를 희망하는 경우
- 환자가 사망하는 경우

종료절차는 담당의사가 호스피스·완화의료 **종료결정서**를 작성하여 환자와 가족에게 제공하여 종료수속을 거치도록 한다. 그리고 호스피스·완화의료 종료에 대한 **소견서**를 작성하고, 호스피스·완화의료 전문요원은 환자와 가족을 위한 퇴원계획을 제공하며, 필요한 경우 지역사회자원을 연계한다.

추후관리로는 사별관리가 실시되고 있는데, 이는 환자와 가족이 임종과 관련된 비애와 상실의 문제에 적응하도록 돕기 위해 필요시 제공하고 있다. 다음과 같은 평가에 근거하여 사별관리를 제공하고 있다.

- 환자, 가족의 슬픔과 상실문제
- 유가족의 요구
- 사회적, 종교적, 문화적 배경
- 위험요인
- 병적인 애도반응의 발생가능성 등

환자사망 후 필요한 경우에는 개별상담, 지지집단, 편지 등의 다양한 방법으로 유가족에게 지속적이고 규칙적이며, 계획성 있는 사별관리를 제공한다. 사별관리를 제공하는 자는 가족과 개인을 상담할 수 있는 자격을 갖

추고 사별관리에 대한 교육과 적절한 훈련을 받은 자로부터 지도 또는 훈련을 받은 후 수행해야 하며, 훈련프로그램은 문서화되어 있어야 한다. 그리고 사별관리 제공자는 환자사망 전 호스피스·완화의료를 제공했던 팀 구성원과 정보를 교환하여야 하며, 환자와 가족에게 제공한 서비스를 모두 기록하고 보관해야 한다.

참고문헌

김화중(2005), 『한국보건복지정책론 2003-2004년』, 수문사.
무안군보건소(2004), 2004년도 방문보건사업 운영지침.
변용찬(1997), 한국보건사회연구원.
보건복지부(2005), 2004년도 말기암환자 호스피스 시범사업 안내.
_________(2005), 방문보건사업 지침서.
_________(2006), 노인보건복지사업안내
정연강·이광옥·우선혜·박신애·왕명자·조순자·윤양소·조유향 외(2006), 지역사회간호학 분야별, 현문사.
조유향(1994), 『호스피스(개정판)』, 현문사.
______(2000), 『노인보건』, 현문사.
______(2003), 『노인간호(개정증보판)』, 현문사.
http://www.mohw.go.kr

11 chapter

재활서비스사업

제 1 절 재활서비스의 개념

1. 기본적 개념

기본적으로 재활(rehabilitation)이라고 함은 단순히 기능회복을 위한 훈련정도로 생각하는 경향이 있는데, 이러한 기능회복훈련은 재활이 추구하는 목표를 달성하는 데 필요한 수단 중의 하나에 불과하다는 것이다. 즉, 재활이 추구하는 목표가 단순한 장애의 경감뿐만 아니라 잠재능력의 개발 및 증진에 두고 있다는 점을 감안할 때, 재활은 상당히 포괄적인 의미를 내포하고 있어, 사회생활의 일원으로써 인간답게 살아가게 하기 위한 권리의 회복과정으로 정의내릴 수 있다(上田, 2002; WHO, 1981). 이와 같은 재활의 유형에는 의학적 재활, 교육적 재활, 직업적 재활 및 사회적 재활로 구분하고 있는데, 노인대상의 재활에는 의학적 재활이 중심적일 수밖에 없고, 비노인계층대상의 재활과는 다소 차별적이라 할 수 있다.

여기에서 재활의 기본적인 접근방식으로는 4가지로 구분할 수 있는데,

이는 심신기능단계에서의 치료적 접근, 직접적인 활동(activity)단계에서의 대상적(代償的) 접근, 직접적인 참여(participation)단계에서의 환경개선적 접근, 직접체험으로써의 장애(illness)단계에서의 심리적 접근이 있다(〈표 11-1〉 참조). 이를 통해서 보면, 재활이라는 것은 심신기능의 회복(장애라고 하는 마이너스 부분의 경감)과 직접활동의 지원(잠재능력의 개발증진이라는 플러스부분의 증대) 이외에도 환경개선 및 심리적 지원도 포함하고 있어 상당히 포괄적인 개념이라는 것을 알 수 있다.

〈표 11-1〉 재활의 기본적 접근방식

유 형	내 용
심신기능단계에서의 치료적 접근	- 마비, 失調症급, 기타 신체적 장애의 회복촉진 - 2차적 합병증, 특히 폐용증후군(체력저하 포함)의 예방과 치료 - 失調, 失行, 失認의 고차적 뇌기능장애의 회복촉진
직접적인 활동단계에서의 대상적 접근	- 잠재기능의 강화 및 개발에 의한 능력회복 - 의지, 지팡이, 휠체어, 대화보조자, 기타 기기보장구에 의한 능력의 확대 - ADL, 사회생활행위, 직업상 필요한 능력, 기타 생활상에 필요한 능력 향상 - 사회생활기능훈련에 의한 대인관계기능의 개발, 향상
직접적인 참여단계에서의 환경개선적 접근	- 가옥개조 지도 - 가족지도기법의 지도 - 직업복귀 촉진 - 취미, 스포츠, 여행, 레크리에이션, 기타 삶의 질 향상과 연관된 사회서비스 소개 - 적절한 교육기회를 위한 관계기관 지원 - 수발자 확보, 가족부담 경감을 위한 복지서비스 소개 - 소득보상제도, 가옥개조비용의 공비부담 등
직접체험으로써의 장애단계에서의 심리적 접근	- 환자교육: 장애와 공생한다는 마음가짐 지도 - 가족지도: 장애보유자로써의 환자를 수용하도록 하는 교육 - 장애 수용의 달성을 위한 지원

자료: 上田 敏(編), 『リハビリテ-ションの理論と實際』, ミネルヴァ, 2002.

한편, 노인과 관련한 재활은 폐용증후군[1] 발생의 억제에 목적을 두고

1) 폐용증후군이란, 와상상태의 안정은 과거 질환치료에 필수적인 조건으로 고려되어 왔으나, 그러한 안정상태에는 마이너스의 측면도 있는데, 이를 통칭해서 폐용증후군(disuse syndrome)이라 부르고 있음. 즉, 폐용(사용치 않음), 부동(고정되어 있음), 운동부족 등에 의해 생리기능, 대사가 저하되고, 다양한 병적 증후를 나타내는 현상을 가리키고 있음. 이러한 폐용증후군은 고령자일수록 발생하

있다고 할 수 있다. 이러한 폐용증후군은 그림에서 보여주듯이 여러 단계의 절차를 밟으면서 악순환되는 현상을 보이고 있다. 즉, 경증질환이나 부상, 또는 생활습관으로 인하여 정적인 생활[2]을 하게 되고, 안정된 상태로 유지되는데, 이것이 일차적인 폐용증후군을 발생시키고 있다. 이로 인하여 신체적 기능이 저하되어 일상생활동작의 능력저하로 나타나게 되어 다시 정적인 생활이 지속되어 2차적인 폐용증후군을 발생시키는 악순환 현상이 나타난다.

〈그림 11-1〉 폐용증후군의 악순환

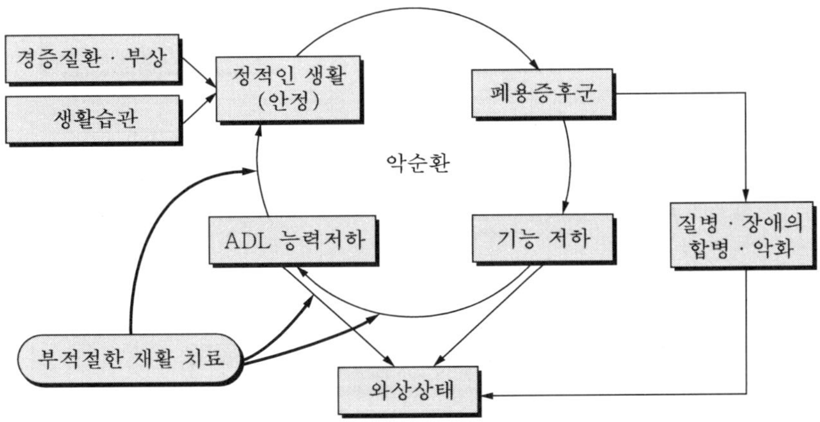

자료: 선우덕 외, 『허약노인대상의 보건의료서비스 개발 및 효율적 운영체계 구축방안』, 한국보건사회연구원, 2004.

이와 같이 폐용증후군은 기능을 저하시켜 와상상태에 빠지게 하거나, 기능의 저하를 발생시키기 이전에 질병의 합병증이나 장애를 악화시켜 그대로 와상상태에 빠지게 하는 경우도 있다. 그런데, 폐용증후군은 적절하지 못한 재활치료에 의해 발생되는 경우도 있다는 것이다. 다시 말하면, 폐용증후군에 의해서 기능을 저하되었다고 하더라도 ADL능력의 저하를 야기

기 쉽고, 일단 발생하는 경우에는 개선시키는 것이 어렵다는 것임.

2) 노인의 정적인 생활 중에서 최악의 와상상태(bedrest)에서는 근골격계 및 심혈관계의 기능이 일당 2~3%의 수준으로 상실되어 가기 때문에, 약 2주간의 와상상태의 노인이라면 기능(functional capacity)의 25~40%를 상실하게 된다는 것임.

시키지 않도록 적절한 재활치료를 하거나 또는 ADL능력이 저하되었다고 하더라도 적절한 재활치료를 통해서 와상상태에 빠지는 것을 방지하고 정적인 생활에서 탈피할 수 있을 것이다. 따라서 적절한 재활치료를 통하여 생활전체의 활성화를 촉진시킬 수 있도록 하여야 하고, 폐용증후군으로부터 탈피할 수 있도록 지원해 주면, 장기적으로는 와상상태를 해결할 수 있고, 활동적인 노후생활을 유지할 수 있을 것이다.

〈그림 11-2〉 폐용증후군으로부터의 탈피

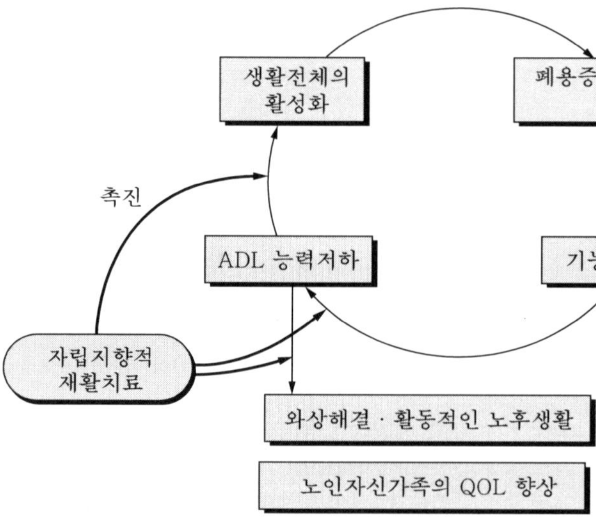

자료: 선우덕 외, 『허약노인대상의 보건의료서비스 개발 및 효율적 운영체계 구축방안』, 한국보건사회연구원, 2004.

이러한 폐용증후군은 노년기에 주로 발생하기 때문에 노년증후군(geriatric syndrome)이라고도 하는데, 일본의 장기요양상태의 발생원인을 분석해 본 결과, 노년증후군이 전체의 절반이상을 차지하고 있는 것으로 나타나, 적절한 재활치료의 제공으로 장기요양상태의 발생을 상당히 지연시킬 수 있는 것으로 지적하고 있다(鈴木 · 大淵, 2004).

2. 단계별 재활의료서비스의 유형[3)]

일반적으로 재활의료서비스의 유형은 성격과 제공장소를 기준으로 구분할 수 있는데, 전자는 예방적 재활, 급성기 재활, 회복기 재활 및 유지기 재활로 구분하는 경우이다(石川, 2000). 이 중에서, 예방적 재활이란, 와상 상태의 발생을 가능한 한 예방하는데 필요한 서비스이고, 급성기 및 회복기 재활은 질병 및 리스크 관리에 중점을 두면서 장애 발생 후 가능한 한 조기에 2차적 합병증을 방지하고, 원활한 자택복귀가 가능하도록 하는 능동적인 기능회복훈련을 중심으로 한 서비스를 말하며, 유지기 재활은 급성기나 회복기 재활에 이어서 고령자의 체력이나 기능의 유지 또는 개선, 생활환경의 정비, 사회참여 촉진, 간병부담의 경감 등을 통하여 고령자의 자립생활을 지원할 목적으로 제공되는 서비스를 말한다.

〈표 11-2〉 재활의료서비스의 분류

	기 간	내 용	방 법
급성기 재활	발증후 1개월이내	질환, 리스크관리에 중점을 두면서 폐용증후군 예방을 중심으로 하는 재활	급성기 병원 입원
회복기 재활	발증후 6~9개월 (예외 있음)	질환, 리스크관리에 유의하면서 능동적인 다양한 훈련을 중심으로 하는 재활	입원, 통원
유지기 재활	상기 이후	회복기재활이 종료하고, 획득된 가정, 시설의 생활 및 사회생활의 유지, 지속을 지원하는 재활	거택 (방문, 통원)
			시설 (입원, 입소)

자료: 上田 敏(編), 『リハビリテーションの理論と實際』, ミネルヴァ, 2002.

급성기 재활은 발병 후 약 1개월 이내에 제공되는 경우가 대부분이고 급성기병원에 입원하여 이루어지고 있다고 하겠다. 그리고 회복기 재활은 발병 후 6~9개월에 걸쳐서 제공되고 있는데, 회복기재활병동이나 주간재활병원에서 이루어지는 경우가 보편적이다.[4)] 그러나 선진국의 경우에는 3

3) 본 절에서는 전술한 바 있듯이 노인을 대상으로 하는 재활서비스를 설명하는 것이기 때문에 의료적 재활에 국한시켜 살펴보고자 함.

개월 이내에 회복기 재활을 집중적으로 실시하고 있는 실정이다.

마지막으로 유지기 재활은 회복기 재활이 끝난 이후 영속적으로 제공되는 것으로 주로 장기요양시설이나 가정에서 이루어지고 있다고 하겠다. 유지기 재활의 목적이라 하면, ① 고령자의 건강관리, ② 심신기능이나 사회성의 유지향상, ③ 가족의 수발부담 경감을 도모하여, 가능한 한 보다 나은 재택생활을 지속시키기 위한 것이라 할 수 있겠고, 그 방법에는 주간재활(통원재활), 방문재활 등이 있다.

한편, 재활서비스의 제공장소에 따라서 시설재활, 통원재활, 방문재활로 구분할 수 있다. 시설재활은 재활전문병원, 일반병원의 재활병동, 장기요양시설 등에 입(소)원하여 실시하는 재활이고, 통원재활은 병의원의 외래방문으로 실시하는 재활, 방문재활은 환자자택을 방문하여 실시하는 재활을 의미한다.

〈그림 11-3〉 재활서비스의 유형구분

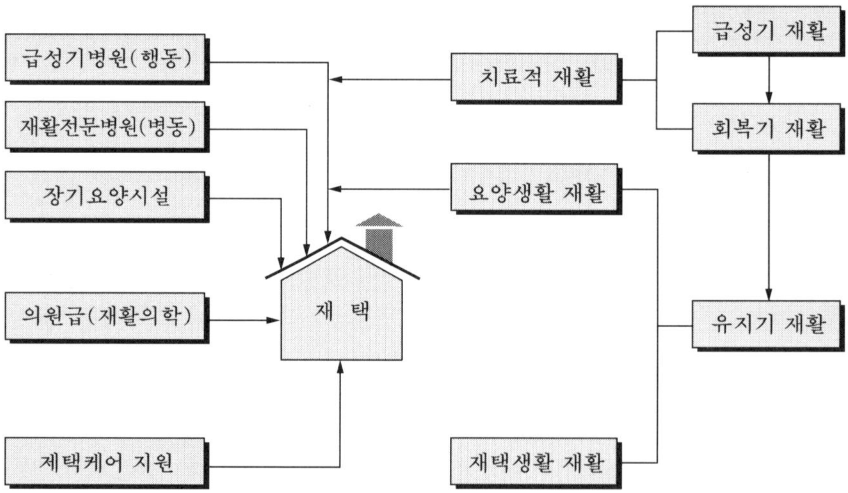

이 중에서 급성기 재활이나 회복기 재활서비스는 의료적 서비스를 병행

4) 일본의 경우에는 급성기 및 회복기 재활서비스는 의료보험제도에서 급여되고, 유지기 재활서비스는 개호보험에서 급여하고 있음.

하여야 하기 때문에 의료기관에서 실시하는 경우가 대부분인 반면에 유지기 재활서비스는 장기요양시설이나 가정의 방문재활을 통해서 실시되고 있다. 장기적인 노인재활서비스라고 하면, 유지기 재활서비스를 지칭한다고 보여지기 때문에 이를 중심으로 설명하면 다음과 같다.

먼저, 시설에서의 유지기 재활서비스는 노인요양병원과 장기요양시설에서 제공되는데, 이들 시설들은 의료법과 노인복지법에 의해서 재활치료인력의 설치기준에 따라 서비스가 제공되고 있다. 그리고 가정에서의 유지기 재활서비스는 방문재활과 통원재활서비스가 있는데, 우리나라의 경우에는 법적 근거가 마련되어 있지 못한 실정이다.

제 2 절 재활전문인력

1. 물리치료사(physical therapist)

물리치료는 재활의학의 기술적 측면에서 가장 큰 축 중의 하나이다. 일반적으로 물리치료가 너무나도 잘 알려져 있어서 물리치료가 곧 재활치료라는 잘못된 인식이 존재하는 것도 사실이다. 이러한 물리치료의 역사는 오래되었고 근대의학에서는 ① 스웨덴체조를 비롯한 체조에서 출발하여 의료체조와, ② X선과 라듐 등을 중심으로 온열, 전기, 광선요법 등의 물리적 수단을 치료에 이용한 물리치료와 결합되어 비약물적 치료라는 의미에서 생성되었다. 이와 같은 물리치료의 내용은 역사적으로 변화를 겪어 왔고, 단순한 체조 뿐만 아니라 운동요법, 특히 보행훈련과 ADL훈련도 부가되어 고령사회의 도래와 함께 그 중요성이 높아지고 있다.

물리치료사는 작업치료사, 간호사, 간병인 등과의 협업 가운데에 ADL을 포함한 활동전반에 걸쳐서 서비스를 제공하고 있는데, 보행을 중심으로 한 전신적인 기본동작 및 복합동작의 메커니즘과 그 장애지식, 이에 대한 치료훈련기술이라는 물리치료핵심을 담당하는 전문인으로써 다른 직종에서도 찾아보기 어려운 역할을 수행하고 있다. 우리나라에서는 전문대학에서는 3년간의 교육을 이수하거나 일반대학에서의 4년간의 교육을 이수하고 국가시험을 통해서 자격이 주어진다.

2. 작업치료사(occupational therapist)

작업치료는 물리치료와 함께 재활의학의 기술측면에서 주축이 되는 서비스이다. 다만, 물리치료에 비해서 범위가 넓고, 종사자간에도 핵심적인 기술이 어디에 있는지를 파악하고 있지 못하는 경향이 있다. 여기에는 작업치료가 정신의료 및 정신장애자의 재활에서도 중요한 역할을 하고 신체적 및 정신적인 장애를 모두 대상으로 하고 있다는 측면에서 범위가 넓을 수밖에 없다.

작업치료란, 작업을 수단으로 한 치료방법인데, 선택된 작업들을 직접적으로 수행하게 함으로써 인간의 참여를 회복, 강화시키며, 더 나아가 수행능력을 발전시키고, 적응과 생산성에 기본이 되는 기술과 기능을 위한 학습을 촉진시키는 것이라 할 수 있다. 여기에서 작업이라는 용어는 매우 넓은 개념으로 훈련과는 달라서 그 자체에 구체적인 목적과 흥미를 동반한다는 공통점을 지니고 있다. 좁은 의미에서의 작업이라 할 수 있는 도구를 사용해서 물건을 만드는 것뿐만 아니라 ADL, 직업, 취미, 레크리에이션, 스포츠, 심리연극 등도 넓은 의미에서의 작업에 포함된다. 따라서, ADL 뿐만 아니라 사회생활행위, 사회생활기능 또는 인간관계의 기능, 직업능력, 여가활용능력도 작업치료의 대상으로 포함된다. 그렇지만, 작업치료의 중심적인 대상은 ADL이라 할 수 있다. 이에는 가사, 직업, 취미 등을 비롯하여 넓은 범위의 인간적 능력의 회복 및 향상을 도모하고, 작업치료사가 중심이 되어 물리치료사, 간호사 등과 함께 팀을 이루어 치료행위를 한다.

작업치료에는 운동기능과 고차원적 뇌기능을 대상으로 하는 기능적 작업치료와 심리적 작업치료가 있다. 우리나라에서는 전문대학에서는 3년간의 교육을 이수하거나 일반대학에서의 4년간의 교육을 이수하고 국가시험을 통해서 자격이 주어진다.

3. 언어청각치료사(speech-language-hearing therapist)

언어청각치료는 다종다양한 언어청각장애를 대상으로 하고 있는 것으로 의학뿐만 아니라 교육학적인 색채도 강하고 제공장소도 의료, 복지, 교육에 걸쳐 있다. 그래서 이 영역은 재활의학과는 완전히 일치하지는 않는다고 볼 수 있지만, 언어장애 중에서도 실어증, 발어실행증(發語失行症), 운동장애성 구음장애, 중추신경성의 기능장애가 원인이 된 경우나 청각장애의 일부는 재활의학의 범위에 포함된다. 따라서, 이 영역의 환자를 위한 재활은 재활팀의 협업을 통해서 이루어지지 않으면 안 되고, 또한 이러한 장애연구는 실행, 실인(失認)연구와 협력하여야 할 필요가 있다.

일반적으로 말에 의한 의사소통에는 언어, 청각, 발성 및 발음, 인지 등의 각 기능이 관련되어 있는데, 질병이나 교통사고, 발달상 문제 등으로 그러한 기능이 손상을 받는 경우가 있다. 언어청각치료사는 말에 의한 의사소통에 문제가 있는 자에게 전문적 서비스를 제공하고, 자립적으로 생활을 영위할 수 있도록 지원하는 전문직인데, 섭식 및 연하의 문제도 다루고 있다.

특히, 말에 의한 의사소통문제는 뇌졸중 발생이후의 실어증, 청각장해, 말의 발달지체, 목소리나 발음의 장해 등 다양하고, 소아부터 고령자까지 모든 사람들에게 발생할 수 있다. 언어청각치료사는 그러한 문제의 본질이나 발현메커니즘을 알아내고 대처법을 찾아내기 위해 검사, 평가를 실시하며, 필요에 따라서 훈련, 지도, 조언 등을 실시한다. 이러한 활동은 의사, 치과의사, 간호사, 물리치료사, 작업치료사 등의 의료전문직、사회복지사 등의 보건, 복지전문직, 교사, 심리전문직 등과도 연계하여 팀의 일원으로써 이루어지고 있다.

4. 의지보장구사(prosthetist-orthotist)

의족은 고대 그리스벽화에서도 보일 정도로 역사가 깊고, 르네상스시대에 이미 정교한 의수의족이 만들어지기 시작했다고 한다. 다만 보장구는 비교적 늦게 나타나, 정형외과학에서 볼 수 있는 부목(副木)에서 발전하였고, 20세기 초기부터 소아마비환자에게 매우 유용한 수단으로 이용되기 시작하였다.

의지보장구사는 의지보장구의 틀, 디자인, 제작, 적합 등의 업무에 종사하는 전문직인데, 일본의 의지장구사법에 의하면, 의사의 지시하에 의지 및 보장구를 장착하는 부위의 체형을 뜨고, 보장구를 제작하여 신체에 적합시키는 것을 직업으로 하는 자로 되어 있다. 여기에서 의지란, 상지나 하지의 전부 또는 일부에 결손이 있는 자에게 장착하여 그 결손부분을 보완하거나 성실된 기능을 대체하기 위한 기구기계를 말한다. 그리고 보장구란, 상지나 하지의 전부 또는 일부의 기능에 장애가 있는 자에게 장착하여 해당기능을 회복시키거나 저하를 억제하고 해당기능을 보완하기 위한 기구기계를 말한다.

유럽이나 미국 등에서는 대학수준에서의 교육, 자격제도가 확립되어 있고, 우리나라에서는 아직 체계화가 갖추어져 있지 못하다.

제 3 절 장기요양보장제도에서의 재가재활서비스사업

주요 선진국가들이 실시하고 있는 장기요양보장제도에서 실시하고 있는 재가노인대상의 재활서비스에는 방문재활사업과 통원재활사업이 있다. 여기에서는 현재 개호보험의 이름아래 장기요양서비스를 제공하는 일본의 사례를 중심으로 정리한다(永和, 2002).

1. 방문재활사업

방문재활의 개념정의를 보면, 장기요양보호대상 노인의 가정을 방문하여 심신의 기능을 유지 및 회복시키고 일상생활의 자립을 지원해 주기 위하여 제공되는 물리치료, 작업치료 및 기타 필요한 재활서비스를 말한다. 이와 같은 방문재활의 목적을 보면, 의료적(급성기) 재활을 마친 이용자 또는 질병으로 인한 요양 중에 신체적 기능이 저하된 이용자의 기능을 유지, 개선시키고 ADL의 자립 및 장기요양상태의 중증화를 예방함과 동시에 수발자의 간병수발부담을 경감시켜서 수발자의 삶의 질(QOL)을 유지, 향상시키는 데 있다.

방문재활의 내용에는 크게 3가지로 구분할 수 있다. 첫째, 예방적 재활에 해당하는 것으로, 이는 장기요양상태의 발생방지에 중점을 두고 실시하고 있으며, 주로 허약한 노인을 대상으로 한다. 둘째, 자립지원형 재활에 해당하는 것으로 ADL이나 IADL 또는 치매성 문제행동에 어떠한 형태로든지의 자립을 도모하기 위해서 실시하고 있으며, 주로 경증상태의 장기요양보호자를 대상으로 한다. 셋째, 수발부담경감형 재활에 해당하는 것으로 ADL 등에 자립이 불가능하다고 생각되는 이용자를 지원하는 수발자의 간병수발부담을 경감시키기 위해서 실시하고 있으며, 주로 중증상태의 장기요양보호자를 대상으로 한다.

2. 통원재활사업

통원재활의 개념정의를 보면, 장기요양보호자를 대상으로 병의원 등 정부가 지정한 시설을 통원하면서 심신의 기능을 회복시키고 일상생활의 자립을 지원해 주기 위하여 제공되는 물리치료, 작업치료 및 기타 필요한 재활서비스를 말한다. 이와 같은 통원재활의 목적을 보면, 의료적(급성기) 재활을 마친 이용자 또는 질병으로 인한 요양 중에 신체적 기능이 저하된 이용자가 그 기능이 유지 및 개선되어 가능한 한 ADL의 자립이나 장기요양상태의 중증화를 예방하는 것을 최우선의 목표로 한다. 그 뿐만 아니라 체력의 유지 및 개선, 일상활동의욕의 향상, 의사소통 및 사회적 관계능력의 개선, 향상, 그리고 수발자의 정신적인 수발부담을 경감시키는 데 있다.

통원재활의 내용에도 방문재활과 동일하게 크게 3가지로 구분할 수 있다. 첫째, 예방적 재활로 장기요양상태의 발생방지에 중점을 두고 실시하고 있으며, 주로 허약한 노인을 대상으로 한다. 둘째, 자립지원형재활로 경증상태의 이용자를 대상으로 ADL이나 IADL 또는 치매성 문제행동으로부터의 자립을 도모한다. 셋째, 수발부담경감형 재활로 주로 중증상태의 장기요양보호자를 대상으로 수발자의 간병수발부담을 경감시키기 위해서 실시하고 있다.

참고문헌

上田 敏(編)(2002), 『リハビリテ-ションの理論と實際』, ミネルヴァ.
永和良之助(編著)(2002), 『高齢者福祉論』, 高菅出版.

12 chapter

재가복지지원서비스

제 1 절 노인복지용구 및 노인복지기기

1. 노인용품의 개념

고령화사회에서는 노인들의 구매력이 증가하고, 노인들의 복지에 대한 관심이 높아지면서 신체적 기능이 저하된 노인이 생활을 정상적으로 유지하거나, 장애를 가진 노인이 재활을 하기 위한 다양한 건강용품이나 일상생활용품의 필요성이 증가하고 있다(송순영, 2000). 노인용품의 이용은 노인이나 심신장애자의 자립을 지원함과 동시에 수발자의 부담을 경감한다는 면에서 상당히 중요하고, 이용자의 심신의 특성이나 그 놓여진 환경 등에 입각한 적절한 노인용품의 제공이 강하게 요망된다.

인구고령화와 함께 점증하는 노인의 복지욕구는 노인용품 수요를 지속적으로 증가시켰으며, 이러한 추세는 계속될 전망이다. 이러한 가운데 노인의 건강용품 사용과 관련된 소비자피해도 증가하여, 한국소비자보호원에 접수된 60세 이상 노인의 피해구제 신청건수 중 노인의 건강용품 사용과 관련된 소비자피해구제 신청건수는 1999년 3.0%에서 2000년에는 6.8%로 급격히 증가하고 있는 실정이었다.

선진국에서는 노인용품에 대한 수요증가에 따라 정보통신, 메카트로닉스, 신소재 등과 함께 노인복지용구산업을 21세기 전략산업의 대열에 포함시키고 있다. 따라서 우리나라도 적극적이고 근본적인 정책적 접근이 필요한 단계에 있다고 본다.

우리나라에는 현재 노인용품에 대한 법적인 정의는 없는 상태이며, 노인용품에 가까운 개념으로 장애인을 위한 재활보조기구에 대한 정의만이 존재하고 있다. 재활보조기구에 대한 정의도 장애인복지법, 국가유공자예우에 관한 법률, 관세법, 산업재해보상보험법에서 각기 재활보조기구 품목을 달리 규정하고 있어 통일된 개념규정이 없는 실정이다. 이에 반해 미국, 일본 등 주요 선진국들에서는 국제표준화기구(ISO; International Standard organization)의 분류체계를 기초로 기존의 장애인보장구 이외에 치료훈련기기, 위생용구, 이동기기, 가사용구, 가구・건축용품, 커뮤니케이션기기, 조작용구, 환경개선기기, 작업용구, 오락용구 등 장애인 및 노인이 생활전반에 걸쳐 사용하는 건강기구나 일상생활용구를 복지용구로 규정하고 있다.

일부에서는 고령화사회를 극복하고, 가족개호자의 부담을 경감하기 위해서는 케어를 담당하는 케어인력의 부족해소와 심신의 기능저하를 막기 위한 케어기기의 개발・보급이 중요하며, 이를 이용하여 노인들은 가능한 한 자신의 일은 자신이 행한다는 주체성을 촉진하기 위해서 일상생활용구, 기능회복훈련기기, 즉 보건복지기기의 활용에 기대하는 것이라고 말하고 있다. 개념적으로는 가장 폭넓게는 보건복지기기, 다음이 복지기기, 가장 협의의 개념으로 케어기기 등 다양하게 사용되고 있었으며, 또 약간의 의미상 차이는 있으나 모든 기기가 장애를 가진 사람을 위해서 사용되는 것으로 이해된다고 하였다(현외성, 2003).

우선 개념을 살펴보면 케어기기란 일반적으로 신체에 장애가 있는 자가 장애 혹은 거기에 따른 생활상의 문제에 의해 감소된 기능을 보충하여 보다 쾌적한 생활을 하기 위한 기기의 총칭이다(高山忠雄, 1993 : 127). 다른 정의는 장애를 가진 사람들이 사회생활을 영위하는 데 장벽이 되는 부분을 보충하는 기기, 또는 장애를 가진 사람들이 사회인으로서 만족할 수 있는 생활을 보상하기 위한 기기라고 정의할 수 있다(中島紀惠子・米本秀仁 編, 1993 : 140). 일본현대사회복지사전(仲村優一 外 編, 1990 : 401)에서는 복지기기를 신체장애인 등 핸디캡을 가진 사람을 위해서 의학・직업・사회생활・스포츠・레크리에이션 등의 분야에서 핸디캡을 가능한 한 경감하는 것을 목적으로 사용되는 기계기구(機械器具)를 총칭하는 개념으로 보장구에서 복지시설의 설비기구까지 포함하고 있다.

그러나 법적으로는 아직 명확한 개념은 없고, 시대의 변화와 함께 개념도 크게 변화하고 있다. 예를 들면, 사회복지의 초기단계에서는 의수・족, 휠체어, 보청기 등의 보장구가 케어기기의 대명사로 사용되었으나 최근에는 일상생활용구, 자조구(自助具), 개호기기, 이동기기, 의사소통기기, 환경제어장비, 레크리에이션・스포츠용기기 등을 포함하기에 이르렀다.

노인들이 신체장애의 예방 및 보완과 신체기능의 향상 및 증진을 위하여 사용하는 건강용품(건강기기)이나 보장구, 일상생활용품(구), 노인생활의 자립을 위한 첨단 하이테크용품을 노인용품이라 정의하고자 한다.

따라서 활용할 때는 장애의 특성, 신체적 능력, 노화에 의한 변화 등을 충분히 파악하고, 거기에 사회적 조건이나 본인의 목적・희망을 가미해서 판단할 필요가 있다. 이와 같은 수속을 밟지 않고 사용자에게 부적합한 상태에서 계속 사용할 경우, 케어기기를 잘 사용할 수 없을 뿐만 아니라 관절이 아프고, 신체의 변형이 발생하는 등 생각하지도 않았던 병들이 발생할 수 있다.

2. 노인용품의 분류와 기능

1) 대체 및 보완을 위한 기기

대체 및 보완을 목적으로 하는 기기는 질병과 사고, 상처 혹은 선천적인 장애 등에 의해 손실한 신체기능의 일부분을 대체하거나, 잔존기능을 조장, 유지, 보강하기 위한 기기를 말한다. 대체기기의 예를 들면 눈의 대행(대체)으로써 맹인용 보행보조 지팡이, 손(팔)의 대체로써 의수, 발을 대체하는 의족과 휠체어 등이 있다. 보완기능의 예를 들면 시력을 보충하는 안경이나 콘택트렌즈, 청력을 보충하는 보청기, 체간(體幹)을 지탱하는 체간보장구 등이 있다. 복지기기로서 가장 기본적인 역할을 수행하는 이러한 대행(대체) 및 보완기기는 각자의 장애와 능력, 신체상황에 따라서 적합한 다양한 기기가 개발되어 있다.

2) 자조 및 개호를 위한 기기

신체에 다소의 장애가 있는 경우라도 일상생활을 자립하여 재가에서의 생활을 계속하는 것을 희망하는 노인이 늘어남에 따라 일상생활동작을 보조하기 위한 자조 보장구류, 혹은 중증 장애인이나 와상노인 등의 개호자를 위한 개호용 기기의 개발이 진행되고 있다.

신체에 장애가 있는 사람의 일상생활동작 중에서 부자유를 보충하여 자력으로 일상생활을 유지하기 위한 의욕을 구체적으로 원조하기 위한 기기를 '자조용 기기', 개호자의 물리적 개호량을 가능한 한 경감하기 위한 기기를 '개호용 기기'라고 한다.

3) 기능유지를 위한 기기

복지기기에 의해 신체적 기능의 대행(대체) 및 보완, 또는 자립생활과 가정에서의 개호원조를 함으로써 기본적인 일상생활의 기반을 조성하는 것이 가능하다. 그리고 보다 문화적인 보다 충실한 생활을 목표로 안정된 기능을 유지하기 위한 기기나 자기 자신의 신체를 충분히 살리면서 즐기는 기기 등이 복지기기로서 추가되었다. 이러한 기기에는 레크리에이션과 스포츠용품, 놀잇감(遊具) 등도 포함되었다.

스포츠용품의 예를 들면 스포츠용 휠체어(육상, 구기용), 훈련용 매트, 큰 볼, 시각·청각 장애인을 위한 스포츠용품(볼, 기구류) 등이 사용되고 있다. 놀잇감으로는 시각장애인용 게임기구(오세로 게임, 카드, 장기 등), 만지는 그림책, 냄새로 맡는 그림책, 카드를 세워두는 카드홀더, 하모니카 홀더 등이 있다. 그 외에 누운 채 책을 읽을 수 있는 스탠드, 책을 넘기는 기구, 회화나 공작(工作)을 위한 특별한 기구나 도구 등이 제품으로서 개발되어 있다.

그러나 취미나 오락 등을 위한 기기는 수요가 높아짐에도 불구하고 아직 제품으로 종류가 적고, 보급률도 낮은 편이다. 레크리에이션이나 스포츠용품을 중심으로 조금씩 보급되고 있지만 필요한 사람 모두에게 제공할 수 있는 상황은 아니다. 사회참가의 촉진과 여가의 활용충실 등과 맞물려서 앞으로 이러한 기기류의 연구·개발에 박차를 가해야 할 것이다(高山忠雄, 1993 : 130-134).

3. 노인용품 제공 및 이용실태

우리나라에서는 100여종 정도의 기초적인 노인용품만이 장애인용품과 혼합되어 의료기기 판매점이나 약국, 또는 전국적으로 몇 개 되지 않는 노인용품전문점 등을 통해 판매되고 있는 실정이었으며, 일부 제품은 쇼, 음악회 등 무료공연을 통해, 공연장, 지역구민회관, 시민운동장 등 공공장소, 찜질방, 사우나업소 등 건강관련 업소에서 악덕상술을 통해 판매됨으로써 소비자피해의 원인이 되고 있는 실정이었다.

우리나라에서 주로 시판되고 있는 노인용품을 중심으로 노인소비자의 노인용품 이용실태를 조사한 결과(송순영, 2000), 노인소비자들은 노인용품의 사용에 있어서 아주 초보적인 상태에 머물러 있는 것으로 나타났다. 노인소비자의 24.3% 정도는 예시된 노인용품을 한 가지도 가지고 있지 않은 것으로 나타났으며, 노인소비자들이 가지고 있는 노인용품의 종류를 살펴본 결과, 비교적 높은 기술수준을 요구하고, 비교적 가격이 비싼 제품들의 소유비율은 낮은 반면 단순한 작동원리에 의해 작동되거나 가격이 비교적 싼 용품들의 소유비율은 높은 것으로 나타났다. 그리고 노인소비자들의 노인용품에 대한 정보습득 행태를 보면, 이들은 구전적 정보나 판매를 위한 상품정보를 통해 노인용품에 대한 정보를 획득하고, 이러한 정보를 신뢰하지 않으면서도 이러한 정보에 기초해 노인용품을 구매하는 올바르지 못한 구매행태를 보이는 것으로 나타났다.

실제 노인용품을 구입할 때에는 '의사, 전문가와 상담을 통해 구입'하기보다는 '본인 또는 구입자의 판단에 의해 구입'하거나 '판매원의 권유에 의해 구입'하고 있어 문제를 드러내고 있다.

이와 같이 노인용품에 대한 소비자문제는 노인용품 이용에 있어서는 소유비율이 낮다는 문제, 노인용품에 대한 인식이 미약하여 임대사용 비율이나 임대사용 희망의사가 낮다는 문제가 있는 것으로 나타났다. 구매문제에 있어서는 정보부족, 방문·통신판매에 의한 무점포판매 구입비율이 높아 '악덕상술'에 의한 소비자피해의 문제가 상존하고 있다는 점, AS표시에 대한 불만족도가 높다는 점, 제품에 대한 유통마진이 높아 가격에 대한 불만이 높다는 점이 있는 것으로 나타났다. 생산문제에서는 업체가 영세하고, 연구부문이 취약하여 안전성 및 품질확보의 문제가 있을 수 있다는 점, 소비자보호 부문이 취약하다는 점 등이 문제로 나타났다.

현재 정부가 치매노인 및 치매노인가족 지원용품에 대한 것으로 제시한 것이 〈표 12-1〉이다.

제시된 노인용품은 7가지 종류로 각각의 노인용품에 따라 제공물품도 있으나 대여하는 물품도 있어 치매노인환자의 사례에 따라 제공될 수 있음을 시사하고 있다.

가정을 떠나 배회할 염려가 있는 치매노인에게 신원확인 팔찌를 보급하는데, 이는 등록된 치매노인에게 제공하는 것이다.

요개호노인과 허약한 노인이 부유한 주택생활을 보내기 위해서는 복지용구 및 개호기기를 효과적으로 활용해 갈 필요가 있다. 사용 시에는 복지용구가 신체상태에 맞는가, 사용하기 쉬운가 등을 충분히 검토하고 선택하는 것이 중요하다. 따라서 노인의 요구에 응하는 복지용구 및 개호기기의 제공을 위하여 이에 대한 상담서비스는 중요하다(야마구현, 2003).

〈표 12-1〉 치매노인 및 치매노인가족 지원용품

내 용	제품명 및 용도 및 특징	비고
1. 일상생활 및 목욕 보조용품	식사용 에이프런 U자형 목욕의자*	제공물품 대여물픕
2. 대변 보조용품	성인용 팬티기저귀 기저귀 카바 손잡이 변기 의자식 변기* E형 이동식 변기* 남성용 소변기 여성용 소변기	제공물품 " " 대여물품 " 제공물품 "
3. 와상노인 욕창 치료 및 예방관련 용품	욕창방지 에어매트 욕창 예방쿠션* 방수시트 욕창치료 의약품	" 대여물품 제공물품 "
4. 보행 보조용품	바퀴보행기* 보행기보조기* 휠체어*	대여물품 " "
5. 치료 및 운동용품	얼음주머니 온습찜질팩* 상ㆍ하지 운동기*	제공물품 대여물품 "
6. 인지개선용품	게골게임 시각에 의한 메모리판* 형태분류 보드판* 미로게임* 레이스하기 코끼리 연결하기* 촉감인지 보드판* 비교보드판과 원형분류판* 회상용 비디오 등	- 대여물품 " " 제공물품 대여물품 " " "
7. 기타 치매노인지원용품	치매팔찌 미끄럼방지제 케어스텝 : 낙상예방 기타 필요소모품 :	제공물품 - 제공물품 -

* 대여물품임(나머지는 모두 제공물품임)
자료 : 보건복지부, 노인보건복지사업안내, 2006.

山口縣개호실습보급센터에서는 '여유있는 개호'를 목표로 복지용구를 다수 전시하여, 이용에 관한 상담과 정보제공을 하고 있었는데, 개호보험제도에서는 이용자가 사업자를 선택하여 복지용구의 대여, 구입을 하는 조직으로 되어 있다. 그러므로 개호지원전문원과 관계사업자는 복지용구의 종류와 이용방법에 관한 정보를 이용자에게 제공해야 할 필요가 있다.

개호보험시설에서는 보조의자 및 침상 등 복지용구가 일률적인 규격으로 제공되고 있는 경우도 있어 자립지원과 신체구속 제로작전을 추진하는 관점에서 이용자의 신체상황과 사용환경에 알맞은 사용하기 쉬운 것을 적절하게 선택, 조정해 가는 것이 중요하다고 강조하고 있었다.

노인의 자립된 생활을 지원해 가기 위해서 복지용구 및 복지기기의 개발이 요구되며, 개호자의 부담경감을 위해서도 큰 과제가 되고 있는데, 일본의 경우, 山口縣산업기술센터와 현내 중소기업의 연구개발에 의해 손조정보조의자의 연결장치와 컴퓨터마우스보조기 등의 특징있는 복지용구와 복지기기가 개발되었다. 山口縣산업기술센터에서는 복지·의료기술분야의 우선적 기술과제로 건강모니터링, 원격생활지원시스템, 생활지원기기 등의 개발을 하였으며, 이러한 연구개발에 적극적으로 힘을 쏟고 있었다.

그리고 일상생활용구의 급여도 필요한 실정이다. 이는 가정내 안전확보를 위해 독거노인을 대상으로 전자조리기, 화재경보기를 지급하거나 대여하는 일상생활용구의 급여사업을 말한다. 주택의 원호를 요하는 독거노인의 안전과 자립지원의 관점에서 계속사업으로 시행해야 할 것이다.

4. 과제와 대안

앞에서 언급한 노인용품 소비자문제에 대하여 4가지 정책목표를 설정하고 정책목표에 따라 구체적인 정책제언을 제시하면 다음과 같다.

1) 노인용품에 대한 인식제고 및 이용확대

① 복지용구의 연구개발 및 보급을 위한 법률제정추진

심신의 기능이 저하된 노인들의 복지용품에 대한 인식을 높이고, 이를 개발하며, 이의 보급을 효율적으로 추진하기 위한 체제정비를 위해 별도의 법률을 제정해야 할 것이다.

현재 노인용품과 가장 가까운 개념으로는 장애인복지법에서 정의되고 있는 장애인을 위한 '재활보조기구' 개념이 존재하는데, 장애인과 노인이 사용할 수 있는 용품에 대한 포괄적인 개념을 정립하고, 이에 대한 법적 정의를 명시해야 한다.

② 노인용품 보급확대 시행

현재 우리나라의 노인용품 보급정책은 장애인복지법에 기초하여 이루어지고 있다. 이에 따라 지급되는 재활보조기구는 1997년부터 의지, 보조기에 한정하다가 2000년부터 음성 손목시계, TV자막수신기가 추가로 지급되고 있다.

그리고 의료보험법에서는 1997년부터는 의지, 보조기, 휠체어, 보청기, 흰지팡이 등 4종류, 2000년에는 목발, 시각장애인용 저시력보조기(안경, 돋보기, 망원경, 콘택트렌즈, 의안), 체외용 인공후두 등이 포함되어 적용이 이루어지고 있다.

노인들에 대한 노인용품의 보급을 확대하기 위해서는 장애인위주의 품목적용에서 벗어나 노인들의 생활에 필요한 치료용구 및 일상생활용구로 지급을 확대해야 한다.

2) 유통구조의 개선

① 상설전시장의 설치

노인소비자들이 복지용구에 대한 정보를 획득하고 자신에게 적합한 복지용구를 선택할 수 있게 하기 위해서는 노인소비자 자신이 항상 자유롭게 보고, 체험할 수 있도록 하는 것이 중요하다. 따라서 상설전시장이나 수발지원센터 등에 노인복지용구를 전시하여 상담과 동시에 대여 및 판매가 가능하도록 하는 시스템이 구축되어야 할 것이다.

일본의 경우에는 2005년 현재 전국에 70개소에 해당되는 개호실습보급센터를 설치하여, 활용하고 있으며, NPO복지용구네트워크를 형성하여 종합카탈로그를 특정비영리활동법인에서 배포, 전시하고 상담에 응할 수 있도록 하고 있다.

② 판매점 전문화의 시도

노인용품의 소비자피해의 원인이 되고 있는 방문, 통신, 특수판매 등의 무점포판매에 의한 피해를 최소화하기 위해서는 점포판매비율을 증가시켜야 할 것이다. 이를 위해서는 판매전문화를 모색하는 방안이 요구된다.

그러나 노인용품의 판매전문화는 노인들의 노인용품에 대한 수요가 뒤따라야 하는 만큼 강제적으로 할 수는 없다. 노인용품의 일부가 의료기기와 중복되므로 의료기기점이 노인용품 전문판매점을 겸하도록 하는 방안도 고려해 볼 수 있다.

③ 전문관리자 육성 및 배치

노인용품의 판매가 전문화할 경우에는 각 판매점별로 전문상담요원이라고 할 수 있는 전문관리자가 필요하다. 이들 전문관리자를 양성할 수 있는 과정을 만들어 일정교육을 이수한 후 노인소비자들의 제품선정 및 관리 등에 관한 상담에 임하도록 하는 방안을 생각해 볼 수 있다.

④ 판매점에 대한 품질인증 마크제 실시

노인소비자들이 건강증진이나 일상생활의 편의를 위한 노인용품울 선정하고 구매하며, AS를 받을 수 있도록 하기 위해서는 판매점의 서비스 질을 높여야 할 것이다. 이러한 서비스 질을 확보하기 위해서는 일본의 '실버마크제도'와 유사한 제도를 도입할 필요가 있다. 판매서비스의 기준을 정하여 이 기준을 충족하는 판매점에 대해 품질인증마크를 부여해야 한다.

3) 가격체계의 확립

① 생산업체에 대한 금융 및 세제지원

우리나라는 노인용품 생산업체들이 영세하기 때문에 이러한 업체에 대한 금융지원이 필요하다. 정부는 우수업체를 선정하여 집중적인 금융지원 즉, 저리융자, 장려금지급, 대출을 위한 은행보증, 부도방지기금의 마련 등과 함께 첨단산업 분야의 민간기업들이 옥비용구분야에 참여할 수 있도록 금융지원책을 마련하여야 할 것이다.

복지용구 생산업체에 대한 세제지원을 확대할 필요가 있다. 현재 재활보조기구에 대한 세제지원책으로는 조세특례제한법 제105조 제4호, 동법 시행령 105조에 의해 의수족, 휠체어, 보청기, 보조기, 지체장애인용 지팡이 및 목발에 대해 부가가치세 감면이 이루어지고 있다.

앞으로 장애인보장구에만 한정되어 있는 것으로 일상생활용구, 치료훈련용구까지 포함한 노인용품 전반으로 확대해 나갈 필요가 있다고 본다.

② 수입관세 감면제도의 확대실시

현재 정부에서는 장애인들이 저렴한 가격으로 양질의 재활보조기구를 구입할 수 있도록 장애인을 위한 용도로 특수하게 제작, 또는 제조된 재활보조기구에 대해서 수입관세를 감면해 주고 있다. 관세법 제28조와 동법 시행규칙 제20조 및 21조에 의하면, 시각장애인이 사용할 물품 34종류, 청각 및 언어장애인이 사용할 물품 24종류, 지체부자유자가 사용할 물품 24종류, 기타 9종 등 총 91종류의 물품에 해당 관세액의 전액을 면제해 주고 있다.

그러나 현행 관세법으로는 완성품만이 면세혜택을 받을 수 있고, 부품이나 제조, 수리를 위한 기계류는 면세혜택을 받을 수 없어 실효성과 효과성이라는 측면에서 형식적인 정책으로 제시되는 경우가 있다.

재활보조기구에 국한된 관세감면 품목을 복지용구 전반으로 확대해야 하고, 이의 탄력적 조정이 있어야 할 것이다.

③ 품목 및 가격에 대한 정보제공 및 홍보확대

노인소비자들에게 노인용품에 대한 품목 및 가격에 대한 전문적 정보의 제공이 충분히 이루어져 노인소비자들이 노인용품을 구입할 때 충분한 정보를 수집한 후, 구입할 수 있도록 해야 한다.

노인용품에 대한 리스트가 작성되어 정보제공이 이루어져야 하며, 품목별 가격정보도 충분히 제공하여 가격비교를 할 수 있도록 하여야 한다.

4) 노인용품에 대한 인식제고 및 이용확대

① 연구개발체계 구축

현재 초보적인 단계에 머물러 있는 노인을 위한 복지용구개발사업의 효율적인 추진을 위해서는 장애인 및 노인을 위한 복지용구연구개발 업무를 담당할 정부차원의 복지용구연구개발센터의 설치가 필요하다.

이를 위해서는 보건복지부(장애인 및 노인복지정책), 산업자원부(복지용구 관련 산업정책), 과학기술처(기술개발 지원), 노동부(산재장애인, 자격관리) 등 관련부처간의 연계된 노력이 요구된다. 아울러 첨단산업 분야의 민간기업들이 참여하여 산학협동연구가 이루어지도록 연구기관, 대학, 병원, 업체 등을 대상으로 복지용구 개발계획을 모집하여 정책적으로 필요도가 높은 분야의 품목에 대해 연구개발비를 지원하고 산업체를 참여시킴으로써 실용화를 도모해야 한다.

② 평가와 표준화 추진

복지용구의 안전성을 위한 평가와 품질확보를 위한 표준화를 추진해야 한다. 국제표준규격(ISO)에 맞는 KS규격의 정비를 추진해야 하고, 안전성 등을 중심으로 평가시스템정비가 추진되어야 한다.

제 2 절 노인정보서비스

1. 노인복지의 정보화

고령화사회에 대한 노인문제는 오늘날 모든 노인과 가족뿐만 아니라 지역사회 전체를 둘러싼 만큼 심각하고 광범위한 것이다. 그러므로 누구라도 '내일은 내 몸도 늙어질 것이다'라는 위기감과 불안을 안게 된다. 그러므로 지역사회에서 복지서비스에 관한 어떠한 메뉴가 있으며, 이를 이용하기 위해서는 어디에서, 어떻게 상담하고 신청 등의 수속과절차를 밟는 것이 좋은가, 필요한 정보의 소재 및 입수방법 등에 관한 절차파악이 중요한 과제가 되고 있다(川村匡由, 1994).

그러나 정보통신기술의 발달로 전개되는 정보화사회는 사회 전반에 걸쳐 많은 변화를 가져오고 있다. 노인들은 필요한 사회적 서비스를 필요한 상황에서 보다 빨리 제공받을 수 있으며, 자신의 사회적 복지욕구에 맞는 맞춤형서비스를 제공받을 수 있다. 또한 산업사회에서 나이가 들어감에 따라 자연노화와 더불어 사회에서 점차 배제되는 연령적 한계로부터 발생하는 노인들의 다양한 사회참여 제한영역을 변화시킬 수 있다(정보통신부, 1998).

이와 같은 일련의 복지정보서비스의 송·수신에 관해서는 지금까지 노인복지의 정책주체, 혹은 실시주체인 국가 및 지방자치단체에 한해서 이루어져 왔다. 하지만, 국민의 복지욕구 다양화 등과 수반하여 최근에는 지역사회의 사회복지협의회, 사회복지법인, 자원봉사자단체, 생활협동조합, 및 실버서비스단체(노인복지산업) 등 민간사업자 등 여러 관계기관에 미치고 있다. 그뿐만 아니라 지금까지 일방적으로 정보를 받는 측이었던 노인과 가족, 기타 일반국민에 있어서도 복지서비스의 이용자로써 혹은 협력자로써 관계기관과의 관여하게 되었다.

또한 노인복지에서의 정보는 지역사회의 사회자원으로써 주체적으로 복지참여, 협동을 전개하고 있는 사례도 설명되고 있지만, 앞으로는 단순히 정보를 받는 것뿐만 아니라 다른 한편으로 정보를 보내는 것인 이중구조적 이고 공유적인 입장임을 생각하여야 할 것이다. 예를 들면, 사회복지협회, 노인단체, 반상회, 마을청년회, 부인회, 각종 자원봉사자단체, 농협 및 노인복지산업과 연계되는 관계자 등이 해당된다.

그러므로 21세기의 초고령사회를 향한 재가노인복지 접근방안에 관한 전망에서 중요하게 생각되는 것은 노인복지의 정보화라는 시점이다. 즉, 노인복지의 정보화는 주민과 관계없이 각각의 기관이 각각의 입장에서 노인복지에 관한 손에 잡히는 정보를 교환하고, 활용함으로써 노인과 가족 혹은 지역주민의 복지요구를 충족시킴과 더불어 정상화(normalization)의 이념에 기초를 둔 인간의 존엄성을 기조로 한 복지사회를 지역사회 전체에 창조해 가는 것에 있기 때문이다. 그러기 위해서는 각각의 노인복지관련기관이 현대의 고도 정보처리시스템을 조직, 사용하여 관료적이고 경직화된 전문분화적인 조직의 sectionalism을 극복하여, 누구나 필요한 정보를 언제라도 탐색할 수 있도록 함과 동시에, 이의 활용을 통하여 노인과 가족, 혹은 지역주민 등 관계자의 자립과 연대에 특히 주체적, 사회계약적인 복지참여, 협동에로의 결실을 맺도록 하는 것이 요망된다.

하여튼 국가와 지방자치단체에서는 최근 정보공개의 제도화가 정책과제의 하나로, 이러한 경우에 관계자 개인의 프라이버시, 혹은 단체의 이익보호에 배려된 자료관리에 관한 규정의 정비, 사고책임의 명확화, 비용의 경감, 개인의 권리와 공공의 복지조화 등이 요청되고 있는 실정이다. 또한 노인과 장애자에서도 간단하게 탐색하여 이용할 수 있도록, 하드와 소프트 양면에 걸친 합리적인 시스템화도 요구되고 있다. 이런 의미에서 특히 중요한 것은 〈정보복지〉로서의 복지교육의 실천이다. 왜냐하면, 복지교육은 노인과 가족, 혹은 지역주민의 복지참여 의식을 고양시키고 기본적인 조건정비가 되기 때문이다.

더욱이 이런 경우의 복지교육의 실천이란 단순히 노인복지를 국민적인 과제로 학교교육에 넣어 유년기부터 계몽하고, 사회교육과 가정교육에서도 각종 정보의 제공수단과 방법을 통해 폭넓게 일반국민을 대상으로 복지참여, 협동의식의 고양을 촉진하며, 정상화의 이념을 보급시켜 나가는 것이다. 그리고 대상노인과 가족, 혹은 지역주민에 있어서도 무지, 무관심, 비협조적인 태도를 변혁시키기 위해서는 모든 교육의 장에서 모든 수단과 방법을 활용하여 필요한 복지정보의 제공을 통해, 관계자의 상호이해 및 협동체계를 만들어 가는 노력을 기울여야 할 것이다. 이의 구체적인 정보제공의 수단과 방법으로는 대상자와 목적, 성격, 지역의 속성에 따라 신문과 텔레비전, 라디오, 비디오, 슬라이드, 영화, 정기간행물, 강연회, 주민집회 등을 생각할 수 있다.

이와 같은 수단과 방법에 의한 노인복지 정보화는 종래의 시설복지에서 재택복지로 이행하는 현재의 정책동향에서 지역사회의 복지서비스를 효율적으로 전개해 나갈 때, 새로운 공동체의 형성, 아니면 앞에서 언급한 노인복지의 문화화라는 시점에서도 중대한 과제를 안고 있다. 즉, 현대의 고도 정보사회의 도래에 따른 기술혁신에 의해, 노후의 불안을 해소할 뿐만 아니라 질적인 향상을 기하는 데에도 효과가 있는 수단과 방법이다. 그러므로 예를 들면, 복지기기, 노인용품 및 수발용품에 관해서도 이러한 개발에 맞추어 간단히 간호·수발서비스의 합리화와 균일화뿐만 아니라 와상노인이나 치매성 노인 등 요수발노인의 행동반경을 넓힘과 동시에 건강한 노인과 젊은 세대와의 교류도 기하는 등 정상화 이념의 보급 및 계몽에 연계하는 것이 필수적이다.

따라서 이와 같은 복지정보는 복지자료은행에 항시 등록하고, 관계자의 복지요구에 알맞게 필요한 정보가 적절하게 제공되도록 정보센터 및 정보상담 기관을 정비, 확충하거나, 복지요구와 서비스를 연결하여 노인홈을 비롯하여 관계기관에 대한 수요공급의 정보를 제공하기 위한 세밀한 정보의 제공체계를 확립하는 것이 급선무이다.

이런 경우, 정보의 제공을 둘러싼 이용자에 의한 평가와 감시, 불이익을 피하기 위한 구제와 고충, 요망 호소 등에 관해 제3자를 매개로 하여 공정하고 중립적인 처리가 가능하도록 체크기능을 정비하기 위한 옴니버스제도를 도입하는 등 지역사회의 속성과 복지요구에 부응되는 정보의 관리 및 탐색기능을 충실히 하는 것이 중요하다.

2. 재가노인복지서비스의 정보

재가노인복지서비스를 누가 받게 되는지, 어떤 과정을 밟아서 재가노인복지서비스 중에서 가정봉사원파견서비스, 주간보호서비스, 단기보호서비스를 받는가는 정보화되어야 한다. 현재에는 각각의 구·시·군에서 생활보호대상자나 저소득층에 속하는 노인의 경우, 무료로 이용이 가능하므로, 이들이 우선적인 대상이 된다(그림 12-1).

〈그림 12-1〉 재가노인복지서비스를 어떻게 받을 수 있나?

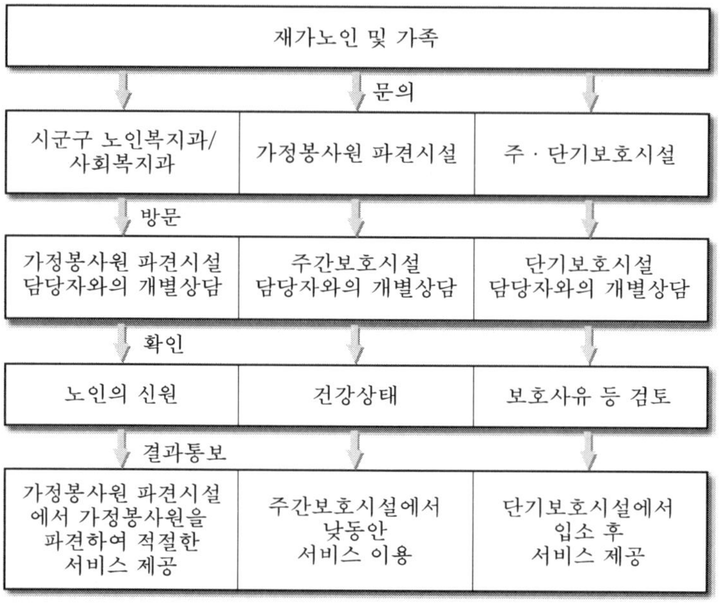

앞으로 노인복지정보망의 구축(그림 12-2)은 필수적이다. 이는 "복지서비스의 각 주체들인 복지서비스 수요자와 공급자, 일반시민 및 정책 · 행정 담당자들 모두가 상호 유기적으로 연결되어지는 정보시스템을 기반으로 질 좋은 복지서비스가 효율적으로 생산, 유통되는 토대를 마련하는 것이다. 수요자 입장에서는 복지정보와 서비스에의 접근성이 제고되고, 복지서비스 공급자 입장에서는 복지서비스 공급자들이 서비스를 생산 및 공급할 수 있는 기반을 강화시킨다. 주민들에게는 주민들의 복지활동에 참여도를 제공할 수 있다. 정책 및 행정 측면에서는 업무의 효율화를 기할 수 있다. 지식정보화 기반 측면에서는 복지서비스 지식정보화의 기반을 조성할 수 있다.

〈그림 12-2〉 노인복지종합정모망의 구조

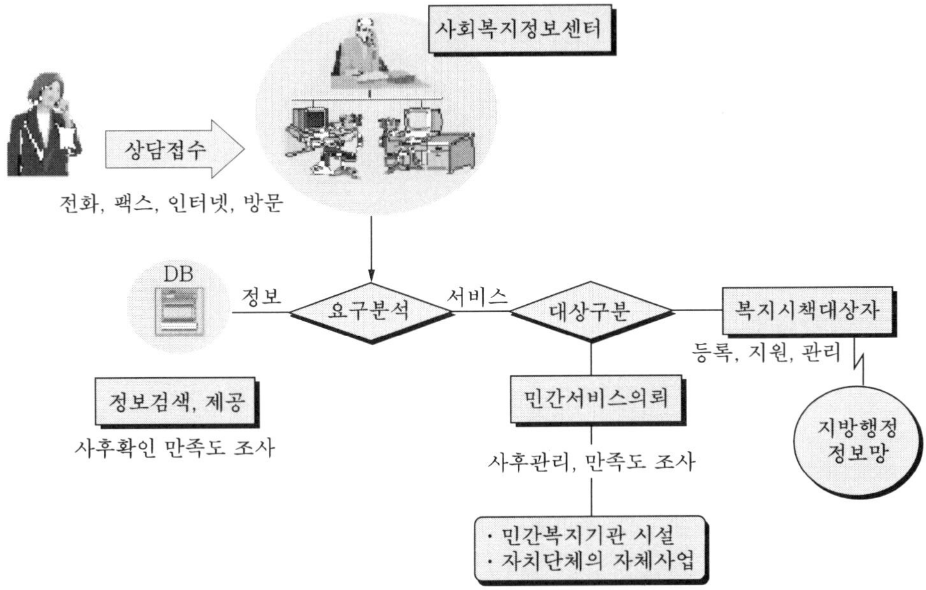

현재의 국가5대 전산망을 토대로 각 지역사회에서는 서비스가 필요한 노인들을 대상으로 필요한 정보를 축적하여 이것을 Data Base로 구축하여야 한다. 노인들에게 복지서비스의 제공을 위한 계획 수립이나 실제적인 서비스의 제공을 위하여 정보가 필요한 기관은 일정한 보완조치 아래 정보를 활용하도록 하여야 한다.

현재 각 지역사회에서는 다양한 노인복지서비스를 제공하고 있다. 그러나 일부 서비스는 상호 성격이 유사하거나 중복되는 서비스를 기관별로 제공하여 있어서 효율성 떨어질 수 있다. 예를 들면 시·군·구단위에서 제공되는 노인도우미제도와 사회복지시설에서 제공하는 가정봉사원 파견서비스, 보건소에서 제공하는 방문간호서비스, 교회에서 제공하는 자원봉사활동 등은 서로 중복되는 측면이 있다. 이 경우 수혜를 받은 노인들은 집중적인 서비스를 받게 되는 반면 서비스가 필요함에도 불구하고 수혜를 받지 못하는 사각지대가 형성될 가능성 높다. 따라서 이러한 서비스를 노인정보센터나 노인복지센터에서 총괄하여 조정하는 방안이 요구된다. 이것은 위에서 언급한 노인들에 대한 노인복지정보망을 구축하여 서비스제공대상자와 지역사회를 사전에 배려함으로써 방지할 수 있는 측면도 존재한다.

3. 긴급통보시스템

긴급통보시스템은 응급상황이 발생되었을 때 시급히 대응할 수 있는 제도를 말한다. 우리나라의 경우는 119로 응급구조시스템에 갖추어져 있다. 그리고 응급의료에 관한 법률에 의하여 응급의료기관 등에 관하여 규정하고 있는데, 먼저 종합병원 중에서 중앙응급의료센터를 지정할 수 있고, 시·도에 소재하는 종합병원 중에서는 권역응급의료센터를 지정할 수 있다. 또한 보건복지부장관은 응급의료를 효율적으로 제공할 수 있도록 응급의료자원의 분포와 주민의 생활권을 감안하여 지역별로 응급의료정보센터를 설치, 운영하여야 한다. 응급의료정보센터의 업무는 다음과 같다(http://www.moleg.go.kr).

① 응급환자의 안내, 상담 및 지도
② 응급환자를 이송중인 자에 대한 응급처치의 지도 및 이송병원의 안내
③ 응급의료에 관한 각종 정보의 관리 및 제공
④ 응급의료통신망 및 응급의료전산망의 관리, 운영 및 그에 따른 업무
⑤ 기타 보건복지부령이 정하는 응급의료 관련업무

외상환자, 화상환자 및 독극물중독환자 등에 대한 응급의료를 위하여 종합병원 중에서 분야별로 전문응급의료센터를 지정하고 있다. 하지만, 현재 우리나라에는 재가노인을 위한 긴급통보(정보)시스템은 아직 미흡한 실정이다.

일본의 경우는 독거노인 등 노인의 주택생활을 지지하는 긴급통보시스템은 현재 모든 시정촌에 설치, 운용되고 있었는데, 제1 통보처가 소방서와 민간위탁업자에게 직결되어 있는 집중관리센터방식을 채용하는 시정촌

은 2002년 현재 18개소, 인근 협력원에게 통보하는 전송방식은 13개소, 양쪽 모두를 취하고 있는 시정촌은 25개소이었다(아마구치현, 2003).

그러므로 독거노인과 노인세대가 증가하는 가운데 긴급통보에 대한 요구는 앞으로 더욱 증대할 것이므로 지역실정에 따라 긴급통보시스템의 충실을 기한다는 것이 시책방향이다. 긴급통보장치의 설치와 병행하여 인근 협력자에 의한 노인지키기, 지원체제를 정비하고자 한다.

제3절 급식서비스

1. 급식서비스의 필요성과 의의

재가노인을 위한 급식서비스의 개념정의를 사회복지에서는 일반적으로 식사서비스, 배식서비스, 급식서비스 등으로 말한다. 식사란 생존에 필요한 영양분을 섭취하기 위해서 매일의 습관으로서 먹는 것 또는 그 음식물을 말한다. 배식이란 만들어 낸 음식물을 배달하거나 식사를 차리는 것이다. 급식이란 식사를 지급한다는 의미로 이상의 내용을 포괄한다(조추용, 1997).

모리(森幹朗, 1976)는 유럽의 급식서비스에 대해서 언급하면서 노인의 급식서비스는 최후의 노인복지이고 뛰어난 공적인 성격을 갖는 사회복지의 일환으로서 대단히 중요한 의미를 가진다고 보면서 급식서비스에 대한 공적 책임이 이루어져야 할 시대가 왔다고 급식서비스의 중요성을 강조했다. 만남형 급식서비스에 관해서 쿠리키(栗木黛子, 1993)는 식사서비스란 식사를 만드는 (조리)기능에 장애를 안고 있는 노인에게 그 장애를 극복하기 위해 식사를 만드는 기능을 복지서비스로서 사회적으로 제공하는 시스템이다. 또한 이의 목적은 식사서비스를 통해 식사를 제공하여 노인의 자립생활을 사회적으로 지원하는 것에 있다고 한다. 이 내용은 급식서비스

가 노인에게 단순한 식사를 제공하는 것으로 그치지 않고 식사를 위한 쇼핑, 영양가 조정, 메뉴의 작성, 조리, 설겆이를 통해서 재가에서 생활하고 있는 노인에게 자립생활을 지원하는 의미로서 파악될 수 있다. 따라서 만남형 급식서비스의 목적은 식사를 보장함과 동시에 식사를 만드는데 장애를 가지고 있는 노인에게 그것을 극복할 수 있도록 도와주며 또 조리와 식사를 통해서 개개인이 안고 있는 문제를 서로가 상담하면서 고통을 나눌 수 있으며 지역주민과 교류할 기회를 가질 수 있다는 특징이 있다. 생활원조형 급식서비스에 관해서 코지마(小島セツ子, 1993)는 식사서비스는 단지 식사 그 자체를 제공하는 것을 목적으로 하는 것이 아니고 독거노인 등의 자립적 생활에 관계된 다양한 내용을 포괄하고 있는 것이라고 하여 그 목적을 다음과 같이 설명하고 있다.

① 재가노인이 식생활을 위한 쇼핑, 조리, 배식, 설겆이 등에 대한 정신적·육체적 부담을 경감시키기 위함이다.

② 정성을 다한 요리, 새로운 메뉴와 식기 등을 통해서 나날이 하는 식사를 즐겁게 한다.

③ 규칙적인 식사습관을 통해서 하루하루의 생활리듬을 조성한다.

④ 식사를 하나의 매체로 사회와 접촉하며 사회에 둘러싸여 있다는 기쁨을 느끼므로 고독을 해소한다.

⑤ 식사라는 매체를 통해 고령자의 안부와 건강상황 등을 확인한다.

⑥ 식사서비스를 통해서 지역사회에 복지의 뿌리를 내린다.

⑦ 고려된 식사로 영양균형을 유지하며 건강을 유지·발전시킨다.

그리고 재가노인의 급식서비스 의의에 대해서 다음과 같이 논하고 있다.

① 독거노인의 경우는 귀찮아서 식사를 거르기도 하고 또는 폭식을 하는 경우가 적지 않다. 그것을 시정하여 건강을 유지하기 위해서 급식서비스가 필요하다.

② 인간의 일생에서 식욕은 가장 기본적이고 최후의 욕구이다. 그 식생활이 풍족하거나 혹은 변변하지 못함에 따라 마음의 여유까지 영향을 미칠 수 있다. 예컨대 삶의 의욕을 고취시키고 마음을 풍부하게 하기 위해서

도 필요한 것이다.

③ 식사를 규칙적으로 정확하게 할 수 있다는 것은 24시간 생활리듬을 유지하고 그것이 곧바로 건강으로 이어지게 하는 것이다. 식사가 불규칙해서는 일상생활도 불규칙하게 되는 경향이 있다. 이러한 관점에서 급식서비스는 중요한 의미를 지닌다.

④ 병에 걸렸을 때 특히 영양가 있는 식사 혹은 배려된 식사를 하는 것은 중요하다. 독거노인과 후기고령노인세대로서는 변변하지 못한 식사로 오히려 병이 악화되는 경향이 있다는 것을 생각하고 노인환자를 위한 배식도 검토함으로써 질병의 치료상 의의가 있다.

⑤ 현재 식생활 중에서 세대간의 차이는 특히 현저하다. 예를 들면 가족의 동거나 또는 별거하고 있는 경우 외식을 같이 하고자 하는 경우에 있어서도 이와 같은 현상이 나타난다. 그 세대간 차이를 메우고 특히 현재 70세 이상 노인은 옛날부터의 식생활을 보장하기 위한 식사서비스도 중요한 요소이다.

⑥ 노인식생활에 관한 조사·연구는 지금까지 많이 행해져 있지 않다고 할 수 있다. 그런 만큼 어떠한 식사가 노인에게 보다 이상적인가라는 것을 노인 자신 식사서비스를 제공하는 실시자, 자원봉사자도 배워야 할 것이다.

⑦ 특히 식사서비스를 통해서 행정과 서비스제공전문가로부터 얻기 어려운 지역의 친구 만들기를 할 수가 있다. 노인끼리의 친구를 만드는 것에 따라 고립·고독감을 불식하는 것이 가능해진다.

⑧ 행정가, 전문가, 자원봉사자, 그리고 노인이 식생활을 통해서 교류를 깊게 하여 지역복지를 구축할 수 있다. 즉 마음의 교류를 통하여 서로의 생활네트워크를 조성하는 계기가 되는 것이다.

이상의 내용과 관련해서 급식서비스의 효과로는 다음의 네 가지를 들 수 있다.

① 식사의 확보

② 영양개선

③ 안전확인

④ 안심감 및 고독의 완화

재가노인서비스에서 급식서비스의 중요성은 다음과 같다.

① 생명과 생활의 유지에 일상적으로 필요불가결한 것으로 누구에게나 공통의 것

② 생명과 생활의 유지에 필요한 것으로 반드시 일상적이 아니면 안 되는 것

③ 생명과 생활의 안전에 중요한 의미를 가지고 있지만 개별적인 사정에 의해서 다른 것

④ 생활의 폭을 확대하고 생활의 질을 높이는 데 중요하지만 개인적으로 선택할 수 있는 면이 큰 것이다.

이것은 식사가 인간의 생명유지와 일상생활의 에너지로서 기본이 된다는 생리적 욕구이며 따라서 식사는 생활과 건강의 유지를 위해 불가결한 것이기 때문에 다른 것과 대체할 수 없이 선택의 여지가 없는 기초적 욕구이기도 하다. 따라서 급식서비스는 가사 · 수발의 일상적 생활욕구 중에서도 가장 보편적인 동시에 기초적인 욕구라고 할 수 있다.

이상의 내용을 정리하면 급식서비스는 다음과 같은 장점이 있다.

① 급식서비스의 충실로 가정에서 생활하고 있는 노인이 보다 좋은 건강상태를 유지하도록 한다.

② 고령자가 가정에서 자립할 수 있도록 도와줌과 동시에 생활의 질을 높인다.

③ 인간으로서 주체적인 삶을 살도록 도와준다.

④ 노인이 지역사회에서 자립생활을 영위할 수 있도록 하고 재가복지서비스의 근간이 되도록 하는 것 등이다.

따라서 급식서비스는 단지 식사를 제공할 뿐만 아니라 고령자의 안부확인과 고독의 완화, 인간적 교류, 복지서비스와 개호의 정보교환 등 막대한 효과를 발휘하는 것이고, 더욱이 건강상 혹은 가정적 이유로 인해 식사에 곤란을 느끼고 있는 고령자에 대하여 매일 식사를 제공함으로서 육체적 · 정신적 활동을 위한 영양을 공급하며 식사의 기쁨과 즐거움을 안겨주는

것임을 알 수 있다.

2. 급식서비스의 형태와 방법

재가노인을 위한 급식서비스는 만남형 급식서비스, 생활원조형 급식서비스, 방문조리형 급식서비스, 식권형 급식서비스, 전문식당이용형 급식서비스, 연계형 급식서비스 등의 형태가 있다. 실시주체별로는 행정주체형, 사회복지협회형, 복지공사형, 사업단형, 민간봉사자형, 지역주민주체형 등으로 구분할 수 있다. 급식서비스의 방법에는 주로 회식형, 배식형, 방문조리형 등이 있다. 각각의 실시주체와 급식서비스형태가 맞물려서 실시되고 있는데 다음은 급식서비스의 형태에 관해서 개략적으로 살펴본다.

1) 만남형 급식서비스

만남형 급식서비스란 재가노인에게 타인과의 교류기회를 제공하여 사회적 고립과 고독감의 완화를 도모하는 것에 중점을 둔 서비스를 말한다. 즉 식사를 통해 인간적인 만남을 위한 하나의 수단으로서 식사를 매개로 타인과의 교류를 도모하기 위한 것이다. 생활원조형과는 달리 식사회수의 확보, 영양의 보급과 균형에 중점을 두지 않은 것으로 그 횟수는 적으며 통상 한 달에 1-2회 정도가 많다.

만남의 방법으로서는 통상 이용자가 한자리에 모여서 이용자끼리 및 이용자와 급식종사자(보통 지역주민의 자원봉사자인 경우가 많음) 등이 담소하는 방식(회식형)을 취하는 것이 기본이며, 거기에 연예·연주회, 소풍 등과 연계해서 함께 즐기는 기회를 제공하는 경우도 있다.

만남형 급식서비스의 목적은 사회로부터 고립과 고독감을 완화하는 것과 노인 자신이 지역사회의 일원이라는 것을 인식하여 안심감을 가지도록 해 주는 것이다. 그렇기 때문에 지역주민이 가능한 한 조리나 배식 등에 참가하도록 유도하고, 지역주민은 이웃사람 또는 친구로서 노인과 장애자 등의 급식서비스에 관여하여 서로 지탱하는 사회적 네트워크(net work, 관계망)를 조성하는 것이 긴요하다. 따라서 만남형 급식서비스를 제공하는 운영주체는 이용자에게 만남의 기회를 제공하는 것뿐만 아니라 지역주민에게 끊임없이 홍보하여 주민이 스스로 지역사회의 네트워크를 조성하는 것을 돕는 노력을 할 필요가 있는 것이다.

2) 생활원조형 급식서비스

생활원조형 급식서비스란 급식서비스의 주요 목적인 생명유지에 필요한 식사회수의 확보 및 영양보급・밸런스를 유지하는 것을 보다 중시한 서비스를 말한다. 따라서 이상적인 것은 이용자 한 명당 일주일에 7일, 1일 3식을 제공하는 것이다.

생활원조형 급식서비스는 영양가 있는 식사를 거의 매일 규칙적으로 제공하여 이용자의 재가생활을 지탱하는 것을 제1의 목적으로 하고 있다. 그렇게 하기 위해서는 우선 영양의 균형, 칼로리(calorie)의 섭취량, 이용자의 기호, 신체상태 등을 고려한 메뉴의 작성이 무엇보다 중요할 것이다. 점심과 저녁 또는 그 양쪽인가에 따라서 당연히 메뉴가 달라져야 되고, 매일 1식만이라도 기본적인 영양소나 칼로리를 섭취할 수 있도록 연구를 시도할 필요가 있다.

제2의 목적으로 식사를 이용자의 가정에 배달할 때 「이용자의 안부나 건강상태의 관찰」하는 것에 있다. 이렇게 하기 위해서는 이용자와 접촉하는 사람(식사를 배달하는 자)은 무엇인가가 변화했는가 또는 상태가 좋지 않은가를 재빠르게 관찰하여 혹시 이상이 있으면 미리 정해진 순서에 따라서 관계기관에 연락하는 등 충분히 주의를 기울일 필요가 있다. 서비스 운영주체는 이상이 발생했을 경우에 어디로 연락하고 어떻게 대처할 것인가를 미리 정하여 서비스에 관계하는 사람들에게 철저히 주지시켜 놓아야 한다. 이러한 체계가 구축되어 있으면 재가의 요개호자에게는 언제나 누군가가 지켜보아 주며 만일의 경우에 대처해 줄 것이라는 안심감을 가진다는 것이다. 그럼으로써 심신에 어떤 장애를 가지고도 안심하고 지역사회에서 생활을 계속할 수 있는 하나의 조건이 될 것이다. 그러한 의미에서 이것을 생활원조형 급식서비스라고 한다.

3) 방문조리형 급식서비스

방문조리형 급식서비스는 급식서비스가 주요 목적이 아니고 주간보호사업의 방문서비스사업과 가정봉사원파견사업을 통하여 수발자가 직접 요개호자의 가정을 방문하여 식사를 만들어 주는 것으로 기존 제도의 일부로서 급식서비스가 제공되는 것이다.

이 제도의 특징은 수발자가 노인의 가정에 파견되어 식사를 만들어 주기 때문에 노인의 기호, 욕구, 특성 등에 맞게 요리해 줄 수 있다는 것이다. 그러나 예산상으로나 인적 자원의 확보문제로 매일매일의 대응이 어렵고 비용이 많이 든다는 단점이 있다. 또한 극히 일부지만 지역주민의 자원봉사자에 의해서 가정을 방문하여 식사를 만들어 주는 경우도 있다.

4) 식권형 급식서비스

이는 이용자에게 식권을 배포·지급하고 이용자는 이것을 가지고 일반식당 등에서 식사를 제공받고 그 서비스의 실시주체가 비용을 지불하는 형태로 대표적인 것이 미국에서 저소득자를 위해서 실시되고 있는 식권(food stemp)과 같은 것이 있다. 이 형태는 이용자가 자기의 기호에 맞춰서 식사를 할 수 있다는 점과 이용자의 가정에서 가까운 곳이나 편리한 곳에서 이용할 수 있다는 장점이 있다. 그러나 이용자의 식사를 확보한다는 의미에 지나지 않으며 또한 식권이 다른 용도(술, 담배 등)로 전용될 가능성도 있다.

5) 전문식당이용형 급식서비스

결식노인을 위한 급식서비스의 한 형태로서 이용자를 위한 전문식당을 지정하거나 만들어서 언제나 자유롭게 이용할 수 있도록 하는 방식이 있다. 대개의 전문식당은 급식설비가 갖추어져 있는 복지시설이나 기관인 경우가 많으며 독지가에 의한 사회기관과 일반식당이 이용되는 경우도 있다.

이 형태는 만남형 급식서비스와 같이 급식서비스와 더불어 다른 프로그램을 연계시켜서 실시할 수가 있다. 한국의 경로식당이 이와 같은 형태이다. 그러나 정해진 시간과 메뉴로 서비스를 실시하고 있기 때문에 이용자의 다양한 욕구에는 대처하기 어렵고, 식당에 올 수 없는 중증노인이 과제로 남는다.

6) 연계형 급식서비스

심신에 장애를 안고 재가에서 생활하면서 노인복지시설과 기관을 이용하는 경우가 있다. 예를 들면 주간보호나 기능회복훈련, 건강진단 등이다. 이러한 서비스와 연계하여 급식서비스가 제공되는 형태이다. 이 형태는 매일매일 대응하기 어렵다는 문제점이 있을 수 있다.

7) 회식형

회식형의 특징은 다음과 같다.

① 일정한 장소에 대상자를 모아서 급식서비스를 실시함으로 다른 사람과 교류할 수 있다.

② 더구나 심신에 장애를 가진 요개호자가 급식서비스의 참가를 위해서 외출함으로써 자기의 생활패턴을 계속해서 유지할 수 있다.

③ 또한 신체를 움직이므로 기분전환과 더불어 운동이 된다.

④ 요개호자끼리의 교류로 사회복지서비스의 정보도 얻을 수 있다는 것 등이다.

그러나 이 형태는 요개호자의 이동(송영), 배식, 설겆이 등 한꺼번에 많은 사람의 손이 필요하게 됨으로 자원봉사 등의 급식서비스 협력자가 절대적으로 필요하다. 장소로서는 지역사회의 복지회관과 복지시설, 기관 등 지역의 특성에 맞는 잘 알려져 있는 곳이 바람직하다.

그리고 대개 공공기관이나 社協 등으로부터 보조금을 받아 적은 비용으로 급식서비스를 실시하고 있어서 지역주민이 참가하기 쉬운 방법으로 일반적으로 실시되고 있고 만남형, 전문식당이용형, 연계형 등이 여기에 해당된다.

8) 배식(배달)형

배식형의 특징은 다음과 같다.

① 지역사회의 급식전문기관이 식사를 만들기 때문에 노인에게 중요한 영양의 밸런스가 맞는 식사를 제공할 수 있다.

② 식사를 배달하기 위해서 노인의 가정을 방문할 때 노인의 안부를 확인할 수 있다.

③ 중증의 노인까지도 대응할 수 있다는 등의 특징이 있다.

배식방법은 지역사회의 자원봉사자나 유급의 직원에 의해 각 가정에 배달하는 경우와 본인이 직접에 받으러 오는 경우, 교통수단으로 각 가정에 배달하는 경우 등이 있을 수 있다. 대상자를 미리 파악하여 개개인의 욕구에 의해서 실시할 수 있으나 비용과 일손이 많이 필요하다. 그래서 대개는 공적인 비용으로 제공하는 경우가 많다. 생활원조형이 여기에 해당한다.

9) 방문조리형

이는 공적 가정봉사원이나 행정이 위탁한 가정봉사원, 자원봉사자가 재가의 노인가정으로 파견되어 가사·수발서비스를 하는 중에 제공할 수 있는 서비스의 하나로 가정봉사원파견서비스 요금으로 충당되나 음식재료비는 본인이 부담한다.

3. 급식서비스의 실태

우리나라는 노인을 위한 급식서비스가 처음에는 민간단체와 지방자치단체에서 자율적으로 운영하였던 것이 시초가 되어 1991년도부터 사회복지사업기금으로 지원되기 시작한 것이다. 그리고 1999년도 하반기부터 전국 경로식당에 국고지원으로 제공되기 시작하였으며, 2000년도부터는 거동이 불편하여 식사를 거를 우려가 있는 저소득 재가노인에게 식사배달 사업이 시작된 것이다. 최근 2005년부터는 급식서비스도 "지방이양사업"으로 추진되고 있는 실정이다(보건복지부, 2005).

급식서비스는 결식노인 무료급식, 경로식당 무료급식, 거동불편 저소득 재가노인 식사배달서비스 및 무료급식사업운영으로 나누어 제공되고 있다.

1) 결식노인 무료급식

결식노인을 위한 무료 급식서비스는 가정형편이 어렵거나 부득이한 사정으로 식사를 거를 우려가 있는 노인들에게 무료식사를 제공하고 그 이상의 일정한 경제적 능력을 갖춘 노인들에게 실비로 식사를 제공할 수 있게 함으로써 자체적인 노인급식의 수준제고와 기반조성에 있다(보건복지부, 2006).

2) 경로식당 무료급식

경로식당에서의 무료급식대상자는 가정형편이 어렵거나 부득이한 사정으로 식사를 거를 우려가 있는 60세 이상 노인을 원칙으로 하고 있다.

급식기관은 경로식당 일일 평균이용자 수가 20인 이상이고, 주 3회 이상 급식을 하는 곳으로 한다. 다만, 지역사회의 여건을 감안하여 필요하다고 인정하는 때에는 이용자가 20인 이상이고 주1회 이상 급식을 하는 곳에 지원할 수 있다.

60세 이상 기초생활수급노인 및 차상위계층 노인(독거노인)에게는 무료로 제공하여야 하며, 그 이상의 일정한 능력을 갖춘 노인의 경우에는 실비수준의 급식비를 받을 수 있다. 단 창출되는 수익금은 재료비 등의 급식의 질을 제고하기 위한 경비로 사용하여야 한다.

3) 거동불편 저소득 재가노인의 식사배달서비스

식사배달서비스는 거동이 불편한 저소득층 노인에게 제공된다. 급식서비스에서 거동불편 저소득 재가노인식사배달서비스의 대상은 다음과 같다.

① 거동이 불편한 경로연금 수급대상자

② 도시근로자 월평균소득 미만인 가구의 65세 이상 노인으로 거동이 불편하여 경로식당을 이용하지 못하여 식사를 거를 우려가 있는 노인
③ 기타 시 · 군 · 구청장이 필요하다고 인정되는 자

4) 무료 급식사업운영

시장 · 군수 · 구청장은 결식노인의 무료급식에 대한 운영지원은 하는데, 무료 급식사업의 규모(급식인원수, 급식횟수, 사업자의 재정형편 등)를 고려하여 예산의 범위 내에서 무료 급식사업자에게 예산지원을 할 수 있다. 보조금은 주식 · 부식 등 직접적인 급식지원비로 사용하고, 식사의 질 향상을 위하여 급식단가를 탄력적으로 인상하게 되어 있다.

지원사업자의 선정은 무료급식사업자의 신청을 받아 관할 시장 · 군수 · 구청장이 결정하며, 급식기관의 사업주체는 시장 · 군수 · 구청장이 된다. 위탁사업자는 경로식당, 종합사회복지관, 노인복지회관, 재가노인복지시설, 종교단체 등 비영리단체로 시장 · 군수 · 구청장이 정하는 기관으로 되어 있다. 대부분이 위탁사업자가 운영하고 있는 실정이다.

그리고 대부분이 자원봉사자를 활용하는데, 시 · 군 · 구별로 조직된 노인지역봉사지도원의 활용과 기타 부녀회, 종교단체 등의 자원봉사요원의 활용으로 운영하고 있다.

무료 급식사업자의 책임으로는, 급식은 무료로 제공하여야 하는 것이다. 다만, 경로식당의 경우 필요하다고 인정될 때 약간의 실비를 받을 수 있다. 경로식당은 위생상태를 청결히 하고, 노인의 영양을 고려하여 식사를 제공하여야 한다.

급식단체관리 시에는 다음과 같이 하여야 한다.

① 영양사의 자문을 받아 급식메뉴를 작성하여 급식지원을 한다.
② 식품은 위생적으로 안전하게 조리하고 당일에 급식지원을 한다.
③ 지자체 관련부서(위생과)와 협의하여 위생관리 실태점검을 실시한다.
  - 상 · 하반기 정기적인 위생 · 안전교육 실시
  - 급식단체 조리원 등 위생관리 상태 및 건강상태 확인 등

그리고 지역별로 「노인급식위원회」를 설치, 운영하여야 하는데, 민 · 관이 참여하는 시 · 군 · 구별 「노인급식위원회」 설치운영이 중요하다. 기능은 노인급식 사업전반에 대하여 심의 · 결정하여 추진하는 것으로 다음과 같다.

- 급식지원 대상노인 조사 및 선정에 관한 사항
- 급식지원방법 및 급식단체(업체) 선정에 관한 사항
- 급식메뉴 점검 및 보완에 관한 사항
- 급식위생, 식중독예방 및 영양관리에 관한 사항
- 자원봉사 활동, 급식모니터 활동에 관한 사항
- 명절 등 연휴기간 특별급식대책에 관한 사항
- 급식보조인력 확보에 관한 사항
- 급식단가 등 소요재원에 관한 사항
- 노인급식사업 추진상황 점검 및 개선에 관한 사항
- 기타 노인급식지원사업에 관한 사항 등

노인급식위원회의 위원장은 '노인급식위원회'에서 자율 선정하고, 위원은 시 · 군 · 구, 교육청, 시민단체, 종교단체, 자원봉사단체, 급식단체(업체), 음식업협회, 영양사협회에서 추천하는 각 1인 등으로 구성한다. 위원회의 사무처리를 위해 간사 1인을 두되, 노인급식 담당이 간사가 된다. 위원장이 필요하다고 인정하는 경우에는 수시로 회의를 개최하되, 기타 위원회의 운영에 관하여 필요한 사항은 위원회의 의결을 거쳐 위원장이 정한다.

위생관리에서는 가음과 같이 실시되고 있다.

① 급식품 구입단계부터 양질의 식품을 구입하고,

② 식품 구입시 가격, 수량, 신선도, 포장용기 훼손여부 확인 등 철저히 관리하며,

③ 급식품 검수 및 보관관리 철저 등이다.

급식단가 현실화를 위하여 시장 · 군수 · 구청장은 급식단가의 탄력적인 인상으로 식사의 질을 향상시키고 예산이 축소되지 않도록 하여야 하고

결식노인이 많이 이용할 수 있도록 하여야 한다.

시장・군수・구청장은 경로식당 운영 또는 식사배달서비스를 제공함에 있어 위생상태 및 영양, 안전사항 등에 관한 지도・점검계획을 수립・시행하여야 하고, 이와 동시에 급식으로 인한 피해발생에 대비할 수 있는 대책을 마련하여 강구하여야 한다.

관련서비스의 통합적인 관리를 통한 서비스의 효율성 확보를 위하여 특히 시장・군수・구청장은 가정봉사원파견사업, Food Bank사업 등 결식우려 노인 무료 급식사업과 유사한 사업을 통합적으로 관리할 수 있는 대책을 마련하고, 이를 통해 서비스의 중복으로 인한 낭비를 제거하여 더욱 폭넓은 서비스가 제공될 수 있도록 노력하여야 한다. 따라서 저소득 거동불편 노인에게 식사배달을 하는 경우에는 안부확인 및 말벗서비스 등을 동시에 시행하고, 명절 등 연휴기간 중에도 가정봉사원 또는 자원봉사자를 지정하여 운영하는 등 계속 취사 및 식사를 지원하도록 계획을 수립・시행하여야 한다. 서비스제공에 있어서 지역봉사단체 등 민간자원의 참여 활성화를 강구하여야 한다.

이외에도 지원대상 급식기관은 지역여건상 식사배달을 할 수 없거나, 근교에 마땅한 급식기관이 없는 경우, 급식대상노인이 원하는 식당 또는 그 노인을 돌볼 수 있는 이웃(마을단위 이장이나 부녀회) 등을 활용하여 식사배달을 할 수 있다.

참고문헌

보건복지부(2006), 2005년도 노인보건복지사업안내.

송순영(2000), "노인용품과 소비자보호," 한국소비자보호원.

조유향(2003), "야마구찌현(일본)의 고령자플랜, 재가노인복지연구," 3:196-206, 한국재가노인복지협회.

조추용(1997), "재가노인을 위한 급식서비스 -일본의 사례에서 고찰-," 한국노인문제연구소, 1997년 3월(서울), 『노인복지정책연구』, 춘계호, 통권5호.

현외성・조추용(2001), 『노인케어론』, 양서원.

川村㑃由(1994), 『現代老人福祉論』, ミネルヴァ書房.

高山忠雄(1993), “高齢者生活支援機器の理念,” 野村歡・高山忠雄 編, 高齢者の住環境〈長壽社會總合講座 ⑤, 第一法規.

仲村優一 外 編(1990), 現代社會福祉事典, 全國社會福祉協議會.

山口懸(2003), 山口懸保健福祉計劃.

13
chapter

재가노인복지서비스의 연계

제 1 절 재가노인복지서비스 연계의 필요성

1. 연계의 개념과 필요성

1) 개념과 목적

연계란 서로 다른 분야·직종이 하나의 목적을 위해서 서로 협력관계를 유지하면서 함께 일하는 것을 말한다. 이것은 연락(contact)-조정(control)-연계(coordination)-통합(integration)의 네 단계 또는 과정으로 구성되어 있다. 예를 들면, 우선 어떤 사례에 관해서 개별 서비스 조직으로부터 연락을 취하고 제공 가능한 서비스의 정보를 교환한다. 수집한 정보를 바탕으로 각 서비스의 조정을 도모하게 되는데, 이때 각종 위원회나 조정팀을 구성하여 사례를 조정한다. 조정된 재가노인복지서비스를 노인에게 공급할 때 각각 다른 서비스와 연계통합을 모색하게 된다. 예컨대, 가정봉사원과 방문간호사 등의 역할과 시기의 분담, 주간보호와 단기보호, 기능회복훈련 등의 시기분담을 도모하는 것이 연계통합이다. 이것을 그림으로 나타내면 다음과 같다.

〈그림 13-1〉 연계통합의 시스템

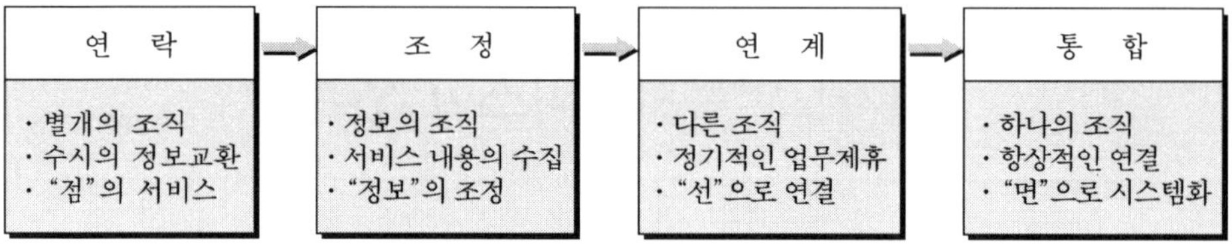

자료: 前田信雄, 1993: 13-14 재작성

재가노인복지서비스를 연계통합해야 하는 이유는 연계통합에 의해서 사업과 활동을 보다 효과적으로 운용하기 위해서이다. 궁극적으로는 서비스를 받는 이용자나 주민 혹은 사업대상자에게 보다 건강한 생활을 충분히 보장한다는 것이다. 바꿔 말하면 사회복지 대상자 가족의 케어에 관한 만족도를 최대화하는 것이 연계의 최종목표가 된다(前田信雄, 1993: 15-16). 이 외에도 유사한 재가노인복지서비스의 중복과 누락을 없애는 것도 연계통합의 목적이 된다. 이러한 연계통합에 의해서 보다 효율적인 서비스가 제공된다면 장기케어를 받는 노인이 집에서 계속해서 생활할 수 있다.

결국 보건과 복지는 서비스전달체계의 전환을 가져왔고 대체 장소로 가정이 채택되었으며 가정을 중심으로 제공하는 재가보호가 서비스의 전달체계로 자리잡아 가고 있다. 이 같은 변화는 생활터전인 지역사회를 중심으로 보건복지서비스체계를 구축하고 운영하겠다는 의미를 지니고 있다. 실제적으로 노후의 삶의 질 차원에서 보면 질병이나 기능장애가 삶의 질을 저해하는 주요요인이며 이 요인들은 습관적인 일상생활에서 유발되는 성인병에 기인하는 경우가 대부분이다(김양이, 2005).

또한 평균수명의 연장과 더불어 장기간 케어를 필요로 하는 노인이 늘어나면서 그 욕구도 복잡 다양해지고 있다. 그 욕구를 충족시키기 위해서 연계는 중요한 의미를 가진다.

2) 연계 정책과 필요성

영국에서는 1970년대부터 보건의료서비스와 사회서비스간의 연계 노력이 시작되었는데, 그 방법은 첫째, 특별한 목적을 위한 '케이스 조정(case coordination)', 둘째, '운영적 조정(operational coordination)', 셋째, '전략적 협동(strategic collaboration)'의 세 가지이었다(Sargeant, 1979). 영국에서 보건의료와 복지, 양부문의 연계를 법으로 강제화한 것은 1990년의 국민보건서비스와 커뮤니티 케어법(NHS & Community Care Act)이다. 그 배경 중에 하나는 보건의료와 사회서비스 사이의 더 나은 협동이 이루어지기 위해서는 지방정부가 커뮤니티 케어에 대한 책임을 지도록 해야 하며, 협동은 계획과 재정에서나, 서비스 실행에서나 결정적으로 중요하다고 한 그리피스 보고서(Griffiths Report, 1988)가 있다.

일본도 보건의료와 복지의 연계·통합적 접근정책을 시행하고 있다. 세계 최고 장수국가인 일본은 21세기에 국민의 약 4분의 1이 노인이라고 하는 초고령사회가 된다는 인식 하에, 중앙정부에서는 1989년 12월에 후생, 대장, 자치 3대신 합의하에 "고령자 보건·복지 추진 10개년 전략(골드플랜)"을 발표하여 강력하게 추진하기로 합의하였고, 그것의 미비점을 수정하여 "신골드 플랜"을 작성하였다(함철호, 2005: 43-44).

김동배(1995: 382-383)는 보건의료와 재가노인복지서비스를 통합해야 할 필요성을 다음과 같이 제시했다.

① 노인문제의 복합성이다. 노인들은 빈곤, 질병, 고독, 역할상실의 네 가지 노인문제를 적어도 한 가지 이상 갖고 있는 등 복합적인 문제를 안고 있다.

② 보건의료서비스의 완결이다. 복합적인 노인문제를 위해서는 보건의료만으로 해결하기 어렵고 필연적으로 사회복지서비스를 필요로 하게 된다.

③ 건강의 사회적 의미이다. 건강의 의미에서 노인을 기능주의 관점에서만 파악하는 것이고, 보건의료, 경제적 원조, 사회적 서비스 등을 적절하게 제공하여 사회환경적 관점에서 노인의 건강을 파악하여야 한다.

④ 인간행동과 사회환경과의 관계이다. 노인은 노령으로 사회적 환경에 적응하기가 어렵다. 사회복지서비스는 노인의 심리 내적 역동성만이 아니라 노인의 사회적 환경의 상호작용에 개입한다. 사회복지서비스와 연계된 보건의료서비스는 노인의 문제해결 능력을 적절하게 배양한다.

2. 재가노인복지서비스의 연계 효과성

다양한 사회적 자원을 연계하기 위해서는 관련 기관의 적극적인 협조와 노력이 있어야 한다. 특히 한정된 자원으로 서비스의 효과를 극대화하기 위해서는 이러한 노력이 반드시 필요하다. 또한 사회적 약자인 노인들의 욕구에 대응하기 위해서도 다양한 사회적 자원의 연계가 반드시 이루어져야 한다.

이와 같이 연계가 원활하게 이루어지면 다음과 같은 효과를 기대할 수 있다.

첫째, 케어를 받는 노인과 그 가족에 대한 서비스의 효율성과 효과성이 향상됨으로써 질 높은 서비스가 제공될 수 있다.

둘째, 지역사회 자원에 대한 정보가 부족한 노인과 그 가족은 다양한 자원을 원활하게 활용할 수 있다.

셋째, 병약한 노인은 장기간 자신의 집에 살면서 케어를 받을 수 있다. 이런 변화는 결과적으로 노인케어를 위한 사회적 비용을 경감시켜 줄 것이다.

넷째, 병원이나 요양원에 장기간 입원 중인 노인들의 사회복귀가 촉진되고, 대상 노인과 그 가족의 재가노인복지서비스 활용도가 향상될 것이다.

앞으로 증가할 것으로 예상되는 노인이나 장애인이 지역사회에서 각종 생활 욕구를 해결할 수 있기를 바라고 있으며 나아가 지역주민들 역시 거주지를 중심으로 서비스 제공을 원하고 있기 때문에 지역사회 내 복지 및 보건시설이 주역주민의 욕구에 부응하게 배치될 필요가 있다. 이 시설들이 상호간에 유기적인 연계성을 가지고 각종 서비스를 제공하는 것이 자원

활용적인 측면에서 효율적이고 대상자들의 만족도를 최대한 향상시킬 수 있을 것이다(선우덕, 1998: 122-123).

제 2 절 재가노인복지서비스 연계의 문제점

1. 재가노인복지서비스의 네트워크

1) 공공 영역과 민간 영역의 구분

재가노인복지서비스의 공급주체를 공공 영역과 민간 영역으로 정확하게 구분하는 것은 쉽지 않다. 예를 들면, 우리나라의 지역사회복지관처럼 공공기관에서 설립한 기관을 민간에 위탁하는 경우 대부분의 운영비용은 공공영역에서 지원하지만 운영은 민간법인이 맡게 된다.

즉 공공 영역은 중앙정부와 지방자치단체가 중심이 되어 제공하는 서비스로 규정한다. 민간 영역은 공식적인 영역과 비공식적인 영역으로 나눌 수 있다. 우선 비공식적인 영역은 가족을 중심으로 하는 제1차 집단이다. 공식적인 영역은 영리와 비영리로 구분된다. 민간비영리부문은 복지국가의 출범 이전부터 가장 큰 공급주체로서 사람들의 자발성에 기초하여 공급되는 것이다. 민간영리부문은 최근에 급부상하고 있는 부문으로 소득이 보장된 노인들의 구매력에 의해서 성립된다(김기태 외, 1999: 18-21)

2) 공공 영역과 민간 영역의 비교

오늘날 재가노인복지서비스의 공급 주체는 앞에서 언급했듯이 대부분 공공과 민간이 혼합된 형태로 이루어져 있다. 이런 형태는 양자의 특성을 적절하게 활용함으로써 서비스의 효과성과 효율성을 높일 수 있다. 두 영역의 장·단점을 요약하면 〈표 13-1〉과 같다.

〈표 13-1〉 공공과 민간영역의 재가노인복지서비스 공급주체 비교

구분	공공영역	민간영역
재 정	세금이 재원이 됨으로 재정적으로 안정된다.	재원확보의 불확실성으로 지속적인 서비스제공이 어려울 수 있다.
욕구의 대응	법제적, 재정적 취약으로 인해 새로운 욕구에 즉각적으로 대응하기가 힘들다.	독립성, 신속성, 유동성, 전문성에 따라 대상자의 욕구에 신속하게 대응할 수 있다.
운 영	관료에 의해 운영됨으로 획일적인 운영이 되고, 탄력성이 결여되어 융통성이 결여될 가능성이 있다.	경영자의 자의에 의해 좌우될 수 있다.
자주성	법규, 규칙에 제약되어 자주성이 결여되는 경우가 많다.	비교적 자주성이 강한 편이다.
제공되는 서비스 종류	국민의 최저수준을 보장할 수 있는 보편적이고 계속적인 서비스제공이 가능하다.	선별적인 서비스와 보충적인 서비스제공에 그칠 수 있다.
서비스의 일관성	직원의 배치, 이동 등으로 일관된 서비스를 제공하기 힘들다.	장기근속자가 많은 경우에는 일관된 서비스의 제공이 가능하다.
외부의 간섭	정치에 의해 영향을 받는 경우가 있다.	관공서의 간섭을 받는 경우가 있다.
창의성	창의성 발휘는 어려운 편이다.	창의성 발휘가 가능하다.
사명감	비교적 약한 편이다.	비교적 강한 편이다.

자료: 김기태 외, 1999: 22

3) 공급주체와 분류체계

노인의 보건의료 및 재가노인복지서비스를 보호연속체의 개념에 따라 설명하면 〈그림 13-2〉와 같다. 표에서 보는 바와 같이 세로축은 오른쪽에서부터 지역사회 중심, 가정 중심, 시설 중심의 서비스를 나타내고 있으며, 가로축에서 능력 수준이 높음은 재가노인복지서비스를 강조하고, 낮음은 보건의료서비스를 강조한 것이다.

이 분류체계는 두 개의 축만을 사용하고 있지만 필요에 따라서는 긴급, 장기, 단기 등의 '서비스 이용기간' 등의 서비스 축을 추가할 수 있다. 예를 들면, 단기 프로그램으로 건강용품전시회, 주택전시회 등이 있고, 장기 프로그램으로는 노인의 전화개설, 노인을 위한 회보 발행 등이 있을 수 있다.

보호연속체는 제한된 인적 · 물적 · 지적 자원을 지역 노인의 특성과 요구에 맞게 구성하여 서비스를 제공하려는 조직적인 개념이다. 서비스 제공

은 자원의 규모, 대상노인의 특성, 위험선상에 놓인 노인의 긴급성 등을 고려하여 우선순위를 결정한다. 케어욕구를 가진 노인을 위한 프로그램을 개발할 때 제시된 서비스를 혼합하면 노인의 장기요양보호 욕구에 적절하게 대응할 수 있을 것이다.

〈그림 13-2〉 보호연속체 개념에 의한 노인의 보건의료 및 재가노인복지서비스 분류

〈의존적 생활〉 ←—— 독립적 ——→ 〈독립적 생활〉

〈높음〉 ↑ 능력수준 ↓ 〈낮음〉

노인상태 / 서비스목표	병약한 노인을 위한 시설서비스	거동 가능하지만 노쇠한 노인을 위한 서비스	비교적 건강한 노인을 위한 서비스
정상적인 사회적 역할을 위한 서비스	입소자 재검진 소집단활동 주간활동 프로그램(Day Activity Programs)	노인홈 노인아파트 독신노인아파트 주택공용(Home Sharing) 교통편의 제공	클럽활동, 오락 · 캠핑, 취미활동, 노인복지회관, 문예활동, 시민참여활동, 종교활동, 휴양시설, 자원봉사, 취업(교육), 공동작업, 권익옹호활동 참여
인식 강화를 위한 서비스	입원심리치료 현실적응훈련(Reality Orientation) 자치회	전화확인 가족상담 위기개입 외래정신치료	개별 · 집단상담 노인교육 정보제공과 의뢰 퇴직계획
신체적 보호를 위한 서비스	병후 요양소(Convalescent Hospital) 후견보호(Guardianship) 보호서비스(Protective Service) 양로원	우애방문, 일감제공, 호위서비스, 거택보호, 주택정보서비스, 가정간호서비스, 가사지원서비스, 특별교통수단 제공, 식품교환권(Food Stemp), 월세보조금, 자조집단(Self-help), 호스텔(Hostel), 영양프로그램(Nutrition Program), 긴급통보, 그룹홈, 사설보호(Foster Family Care), 단체급식, 사례관리, 사례옹호(Case Advocacy)	법률상담 세무상담 가옥수리보조 난방비보조 노령연금 퇴직보험 세제우대 경로우대권(Discount)
생존을 위한 서비스	주간 · 단기보호 요양원 노인병원 낮병원 호스피스 옴부즈맨	긴급대피소 긴급의료서비스 보호주택(Sheltered House) 현지보건서비스(Outreach Health Service)	건강교육훈련 범죄예방훈련 건강진단 의료보장 운동시설

자료: 김동배, 1995: 386

2. 재가노인복지서비스 연계의 저해요소와 문제점

1) 공공기관간의 연계 부족

재가노인복지서비스의 공공기관인 응급의료기관 및 질병예방센터, 보건소, 병원, 대한가족보건복지협회, 고용안정센터, 사회복지전담공무원 등의 연계가 부족하다. 예를 들면, 재가에서 노인 응급환자가 발생하면 소방서나 응급의료기관은 이 환자를 병원으로 이송하여 일정기간 치료를 하고, 그 이후에도 계속적으로 병의 예후를 지켜보면서 요양이나 간병, 간호, 가정봉사원 파견 등의 복지서비스로 연결해야 바람직할 것이다. 그러나 실제로 서비스 현장에서는 이러한 연계가 거의 이루어지지 않고 있다.

특히 최근 시범사업까지 실시한 보건소와 사회복지전담공무원의 연계는 앞으로 우리가 추진해야 할 중요한 과제이다. 현재 보건소와 복지관(노인복지관 포함), 행정직의 사회복지전담공무원, 시설 등은 동일한 노인에게제 각각의 사정을 실시하고 있고, 복지관과 보건소 및 병원 등은 물리치료나 케어서비스를 중복해서 제공하고 있다. 이러한 현실은 서비스의 효과성 및 효율성의 측면에서 상당한 인적·물적 낭비를 가져오게 된다.

2) 시설서비스와 재가노인복지서비스의 연계

시설서비스는 자신의 집에서 생활하기 곤란한 노인들을 대상으로 하는 서비스이다. 의존성을 가진 노인들이 지역사회에서 오랫동안 생활하도록 하기 위해서는 시설서비스와 재가노인복지서비스의 연계가 반드시 이루어져야 한다. 그러나 현재 우리나라의 경우 동일한 복지재단이 아니면 재가노인복지서비스와 시설서비스의 연계는 거의 이루어지지 않고 있다.

이런 문제가 제기되는 이유는 서비스체계를 전체적으로 관리하는 사례관리기관이 없거나 사례관리프로그램이 원활하게 이루어지지 않고, 전통적으로 오랜 역사를 가진 시설들은 기존의 독자적인 서비스 형태를 탈피하지 않고 있으며, 학문적으로도 시설과 기관의 연계에 관한 필요성이 그다지 논의되지 않기 때문이다.

5) 의료와 복지의 연계문제

대체로 의료영역은 사회복지 영역에 대한 이해가 부족하며, 양자를 대등한 관계로 생각하지 않는 경향이 있다. 그러나 환자의 입장을 고려한다면 의료기관에서 퇴원하여 재가요양이 필요한 경우에는 재가노인복지서비스와의 연계가 반드시 필요하다.

이것을 케어의 연속성과 관련시켜 살펴보면 예컨대, 중증 장애노인인 와병노인, 치매노인, 허약노인에게는 재가노인복지서비스 없이는 의료서비스가 성립되지 않는다. 왜냐하면 일상생활에 대한 지원이 기본적으로 제공되어야 한다는 의미에서 볼 때 재가노인복지서비스는 의료서비스보다 우선적으로 제공되어야 하기 때문이다.

또 다른 예를 들면, 노인이 뇌졸중으로 쓰러져 휠체어에 의존해야 하는 경우 그 노인의 잔존능력을 개발하기 위해서는 의사와 물리치료사에 의한 의료나 기능회복(rehabilitation)훈련이 필요할 뿐 아니라 보조기구, 주택개조, 가정봉사원파견서비스 등의 다양한 재가노인복지서비스를 본인 혹은 가족의 욕구에 맞추어 효율적으로 제공해야 한다. 그러므로 무엇보다도 관련 전문가들이 이러한 인식을 공유하는 것이 매우 중요하다. 신체가 쇠약한 고령노인의 경우, 뇌졸중 등으로 인해 병원에서 치료와 기능회복훈련을 받아서 조금 회복되었더라도 가정으로 되돌아가면 다시 와병상태가 되어 버릴 우려가 있다. 이러한 문제를 예방하기 위해서는 노인의 욕구에 따라 가정과 병원과 이용시설이 노인에게 필요한 케어를 연계하여 제공해야 한다.

또한 현실적으로 연계를 어렵게 만드는 중요한 원인으로 의사의 권위를 들 수 있다. 같은 전문직이라고 하더라도 의사, 간호사, 케어담당자의 전문직은 각각 그 발전의 역사가 다르고, 특히 의사의 경우에는 전문직에 대한 자긍심과 권위가 훨씬 큰 편이다. 이처럼 의료직은 지배·관리·감독의 입장에 서려고 하는 경향이 강하기 때문에 다른 전문직과의 연계가 잘 이루어지지 않는 편이다.

제 3 절 연계의 실천사례

재가노인복지서비스의 연계모델은 관점에 따라 여러 가지로 제시할 수가 있는데, 횡적인 연계모델로는 방문간호사와 가정봉사원의 연계모델을, 종적인 연계모델로는 지역복지협의체 모델을 소개한다.

1. 방문간호사와 가정봉사원의 연계

1) 방문간호와 가정봉사원의 관계

(1) 방문간호

우리나라의 방문간호에는 병원에서 입원환자의 퇴원을 촉진하는 가정간호와 지역사회의 보건소가 저소득가구를 중심으로 제공하는 방문간호가 있다. 법적 근거로는 1987년에 개정된 의료법 제56조의 분야별 간호사의 자격 인정, 1990년에 개정된 동법 시행규칙 제54조 제1항 보건간호 분야의 제4항 가정간호 분야의 간호사 규정에 의한 가정간호사(home care nurse)와 보건간호사(community health nurse) 제도가 있다.

가정간호의 목적은 ① 가정에서 간호서비스를 제공함으로써 환자에게 심리적 안정감을 주고, 질병을 빨리 회복시켜 의료서비스의 이용에 만족감과 편의를 도모한다. ② 대상자의 연령과 질병의 급·만성의 특성에 관계없이 조기퇴원이 가능한 질환을 중심으로 입원 대체서비스로서 활용한다. ③ 조합병원 입원환자의 입원기간을 단축시켜 국민의료비와 환자의 진료비를 감소시킨다는 것이다(보건사회부·한국보건사회연구원, 1994 자료).

방문간호의 주요 업무는 간호서비스를 필요로 하는 가정의 방문간호·

지도이다. 서비스 내용을 만성질환, 노인 및 장애인 관리에 한정시켜 살펴보면, ① 환자 및 그 가족의 상태 파악 ② 검사물의 채취 · 의뢰 ③ 기능회복, 욕창, 배뇨 · 변, 합병증, 영양관리 및 위생지도 등의 환자간호 실시 ④ 가족간호 실시 등이다(보건복지부, 1995).

(2) 가정봉사원 파견서비스

케어종사자의 역할은 건강을 잃은 원인을 생리적 · 병리적으로 규명하는 것이 아니라 일상생활에서의 부자유스러운 측면을 규명하고 문제를 해결해 주는 것이다. 예를 들면, 병과 장애로 인하여 매일의 생활에 어떠한 문제를 겪고 있는가를 발견하고 불편함을 극복하는 데 무엇이 문제가 되는가, 또한 대상자의 현재 생활상태에서 어떠한 케어 수준이 그 사람의 능력을 최대한으로 활용할 수 있도록 하는가를 규명하고, 생명활동 능력이 저하되지 않도록 주의 깊게 관찰하여 남은 능력을 끌어내는 역할을 하는 것이다. 따라서 케어는 대상자가 어떠한 건강 상태에 있든 그 사람의 자립생활에 지장이 있다면 그것을 보충 · 지원하는 것이다.

또한, 현재 이상으로는 회복할 수 없는 상태가 되어 인간다운 감정과 생활의 모든 행동이 억제되고 고통을 초래하는 사태가 발생하면, 그 구체적 상황들에 대한 안전과 평안을 얻도록 케어를 해주게 된다.

2) 관계와 영역

간호와 케어는 고령화사회가 진행됨에 따라 노인의 보호에 필요불가결한 영역이 되었다. 케어직은 노인의 생활을 직접 관리하게 되며, 간호직은 노인의 건강과 관련하여 직접적으로 노인의 생활을 관리하게 된다. 그러나 양자는 노인을 방문하여 생활을 지원함으로써 재가노인복지서비스의 중요한 부분을 자치하고 있다는 점에서 유사성이 있다.

케어복지사(가정봉사원, 생활지도원)와 간호직(간호사)의 팀워크는 노인과 그 가족에게 필요한 지식과 기술을 제공한다는 측면에서 상호 보완적인 관계를 유지해야 한다. 두 영역의 관계를 그림으로 나타내면 다음과 같다.

〈그림 13-3〉 질병과 장소로 구분한 케어의 영역

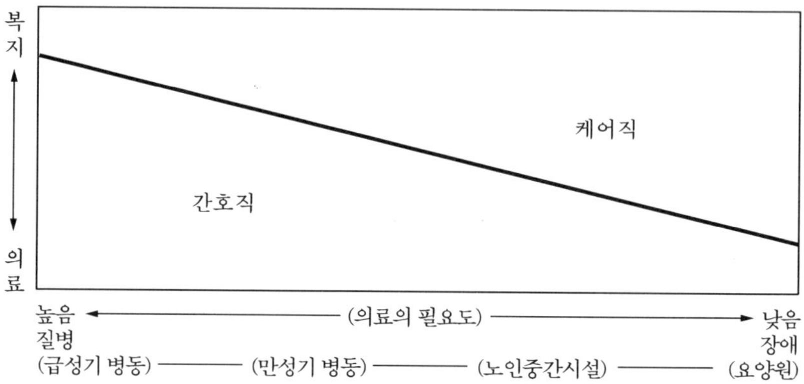

자료: 鎌田ケイ子, 1993: 31

위의 그림에서 보면 의료중심의 급성기 병동에서는 간호의 중요성이 부각되지만 만성 질환노인 요양시설의 장애노인에게는 케어의 필요성이 강조된다. 이렇게 볼 때 간호직은 의료의 처지역할을 하고, 케어직은 식사나 배설, 목욕 등의 생활부분을 담당한다.

과거에는 간호가 케어부분을 담당해 왔는데, 오늘날 이들 양자가 분화하게 된 이유는 다음과 같다. 첫째는 고령화사회의 진행에 따라 병약·장애노인이 증가하게 되자 그들은 의료서비스를 받는 것만으로 건강문제를 해결할 수 없어서 일상생활에서 케어를 필요로 하게 되었기 때문이다(鎌田ケイ子, 1993: 31). 둘째는 간호사의 수가 부족하여 그들은 이전부터 담당해 오던 생활원조의 역할까지 할 수 없게 되었기 때문이다.

3) 분석

오늘날 방문간호가 지역사회의 서비스로 제공되고 있음에도 불구하고 재가노인복지서비스와의 연계가 제대로 이루어지지 않는 것은 의료기관이 지역사회의 서비스기관과 공통 기반을 가지고 활동하고 있는 부분이 부족하였기 때문이다. 또한 의료기관에서 제공하는 방문간호의 경우, 지역사회의 보건복지서비스 활동상황과의 연계방법 등에 대해서 충분한 지식과 사전협의가 부족해서 지역사회의 보건복지서비스 기관과 연계를 취하지 않고 활동하였기 때문이다(野村陽子, 1994: 102-103).

방문간호의 본래 역할은 치료와 케어의 양면성을 가지고 있다. 병원에서 치료가 종료되었다고 해도 집에서 계속하여 의학적인 관리나 의료처치를 필요로 하는 사례가 적지 않다. 의사의 지시에 의해서 이러한 의료처치의 적지 않은 부분이 간호사에게 맡겨진다. 즉, 간호사들은 투약관리, 욕창의 처치, 기능회복훈련, 식이요법 등을 하게 된다(鎌田ケイ子, 1996: 16). 방문간호서비스에는 이러한 전문적인 처치뿐만 아니라 가정봉사원과 자원봉사자 등 누구나 제공해도 좋은 서비스도 많이 있다. 즉, 청결, 이·미용, 체위교환, 식사나 배설의 개조, 가족의 건강지도 등이다. 또한 국가에 따라서 방문간호사는 사례관리자의 기능도 수행하고 있다.

카마타(鎌田ケイ子, 1996: 16)는 치료와 케어를 통합하는 입장에 있는 간호사는 지역사회에서 케어를 시작하는 과정에서 사례를 관리하는 입장에 있어야 한다고 주장한다. 간호사는 의사와 가정봉사원의 중간 위치에 있다는 사실을 자각하고, 이 입장에서 치료와 케어의 요구를 받아들여 이를 노인 중심에 서서 조정해야 한다는 것이다.

2. 재가노인을 위한 지역복지협의체 모델

1) 지역사회복지협의체의 기능

1995년 지방자치제의 실시와 함께 복지서비스 제공이 지방정부 단위로 체계화되면서 사회복지서비스 제공에서 지방정부와 민간, 민간간의 공동협력의 기반이 필요하게 되었다. 특히 사회취약계층에 대한 복지과 보건서비스 체계의 확립을 위해서 1995년~1999년까지 시행된 보건복지사무소 시범사업이 확대되지 못하고 종료된 이후 민간참여를 기반으로 하는 복지·보건기능연계의 필요성이 제기되었다. 또 지역사회복지협의체 운영의 성과를 검증하기 위해 2001년부터 2년간 시범사업을 통해서 지역 내의 민·관, 복지·보건 분야의 상호간 이해 및 협력을 증대시켰고 복지와 보건 등의 서비스를 종합적으로 지원하여 주민의 만족도를 향상시키는 활동을 전개해 왔다. 지역사회복지협의체는 2004년도에 협의체 구성 경험이 있는 시범지역 13개 시·군·구와 사회복지사무소 시범지역 9개 시·군·구를 선정하여 2005년 8월부터 전 시·군·구에 운영하도록 추진하고 있다.

지역사회복지협의체는 공공과 민간, 학계가 참여하여 지역사회의 복지문제를 논의하고 협의함으로써 지역사회복지 전달의 효과성과 효율성을 높일 수 있을 것이다. 지역사회복지협의체의 위원은 사회복지 또는 보건의료에 관한 학식과 경험이 풍부한 자, 사회복지사업을 수행하는 기관이나 단체의 대표자, 보건의료사업을 수행하는 기관이나 단체의 대표자, 공익단체에서 추천한 자, 사회복지업무 또는 보건의료 업무를 담당하는 공무원으로 구성되어 있다. 대표협의체의 구성대상은 시·군·구 부자치단체장, 복지담당국장(과장), 사회복지사무소장, 보건소장, 복지관·자원봉사센터·자활센터 등 사회복지이용기관의 시설장, 사회복지 유·무료 입소시설의 시설장, 지역사회 내 복지 분야 전문가로서 학계 및 연구기관의 종사자, 부녀회·노인회·자원봉사회의 대표, 공익단체 및 사회복지활동에 참여하는 종교계, 사회복지 협의회 대표와 실무협의체 대표 등이다. 지역사회복지협의체는 구성위원을 10~20인으로 제한하는 반면에 관할지역 내의 부족한 사회복지 또는 보건의료 자원을 발굴하여 서비스를 연계하고 정보를 공유하기 위하여 참여기관 및 단체를 확대하기 위한 협력위원을 보강한다.

실무조직으로는 실무협의체를 분야별로 실무자 10~20명을 실무협의체 위원으로 구성하여 기능별, 사업별, 인구대상별로 실무분과를 구성하여 운영한다. 지역사회복지협의체의 추진방향은 구성과정에서 지자체와 민간의 적극적인 상호협조를 통하여 지역 내 사회복지기관과 보건의료기관, 관련 단체의 참여를 최대화하고 지역 내 사회복지서비스와 보건의료서비스간의 연계기반을 적극적으로 활용하는 데 있다. 대표협의체와 실무협의체 및 실무분과의 기능은 〈표 13-2〉과 같다(김양이, 2005).

〈표 13-2〉 대표협의체, 실무협의체, 실무분과의 기능

구 분	기 능
대표협의체 (심의, 건의, 자문)	* 지역사회복지계획의 수립, 시행, 평가에 관한 사항 * 사회복지서비스 및 보건의료서비스의 연계, 협력사항 * 지역주민의 복지욕구조사, 복지자원조사 및 개발사항 * 지자체장이 지역복지시책 추진을 위해 필요한 사항 * 지역사회 복지사업 전반에 대한 협의 및 건의 * 사회복지, 보건의료 등 지역 내 사회복지관련 기관단체의 서비스 협력을 위한 민-관, 복지-보건간의 협의 및 연계사업 시행 * 연계사업에 대한 평가, 세부 추진방법 및 개선방안의 개발, 건의
실무협의체 (실무기능 수행)	* 지역 내 사회복지서비스 및 보건의료서비스의 연계, 협력에 관한 실무 * 사회복지 보호 대상자별 보호계획, 보호결과의 평가 검토 * 지역사회복지협의체에서 심의·건의할 안건의 사전검토 * 지역사회복지증진을 위한 세부사업에 대한 실무협의
실무분과	* 사례회의를 통한 지역사회 내 복지욕구 및 서비스공급자 관련정보 공유 * 지역사회 내 복지욕구와 서비스 공급자 간 복지자원 연계 및 지원방안 협의, 결정 * 지역사회 내 복지서비스 및 보건의료서비스 간 공동사업의 추진 및 운영 * 서비스 개선을 위한 계획을 수립하고 실무협의체를 통하여 대표협의체에 전달

자료: 국무회의, 2005년, 보건복지부

2) 재가노인을 위한 지역복지협의체 연계모델

위와 같은 기능을 수행하기 위한 지역사회복지협의체 모델에서 보건·의료·복지가 연계될 수 있는지는 다음의 그림으로 표현될 수 있다.

첫째, 재가노인들에게 서비스를 하는데 있어서, 모든 서비스 제공기관들은 기관 간 연계·협력해야 한다. 구체적으로 보건소의 방문간호사들과 복지서비스 제공기관(가정봉사원파견기관, 주간보호시설, 단기보호시설 등)의 사회복지사들은 협력해야 한다. 양 기관의 서비스 대상자들은 현재 국민기초생활보장대상자들이기 때문에, 동일한 서비스 대상에게 서비스를 제공하는 전문직들은 상호협조 해야 한다. 또한 기초생활보장수급권자들에 대해 가장 많은 정보를 가지고 있는 기초자치단체 사회복지과(사회복지사무소)의 협조 또한 매우 중요하다. 이 3기관의 전문직들이 지역 노인·장애인들의 복지증진이라는 공통의 가치를 실현하기 위하여, 상호의존의식과 협조정신을 가지고, 특히 타전문직에 대한 배려에 기초해 각자의 지식과

기술을 실천해 가야 한다. 무엇보다도 중요한 것은 각 성원들이 이 사업에 적극적으로 참여하는 것이다. 각 전문직이 이 사업을 소속한 기관의 사업이 아니기 때문에 중요하지 않다고 생각한다면, 보건의료와 복지의 연계사업은 절대로 성공할 수 없다. 지방재정이 획기적으로 개선되지 않는다면, 민간복지기관에 대한 정부의 지원이 크게 증액되지 않는다면, 요컨대 현 상황에 큰 변화가 없다면, 서비스 수요자들에게 최선의 서비스를 제공하는 방법은 이것뿐이다.

둘째, 보건소의 방문간호사들과 서비스 제공기관의 사회복지사들이 보건의료와 복지서비스를 통합해서 제공하는 최선의 실천방법은 케이스 매니지먼트(사례관리)이다. 지역의 재가노인들이 생활해가는 데 있어서 어려움이 있을 때 사회복지사무소(사회복지전담공무원)에 상담을 하면(어떠한 종류의 고민이든 모든 고민은 사회복지전담공무원이라는 단일의 상담창구를 통해서 접수되어야 한다. 이것에 대해서는 논의를 해볼 필요가 있을 것이다.), 접수를 받은 전담공무원은 사회복지사와 간호사로 이루어진 사례관리팀에 의뢰를 하고, 의뢰를 받는 사례관리팀은 접수→욕구사정→서비스계획작성→실행→모니터링→재사정→종결이라는 케이스 매니지먼트 과정론에 따라 서비스를 제공해야 한다.

셋째, 케이스 매니지먼트에서 종결되는 사례(대부분 건강상태가 악화되고, ADL, IADl이 극도로 저하되어 더 이상 재가생활을 할 수 없는 경우가 대부분)의 대부분은 시설에 입소하는 사례이다. 이 경우 담당 사례관리팀은 종결되는 클라이언트가 시설에 안전하고 편안하게 입소할 수 있도록 끝까지 서비스를 제공해야 한다. 이것은 재가노인복지와 시설복지의 연속성을 확보하기 위한 방법이다(함철호, 2005: 60).

〈그림 13-4〉 지역에서 재가노인을 위한 보건 · 의료 · 복지 연계시스템(안)

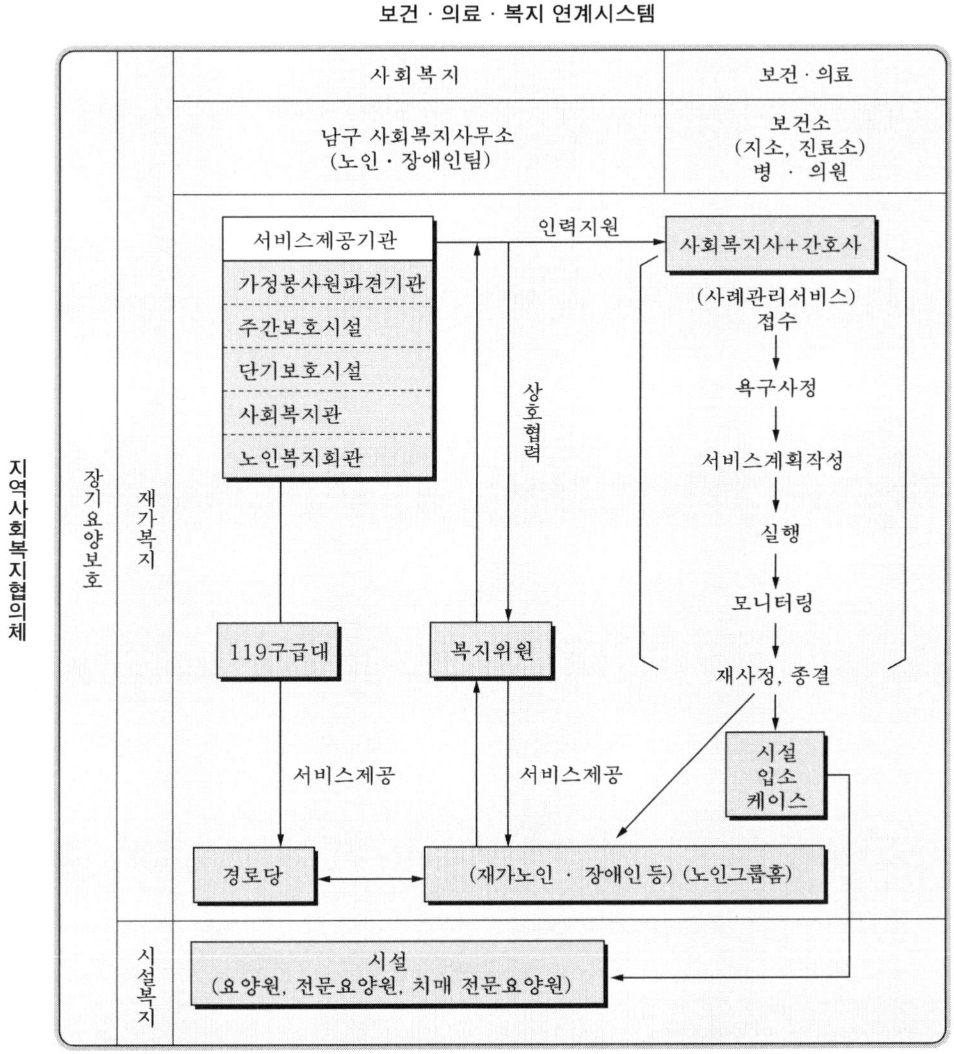

자료: 함철호, 2005: 61

참고문헌

김기태 외, 『사회복지의 이해』, 박영사, 1999.

김동배, "노인 보건의료와 사회복지서비스의 통합", 박재간 외편, 『고령화사회의 위기와 도전』, 나남출판, 1995.

김양이, "보건과 복지의 전문성 연계방안", 한국노인복지학회, 『2005년 춘계학술대회 자료집』, 2005.

변재관 · 강혜규, "지역족지 전달체계의 현황 및 개선방안", 한국사회복지행정학회 편, 『한국사회복지행정학』, 창간호, 1999.

변철식, "사회복지관의 현황과 정책방향", 한국사회복지관 편, 『지역복지의 이론과 실제』, 동인, 1996.

보건복지부(1995), "보건소근무보건간호사의 업무지침서", 자료, 1995.

보건사회부 · 한국보건사회연구원(1994), "가정간호시범사업관리운영지침", 자료, 1994.

선우덕, "지역보건복지체계의 효율적 운영방안", 한국사회복지정책학회, 『사회복지정책』, 제6집, 1998.

이성기 외, 『보건복지사무소 모형개발 및 1차년도 운영평가』, 한국보건사회연구원, 1995.

이현기, 보건 · 복지의 연계와 적용에 대한 연구, 노인복지학회, 『노인복지연구』, 통권 제12호, 2001.

조추용, "보건복지의 연계 · 통합에 관한 고찰", 한국노년학회 편, 『한국노년학』, 1997.

조추용 · 권현주 역, 『사례관리의 이론과 실제』, 유풍출판사, 2000.

함철호, "한국의 노인케어와 보건의료복지의 연계", 대한케어복지학회, 『2005년 추계학술대회 자료집』, 2005.

현외성 외, 『사회복지학의 이해』, 유풍출판사, 1996.

鎌田ケイ子, "これからの訪問看護の役割と課題", 佐藤智 · 古瀬徹 編, 『訪問看護と介護』, 醫學書院, Vol.1, No.1, 1996.

鎌田ケイ子, "看護と介護", 佐藤智 · 古瀬徹 編, 『長壽社會のトータルケア〈長壽社會總合講座⑤〉』, 第一法規, 1993.

古川孝順 外, 『介護福祉』, 有斐閣, 1996.

野村陽子, "老人訪問看護サービスのシステム展開", 三浦雅夫 · 京極高宣 編, 『高齢者のケアシステム〈明日の高齢者ケア①〉』, 東京: 中央法規, 1994.

前田信雄, 『保健醫療福祉の統合』, 勁草書房, 1993.

제5부

재가노인복지의 과제와 전망

14
chapter

농촌지역 재가노인복지사업

제 1 절 농촌지역의 특성과 인구의 고령화

1. 농촌지역의 특성

농촌지역의 특성으로는 농업의 여건변화를 들 수 있는데, 그 중에서도 먼저 대외적 여건변화로 세계농업이 무역자유화와 시장개방이 더욱 가속되고 있으며, 이에 따라 각국의 농정도 시장지향적으로 전환되고 있음은 주지의 사실이다. 우리나라는 UR협상 이후에도 개도국의 지위 하에서 농업부문에 대해서는 일정부문 고율의 관세를 유지할 수 있었으나, DDA협상 하에서는 OECD가입, 높은 소득, 첨단제품의 개발 등으로 개도국지위 유지가 불투명한 상태이다(http://www.mohw.go.kr).

한편, 대내적 여건변화로는 농촌인구의 변화, 농촌경제의 변화 등을 볼 수 있는데, 농촌인구의 변화로는 농가수의 감소와 더불어 농가인구의 현저한 감소를 들 수 있다. 국내 총가구에서 농가수가 차지하는 비중은 1990년 15.6%에서, 2000년 9.7%, 2003년에는 8.3%로 지속적으로 감소하고 있다.

농가인구 비중 역시 1990년 15.5%에서 2000년 8.6%, 2003년에는 7.4% 감소하여 약 353만명에 불과한 것으로 나타나고 있다. 농가의 호당인구는 1990년 3.77명에서, 2000년 2.91명, 2003년에는 2.79명 거의 1명이 감소한 것으로 나타났다(표 14-1).

그러나 농가인구에 대한 고령화비율이 증가하여, 농가인구 중 50세 이상이 차지하는 비율은 1990년 34.5%에서 2000년 49.8%, 2003년 55.4%로 증가하였다. 현재 농촌의 인구구조는 청장년층의 농촌에서의 이탈로 농촌의 고령화현상이 빠르게 진행되고 있으며, 호당 농가인구의 감소도 역시 자녀를 둔 청장년층 가구가 농촌을 떠나고 있다는 사실을 반영하고 있다.

〈표 14-1〉 연도별 농가인구 및 취업인구의 분포

구분	단위	1990	1995	1999	2000	2001	2002	2003
총가구수	천호	11,357	12,961	-	14,312	14,834	15,064	15,298
농가수	천호	1,767	1,501	1382	1,383	1,354	1,280	1,264
(구성비)	비율(%)	15.6	11.6	-	9.7	9.1	8.5	8.3
총인구	천명	42,869	45,093	46,617	47,008	47,343	47,640	47,925
농가인구	천명	6,661	4,851	4,210	4,031	3,933	3,591	3,530
(구성비)	비율(%)	15.5	10.9	9.0	8.6	8.3	7.5	7.4
(50세 이상 비율)	비율(%)	34.5	43.7	49.1	49.8	52.4	54.6	55.4
호당농가인구	명	3.77	3.23	3.05	2.91	2.91	2.80	2.79
총취업자수	명	18,085	20,432	20,281	21,156	21,572	22,169	22,139
농림어업취업자	명	3237	2534	2,349	2,243	2,148	2,069	1,950
(구성비)	비율(%)	17.9	12.4	11.6	10.6	10.0	9.3	8.8

자료: 농림부, 인터넷자료(http://www.maf.go.kr/), 통계청, 인터넷자료(Kosis)

농촌경제의 변화로는 국내총생산(GDP)에서 농업이 차지하는 비중이 1990년 7.3%에서 2000년에는 4.2%, 2003년에는 3.1%로 지속적으로 하락하고 있다. 농업의 성장률은 1990년 -4.6%의 성장률을 보인 이후 1995년에는 6.6%의 비교적 높은 성장률을 보였으나 이후 감소하기 시작하여 2001년에는 1.9%로 감소한 후 2002년 -3.5%, 2003년에는 -7.1%의 성장률을 보였다.

2004년 쌀재협상 결과에 관계없이 향후 쌀시장의 개방폭은 더욱 증가할 것이며, 특히 선진국 조건으로 시장을 개방할 경우는 가격하락으로 인하여 소득이 대폭 하락할 것으로 전망된다. 따라서, 농촌 및 농업의 대내외적인 여건변화로 농가의 소득은 감소하고, 농촌의 고령화는 더욱 심화될 전망이며, DDA 농업협상의 타결은 이들 농가에 대한 직접적인 소득지원을 제한하게 되는 바, 농민에 대한 지원은 사회복지제도의 강화를 통하여 농민의 복지수준을 향상시키는 간접적인 지원방식이 되어야 할 것이다.

그러므로 간접적인 소득지원은 국민연금, 국민건강보험과 같은 사회보험의 보험료에 대한 산정기준의 완화 및 경감과 같은 정책의 시행이 필요하며, 국민기초생활보장의 선정기준의 완화를 통한 급여대상범위의 확대가 필요하고, 농민의 농외소득 가득능력 증가를 위한 자활지원정책의 마련이 필요하다. 아울러 농촌주민의 보건복지서비스 증대와 아울러 지역사회의 고용창출을 시킬 수 있는 보건복지시설의 농촌지역 유치, 확충 및 개선을 통한 보건복지서비스의 양적, 질적 제고가 필요한 실정이다.

2. 농촌인구의 변화와 고령화

농가인구는 2001년 393만명(8.4%)에서 2011년에는 240만명(4.8%) 수준으로 감소할 것으로 전망되었다. 농가가구 역시 2001년 135만 4천호에서 2011년에는 90만호로 33.5% 감소하는 것으로 전망되어, 2001년에서 2011년까지 연평균 4%씩 감소하는 것으로 전망된다.

농촌지역은 노인인구의 고령화뿐만 아니라 경제적 상황의 빈곤, 노인단독세대 및 독거노인의 증가, 부양부담의 과중 및 자녀와의 지리적 분리, 신체적 건강관리를 위한 조건의 빈약 등 농촌지역만이 가지는 다양한 문제를 안고 있다.

농어촌지역은 기본적으로 노인인구비율이 도시지역에 비하여 상대적으로 높은 실정이어서 상대적으로 노인의 복지수요가 클 것으로 예상된다. 실제 서울, 부산 등 대도시의 평균 노인인구비율의 6.4%, 중소도시 지역의 7.7%에 비하여 농어촌지역의 경우는 평균적으로 16.8%로 나타나, 도시지역의 2배 이상 수준으로, 군단위 농어촌지역의 인구고령화수준은 이미 심각한 상태에 있다(표 14-2).

그런데, 군단위 농어촌지역만을 볼 때, 〈표 14-3〉과 같이 이미 초고령화수준(노인인구비율의 20% 초과지역)에 돌입한 지역이 전체의 30개(33.7%) 지역에 이르고 있어 농어촌지역의 노인문제가 심각할 것으로 보인다. 아울러 도농복합시를 중심으로 일부 지역(전체의 14.9%)이 이미 고령사회에 도달하였다.

〈표 14-2〉 도농간 노인인구 현황(2003년도 기준)

	전체인구(명)	노인인구수(명)	노인인구비율(%)
대도시[1]	22,377,851	1,430,696	6.4
중소도시(도농복합시포함)	20,906,747	1,617,024	7.7
농어촌 (군지역)	5,102,225	857,264	16.8

주: 1) 광역시내 군지역은 농어촌으로 분류함(총 89개).
자료: 통계청

〈표 14-3〉 도농간 노인인구비율별 분포(2003년도 기준)

(단위: 지역수)

	노인인구비율				합계
	7%미만	7~14%미만	14~20%미만	20%이상	
대도시[1]	6 (85.7)	1 (14.3)	-	-	7 (100.0)
중소도시(도농복합시 포함)	24 (35.8)	33 (49.3)	10 (14.9)	-	67 (100.0)
농어촌(군지역)	-	18 (20.2)	41 (46.1)	30 (33.7)	89 (100.0)

주: 1) 광역시내 군지역은 농어촌으로 분류함(총 89개).
자료: 통계청

제 2 절 농촌지역 재가노인복지사업의 실태와 문제점

1. 농촌지역 재가노인복지사업의 현황

지역복지라는 맥락에서 지역별 인구고령화 정도와 노인특성의 차이를 반영한 구체적인 노인복지정책방안을 마련하는 작업은 노인인구의 양적 증가 및 질적 변화에 따른 적절한 사회적 대응의 출발점이 될 것이다(정경희, 2004). 지역별로 노인인구 비중이 큰 편차를 보이고 있고, 지역별로 노인의 제특성이 상이하며, 가족부양능력의 차이에 의하여 상이한 복지욕구가 발생하고 있고, 지방정부의 재정력 및 복지자원에 있어서 지역간의 차이가 확연하다는 사실들이 다른 복지정책에 비하여 노인복지정책이 더 시급하게 지역성에 관심을 두어야 하는 근거를 제공한다.

기초자치단체의 재가노인복지서비스 공급기반이 어느 정도 마련되어 있는가를 보면, 도시지역의 경우, 89.4%의 기초자치단체에 재가노인복지시설이 1개 이상 설치되어 있는데 비하여 농·어촌지역은 25.6%로 매우 낮은 수준을 보이고 있어, 농·어촌지역 노인의 기능상태가 낮고 가족부양능력이 낮아 재가노인복지시설의 필요성이 높음에도 불구하고 시설설치율은 매우 낮다는 점에서 농·어촌지역의 장기요양정책은 재가노인복지시설의 확충에 초점이 두어져야 할 것임을 보여주고 있다.

재가노인복지시설의 경우에는 도농간 이용정원이나 노인인구 1,000명당 이용정원수가 차이를 보이고 있어, 농어촌지역의 시설부족이 문제로 대두된다. 가정봉사원파견시설의 경우, 입소정원수를 기준으로 할 때, 대도시소재 시설의 이용정원 규모가 전체의 43.0%, 중소도시가 39.5%를 차지하고 있었으나, 농어촌지역은 17.5%로 낮은 수준이었으며, 노인인구 1,000명당 이용정원수를 보면, 농어촌지역이 3.8명으로 나타나, 대도시의 5.6명과 중소도시의 4.6명에 비하여 낮은 수준이었다(표 14-4).

주간보호시설의 경우도 입소정원수를 기준으로 할 때, 대도시소재 시설의 이용정원규모가 전체의 57.8%, 중소도시가 43.6%를 차지하고 있었으나, 농어촌지역은 3.7%로 매우 낮은 수준이었다. 그리고, 노인인구 1,000명당 이용정원수를 보면, 농어촌지역이 0.2명으로 나타나, 대도시의 0.3명과 중소도시의 0.9명에 비하여 매우 낮은 수준이었다.

그리고 단기보호시설의 경우도 마찬가지로, 입소정원수를 기준으로 할 때, 대도시소재 시설의 이용정원규모가 전체의 59.1%, 중소도시가 33.3%를 차지하고 있었으나, 농어촌지역은 7.6%로 낮은 수준임을 알 수 있다. 그리고, 노인인구 1,000명당 이용정원수를 보면, 농어촌지역이 0.1명으로 나타나, 대도시의 0.4명과 중소도시의 0.2명에 비하여 낮은 수준이었다.

재가노인복지시설을 종합적으로 보면, 2003년말 현재 가정봉사원파견시설은 49개군, 주간보호시설은 78개군, 단기보호시설은 84개군에서 1개소도 설치되어 있지 않은 것으로 나타났다.

결과적으로, 농어촌 지역 노인의 장기요양보호서비스는 재가보호서비스 부문에 보다 집중적으로 투자할 필요가 있음을 지적해 준다.

〈표 14-4〉 도농간 노인 재가복지시설의 현황(2003년도말 기준)

	가정봉사원파견시설		주간보호시설		단기보호시설	
	시설수	이용정원	시설수	이용정원	시설수	이용정원
대 도 시	101(44.3)	8,076(43.0)	122(57.8)	1,851(52.7)	39(59.1)	521(61.9)
중소도시	87(38.2)	7,426(39.5)	78(37.0)	1,532(43.6)	22(33.3)	257(30.5)
농 어 촌	40(17.5)	3,283(17.5)	11(5.2)	129(3.7)	5(7.6)	64(7.6)
합 계	228(100.0)	18,785(100.0)	211(100.0)	3,512(100.0)	66(100.0)	842(100.0)

2. 문제점과 과제

농촌지역의 재가노인복지사업의 현황과 실태를 살펴본 결과, 관련된 문제점으로는 다음과 같은 몇 가지를 들 수 있다.

① 농어촌지역의 높은 노인인구비중으로 인한 노인복지수요의 확대

농어촌지역은 청년계층의 도시이주 및 저출산의 심화로 기본적으로 노인인구비율이 도시지역에 비하여 상대적으로 높은 실정이어서 다른 연령계층에 비하여 노인계층의 복지수요가 크게 나타나고 있는 실정이다. 서울, 부산 등 대도시의 평균 노인인구비율의 6.4%, 중소도시 지역의 7.7%에 비하여 농어촌지역의 경우는 평균적으로 16.8%로 나타나, 도시지역의 2배 이상 수준이다. 다시 말하면, 군단위 농어촌지역은 고령사회 수준에 도달하고 있어 도시지역에 비하여 노인친화적인 환경조성이 시급하게 필요한 것으로 보인다.

② 일부 농어촌지역의 고령사회 도래로 지역경제의 활성화 저하 발생

군단위 농어촌지역만을 볼 때, 이미 초고령화 수준(노인인구비율의 20% 초과지역)에 돌입한 지역이 전체의 30개(33.7%) 지역에 이르고 있고, 특히 이러한 농어촌지역의 노인문제가 심각할 것으로 보인다. 아울러 도농복합시를 중심으로 일부 지역(전체의 14.9%)이 이미 고령사회에 도달하였다.

③ 농어촌지역의 장기요양서비스 제공시설의 미흡

농어촌 지역의 80%에 해당하는 지역이 노인인구비율의 14%를 초과하는 고령사회로 나타나고 있다는 것은 80세 이상 후기고령자가 늘어나고 있다는 것을 의미하여, 도시지역에 비하여 장기요양보호의 욕구가 클 것으로 판단된다.

장기요양서비스 제공시설에는 크게 입소생활시설과 재가복지시설로 구분되어 있는데, 입소생활시설의 경우에는 설치병상수가 도시지역과 큰 차이를 보이고 있지 않으나, 재가복지시설의 경우에는 상당한 차이를 보이고 있다.

장기요양서비스를 제공할 수 있는 노인주거 및 의료복지시설(노인전문병원 제외)의 경우, 지역간 분포를 보면, 입소정원수를 기준으로 할 때, 대도시소재 시설의 입소정원규모가 전체의 31.4%, 중소도시가 43.7%를 차지하고 있으나, 농어촌지역은 24.9%로 다소 낮은 수준이다.

그러나, 노인 주거 및 의료복지시설(노인전문병원 제외)의 경우, 노인인구 1,000명당 입소정원수를 기준으로 할 때, 농어촌지역이 7.9명으로 나타나, 대도시의 5.9명과 중소도시의 7.3명에 비하여 더 높게 나타나고 있다.

군지역의 총설치시설수가 91개소로 나타나, 군지역이 전체적으로 89개 지역이기 때문에 통계치만을 가지고 볼 때, 농어촌지역에 노인 주거복지시설이나 의료복지시설이 최소한 1개소는 설치되어 있는 것으로 나타났다.

특히, 이는 지난 2000년도부터 노인장기요양보장정책의 일환으로 지속적으로 장기요양시설을 확충시켜 왔기 때문이며, 노인요양보장과 관련한 기획단의 장단기계획 하에 시설확충이 이루어지고 있어 군지역의 장기생활시설 설치에 대한 최소한의 부족상태는 거의 해소되는 것으로 판단된다.

〈표 14-5〉 도농간 노인 주거 및 의료복지시설의 현황(2003년도 말 기준)

	시설수	입소정원수	노인인구 1,000명당 입소정원수
대도시[1]	97 (27.2)	8,488 (31.4)	5.9
중소도시(도농복합시 포함)	169 (47.3)	11,803 (43.7)	7.3
농어촌 (군지역)	91 (25.5)	6,736 (24.9)	7.9
합계	357 (100.0)	27,027 (100.0)	6.9

주: 1) 광역시내 군지역은 농어촌으로 분류함. 자료: 통계청

④ 농어촌지역 거주노인의 기능장애 예방 및 재활치료서비스의 부족

농어촌지역 거주노인의 기능장애를 사전적으로 예방하거나 재활치료를 제공하는 시설로 보건(지)소 및 노인복지관이 있는데, 사업대상노인이 사용하기에는 매우 협소한 상태이다. 농어촌지역 자체가 광활하기 때문에 군지역마다 1개소씩 설치되어 있는 보건소나 노인복지관으로써는 전지역 노인을 포괄하기에는 매우 제한적이다. 보건소의 경우, 최소한 1명의 물리치료사가 근무하고 있어 관절염 통증치료 등의 재활치료나 장애예방서비스를 제공할 수 있지만, 보건소가 소재한 읍이나 인근 면지역 노인이 방문이용하는 정도이며, 군지역이나 도농복합시의 경우에는 면단위지역에 보건지소가 설치, 운영되고 있기는 하지만 공중보건의사 및 방문간호사 이외의

물리치료사가 배치되어 있지 못하여 재활치료서비스는 어려운 실정이다.

특히, 농어촌 거주노인의 경우에는 관절염, 고혈압, 당뇨병, 심장병 등 주요 만성질환의 이환율도 높고, 이러한 만성질환으로 인한 기능저하로 물리치료의 욕구가 높기 때문에 보건진료소 관할지역의 거주노인에게는 방문형 물리치료서비스가 절실하게 필요한 것으로 보인다.

⑤ 저소득 노인가구의 경제적 생활보장이 미흡

현재 노인의 취업을 지원하는 기관으로 노인인력운영센터가 중앙(국민연금관리공단내)에 1개소 설치, 운영되고 있는데, 이는 전국을 사업대상으로 하기에는 역부족이고, 노인인력지원기관(기존 지역사회시니어클럽) 운영도 활성화되어 있지 못한 실정이다. 또한, 저소득 와상노인가구의 경우에는 간병비 부담과 생활비부담이 복합적으로 내재되어 있어 생계유지를 더욱 어렵게 하고 있다. 특히, 농어촌지역의 경우에는 장기요양시설이 부족하여 요양서비스를 무료로 이용하기도 어렵고, 요양병원을 무료로 이용한다고 하더라도 간병비는 이용노인이 부담하여야 하기 때문에 요양서비스의 이용이 제한되어 있다. 간병으로 인한 취업 불능이나 영농 불능 시에는 생계유지가 더욱 어려워지는 상태에 빠지기 때문에 저소득 와상가구를 대상으로 국가적으로 간병비를 지원할 필요가 있다.

제 3 절 농어촌지역 재가노인의 보건복지 향상을 위한 정책방향

1. 정책목표 및 기본방향

농어촌지역에 대한 보건복지증진정책의 최종적인 정책목표는 대내외 여건변화에 대응하기 위한 「농어촌주민의 삶의 질」 향상에 있으며, 이러한 포괄적인 정책목표를 달성하기 위해서는 다음과 같은 세부적인 목표들을 근간으로 보건복지 각 분야별 추진과제를 제시하고자 한다.

① 농어촌 보건복지 확충을 통한 농업시장개방 충격의 완화
② 도농간의 보건복지수준 격차해소를 통한 사회통합제고
③ 농촌지역 고용창출 및 지역경제 선순환 확대

농어촌 보건복지 증진을 위한 정책의 기본방향은, 첫째, 대외적인 여건변화로 인한 농어민소득의 감소를 공공부조제도와 사회보험제도의 보완을 통한 소득보전, 둘째, 농촌지역의 고령화, 부녀화 및 소가족화 등에 파생되는 농어촌 복지욕구의 특성, 그리고 면적은 넓고 인구는 상대적으로 적으며, 도로 등 사회간접 자본시설 수준은 낮은 농촌의 인문지리적 특성에서 발생하는 보건복지시설에 대한 접근의 어려움 등을 고려하여 다음의 세 가지를 설정하였다.

① 농어민에 대한 소득보장 강화
② 농어촌지역의 보건복지시설에 대한 접근성 제고
③ 농어민 욕구에 부응할 수 있는 보건복지서비스의 제공

이상과 같이 세 가지 기본방향 하에서 농어촌의 보건복지증진을 위한 부문별 정책영역을 소득보장과 욕구특성·접근성을 대별할 수 있다.

따라서 우선 소득보장을 위해서는 농어민에 대한 사회보험의 부담을 경감시키는 방안과 기초보장을 통한 소득지원 및 자활지원의 확대를 들 수 있다. 그리고 농어촌의 보건복지 욕구반영과 접근성 제고를 위한 농어촌지역에 대한 보건의료 및 사회복지시설의 확충과 장비 및 설비 현대화, 보건복지 프로그램의 다양화 등을 들 수 있다.

사회복지서비스 부문의 주요핵심 추진과제를 살펴보면 다음과 같다.

- 복지시설의 확충 및 접근성 제고
- 복지서비스 보편성 확대 및 실효성 제고
- 복지프로그램의 다양화

2. 재가노인복지사업의 방향

농어촌지역 중심의 재가노인을 위한 복지사업의 기본전략으로는 첫째, 건강하고 활력있는 농어촌 고령사회 구현, 둘째, 효율적이고 비용절감적인 장기요양보장 강화라는 장기적인 비전을 두고 나가야 할 것이다(보건복지부, 2005).

그리고 정부는 추진목표로 다음과 같이 정하고 있다.,

① 농어촌 노인의 소득보장 강화 및 여가문화 향상

② 농어촌 노인 보건복지연계를 통한 건강수준 유지 보장

③ 농어촌 요양보호 인프라 기반확충을 통한 간병수발 부담의 경감을 들 수 있다.

농촌지역의 노인을 위한 정책방안으로는 다음과 같이 들고 있다.

첫째, 재가노인복지시설의 지속적인 확충을 들 수 있다.

농어촌 지역이 광활한 특성을 고려하여 농산어촌 지역의 요양보호노인(경증)을 위한 가정봉사원파견시설과 주간보호시설을 통합한 재가노인복지센터 신축으로 이동봉사차량을 이용한 다양한 복지서비스(간병·수발·목욕, 이·미용, 가사지원) 및 보건소의 방문보건팀과의 연계를 통한 통합보건복지서비스 제공이 바람직할 것이다. 따라서 1,420개의 읍·면 2개 단위당 1개소씩 신축 및 운영비(710개소)지원과 이동차량 구입비를 지원하는 방안이 제언될 수 있겠다.

둘째, 주간재활센터의 신축 및 지속적인 확충이다.

전국 면단위 보건지소에 주간재활센터를 설치하여 기능의 회복 및 기능장애예방프로그램을 실시하도록 한다. 단, 재가노인복지센터(주간보호센터)와의 중복성을 피하기 위하여 1,420개의 읍·면 2개단위당 재가노인복지센터가 없는 지역에 1개소씩 보건지소에 신축 및 운영비(710개소) 지원하는 것이 필요하다.

셋째, 농어촌 복합노인복지단지 설치 운영이다.

주거 · 의료 · 여가 및 재가노인복지시설로 구성된 복합노인복지시설 설치 및 소득창출을 위한 생산기반 여건의 조성이 요구된다. 따라서 지역특성 및 사업 성공가능성 등을 고려하여 시범사업 추진 후 연차적으로 추진하고, 생산기반 여건 조성을 통한 노인의 소득창출 기회제공 및 지역경제 활성화를 도모한다.

넷째, 경로간병수당(가칭) 지급도 있어야 할 것이다.

저소득 와상노인 가구를 대상으로 간병비부담 경감을 위해 우선적으로 군단위지역 거주 와상노인(중증 장애노인)을 보호하는 저소득층 가정(독거노인 포함)을 대상으로 경로간병수당의 지급이 필요하다. 노인요양보험제도 도입시 현금급여제도와 연계하여 검토하여 저소득 요양보호대상노인(43,500명)에 대한 고려도 생각해 볼 수 있다.

1) 발전방향

이와 관련하여 한국의 농촌지역 중심의 재가노인복지서비스의 접근을 위하여 몇 가지 발전적인 방향을 구체적으로 제시하고자 한다.

첫째는 농촌형의 노인서비스가 제고되어 조화 있게 구성되어야 할 것이다.

이미 우리나라의 농촌지역은 고령화 사회에서 고령사회로, 그리고 초고령사회로 가고 있다. 그러므로 농촌단위의 고령화 사회의 대책과 더불어 고령사회에 따른 고령 사회의 대책이 동시에 마련되어야 할 것이다.

우리나라의 경우는 도시지역에 비해 농촌지역에 노인복지시설 및 관련 서비스가 거의 마련되어 있지 않은 실정으로 재가노인복지서비스가 주축이 되어 제공되어야 할 것이다.

일반적으로 노인은 자기가 살던 집에서 안정되게 살다가 죽음을 맞이하는 것이 바람직한 것으로 고려되고 있기 때문에 재가노인복지서비스는 매우 타당한 것으로 사료된다. 고령화율이 가장 높은 일본의 山口縣(야마구치현) 東知마을은 65세 이상의 노인인구가 1996년 1월 현재 46.9%를 차지하는 고령화율을 보이는 마을이다. 그러나 이 마을은 밝고, 노인의 대부분이 자립하고 있어 건강한 노인이 다른 노인을 지지하는 상호부조도 이루어지고 있다. 예를 들면 마을노인의 3/4이 혼자이거나 부부만으로 살고 있는데, 도시에 살고 있는 자식이 동거를 권해도 농촌에서 그냥 살고 있다. 조사에 의하면 90% 정도가 지금의 생활에 만족하고 있다고 응답하였다. 한편 노인세대에 만남의 급식이나 매일 급식을 전달하는 건강한 노인그룹, 노인에 대한 개호나 식사 등을 받는 조직, 지역별로 독거노인가족을 방문하는 그룹(약 100개 그룹)등이 활발하게 활동하고 있다.

이와 같이 우리나라도 노인의 돌봄에 노인이 봉사하는 서비스구축과 더불어 농촌지역 사회의 특수성에 입각한 적절한 농어촌형 재가노인복지서비스 및 시설서비스가 이룩되어야 할 것이다.

둘째는 실제적인 서비스가 제공되어야 한다.

노인을 위한 재가서비스 및 시설서비스에 대해서도 다시 한 번 농촌지역에 알맞은 서비스인가를 고려하여 보고, 노인들에게 꼭 필요한 서비스인가를 고려하여야 할 것이다.

현재 시설서비스는 노인간호홈의 형태로 바뀌어져야 함과 동시에 노인전문간호사가 배치되어서 노인간호전문서비스가 제공되어야 할 것이다.

재가노인복지서비스는 가장 중요한 서비스인 건강보호서비스, 즉 방문의료서비스가 제외되어 있는 것이 문제라고 지적되었듯이 간호서비스의 요구가 충족되지 못한다는 점을 감안할 때 복지와 간호가 통합되어 접근이 하루 빨리 이루어져야 할 것으로 생각된다. 그리고 노인의 경우 병의원에서 곧바로 가정이나 복지시설로 퇴원하기 어려운 사례가 많을 것임을 짐작할 수 있다. 이럴 경우 복지서비스와 의료서비스의 중간서비스를 받을 수 있는 중간시설의 역할이 필요할 것이다. 이러한 중간시설로는 일본의 노인보건시설을 들 수 있는데, 우리나라도 앞으로 중간시설에 해당되는 시설이 필요할 것이다. 이미 희소하지만 보건소에서 노인보건사업과 관련하여 중간시설의 역할을 시도한 바도 있어 노인의 수요를 충족시키는 대안의 하나로 제기할 수 있겠다.

치매노인의 경우는 병간호수발, 의료서비스, 건강관리서비스, 야간간호,

기능훈련 등 간호서비스의 제공을 필요로 하고 있는데, 현재의 가정봉사원의 양적, 질적 상태로는 간호사의 개입 없이는 어려울 것으로 보인다.

이런 경우 준비된 가정간호사가 서비스를 제공할 수 있도록 가정전문간호사제도와 연계될 수 있는 방안을 강구하거나 가정간호사가 가정봉사원을 지도할 수 있는 방안을 촉구해서 전문인력이 서비스를 줄 수 있도록 하는 것이 바람직할 것이다.

치매상담 센터의 역할을 하고 정신보건활동을 활성화하는 보건소에서도 노인보건서비스가 지금의 노인간호사업만으로는 서비스의 부족과 노인들의 다양한 요구에 대한 충족이 곤란할 것이다. 보건소는 적극적으로 노인보건사업을 전개하여 노인의 건강유지 및 건강증진을 도모하여야 하며, 보건지소 또는 보건진료소에서도 노인간호서비스가 제공되도록 하는 것이 필요하다. 왜냐하면 농촌지역에 노인이 많으며 소규모단위로 서비스가 제공되는 것도 바람직하기 때문이다. 그리고 주간서비스가 제공될 수 있도록 간호사가 프로그램을 개발하고 접근시켜야만 할 것이다. 이미 일본은 노인보건법에 근거하여 매주 보건간호사가 중심이 되어 재활프로그램 및 다양한 주간서비스를 제공하고 있다.

셋째는 서비스의 내용은 좀더 구체화, 조직화되어야 한다.

다양한 상태에 있는 노인들이 이용할 수 있는 다양하고 조직화된 노인복지서비스를 종합적인 시스템으로 만드는 것이 농촌지역에는 타당하기 때문이다. 그러므로 농촌지역에 해당되는 군단위지역에는 서비스를 제공하는 여러 시설을 만들기보다 다양한 서비스를 한번에 줄 수 있는 통합적 재가노인복지서비스모형을 시스템화하는 것이 요구된다. 일본의 사례에서도 보았듯이 급속한 노인인구의 증대와 요구의 증대로 골드플랜에서 곧바로 신골드플랜을 다시 세울 수밖에 없는 현실을 감안할 때 우리나라는 일본보다도 노인인구의 급속한 증가가 예측되어 더욱 노인을 위한 제반 문제를 명확히 하고 확실한 시책을 마련하지 않으면 안 되는 실정임을 알 수 있다.

앞으로 21세기를 향한 건강한 노후생활을 보장하는데 필요한 노인보건의료전달체계의 확립은 필연적으로 요구되는 것으로 건강한 노인에서부터 건강상태가 좋지 않은 노인 및 질병상태에 있는 노인에 이르기까지 신체적 기능의 장애정도와 독립적 생활유지 능력정도도 다양하므로 노인보건의료사업은 기본적으로 노인의 요구와 특성에 따라 알맞은 정책 및 프로그램을 개발하여 제공하는 방향으로 전개되어야 할 것이다.

이러한 의미에서 재가노인을 위한 복지사업은 물론 보건의료정책은 노년기의 건강유지를 위한 건강관리, 노인성 질환의 예방에서 조기발견 및 치료까지 제공하며, 노인의 기능장애의 정도에 따른 다양한 노인간호프로그램의 개발과 아울러 와상노인 및 치매노인 등의 특수노인을 위한 노인간호프로그램의 개발도 이루어져, 노인을 위한 서비스의 제공이 효율적으로 조화를 이룰 수 있는 방향으로 실시되어야 할 것이다.

제 4 절 농어촌 재가노인복지서비스 모형

1. 농어촌 재가노인복지시설서비스 모형

우리나라 재가노인복지사업이 시작된 지 15여년 동안 많은 발전을 해왔지만 많은 문제점을 안고 있는데 특히 도시농촌 지역간의 불균형문제는 시급히 해결되어야 할 과제 중에 하나이다. 사회보장발전 5개년계획(1998-2003)에서는 재가노인복지시설의 확대를 추진하기로 하여, 2003년까지 시·군·구에 각 1개의 시설을 설립할 계획을 한 바 있었다(정명희, 1998). 이런 계획에 따라 농촌지역에도 재가노인복지사업이 확장될 것이나 재가노인복지시설의 각 1개를 분리해서 설립하기보다는 기존의 시설이나 기관을 이용하여 설립해 나가는 것이 경제적 효율성이 높기 때문에 현실적으로 실행 가능할 것으로 보인다.

농촌지역에서는 기존의 노인시설이나 재가노인복지시설이 없기 때문에 농촌환경과 농촌노인의 특성에 근거한 농어촌형 재가노인복지시설서비스 모형이 제시되어야 할 것이다(보건복지부, 2006). 재가노인복지시설인 가정봉사원파견시설, 주간보호시설, 단기보호시설을 통합하여 재가노인복지시설(서비스센터)아래 통합적으로 조직하여 운영하는 방안이다. 즉, 농어촌재가노인복지시설은 "치매·중풍 등 노인성질환으로 수발을 필요로 하는 자에게 지역사회 내에서 가정봉사원파견사업, 주간보호, 단기보호서비스를 제공하는 시설"을 말한다. 농어촌 재가노인복지시설서비스 모형을 농촌에서 시범적으로 시행해서 매년 사업평가를 통해 발전적 모형으로 개발해 나갈 수 있을 것이다.

농어촌 재가노인서비스 모형은 다음과 같은 장점을 가질 것으로 기대된다.

첫째, 농어촌지역의 재가노인복지시설서비스의 전형적 모형개발을 위한 초석이 될 것이다.

이는 지속적인 평가를 통해 발전적 모형개발이 이루어지고 농어촌형 재가노인복지시설서비스의 전형적 모형개발이 이루어질 것이다.

둘째, 각기의 재가노인복지시설이 하나의 기관에서 조직, 운영되기 때문에 효율성이 높다.

우선 시설의 공간을 활용하는데 융통성을 가질 수 있고, 특히 인력확보면에서 재가복지시설이 병설될 시 겸임을 할 수 있다는 지침내용에 따라 인력구성을 탄력성 있게 구성할 수 있다. 또한 자원동원도 하나의 조직체계에서 이루어질 수 있으므로 지역사회 내에서 자원동원이 극대화될 수 있다.

셋째, 가정봉사원파견, 주간보호, 단기보호를 대상노인의 필요에 따라 제공될 수 있어, 관리중심적 서비스제공에서 대상자중심의 서비스제공으로 전환되어 이용노인과 가족들의 만족도를 높일 수 있다.

이는 〈그림 14-1〉에서 보여주듯이 실질적 기대효과로 부양가족의 신체적 정신적 부담을 경감시킬 수 있고, 노인 및 노인가족의 복지증진을 도모할 수 있으며, 노인들이 지역사회에서 건전하고 안정된 노후생활을 즐길 수 있을 것이다.

넷째, 농어촌 재가노인복지시설서비스 모형은 농촌노인의 의료·보건·복지서비스의 필요성을 충족시키는 동시에 사회복지서비스(개별적 서비스)를 함께 제공할 수 있는 중간시설의 역할을 할 수 있다.

농어촌 재가노인복지시설서비스모형은 철저하게 지역사회를 기반으로 하기 때문에 지역사회에 있는 의료기관이나 보건소와 밀접한 연계를 통해 노인들의 의료·보건·복지서비스의 욕구에 적절히 대응할 수 있을 것이다.

〈그림 14-1〉 통합적 재가노인서비스 모형 및 기대효과

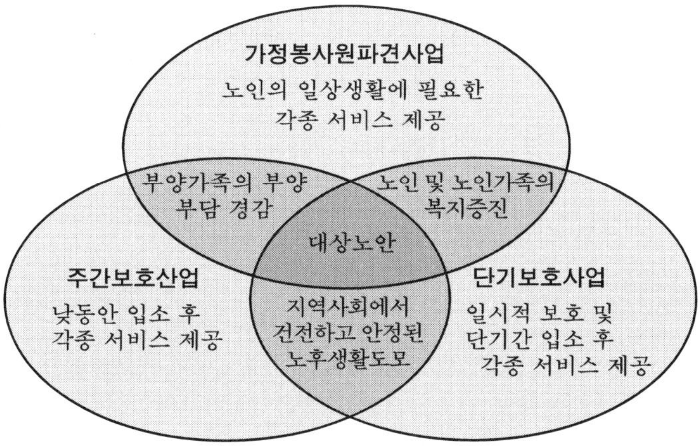

2. 보건의료복지전달체계

농촌지역의 특성이 대상노인들이 도시와 달리 지역적으로 분산되어 있고 이동성이 매우 떨어져 있기 때문에 현재 농어촌 재가노인복비시설서비스 모형이 효과적으로 재가서비스를 노인들에게 제공하기 위해서는 지역사회 내에서 효율적인 보건의료복지전달체계를 구축하는 것이 매우 중요할 것이다. 이는 군단위에 재가노인복지시설서비스센터를 지역적 근거시설로 두고 민간기관과 정부기관과의 밀접한 관계를 형성해 나갈 것이다.

물론 중앙정부로부터 감독을 받겠지만, 지역에서 관리감독은 군단위 복

지과며, 보건소와의 상호협조관계를 구축해야 할 것이다. 노인복지센터가 없는 지역의 노인을 관리하기 위해서 면사무소의 전문요원과 협조관계를 구축하여 지역노인관리를 맡도록 해야 할 것이다. 또한 지역사회의 자원을 동원하기 위해서 지역사외에 있는 사회복지시설 및 복지관련기관과 상호협조체계를 구축하고 종교단체와도 관계형성을 이루어야 할 것이다.

종교단체는 인력 및 물적 자원을 동원할 수 있는 매우 좋은 지역사회의 자원이라 할 수 있다. 또한 보건소뿐만 아니라 지역사회의 보건지소와 보건진료소와도 밀접한 상호협조체계를 구축하여 지역사회에서 의료 · 보건 서비스가 필요한 노인에게 서비스가 전달될 수 있도록 한다. 현실적으로 당장에 가정봉사원양성교육을 시킬 수 있는 능력을 가질 수 없기 때문에 해당지역에 있는 가정봉사원 양성교육훈련원의 지원을 받아 가정봉사원교육을 실시해야 할 것이다.

참고문헌

강경숙(2003), "농촌형노인주간보호시설 모형개발," 경희대학교 대학원 간호학과 박사학위논문.

김미혜 · 조유향 · 윤동성(1999), "한국농촌형 재가노인복지사업의 발전방향," 강진군 노인서비스전달모델의 개발, 강진군.

김화중(2005), 『한국보건복지정책론 2003-2004년』, 수문사.

보건복지부(2004), 중장기 농어촌 보건복지 증진방안에 관한 공청회.

보건복지부(2006), 노인보건복지사업안내.

정경희 · 이윤경(2004), "지역별 노인복지현황과 정책과제," 보건복지포럼, 92: 53-61, 한국보건사회연구원.

http://www.mohw.go.kr

15
chapter

재가노인복지와 노인장기요양보험

제 1 절 노인장기요양보험제도의 개관

1. 장기요양보호(long-term care)의 대상자범위 설정

장기요양상태에 빠져 있다고 판정할 때, 어떤 기준을 사용하는가 하는 것은 국가마다 상이한 것이 사실이다. 예를 들면 기본생활동작에 관한 항목만을 기준으로 판정하는가 하면, 수단적 동작이나, 인지적 장애정도나 간호재활욕구에 해당하는 항목도 포함하여 판정하는 나라도 있다.

그런데, 장기요양상태에도 정도의 차이가 발생할 수도 있기 때문에 이를 정책수립에 이용하고자 하는 경우에는 신중한 검토를 하여야 할 것이다. 독일과 같이 가벼운 정도의 장기요양상태에 놓여 있는 자에게는 공적장기요양보험의 급여자격을 주지 않고 있으며, 일본은 상대적으로 그러한 대상자까지 공적개호보험에서 혜택을 주고 있는 실정이다. 따라서, 장기요양상태에 놓여 있기는 하지만, 제도권에서 제외되어 있는 대상자(부분적인 경미한 기능장애자)는 어디에서 누가 보호를 하여야 하는가라는 문제가 발생된다. 결국, 일상생활동작의 장애로 장기적인 간병수발이 필요한 자는 기본적으로 ADL에 1개라도 완전한 자립상태가 아니라면 누구든지 장기요양보호대상자로 보아야 하나, 실제적으로는 일정수준이상의 장애상태를 보여야 한다는 것이다. 예를 들면, 일본의 경우에는 다양한 항목으로 수급대상자를 선정하고 있지만, 요개호인정기준이 기본적으로 25분은 초과하여야 하고, 우리나라의 경우 노인장기요양보험 시범사업(2차)에서 적용하고 있는 시안에 의하면, ADL, 인지기능, 문제행동, 간호처치 및 재활욕구 등 44개 항목을 이용하여 장기요양서비스의 필요시간(이론적 시간)이 잠정적으로 최소한 50분은 초과하여야 서비스를 받을 수 있다는 것이다. 그래서 일본의 경우에는 소수이기는 하지만, 이로 인한 불만/조정 신청이 끊이지 않고 있는 것도 사실이다.

한편, 장기요양보호가 필요한 대상자는 연령에 관계없이 누구에게든지 발생할 수 있다는 것이다. 기본적으로 지체장애자 등은 일상적인 생활동작 자체에 장애를 지니고 있기 때문에 장기요양서비스가 필요한 계층이라 할 수 있다. 물론 장애의 유형에 따라서 장기요양보호가 필요하지 않는 장애자(예를 들면 경미한 시청각 장애자 등)도 있기 때문에 장기요양서비스가 필요한 장애자수는 그렇게 많지 않을 것으로 예상되지만, 제도권에서 혜택을 받는 대상자를 노인계층으로 한정하는 경우에는 비노인의 장애인에 대한 서비스제공 대책이 있어야 할 것이다.

따라서, 역시 장기요양상태에 놓여 있는 장애자이지만, 연령제한으로 제도권에서 제외되어 있는 대상자는 어디에서 누가 보호를 하여야 하는가라는 문제가 발생된다.

우리나라의 노인장기요양보험제도의 내용에 의하면, 일단 65세미만의 자에 대해서는 노인성질병(주로 치매와 중풍)에 의한 일상생활동작의 장애자이어야 한다는 원칙 때문에 뇌병변장애와 같이 일부의 장애자만이 수급대상자가 될 가능성이 있다.

2. 법적 장기요양보호(long-term care) 서비스의 내용

기본적으로 장기요양서비스는 대체적으로 서비스의 성격에 따라 보건의료인력에 의해서 제공되는 보건의료서비스(health care services)와 복지인력에 의한 신체적·가사지원서비스(personal care and domestic support services)로 구분할 수 있고, 서비스가 제공되는 장소를 기준으로 하여 시설서비스(institutional care)와 재가서비스(home and community care)로 구분할 수 있으며, 서비스의 형태를 기준으로 현물(in-kind)서비스와 현금(cash)서비스로 구분할 수 있고, 마지막으로 제공자의 전문성을 기준으로 공식적 서비스(formal services)와 가족, 이웃, 친구 등에 의한 비공식적 서비스(informal services)로 구분할 수 있다.

첫째, 보건의료서비스와 복지서비스의 구분측면에서 보면, 우선적으로 장기요양보호상태의 개념적 정의부터 살펴보면, 일상생활동작의 장애로 장기적인 간병수발이 필요한 자를 대상으로 하고 있기 때문에 기본적으로 간병수발과 관련한 복지적 및 사회적 서비스가 일차적인 서비스내용이 되겠고, 그 다음으로 장기요양보호대상자가 지니고 있는 질병처치나 의료적 관리에 대한 보건의료서비스에 대한 제공은 어느 부문에서 담당하게 되는가 하는 점이 남는다. 유럽 선진국의 경우에는 장기요양보호상태에 있는 자에게 필요한 모든 보건의료복지서비스가 제공되고 있는데, 다만 보건의료서비스와 복지서비스의 제공주체와 비용부담자가 서로 상이하다는 점이다. 예를 들면 독일의 경우에는 장기요양보험자가 지불하는 급여는 간병수발 및 가사지원서비스에 한정되어 있으나, 일본은 방문간호, 방문재활, 통원재활 등은 보건의료서비스에 해당하지만, 개호보험제도에서 지불하고 있다는 점이 다르다. 그런데, 우리나라의 노인장기요양보험제도의 시안에 의하면, 방문간호서비스에 한해서만 노인장기요양보험에서 지불하는 것으로 되어 있다. 따라서, 방문간호를 제외한 보건의료서비스는 건강보험제도에서 지불하는 것으로 보아야 한다.

둘째, 서비스가 제공되는 장소를 기준으로 해 보면, 장기입소시설, 통원시설 및 재가로 구분할 수 있다. 장기입소시설이라고 한다면, 양로원이든 요양원이든, 또는 장기요양서비스를 제공할 수 있도록 개조된 연립주택이든 간에 모든 복지시설을 의미하고, 그 시설에서 제공되는 서비스를 시설서비스로 보고 있는데, 일본의 경우에는 특별양호노인홈(너싱홈), 노인보건시설 및 요양병상에서 제공되는 서비스를 시설서비스로 보고 있다.

그런데, 선진국의 사례를 검토해 보면, 우리나라와 유사한 요양시설이외에 일반주택에 가까운 의료주택(예: sheltered housing, assisted living house)에서도 장기요양시설서비스를 받을 수 있는 실정이다. 우리나라의 노인장기요양보험제도의 시안에 의하면, 노인요양시설(노인전문요양시설 포함)과 소규모 그룹홈에서 제공되는 서비스만을 시설서비스로 보고 있다. 여기에서 우리나라에는 의료주택과 같은 시설이 어떠한 형태이든지 간에 개발, 보급되어야 하겠고, 양로시설에서도 적극적으로 장기요양대상자를 보호해 줄 수 있는 환경을 만들어야 하겠다. 그 이유는 우리나라의 양로시설은 과거 요양시설이 법에 규정되기까지 요양이 필요한 노인까지 수용보호 하였고, 입소당시에는 요양이 필요한 상태가 아니었더라도 자연적인 노화로 요양상태에 놓이게 된 노인이 상당수 수용되어 있는 경우가 많다. 비록 정부에서는 연차적으로 양로시설을 노인요양시설로 전환시키는 정책을 시행하고 있기는 하지만, 문제는 시설의 기능/인력보강으로 인한 추가적인 예산증액에 대한 부담이 있을 것이다.

그리고, 요양병상에서의 의료적 서비스는 제외하고 간병수발서비스에 한하여 노인장기요양보험제도에서 그 비용을 지불하는 것으로 되어 있다는 것은 의료적 서비스는 건강보험제도에서 그 비용을 지불한다는 것으로 풀이된다.

한편, 일반주택과 통원시설(ambulatory facility)간 이루어지는 통원서비스(services used outside the home)가 있는데, 통원시설은 낮 동안, 야간 또는 단기간 동안에만 체류하면서 서비스를 제공하는 주간보호센터, 야간보호센터 또는 단기보호센터 등이 있는데, 그러한 통원시설에서 제공되는 서비스에는 송영(transportation)을 포함하여 영양·급식서비스(nutrition, congregate meals), 여가서비스(recreation and socialization), 이외에 재활이나 간호 등 의료서비스도 포함되어 있다.

우리나라의 노인장기요양보험제도의 시안에서 인정하고 있는 통원시설은 주간호시설과 단기보호시설에 국한되어 있다. 이러한 주·단기보호시설에서 제공되는 서비스는 간병수발서비스 이외에 간단한 기능훈련이나 간호서비스가 포함되어 있다.

그리고 장기요양대상자의 일반주택에 방문하여 제공되는 서비스(in-home services)가 있는데, 이에는 홈헬프서비스, 방문형의 간호 및 재활서비스가 중심적이다. 이 중에서 홈헬프서비스는 신체수발, 목욕서비스와 가사지원서비스로 나누는 것이 일반적이고, 재활서비스는 물리치료사나 작업치료사의 방문을 통한 재활치료서비스가 일반적이다. 특히, 재활서비스는 신체적 기능의 유지에 필요한 서비스로 선진국에서는 중요하게 다루어지고 있는데, 우리나라에서는 그러하지 못한 점이 있다. 즉, 우리나라의 노인요양보장제도의 시안에서 인정하고 있는 방문서비스는 방문간병수발, 목욕 및 간호서비스에 국한되어 있다.

그런데, 이러한 재가요양지원서비스를 제공하는 기관은 일반적으로 사회복지관이나 장기요양시설에 부속물로 운영되고 있는 것이 보편적이고, 어느 시설에 병설되어 있지 않고 재가서비스만을 제공하는 단독기관은 많지 않은 실정이다.

그러면, 이상과 같은 시설서비스나 재가서비스를 이용하는데 있어서 비용의 부담은 어떠한가. 사실은 대부분의 시설들이 국민기초생활보장 수급권노인을 대상으로 하고 있기 때문에 이용자의 입장에서는 비용부담이 전혀 없는 실정인데, 기초생활보장 수급권 대상이 아닌 경우에는 일부 저소득계층을 제외하고는 병원이나 유료시설에 입소하고 있다. 그러나 이는 일부 노인계층에 한정되어 있고, 일반적인 노인의 소득수준은 낮은 것으로 조사되고 있기 때문에 중산/서민계층을 대상으로 한 실비시설을 확대, 보급한다고 하더라도 낮은 소득수준을 고려한다면, 실비시설의 입소는 쉽지

마는 않다.

그리고 세 번째의 분류방법에는 서비스의 형태를 기준으로 한 것으로 현물급여(in-kind benefit)방식과 현금급여(cash benefit)방식이 있다. 이러한 두 가지 방식에 대한 이론적 특성을 보면, 후자의 현금방식은 장기요양서비스욕구의 충족을 금전을 통해서 해결하려는 방식인데, 이러한 서비스를 어떠한 형태로 제공하느냐 하는 것은 기본적으로 욕구의 성격과 종류 또는 인간의 속성에 의해 규정된다고 하겠다. 그런데, 현금방식이 그 효과를 극대화시키기 위해서는 금전의 사용방식에 대해 잘 알고 있는 경우인데, 이 방식의 특징이라고 한다면, 수급자가 금전을 본인의 의지나 재량으로 처분할 수 있다는 것을 전제로 하고 있기 때문에 대상자의 자유를 확보할 수 있겠지만, 지급된 현금으로 욕구충족에 필요한 재화를 구입하지 않고 다른 용도로 유용할 가능성이 있다는 단점도 있다. 이를 장기요양서비스에 관련지어 말하면, 현금서비스방식은 장기요양대상자 본인에게, 또는 가족에게 지급하고, 그 비용으로 장기요양서비스의 공급자로부터 서비스를 구입하게 하는 방식이다. 이러한 경우에는 가족 수발자가 서비스를 구입하지 않고, 수발서비스의 대가로 인정하여 수발자가 가지는 경우가 있다.

이와는 반대로 현물방식은 해당하는 서비스욕구 충족에 필요한 서비스가 제공되기 때문에 다른 형태의 서비스가 제공될 우려가 없겠지만, 이미 정해진 서비스 이외의 욕구에 대해서는 임의적으로 제공받을 수 없다는 단점이 있다. 그러나 이 방식이 필요한 것은 욕구충족에 필요한 서비스나 재화를 자유롭게 구입할 수 없는 경우나 현금을 받아도 자유롭게 사용할 수 있는 능력을 지니지 못한 아동이거나 치매노인과 같이 인지적 장애를 지닌 자일 경우가 되겠다.

결국, 전자의 현금방식에서는 필요한 양의 자금을 확보하는 것이 필요하겠고, 후자의 현물방식에서는 현물을 제공할 수 있는 필요한 양만큼의 시설이나 인력의 인프라구축, 그리고 인프라에의 접근성이 확보되어 있어야 할 것이다. 따라서 현금 또는 현금서비스방식 중에서 어느 방식을 택할 것인가 하는 것은 인프라의 확보 및 접근도, 이용자(대상자)의 서비스 정보나, 인지 기능적 상태 등에 좌우될 것으로 보인다.

한편, 장기요양대상자 본인의 입장에서 보면, 현물의 형태로 서비스를 제공받거나, 현금을 받아서 현물의 서비스를 구입하여 제공받는 것이나 모두 동일하겠지만, 장기요양대상자를 간병 수발하는 가족의 입장에서는 어떠한 형태의 서비스가 제공되느냐에 따라서 이해관계가 크게 발생할 수 있는 것이 현실이다. 선진국의 경험을 보면, 현금급여제도가 없어서 가족이 가정내 간병수발을 포기하여 장기요양시설이나 병원에 입소시키는 도덕적 위해(moral hazard)가 크게 발생하여 장기요양비용 지출의 폭등이 나타나기도 하였다. 이러한 문제점을 감안하여 세계 최초로 장기요양보험제도를 도입하여 현물급여만을 실시해온 네덜란드는 최근에 현금급여제도를 도입하였고, 독일은 처음부터 네덜란드의 경험을 인식하여 현금급여방식을 가미시키고 있으며, 최근 2000년도부터 개호보험을 도입한 일본은 현금급여제도가 마련되어 있지 못하여 가족의 시설입소조치경향이 나타나고 있는 것으로 지적되고 있다.

그런데, 분명한 것은 현금급여가 현물급여를 대체하는 것이 아니라 보완적인 성격에서 제공된다는 것이다. 그렇기 때문에 현금은 가족 수발자가 제공하는 간병수발에 대한 노동보수(임금)가 아니라 간병수발의 동기부여나 물질적인 보상의 차원에서 지급되는 것으로 고려되고 있다. 여기에서 현금급여방식이 지니고 있는 문제는 장기요양대상자에게 서비스가 제대로 제공되었느냐 하는 서비스의 질 확보 문제이다. 우리나라의 노인장기요양보험제도의 시안에서는 일본과 같이 현물급여만을 원칙으로 하되, 현물급여가 곤란한 특별한 경우에 한하여 제한적으로 현금을 지급하는 것을 검토하고 있다. 참고로 일본에서는 공적개호보험제도에서는 현금급여를 실시하고 있지는 않지만, 각 시정촌의 재량에 의해 제공되는 개호위로금 또는 개호수당이 개호보험제도에서의 특별급여의 일환으로 지급되고 있는데, 일부 시정촌의 사례를 정리하면 〈표 15-1〉과 같다.

〈표 15-1〉 시정촌의 개호수당 지급사례

지역	급여명	대상자	지급액
佐野市	재택개호자 개호수당	- 와상, 치매성고령자와 동거하면서 6개월 이상 개호하는 경우	월 10,000엔
모카市	개호수당	- 6개월 이상 와상상태인 자, - 치매상태가 6개월 이상인 자 - 1, 2 등급의 신체장애자로 양상지, 양하지, 체간기능, 시각 중에서 어느 한 개라도 현격한 장애로 단독행위가 불가능한 자 - 아동상담소에서 정신박약정도가 중증으로 판정된 자 등을 동거하면서 개호하는 자	월 8,000엔
	개호수당	- 재택에서 6개월 이상 와상노인을 개호하는 자 - 재택에서 6개월 이상 치매증 노인을 개호하는 자 - 재택에서 6개월 이상 중증장애자를 개호하는 자	월 5,000엔
카와베町	재택개호수당	- 요개호도 3등급이상을 인정받은 자를 개호하는 자	월 8,000엔
코타町	재택개호수당	- 65세 이상으로 요개호도 3이상인 요개호자를 개호하는 동거가족	월 5,000엔
	가족개호수당 (가족개호 위로금)	- 65세 이상으로 요개호도 4이상인 요개호자를 개호하는 주민세비과세세대로 지난 1년간 개호보험서비스를 이용하지 않은 동거가족	연간 10만엔
후지사와市	개호수당	- 65세 이상의 와상노인 또는 인지증고령자를 개호하는 자 ◦ 자립보행이 어려워 와상상태가 많고 일상생활에 항상 개호가 필요한 상태가 6개월이상 지속되는 경우 ◦ 일상생활에 개호가 필요하고 의사가 치매성고령자로 판정한 경우	월 7,000엔
마츠모토市	고령자 개호수당	- 65세 이상의 중도 요개호고령자로 1년이상 요개호도 2(중도 인지증), 3, 4, 5로 인정받은 요개호고령자를 상시 동거하여 개호하는 개호자에게 요개호도에 따라 지급 ◦ 입원 등으로 재택개호가 중단 경우라도 연간 180일 이상 개호한 경우에는 12개월 지급	요개호도 2: 연 10만엔 요개호도 3: 연 10만엔 요개호도 4: 연 18만엔 요개호도 5: 연 20만엔

자료: 각 일본 지자체(시정촌) 인터넷 홈페이지에서 발췌, 정리

마지막으로 공식적 서비스와 비공식적 서비스가 있다. 여기에서 비공식적 서비스라고 함은 무급의 가족, 친구나 이웃에 의한 서비스를 말하는 경우가 기본인데, 때때로 이러한 비공식서비스의 이용가능성 정도가 장기생활시설 이외의 비시설적 장소에서 장기요양서비스욕구가 해결될 수 있는지를 좌우하는데 크게 작용하고 있고, 시설입소를 사전적으로 방지하는 데에도 큰 역할을 지니고 있다는 것이다.

만약, 장기요양서비스정책을 재가서비스에 무게중심을 둔다고 한다면, 이를 지원해 줄 수 있는 시설의 확대와 더불어 간병인, 가정간호사 등 방문서비스인력의 확보가 뒤따라야 할 것이다. 이와 같은 전문적인 보건복지인력(공식적 서비스제공자)이 필요한 것도 사실이지만, 장기요양정책에서는 가족 수발자나, 친척 · 친구 · 이웃 등과 같은 비공식적 수발자(informal care-giver)의 역할도 매우 중요하게 다루어지고 있음을 알 수 있겠다. 물론 비공식적 수발자가 전문적인 보건의료서비스를 제공할 수 없겠지만, 옷입기, 목욕시켜 주기, 몸단장하기, 식사 도와주기 등과 같은 신체적 수발(personal care, self-care)서비스는 교육훈련을 통하여 충분히 제공해 줄 수 있다는 것이다.

그런데, 비공식 인적자원에 대한 문제 중에서 큰 것은 서비스제공에 따른 탈진이나, 질병, 부상, 사고, 심리적 스트레스 등이 발생한다는 것인데, 특히, 대상자의 장애정도나 질환의 중증도가 심하게 진행되어 감에 따라 심리적인 스트레스가 가중된다는 것이므로, 이를 완화 내지는 경감시켜 주기 위해서는 보완적인 사회적 제도가 뒷받침되어야 할 것이다.

선진국의 경험을 보면, 영국의 경우 노인들은 공식적인 서비스보다는 비공식적인 서비스에 더 많이 의존하고 있는 것으로 나타나고 있는데, 가사지원을 받은 노인 중에서 80%가 비공식 수발자에 의한 지원을 받았고, 10%는 비공식적 및 공식적 지원을 혼합적으로 받았으며, 나머지 10%정도만이 순수하게 공식적 지원만을 받은 것으로 나타나고 있다. 그리고 공적 장기요양보장제도가 잘 발달되어 있는 스웨덴일지라도, 총 서비스량의 2/3를 비공식 수발자에 의해 제공된 것으로 추정하고 있다.

종합적으로 정리해 보면, 호주, 뉴질랜드, 미국 등은 허약노인에 대한 주 서비스제공자가 동거 가족원이었고, 그들에 의한 서비스량은 전체의 3/4을 차지하고 있는 것으로 나타났고, 일본은 더욱 높아서 80%이상을 차지하고 있다. 그리고 북유럽 국가, 독일, 영국 등은 비동거의 가족에 의한 서비스도 매우 높은 것으로 나타나고 있다. 다시 말하면, 공식적 인력에 의해 전적으로 서비스를 제공하는 국가는 하나도 없는 실정이고, 가장 공식적 서비스의 네트워크를 잘 갖추고 있는 덴마크일지라도 비공식 서비스의 비중이 전체의 44%나 된다는 것이다.

또한, 비공식적 서비스를 활성화시키기 위해서 독일이나 스웨덴, 호주, 영국 등에서는 재가요양서비스를 선택한 가정에서 대해서는 수발자수당(carer's allowance) 등의 명칭으로 현금급여서비스를 지급할 수 있도록 하고 있는 실정이다.

어떻든 간에, 장기요양서비스에는 직업적인 전문인력(의사, 간호사, 재활치료사, 사회복지사, 직업간병인, 가정봉사원 등)에 의한 공식적 서비스(formal care)와 비전문적이고 직업인이 아닌 인력(가족, 친척, 친구, 이웃 등)에 의한 비공식적 서비스(informal care)로 구성되어 있는데, 비공식서비스가 공식적 서비스만에 의존할 때보다도 대상자의 서비스욕구를 더욱 유연하고, 믿을 수 있고, 인간적일 수 있고, 공식적 서비스와 결합될 때에는 그 효과는 극대화될 수 있다는 지적도 있기 때문에, 이러한 양대 서비스의 적절한 조화가 비용 효율적이고 효과적인 장기요양보장제도를 구축할 수 있는 지름길이라 생각한다. 즉, 방문간호나 방문간병수발과 같은 공식적 서비스를 통하여 가정에서 생활을 유지하기 위해서는 정기적이고 지속적으로 제공되지 않으면 안 된다는 선진국의 경험을 비추어 볼 때 비공식적 서비스의 충분한 제공이 장기요양보장정책의 수립시 중요하게 고려되어야 할 것이다.

종합적으로 고려해 보면, 장기요양서비스를 시설서비스와 재가서비스로 구분하여 볼 때, 시설서비스는 그 성격상 현물급여의 형태로만 제공되는 것이 일반적인데, 재가서비스의 경우에는 전문인과 가족과 같은 비공식적인력에 의한 서비스가 혼재되어 있고, 더구나 가족 수발자에 의한 서비스가 중심이 되고 있기 때문에 현금형태의 급여방식을 가미시켜 현물과 현금의 혼합방식으로 운영하는 것이 필요하겠다.

그리고 장기요양서비스는 어떤 절차를 거쳐서 전달되는가 하면, 제도의 성격에 따라 다르겠지만, 대체적으로 소비자의 선호에 따라서 필요한 서비스를 제공받고 있다. 즉, 사회보험방식으로 장기요양서비스를 급여해 주고 있는 국가(독일, 일본 등)에서는 장기요양대상자(소비자)와 공급자간 계약에 의해서 서비스가 전달되고 있다. 그렇기 때문에 소비자의 의도에 맞지 않게 서비스가 제공되는 경우에는 공급자를 바꿀 수 있도록 하고 있는 것이 특징이다. 다만, 소비자가 이용하는 서비스가 어느 한 종류에 국한되지는 않는다는 점에서 서비스의 구매계획에 대해서는 전문직의 도움을 필요로 하고 있다.

따라서, 일부의 국가에서는 다양한 서비스의 조합(구매계획)을 소비자 대신에 해주는 전문직(예, care manager)을 양성, 보급하고 있는 실정이다. 그러나 최근의 경향을 보면, 초기부터 정확한 장기요양욕구의 판정이 이루어지고 있는 만큼, 어떠한 서비스가 필요한 지에 대한 구매계획은 판정단계부터 이미 결정되기 때문에, 또 다시 서비스조합을 위한 전문직의 도움이 필요하지 않는다는 지적이 있다.

그리고 정부의 예산으로 장기요양서비스를 제공하는 경우에는 북유럽 국가를 제외하고는 대체적으로 소득조사를 통하여 수급대상자를 저소득계층으로 한정해서 필요하다고 판정된 서비스를 제공하게 되는데, 이 때에는 지정된 공급자를 통해서 서비스가 전달되는 경우가 보편적이다. 따라서, 소비자인 장기요양대상자로써는 공급자의 선택이 이루어지지 않는다는 문제점이 있다. 다만, 비용부담자인 정부가 공급자를 선택하고 있어 소비자인 장기요양대상자로써는 간접적이나마 공급자를 선택하고 있는 것으로 보인다.

3. 장기요양보호(long-term care) 서비스비용의 조달방식

장기요양보호비용을 조달하는 방법은 비용부담주체를 고려하여 살펴볼 수 있는데, 이에는 국가, 개인, 제3자가 포함되어 있다. 여기에서 제3자라고 하면, 사회보험 운영자로 보면 된다. 다시 말하면, 장기요양비용을 사회구성원이 공동부담하는 사회보험방식과, 국가가 전적으로 부담하는 조세방식, 그리고 개인의 본인부담이나 민간보험가입에 의한 사적 부담방식이 있는데, 그 중에서 어느 한 방식을 단독적으로, 또는 혼합적으로 택하고 있다.

먼저, 조세방식체제 국가의 정책을 살펴보면, 장기요양서비스제공에 대한 책임주체가 중앙정부나 광역정부자치단체(이후 광역단체로 표기), 기초자치단체별(이후 기초단체로 표기)로 구분되어 있다는 것이다. 이들 국가의 장기요양서비스는 일반적으로 개념정의되고 있는 보건의료서비스 및 사회서비스를 모두 포함하고 있는데, 각 서비스비용의 부담주체가 다르다는 점이다.

영국의 경우, 장기요양대상노인에게 제공되는 보건의료서비스는 재가노인이든 시설입소노인이든 간에 불문하고 보건의료법에 의해 NHS에서 그 비용을 지불해 주고 있고, 사회서비스는 사회서비스법에 의해 각 기초단체에서 비용을 지불해 주고 있다. 그렇기 때문에 동일한 장기요양대상노인이라 하더라도 병원입원이든 방문간호, 재활서비스 등 보건의료서비스는 NHS에 의해 무료로 제공되는 반면에 사회서비스는 기초단체중심으로 제공되고 있고, 서비스비용도 그 일부를 이용자가 부담하도록 하고 있다는 것이 보건의료서비스와 다른 점이다.

이와 같이 서비스내용에 따라 비용부담주체가 이원화되어 있어서 케어의 연속성(continuum of care)이 결여되는 사태가 발생되어 왔다. 즉, 입원치료가 더 이상 필요하지 않은 장기요양 노인환자를 병원에서 퇴원시키려고 하여도 기초단체에서는 병원퇴원 후 재가 및 시설서비스비용을 부담하여야 하기 때문에 기초단체의 재정을 절감하기 위해 NHS의 재정으로 운영되는 병원에 그대로 입원해 있기를 바라고 있었고, 노인환자인 당사자도 퇴원 후 지역에서 재가나 시설서비스를 이용하면 비용의 일부를 부담하여야 하기 때문에 무료로 입원이 가능한 병원에 그대로 있기를 원하고 있었다. 이러한 경우는 방문간호서비스에도 나타나고 있는데, 방문간호사가 제공하는 간병수발서비스는 무료이지만, 홈헬퍼에 의한 간병수발서비스는 그 비용의 일부를 이용자가 부담하게 되어 있다. 따라서, 최근에는 방문간호사에 의한 간병수발서비스(대부분이 옷 갈아입히기나 목욕수발의 경우)는 의학적 관리상 필요한 경우에만 인정하고 있다.

여기에서 사회서비스에 대한 본인부담방식을 살펴보면 다음과 같다. 즉, 이용자의 소득과 자산을 고려한 자산조사(means-test)를 실시하여 본인부담액을 차등, 부과시키고 있는데, 재가서비스비용의 이용자본인부담액은 기초단체에서 결정하기 때문에 동일한 소득수준이더라도 지역마다 차이가 발생하지만, 시설서비스비용의 본인부담액수준은 중앙정부에서 결정하기 때문에 지역간 격차가 발생하고 있지 않은 실정이다. 일반적으로 장기요양서비스를 받기 위해서는 그 필요성을 인정받기 위해서 사정(assessment) 절차를 거쳐야 하는데, 만약 사정절차를 거치지 않고 직접적으로 장기요양서비스 공급기관에서 서비스를 받는 경우에는 기초단체의 지원없이 이용자본인이 비용전액을 부담하도록 하고 있다. 그리고 기초단체가 운영하거나 이용계약된 요양시설에 입소하는 경우에는 자산조사를 통하여 부담액을 결정하고 있는데, 지난 1999년도를 기준으로 하는 경우, 본인 및 배우자의 자산이 합계 1만파운드 미만인 경우에는 본인부담이 없고, 1만파운드를 초과하는 경우에는 초과분 매 250파운드마다 1파운드씩 추가부담하고, 16,000파운드를 초과하는 경우에는 기초단체가 운영하는 시설에 입소하지 못하였다. 다만, 스코틀랜드는 자산조사 없이 시설서비스비용을 기초단체에서 지불해 주고 있고, 다만 숙박비와 같은 호텔(hotel)비용에 한하여 자산조사에 의해 차등, 부담시키고 있다. 그리고 하한소득액 이하의 저소득계층 노인은 본인부담액이 없고, 하한소득액을 초과하나 상한소득액 이하의 중간소득계층 노인은 소득수준에 따라 차등부담하고 있으며, 상한소득액 이상의 고소득계층 노인은 입소하지 못하고 국가의 비용지원없이 민간 유료시설을 이용하도록 하고 있다.

스웨덴의 장기요양서비스 제공방식은 영국과 유사한 점이 많다. 즉, 장기요양대상노인에게 제공되는 보건의료서비스는 보건의료법에 의해 광역단체가 책임을 지고 있으며, 사회서비스는 기초단체에서 책임을 지고 있다. 따라서, 보건의료서비스는 무료로 이용할 수 있지만, 사회서비스는 비용의 일부를 영국과 동일하게 이용자의 소득수준에 따라 차등부담하고 있다. 즉, 병원입원서비스도 영국과 같이 무료로 이용할 수 있었기에 각 기초단체에서는 가급적이면 사회서비스재정의 절감을 이유로 장기요양이 필요한 병원입원환자를 퇴원시키지 않도록 유도하고 있었다. 이러한 폐단을 제거하기 위해서 스웨덴에서는 지난 1992년도부터 병원퇴원계획이 수립되고 퇴원과 동시에 기초단체에서는 재가 및 시설서비스를 제공하여야 하나, 시설부족 등의 이유로 퇴원하지 못하는 경우에는 추가적인 입원비용을 기초단체가 광역단체에 지불하도록 하고 있다. 이로 인하여 병원의 사회적 입원이 크게 감소한 것으로 나타났다. 즉, 지난 1990년도 병원의 일반병동병상수의 15% 정도가 사회적 입원자가 차지하고 있었으나 그 에델개혁 이후 7%수준대로 떨어진 것으로 나타나고 있다.

그리고 재가서비스의 비용부담방식에 대해서 보면, 4가지의 유형으로 구분되어 있다. 즉, ① 이용자의 수입과 서비스제공량을 기준으로 하는 경우, ② 서비스이용량만 고려하는 경우, ③ 수입만 고려하는 경우, ④ 수입이나 서비스제공량 모두 고려하지 않고 일률적으로 일정액을 부담시키는 경우가 있는데, 대체적으로 첫 번째와 두 번째가 많은 기초단체에서 적용하고 있는 방식이다. 여기에서 제공받아야만 하는 서비스필요량이 많아지면, 이용자본인부담액의 상한선이 정해져 있기 때문에 일정액이상은 부담하지 않게 되는데, 이로 인하여 장기요양욕구가 높은 고령자라도 24시간 홈헬프서비스나 장기간의 통원치료 및 약품구입이 가능하다는 것이다. 시설입소비용의 경우에는 소득수준과 관계없이 본인부담액을 부담시키고 있는데, 그 내용에는 주거비, 간병수발비, 식비로 구성되어 있다. 여기에서 주거비

부담은 요양시설자체가 복지시설이라기보다는 일종의 주택의 개념으로 인정하고 있기 때문에 일반주택을 임대하는 경우에는 그 비용을 지불하듯이 모든 요양시설에서는 월세에 해당하는 임대료를 부담시키고 있다. 다만, 소득수준에 따라서 임대료를 중앙정부에서 주거급여의 일환으로 지급하고 있다. 식비는 정액제로 부담하고, 간병수발비는 소득수준을 고려하는 경우, 소득수준과는 무관하게 일정액을 부담하는 경우, 소득수준과 서비스량을 고려하는 경우로 기초단체마다 차이가 있다.

전술한 바와 같이 스웨덴에서도 비공식 수발자에 의한 간병수발이 많은 비중을 차지하고 있는데, 특징은 가족이 간병수발을 하는 경우에는 일정한 조건을 기준으로 가족수당을 지급하고 있다. 즉, 1주일에 16시간 이하를 수발하여야 하고 17시간 이상을 수발하는 경우에는 가족헬퍼의 신분으로 기초단체(시)의 직원을 될 수 있고, 봉급을 받을 수 있다.

사회보험방식으로 장기요양서비스비용을 조달하고 있는 국가들은 간병수발이라는 행위 이외의 질병, 실업, 고령과 같은 사회적 위험을 사회보험방식으로 대처하려는 체제를 지니고 있다. 그러나, 사회적 장기요양보험제도를 도입하기 이전까지는 조세방식국가와 유사하게 국가가 선택적으로 저소득계층에 한하여 장기요양보호서비스를 제공하고 있었던 것이다.

우선, 독일은 간병수발이라는 장기요양의 책임을 개인, 가족 및 지역사회로 일임하고, 국가는 거의 개입하고 있지 않았다. 다시 말하면 국가는 저소득빈곤계층에 한하여 지방재정으로 장기요양서비스를 제공해 주고 있었기에 장기요양에 관한 한 국가는 잔여적 서비스정책을 취하고 있었다. 그러나, 고령자의 수명이 연장됨에 따라서 장기요양비용의 부담도 과중되어 개개인이나 가족의 비용부담만으로는 이에 대처하기가 어려워지고 있었다. 즉, 과거에는 고령자개인의 연금이나 자산으로 장기요양비용을 충당하고 있었으나, 장기요양시설 입소비용의 인상과 장기간의 비용부담으로 고령자 자신의 소득만으로는 더 이상 장기요양비용을 충당하지 못하여 결국에는 사회부조대상자가 될 수밖에 없었다. 이러한 장기요양으로 인한 사회부조대상자가 확대되게 되어 지방자치단체의 재정이 악화하기에 이르렀고, 이에 대한 대안으로 장기요양비용의 사회적 공동부담방안을 모색하게 되었고, 논의 끝에 지난 1995년도에 장기요양보험제도를 도입하게 된 것이다.

일본의 경우는 지난 2000년도부터 독일과 유사한 사회보험방식의 개호보험제도를 통하여 장기요양서비스비용을 조달하고 있다. 그런데, 개호보험제도를 도입하기 이전에는 과연 어떠한 방식으로 장기요양서비스비용을 조달하였는가. 이는 국가, 개인(가족) 및 제3자(건강보험조합)가 서로 분담하고 있었다. 다시 말하면, 시설서비스를 받기 위해서는 먼저 자산조사를 받도록 하였으며, 이용자의 소득수준을 시설유형마다 몇 단계 등급으로 구분하여 비용을 징수하는 것으로 하고 있었다. 그런데, 장기요양대상자는 노인복지시설(특별양호노인홈, 양호노인홈) 뿐만 아니라 노인병원에도 입원하는 경향이 심하였는데, 이는 복지시설의 입소비용은 전액 본인이 부담하도록 하고 있는 반면에, 노인병원에 입원하는 경우에는 노인병원이 의료기관에 해당하기 때문에 건강보험의 적용을 받아 비용의 일부만을 본인이 부담하게 되어, 이용자인 장기요양대상자는 복지시설보다는 노인병원을 선호할 수밖에 없었고, 이로 인하여 입원치료가 필요하지 않는 노인이 단순한 거주생활의 목적으로 입원하게 되는 소위 사회적 입원현상이 만연되어 있었다. 결국 이로 인한 건강보험재정의 불안이 제기되어 복지시설에서의 본인부담비용을 경감시키고, 병원의 사회적 입원현상을 축소시키기 위하여 별도의 개호보험제도를 도입하게 되었던 것이다.

이와 같이 사회보험방식으로 장기요양비용을 조달하는 국가에서는 초기에는 극빈계층을 제외하고는 개개인의 전액부담에 의존하던 것이 지방정부재정이나 건강보험재정에 악영향을 주게 되어 사전 예방적인 차원에서의 장기요양보험제도를 도입한 것으로 정리할 수 있다.

그런데, 우리나라의 경우에는 노인장기요양보험제도의 재원조달방식으로 사회보험방식을 채택하고 있다. 이는 별도의 새로운 보험료를 징수하여 장기요양서비스지급에 충당하겠다는 것이다. 구체적으로 보면, 전체 재정의 50%는 보험료로 충당하고, 나머지는 국고지원과 서비스이용자 본인부담금으로 충당한다는 것인데, 국고지원금은 현행 건강보험재정에 대한 국고지원수준(지역가입자에 대한 50%)으로 계획하고 있다. 그리고 서비스이용에 따른 비용의 80%는 보험재정에서 지급하고 20%는 이용자 본인이 부담하는 것으로 되어 있는데, 차상위 저소득계층에 한해서 본인부담을 10%로 경감시키는 것으로 되어 있다. 또한, 시설입소자의 경우 식비와 요양실(4인실 기준) 차액은 비급여항목으로 전액 본인이 부담하여야 한다.

한편, 전술한 바와 있는 시설 및 재가서비스를 사회보험방식으로 제공하는 일본의 경우에서와 마찬가지로 우리나라도 급여의 상한액을 설정해 놓고 있다. 이는 의료보험제도에서와 마찬가지로 특정 진료행위에 대해서는 급여의 한도를 설정하여 보험급여에서 제외시키는 경우가 있는데, 장기요양보험에서는 유사하게 모든 서비스에 대해 지급할 수 있는 금액의 상한선을 설정해 놓고 있다. 이는 장기요양상태의 중증도에 따라 차이는 있지만, 서비스의 총량을 사전적으로 통제하겠다는 의미로, 그 이상의 추가서비스는 전액 본인부담이다.

제 2 절 노인장기요양보험제도에서의 재가노인복지서비스 인프라

노인요양보장정책에서 가장 중요한 것이 서비스공급체계의 구축이라 할 수 있다. 사회적인 노인장기요양보장제도를 마련하는 것이니만큼 보다 양질의 안전한 서비스를 제공하여야 함은 물론이고, 이를 공급할 수 있는 시설과 인력이 사전적으로 구비되어 있어야 하는 것이다. 그렇다면, 과연 어느 정도의 인프라가 준비되어 있어야 하는가는 선진 경험국가들의 사례를 통해서 가늠해 볼 수 있다.

OECD 국가들의 경험치를 살펴보면, 1980~1990년대 초반까지는 장기요양에 대한 용어의 국가간 합의가 없었기에 통계치 자체에 대한 비교에 의미를 두기가 어렵지만, 그 실태를 짐작할 수는 있겠다.

〈표 15-2〉 각 국가유형별 시설보호율 및 고령화율 비교

(단위 : %)

	1980			1990(1988-91)			1992-93			1997		
	시설보호율	재가보호율	고령화율('80)	시설보호율	재가보호율	고령화율('90)	시설보호율	재가보호율	고령화율('92)	시설보호율	재가보호율	고령화율('97)
오스트리아	3.3		15.4	4.6	3	14.9			14.9	4.9	24	15.4
벨기에	4.1		14.3	5.2	6	14.9			15.3	6.4	4.5	16.4
독일	4.3		-	5.3	3	-	5.4		16.0	6.8	9.6	15.7
룩셈부르크			13.7	7.4		13.4			13.5	-	-	14.3
프랑스	5.4	2	13.9	5.0	7	14.0			14.5	6.5	6.1	14.6
일본	5.5		9.1	6.4	2	12.1	6.2		13.1	6.0	5	15.7
네덜란드			11.5	9.1	8	12.8			13.0	8.8	12	13.4
소계 평균	**4.5**		**13.0**	**6.1**	**5.0**	**13.7**			**14.3**	**6.6**	**8.4**	**15.1**
스웨덴	6.0	17	16.3	5.3	13	17.8			17.7	8.7	11.2	17.4
핀랜드	7.0	22	12.0	7.0	24	13.4			13.7	7.6	14	14.6
노르웨이	6.3	15	14.8	6.8	14	16.3	6.5		16.2	6.6	17	15.7
덴마크	6.0	14	14.4	5.6	17	15.6	5.2		15.5	7	20.3	15.0
소계 평균	**6.3**	**17**	**14.4**	**6.2**	**17**	**15.8**			**15.8**	**7.5**	**15.6**	**15.7**
영국	3.7	9	14.9	5.1	9	15.7		9	15.8	5.1	5.5	15.9
캐나다	7.3		9.4	7.1	2	11.3			11.6	7.5	17	12.2
호주	7.0		9.6	6.2	7	11.1			11.5	6.8	11.7	12.1
뉴질랜드	6.8		10.0	6.7	1	11.1		1	11.3	-	-	11.5
아일랜드			10.7	5.0	3	11.4			11.4	5	3.5	11.4
소계 평균	**6.2**		**10.9**	**6.0**	**4.4**	**12.1**			**12.3**	**6.1**	**9.4**	**12.6**
포르투칼	1.1		11.3	1.8	1	13.4	2.0	1	13.9	-	-	14.4
그리이스	0.5		13.1			13.8			14.4	-	-	16.4
스페인	2.0		11.0	2.4	1	13.6		2	14.3	2.8	2	16.0
이탈리아	1.9		13.1	2.4	1	14.9			15.6	3.9	3.0	17.3
소계 평균	**1.4**		**12.1**	**2.2**	**1**	**13.9**			**14.6**	**3.4**	**2.5**	**16.0**
한국			*3.8*			*5.1*			*5.4*			*6.4*

주: 위의 수치는 광의의 시설보호율을 적용하였으며, 국가간 요양 시설의 개념이 달라 정확한 비교는 어려움

재가 보호율은 재가 서비스의 범위가 상당히 포괄적이며, 국가별 차이가 큼

1980-1993년 자료: EC observer, European Commissions, 1993 (인용: Caring for Frail Elderly People, OECD, 1996)

1997년 자료: (인용: A Caring World: The new social policy agenda, OECD, 1999)

고령화율 통계: OECD Health Data, 2003

독일과 일본 등 소위 사회보험방식으로 장기요양서비스비용을 조달하고 있는 국가의 경우에는 시설보호율이 1990년대에 약 6%대 중반수준이고, 조세방식의 북유럽 국가는 7%대, 북유럽을 제외한 영연방국가의 경우는 6% 수준임을 알 수 있다. 그런데, 재가보호율은 국가간 편차가 심하여 덴마크의 경우에는 20%를 보이고 있다. 한편, 최근 2004년도에 실시된 OECD의 국가간 장기요양실태조사 결과보고서에 의하면, 시설보호율이 스웨덴 8%와 스위스 7%를 제외하면, 뉴질랜드, 호주, 노르웨이 정도가 약 6% 정도이고, 독일, 일본, 네덜란드 등이 2~3%수준이다.

〈표 15-3〉 주요 OECD 국가의 장기요양보호율 (2000년)

	시설보호율 (시설서비스수급자/65세이상 노인인구) (%)	재가보호율 (재가서비스수급자/65세이상 노인인구) (%)	노인인구비율 (65세이상 노인인구/전체인구) (%)	80세이상/65세이상 (%)
호주	5.5	14.7	12.4	23.6
오스트리아	3.6	14.8	15.5	22.8
노르웨이	6.0	18.0	15.2	28.3
스웨덴	7.9	9.1	17.3	29.0
뉴질랜드	5.9	5.2	11.7	23.8
영국	2.0	4.0	15.9	25.4
아일랜드	4.6	5.0	11.2	23.0
스위스	7.0	5.4	15.3	26.0
독일(2003)	3.6	6.5	16.4	22.3
일본	3.2	5.5	17.4	22.0
룩셈부르그	3.8	4.2	14.2	21.0
네덜란드	2.4	12.3	13.6	23.5
미국(1999)	4.3	2.8	12.4	26.4

자료: OECD, *Long term care for older people* (draft report), 2004.

한편, 우리나라의 장기요양보호율은 시설보호율이나 재가보호율 모두 2003년말 현재 전체노인인구의 1%에도 못 미치고 있는 실정이고, 지난 노인요양보장추진기획단이나 실행위원회의 안대로 적극적인 시설인프라의 확충을 추진하고 있기는 하지만, 단기간에 서비스욕구에 부합되는 시설을 확보하기란 쉽지 않을 것으로 보인다.

이는 도시지역은 시설부지의 확보가 용이하지 않고, 농어촌지역은 이용자나 시설종사자의 접근성이 수월하지 못하여 정부의 계획대로 시설설치가 이루어지고 있지 못한 이유도 있고, 현행제도라면 시설설치지원에 지방자치단체의 부담도 포함되어 있어 재정자립도가 취약한 지자체일수록 시설설치를 꺼려하는 경향이 있기 때문이기도 하다.

특히, 재가요양지원서비스의 경우에는 사회복지법인과 같은 비영리단체에 의한 제공과 민간기업과 같은 영리기업에 의한 제공이 있는데, 우리나라의 제도시안에 따르면, 전자:후자의 비중을 3:7로 상정해 놓고 있다. 이는 서비스수요가 높은 도시지역의 경우에는 가능할지는 모르겠지만, 농어촌과 같은 서비스욕구는 높으나 낮은 소득수준, 지리적 광활성 등으로 사업의 수익성을 크게 기대하지 못하는 경우 서비스사업자의 수요는 적을 것으로 생각된다. 따라서, 재가요양서비스의 사업자를 확보하는 데에는 시설서비스공급자의 확보만큼 쉽지 않을 것으로 보인다.

마지막으로 장기요양관련 인프라에는 시설 이외에 인력이 있는데, 이에는 전문간병인, 의료인력이 포함되어 있다. 이 중에서 의료인력은 기존에 이미 양성, 배출되어 있는 의사, 간호사, 물리치료사 등을 활용하면 되겠지만, 신체수발이나 가사지원을 담당하여야 하는 전문간병인의 경우에는 우리나라에는 공식적인 양성, 배출하는 기관이 부재한 실정이다. 다만, 가정봉사원파견센터의 가정봉사원교육양성기관에서 간병인을 양성하고 있기는 하지만, 교육과정이 열악하여 전문간병인으로써의 역할이 미흡하다.

이와 관련하여 선진국의 경험을 보면, 간병업무가 고되고 힘든 직업이기 때문에 항상 인력부족에 시달리고 있다는 점을 감안한다면, 비공식적 수발자(informal carer)의 확충에도 계획을 수립하여 추진할 필요가 있다.

제 3 절 노인장기요양보험제도의 과제

노인장기요양보험제도는 사회보험의 원리를 이용한 제도이기 때문에 최소한 이에 충실하여야 할 필요성이 있다.

첫째, 보험료의 납부에 상응하는 반대급부인 보험급여가 필요에 의해 지급되어야 할 사유가 발생되는 경우에는 즉시로 지급될 수 있도록 하여야 한다. 여기에서 보험료를 납부하여야 하는 조건은 국가마다 상이하다. 예를 들면, 독일은 건강보험가입자 모두를 피보험자로 하고 있는 반면에 일본은 40세 이상자만 피보험자로 하고 있는데, 우리나라는 독일의 방식과 동일하다고 하겠다.

둘째, 피보험자라 하더라도 보험급여를 받기 위해서는 급여사유가 제도로부터 인정을 받아야 한다. 이 때 급여사유가 발생되더라도 사유의 경중을 따지고 일정 규모의 중증도가 인정되어야만 비로소 보험급여가 지급되는 구조로 되어 있다. 따라서, 경증정도의 급여사유를 지닌 피보험자는 보험급여대상에서 제외되기 때문에 이들을 보호할 수 있는 별도의 체계가 요구되고 있다.

셋째, 보험급여의 내용이 다양하게 구성되어 있고, 동일한 서비스라 하더라도 피보험자의 상태에 따라서 서비스의 양이 달라지게 되어 있다. 따라서 피보험자는 보험급여의 적절한 조합형태로 서비스를 이용할 필요가 있고, 대부분의 이용자가 고령자임을 감안할 때, 서비스이용을 지원할 수 있는 전문가의 도움이 요구되고 있다. 예를 들면, 케어매니저라든가 장기요양서비스계획전문가가 배치되어야 한다.

넷째, 노인장기요양보험제도가 사회보험제도인 만큼 보험료가 주재원으로 되어 있다. 다만, 우리나라의 경우 영세 자영업자가 많은 관계로 국고지원이 투입되고 있으며, 또한 본인부담정도도 비교적 높은 형태로 되어 있다. 이 때 서비스이용시의 본인일부부담금을 지불하기 어려운 저소득의 고령자가 많은 만큼 이들의 비용부담을 경감시켜줄 수 있는 대책이 요구되고 있다.

다섯째, 보험급여의 원활한 지급 및 서비스이용을 위해서는 충분한 시설과 인력의 인프라가 갖추어져 있어야 한다. 시설은 생활시설과 재가서비스이용지원시설로 구분되어 있는데, 전자는 대규모시설보다는 소규모형태의 시설확보가 필요하고, 재가서비스이용을 지원하기 위해서는 홈헬프, 주간보호 및 방문간호 등을 제공하는 시설이 단독적으로 설치운영되기보다는 여러 형태의 재가서비스를 복합적으로 제공할 수 있는 형태의 시설을 설치하거나 생활시설과의 병설형태로 운영되는 것이 사업의 경영적 측면이나 서비스이용자의 편의를 도모할 수 있다. 그리고 인력은 전문직업인의 홈헬퍼 등도 필요하지만, 가족이나 친구, 이웃 등의 비공식적 수발자(informal carer)도 필요하기 때문에 이를 양성하고 지원할 수 있는 체계가 마련되어야 한다.

마지막으로 기존의 국고지원으로 시설을 운영해온 사회복지법인의 생활 및 재가서비스이용시설의 경우는 장기요양대상자의 서비스이용을 놓고 영리의 민간시설과의 경쟁이 불가피할 것이고, 서비스의 제공이 적절하게 이루어졌는가를 파악하기 위하여 서비스의 질 관리체계가 도입될 것이기 때문에 장기요양시설들은 시설경영의 기법, 입주자의 건강관리 뿐만 아니라 각종 안전사고의 예방 등 위험관리(risk management)체계를 구축하여야 할 것이다.

참고문헌

보건복지부(2005), 노인보건복지사업안내.

한국보건사회연구원(2001), 노인장기요양보호 욕구실태조사 및 정책방안 연구.

Pratt, J. R.(1999), *Long term care: managing across the continuum*, An Aspen Publication.

Evashwick, C.(1996), *The Continuum of Long Term Care: An integrated systems approach*, Delmar Publishers.

OECD(2003), *Essential ameliorative care*, Ad hoc Group on the OECD Health Project, (mimeo).

OECD(2004), *Long term care for older people* (draft report).

16
chapter

재가노인복지와 지방이양사업의 의미

제 1 절 지방이양사업의 도입배경

예로부터 모든 인간은 동서고금(東西古今)을 막론하고 무병장수(無病長壽)를 원해 왔던 것이 사실이다. 고대 희랍이나 이집트 사람들은 평균수명이 20세도 되지 않아 머리가 백발인 노인들을 보면 하늘로부터 축복 받은 사람이라고 생각하며 존경과 선망의 대상이 되었다. 우리의 경우에도 1900년대 초반까지 영아사망률이 높았기 때문에 국민들의 평균수명은 25세를 넘지 못했다. 그러한 이유들로 조상들은 밥그릇이나 숟가락 그리고 베갯잇에도 수(壽)자를 새겨 넣어 오래 살기를 기원하였다. 그러나 2000년 들어 평균수명은 76세에 이르렀고, 2006년 현재 77.9세가 넘어 인생을 칠십까지 살기가 어렵다(人生七十古來稀)는 말은 이제 옛날 이야기가 되고 있다.

이와 같은 수명의 연장과 함께 출산율이 저하(2005년 합계출산율은 1.08명)되면서 우리나라의 노인인구와 비율이 급속하게 증가하고 있다. 지난 2000년 65세 이상 노인인구는 340만명(전체인구의 7.2%)에 이르러 고령화사회에 진입하였고, 요즘에는 매년 20여 만명 이상의 노인이 증가하고 있어 2005년 현재 437만명(9.3%)이 넘고, 머지않아 2018년에 가면 730만명(14.4%)이 넘어 고령사회에 들어가게 될 것으로 전망되고 있다. 더욱이 일부 농어촌 지역은 2000년(14.7%)에 이미 고령사회에 진입하였으며, 특히 전북 임실군, 경북 의성군 등 63개 시·군·구는 이미 초고령사회(노인인구 20%) 진입한 상태이다(저출산고령사회 기본계획, 2006).

인구고령화는 노인들의 생활환경에 급격한 변화를 일으켜, 정치, 경제, 사회, 문화, 교육, 복지 등 각 분야에서 국경을 초월하는 변화들이 나타나고 있다. 물론 전 세계적 인구 고령화 현상은 20세기 중반 이후 이미 예견된 사실이었지만, 문제는 개별 국가는 물론 전 지구적 고령화 현상이 가져올 파급효과이다. 그러다 보니 우리의 경우에도 국제화, 정보화 등 급격한 사회변화 속에 고령인구가 증가하고 있어 노인들의 사회적응과 생활대책이 커다란 사회문제로 확대되고 있다.

이에 정부에서는 노인문제를 해결하기 위한 시책으로 지난 1980년부터 경로우대 제도를 필두로, 1981년 노인복지법을 제정하였으며, 1983년에는 무료 노인건강진단제도를 실시한바 있다. 그리고 1987년부터 가정봉사원 파견사업을 시행하고, 1988년에는 국민연금법을 제정하여 노후 소득보장을 위한 제도를 마련하였다. 그리고 1991년에는 고령자고용촉진법을 제정하여 노인취업을 증진하여 왔으며, 1998년부터는 경로연금을 지급하고, 노인 주간보호, 단기보호사업 등을 시작하였다. 2000년에 와서는 국민기초생활보장법과 국민건강법 등을 제정하였으며, 2001년 지역사회시니어클럽, 2003년 공적노인요양보장추진기획단과 인구·고령사회대책팀 발족, 2004년 국민연금관리공단내에 노인인력운영센터 설립, 그리고 2005년 저출산·고령사회 기본법을 제정하기도 하였다.

그러나 정부의 이와 같은 시책들은 노인들의 실생활에 필요한 서비스를 제공하기보다는 형식과 구호에 그치는 경우가 많았다. 그간 정부는 '선가정보호 후 사회보장'이라는 정책이념으로 노인부양의 책임을 가족들에게 맡기고 자녀가 없거나 가족이 돌보지 못하는 일부 저소득층 노인들을 대상으로 제한적인 서비스를 제공하여 왔던 것이 사실이다. 따라서 노인들의 특성이나 욕구에 맞는 서비스를 제공한다기보다는 매년 책정된 예산에 맞추어 지극히 한정된 노인 프로그램을 실시하여 왔다. 다행히 최근 들어 정부는 '삶의 질 증진'이나 '생산적 복지' 그리고 '참여복지' 등의 정책 구호를 내걸고 노인복지사업을 계속하여 왔으나 실제적인 노인복지예산의 규모나 서비스 내용을 살펴보면 아직도 노인복지의 후진성을 벗어나지 못하고 있는 것이 현실이다(고양곤, 2003).

이에 2003년 집권한 노무현 정부는 '지방분권과 국가균형발전'을 국정 12대 의제 중의 하나로 선정하고 이를 추진하기 위한 '지방분권특별법,' 국가균형발전특별법, '신행정수도건설을 위한 특별조치법' 등을 제정하게 되었다(조흥식, 2004). 이어 2004년 1월 지방분권특별법이 제정되었고, 2004년 7월에는 '국고보조금 정비방안'을 통해 지방이양 대상사업과 국고보조유지 사업을 발표하기에 이르렀다. 또한 같은 해 12월은 지방교부세법을 개정하여 분권교부세[1]를 신설하였다. 이러한 정책의 일환으로 재정분권화 정책이 추진되었고, 2005년도부터 보건복지부의 복지부분 국고보조금을 지방이양사업과 포괄보조사업으로 분류하여 지급하게 되었다.

이러한 맥락에서 본 장에서는 참여정부에서 추진하는 사회복지사업의 지방분권화 정책이 노인복지서비스에 어떤 영향을 줄 수 있는가를 검토하고 지역분권화 정책에 노인복지계가 어떻게 대처해야 하는가에 대해 언급할 것이다.

1) 분권교부세는 2005년부터 5년간 한시적으로 운용하며, 2010년 이후에는 보통교부세로 통합할 예정이다. 한편 분권교부세는 내국세총액의 0.94%(2005년 0.83%)로 정하고 보통교부세는 분권교부세를 제외한 교부세 총액의 100분의 96, 특별교부세는 100분의 4에 해당하는 액으로 하고 있다.

제 2 절 지방이양 사업에 따른 재가노인복지정책

지방이양사업에 따른 재가노인복지 정책이 정부 구상대로 실시된다면 지역노인의 특성과 욕구는 프로그램 개발이나 서비스 제공에 직접 반영되어 지역노인들에게 필요한 서비스가 탄력적으로 신속하게 제공될 수 있을 것이다. 또한 지방이양 사업은 주민복지를 증진시키기 위한 지방정부들 간의 경쟁적인 정책개발로 재가노인복지 수준 향상에도 크게 기여할 수 있을 것으로 기대된다.

그러나 문제는 지방분권이 지역의 재정자립도, 지방자치단체장이나 의원들의 복지의식, 노인복지계획이나 프로그램 개발에 필요한 전문 인력의 유무에 따라 지역간 격차를 가져올 수 있다는 데 있다. 더욱이 지방자치단체장들의 정치적 목적을 달성하기 위한 선심성 경비의 확대나 방만한 재정운영 등으로 예산의 효율성이 떨어지고 지방정부가 엄청만 부채를 안고 복지재정의 감소를 가져와 결국 주민의 조세 부담이 늘어나고 노인복지서비스의 질적 · 양적 저하를 가져올 수도 있다는 점을 우려하지 않을 수 없는 현실이다.

1. 참여정부의 지방분권

참여정부의 핵심 국가정책중 하나가 바로 지방분권화 사업이라 할 수 있다. 지방분권은 지방에 대한 권한을 이양으로써 지방자치를 강화하는 것이고, 국고보조사업의 지방이양은 재정분권을 통해 지방분권을 이루는 것이다.

참여정부가 제시한 지방분권의 비전을 살펴보면 21세기 국가운영의 방향을 통치(統治: Government)에서 협치(協治: Governance)로, 관(官에)

서 민(民으)로, 중앙에서 지방으로, 소외에서 참여로 추진되어야 한다는 것이다. 또한 국제화 시대를 맞이하여 국가의 매개 없이 지방이 직접 세계를 상대로 다양성과 창의성에 의한 지역경쟁력을 강화하는 분권형 국가운영을 추구하겠다는 것이다. 따라서 참여정부는 과거의 중앙집권적 통치에서 벗어나 주민과 함께하는 지방분권국가, 지방의 창의성과 다양성이 존중되는 국가, 아래(지방)로부터 지속적인 자기 혁신이 가능한 국가, 그리고 자율과 책임, 공동체 정신을 바탕으로 하는 국가 건설을 이룩하여 '지방 활력을 통한 국가발전'을 목표로 하고 있다(조흥식, 2004).

지방 활력을 통한 국가발전을 도모하기 위해 참여정부가 내세운 4대 추진전략은 첫째, 선도과제 우선 추진(중앙권한의 지방이양, 획기적인 재정분권 추진), 둘째, 정부혁신과의 연계 추진(중앙의 행정 및 재정세제 개혁과 연계, 지방정부 혁신), 셋째, 중앙부처의 자발적 참여유도(혁신과 기능이양에 대한 인센티브 제공), 그리고 넷째, 국민적 공감대 확산(정치권, 시민사회, 학계, 언론 등 여론 수렴) 등을 제시한바 있다.

이처럼 참여정부의 지방이양사업 정책 추진 내용을 살펴보면 대부분이 주 대상자인 노인복지와 연관되어 있다고 해도 과언이 아니다. 특별기관 행정정비, 사무구분체계 개선, 조려제정근거 확대, 자치조직권 확대, 중복감사 문제해소, 주민감사청구제, 주민소송제, 주민소환제 등은 자치권과 관련되어 노인복지정책에서의 주민참여에 관계되어 있다. 그리고 국고사업정비, 지방교부세 법정비율인상, 지방예산편성지침과 지방체발행승인제 등은 지역의 노인복지예산 증감에 직접 또는 간접으로 영향을 줄 수 있다. 그럼에도 문제는 지난 1995년 본격적인 지방자치시대가 열린 이래 10여 년의 세월이 훨씬 흘렀지만 아직도 정착의 뿌리가 불안하다는데 있다.

지방자치 선진국들의 정치사가 지역에서부터 써졌음은 이미 잘 알고 있는 주지의 사실이다. 이미 집권에 성공한 유럽과 제3세계 좌파정당 등은 소위 '노동자축구단'과 같은 생활정치를 통해 서서히 기반을 쌓으면서 결국 집권에 성공하는 등 그 역사가 매우 깊다.[2] 따라서 척박한 우리의 지

2) 1970년대 전 세계적 불황을 배경으로 등장한 신자유주의가 복지국가를 비판할

방자치 풍토에서 좀더 끊임없이 주민들과 호흡하고 부딪치려는 노력으로 지금의 어려움들을 슬기롭게 극복하고 가꾸어가려는 지혜가 있어야 할 것 같다.

2. 참여정부의 지방분권 로드맵

참여정부의 트레이드마크 중 하나인 '지방분권' 또는 지방이양 정책의 세부 모습은 지방분권과 관련된 법률의 재개정, 지방 위임사무의 재배치, 특별지방행정기관의 설립, 지방교부세율의 인상, 지방정부 예산지침의 수립, 복식부기제의 전면실시, 지방정부 및 의회의 인사권 확대, 주민소환제 및 주민소송제 실시 등에 대한 향후 추진 일정을 말할 수 있다(〈표 16-1〉 참조). 그러나 이러한 추진 목록 속에 '국고보조사업의 정비'라는 것이 들어있었는데, 이는 지방분권 정책의 핵심이 재정분권이라 할 수 있을 것 같다. 그럼에도 국고보조금 사업의 변화가 몰고 올 사회복지계의 후폭풍은 지대하건만 그에 걸 맞는 준비가 매우 부족했다는 것이 사회복지 발전에 문제점으로 등장하고 있다.

〈표 16-1〉은 참여정부의 지방분권 추진 로드맵으로서 기존정책과 비교 가능한 내용들이다.

때 내세운 것이 바로 분배 대 성장의 이분법이다. 재분배 정책 때문에 성장이 정체되었고 그것 때문에 다시 복지국가에 위기가 닥쳤으니 이제는 자본가들의 요구대로 경제성장에 다른 모든 것을 종속시켜야 한다는 것이다. 1979년 영국 대처정부의 등장을 필두로 선진자본주의의 국가의 중앙정치는 이러한 신념을 내세운 세력들에게 점령당했고, 사회민주주의 정당들의 지도부가 중앙정치에서 무력한 모습을 보이자 좌파들은 지자체를 통해 자신들의 구상을 실천하려 했다. 그러한 의미에서 우리의 진보세력도 지방정치에서 할 일이 많다는 주장이 제기되고 있다. 19세기 말 초기 진보정당들처럼 지역에 풀뿌리 시민사회를 건설하여 1차 대전과 2차 대전 사이 서유럽 사회민주주의 정당들처럼 지역에서부터 공공복지를 확대야 나갈 때 기존의 정당들이 갈수록 보수화·관료화 되어가는 상황에서 지역주민들의 복지를 지켜내야 된다는 과제를 안고 있다는 것이다.

〈표 16-1〉 참여정부의 지방분권 추진 로드맵(정부혁신지방분권위원회)

구 분	기 존	참여정부내
지방분권추진 법령 정비	·지방이양촉진법(1999) ·지방자치법	·지방분권특별법 제정(2003) ·지방일괄이양법 제정('04,'05,'06 3회) ·지방자치법 개정(2004~6)
사무구분체계 개선	·자치사무, 기관위임사무 등	·기관위임사무 정비(2004~5)
교육자치, 자치경찰	·시도단위 교육자치, 일반자치와 분리, 국가경찰제	·교육자치제 개선, 자치경찰제 도입방안 마련(2004~5)
특별지방행정 기관 정비	·자치단체와 유사 중복기능 수행, 기관 과다	·개편방안 마련, 2004~6년중 대상기관 이관
국고보조사업 정비	·세분화, 종류과다 - 3억원 미만사업 13.1%('03) - 법정보조율사업 31%에 불과	·보조금 정리 및 자주재원화(2003~5)
지방교부세법정률인상	·교부세율 15%	·단계별 인상 추진(2004~05)
지방예산편성지침과 지방채발행승인제	·지침 유지, 사전승인제 유지	·폐지(2004~2005)
복식부기제 전면실시	·9개 자치단체 시범실시 중	·전면실시(2007)
조례제정근거 확대	·법령 범위 안에서 조례제정 ·벌칙등 부과는 법률위임 필요 ※ 지방자치법 제15조	·법령사항을 조례규정사항 전환 유도(2004) ·조례제정 범위 확대 법규 개정(2004)
도시계획권 확대	·중앙정부 도시기본계획 승인권 유지	·승인권 축소 등(2004)
자치조직권 확대	·기구설치 승인 등 직접통제 방식	·기준관리 중심의 간접통제 방식으로 전환
인사교류 활성화	·인사교류 부진	·정부, 민관간 인사교류 활성화 방안 마련(2004)
의회사무기구 인사권 강화	·의회사무직원은 의회의장 추천으로 자치단체장이 임명	·인사권강화방안 마련(2004)
지방의원 신분제도 개선	·명예직 폐지(2003. 6)	·수당 현실화 등 추진(2003~5)
선거공영제 강화, 후원제 도입 등	·후원회제 불인정	·선거공영제 확대, 후원회제 도입 등 검토(2005~6)
중복감사 문제, 주민감사청구제	·과다한 중복감사 ·감사청구인수 : 20세 이상 주민 1/50 이상	·중복감사 개선(2003~4) ·감사청구활성화방안마련(2003~4)
주민소송제	·무(無)	·도입방안 검토(2004)

〈표 16-1〉 이어서

주민투표법령 제정	·지방자치법(제13조의2)에 근거만 규정	·별도 법령 제정(2003~4)
주민소환제	·무(無)	·도입방안 검토(2004)
자원봉사활동기본법	·무(無)	·법 제정방안마련(2004)
조합제활성화, 특별지방자치 단체 도입	·지방자치법상 조합 1개 ※ 자치정보화조합	·조합 활성화, 특별지방자치단체 도입방안 마련(2004)

자료: 이태수, 2004.

3. 참여정부의 지방복지 현실

본격적인 지방자치가 시작된 지 10년이 흘렀고, 이 기간 동안 중앙정부의 기능은 순차적으로 지방정부에 이양되었다. 지난 2006년 7월에는 참여정부가 추진하는 지방분권의 시금석이자 첫 결실이라 할 수 있는 제주특별자치도가 탄생되기도 하였다.[3] 더욱이 최근에는 치안기능을 지방정부가 맡는 '자치경찰제' 도입마저 진행되고 있으므로 향후에는 국방과 외교 등 국가의 핵심적 기능이외에는 대부분 지방자치단체가 도맡게 될 수도 있을 것 같다.[4] 그러나 우리의 지방자치 현주소는 오랜 시간 군부가 지휘하는

3) 제주도 입장에서는 1946년 제주도제 실시 이후 60년 만에 특별한 제주로 거듭나는 쾌거라 할 수 있다. 자치입법과 자치행정은 물론 사회복지, 지역산업육성에 이르기까지 중앙정부로부터 파격적인 자치권을 이양받았다는 자체가 제주의 운명을 제주도민 스스로 결정하고 개척해나가기 위한 역사적인 도전이라 할 수 있다. 현재 제주특별자치도에는 1천64건의 중앙사무가 이양되었는데, 앞으로도 8천건에 달하는 각종 사무권한도 중앙정부와 협의하여 최대한 이관할 계획이라고 한다. 특히 규제완화 부문에서 항공자유화, 도 전역 면세화, 법인세율인하 등이 제주특별자치도의 성공을 가름할 수 있는 관건으로 부각되고 있다. 따라서 국제자유도시로 발전한 세계적인 도시들과 경쟁하기 위해서도 중앙정부가 보다 확실한 의지를 가지고 제도적 뒷받침을 해 주어야 지방자치의 참 모습을 간직할 수 있을 것이다.

4) 이에 비해 지방자치의 대표적인 국가로 인정받고 있는 독일의 경우 1618년부터 1648년까지 치룬 소위 30년 전쟁 이후 350여개의 크고 작은 나라로 갈라지면서 연방국가로서의 주권을 사용하며 자치정부를 시작했다고 볼 수 있다. 그 후 비스마르크는 1870년 프랑스와의 전쟁에서 승리함으로써 프러시아라는 국가명을 도이칠란트 제국으로 바꾸면서 1871년 역사상 처음으로 통일을 이룩하게 되었다. 따라서 도이칠란트가 통일 국가가 된 것은 지금부터 130년 전이기 때문에

극단적 중앙집권사회에 대한 반감으로 지방분권을 서둘렀고, 그 당시 집권자가 인심 쓰듯 베푼 '지방화시대'가 10년이 지난 지금까지도 제대로 정착하지 못하고 삐거덕거리는 현실에 놓여 있다.

수십 년간 지방권력을 장악해온 지역토호와 유지들이 '지방자치'라는 간판을 달고서 주민들의 세금으로 제 잇속만 차리는데 그친 게 아니라, 쓸데없는 사업에 투자하여 적게는 수억 원에서 많게는 수백억 원에 달하는 혈세를 낭비한 사례도 비일비재한 경우가 많다.

물론 사람만의 문제가 아니라 중앙정부도 섣부르게 책임을 지방에 이양함으로써 생긴 부작용 또한 만만치 않다. 바로 지역 간 불균형의 문제로서, 각 자치단체들이 나름대로 운영하는 살림의 폭이 커지면서 자치단체 간 빈부 격차가 더욱 커지고 있다. 부자 동네에 거주한다는 이유만으로 천연잔디 위에서 축구를 하고 원어민 교사가 가르치는 영어교육을 받는가 하면, 흙먼지 날리는 운동장에서 뛰어놀다 횡단보도 하나 제대로 설치되어 있지 않은 귀갓길을 위험천만하게 뛰어가는 어린이가 살고 있는 지역 등 빈부격차가 심각하게 존재하는 것이 우리의 지방자치 정부 현실이다. 이처럼 복지기능이 각 자치단체로 분산되면서 국가의 기본적인 재분배 시스템이 제 기능을 못하거나 작동을 멈추고 있는 것이다.

제 아무리 지방자치 선진국이라 하더라도 중앙정부의 고유한 책임과 권한인 외교나 국방 분야 등이 지방정부 제각각 존재한다면 그것은 효율성에서 상상하기 힘든 일이라 할 수 있다. 그럼에도 복지 분야는 중앙과 지방 중 어느 영역의 행정부에서 책임져야 한다고 질문한다면 주민들의 욕구에 걸맞은 복지서비스를 위해서 지방정부가 책임져야 한다고 한결같이 주장하기 마련이다.

2006년 상반기 감사원이 발표한 지방자치단체 재정운영상태 보고서를

우리나라 신라의 삼국통일인 676년보다 1195년 늦은 시기라 할 수 있다. 그러나 1천여 년 동안 크고 작은 나라로 갈라져 서로 다른 발전을 이룩하였기 때문에 지금의 독일은 지방마다 자기 나름의 강한 성격을 지니고 있어서 중앙집권이 아닌 지방자치의 전통을 지키고 있다. 또한 영국과 프랑스의 경우에도 미국처럼 의회민주주의가 발전한 국가들은 다른 나라들에 비해 일찍이 지방자치제도가 실시되었다고 볼 수 있다(김근홍, 2001).

살펴보면 전국의 지자체 가운데 62%인 155개 지자체가 지방세 수입만으로 자체 인건비도 해결하지 못하고 있다. 반면 세수입만으로 살림을 꾸릴 수 있는 지자체는 전국에 11곳에 불과했는데, 이나마 서울, 경기, 인천, 안양, 부천, 고양, 과천 등 모두 수도권 자치단체 일색이다(김재중, 2006).[5] 이는 부의 편중화 현상이 주로 수도권, 그리고 수도권 안에서도 강남에 집중되고 있음을 엿볼 수 있는 대목이다.

지자체의 가장 큰 문제가운데 하나는 바로 예산확보와 재정자립도 격차 때문에 지자체간 복지 서비스의 내용이 너무나 현격하게 벌어지고 있다는 점이다.

일례로 재정자립도가 91-95%에 이르는 서울시 강남구의 경우, 상황이 여의치 않은 재가노인들을 대상으로 하루 4시간씩 도우미 서비스를 제공하는가 하면, 1년에 500명의 노인을 선정해 위암과 치매 진단 등을 무료로 해주고 있다. 그러다보니 노인복지 예산만 한해 170억 원 이상을 책정하는 여유를 간직하고 있다. 이에 비해 재정자립도가 19.4%에 그치고 있는 광주광역시 남구의 경우, 65세 이상 노인들에게 지급하고 있는 교통수당도 서울시 3만6,000원에 못 미치는 3만 원 가량밖에 지급하지 못하고 있다.

이런 현상은 '지방분권'이라는 청사진을 제시하고 있는 참여정부의 복지 정책에 기인한 어설픈 '복지 분권'이 오히려 복지 불균형만 증폭시켰다는 결과물이라 할 수 있을 것 같다.

4. 지방이양사업과 분권교부세 현황

지난 2003년 7월, 참여정부는 '지방분권 추진 로드맵'이라는 청사진을 제시하며 지방재정의 자율성 강화 등 재정분권을 내용으로 하는 국고보조금 제도 개선계획을 발표한바 있다(〈표 16-1〉 참조). 이 계획에 따라 2004년 13개 부처가 맡아온 1조 원 규모의 149개 사업이 지방으로 이양되었다.

5) 서울 안에서도 강남, 서초, 송파구 등 주로 강남권 지자체만 서울시의 교부세를 받지 않고 자체 살림이 가능한 지역이다.

〈표 16-2〉처럼 이들 13개 부처의 사업 중 보건복지부 사업이 67개이고 그 액수만 5,958억 원에 이르는 대규모로서, 지방에 이양한 재정규모의 50% 이상이 복지 분야 사업이다. 특히 경상적 수요 50개 사업과 비경상적 수요 17개 사업 등 보건복지부가 도맡아온 노인, 장애인, 아동 관련 복지서비스 중 상당 부분이 지방정부의 권한과 책임으로 이양사업이 되었다. 그러다 보니 '복지분권'을 앞세운 참여정부의 지방분권 정책이 긍정적 의미의 이양이 아닌 떠넘김이라는 질책을 받게 되는 상황까지 이르게 되었다.

〈표 16-2〉와 같이 지방이양사업과 관련된 국고보조금은 총 533건으로 12조 7천억 원의 규모이고, 그 가운데 149건 9,581억 원을 지방으로 이양하였으며 재원은 분권교부세 8,454억원과 담배소비세 인상분 1,127억원을 확보하기도 하였다(김진학, 2005).

〈표 16-2〉 지방이양사업의 규모

구 분	총계		경상적 수요		비경상적 수요	
	사업수	이양규모	사업수	이양규모	사업수	이양규모
전 체	149개	9,581억원	74	6,286	75	3,294
보건복지부	67	5,958	50	4,722	17	1,236
비 율		62%		66%		34%

주: 2004년 기준 보건복지부의 전체예산 : 4조 9천 억원(138개 사업)
자료: 행정자치부, 2005a

한편 각 분야별로 보건복지 이양현황을 살펴보면 노인분야가 13건으로서 1,621억원, 장애인분야는 24건 1,761억원, 그 외 30건 2,576억원 규모를 보여주고 있다.

〈표 16-3〉 보건복지사업 분야별 이양현황

구 분	합계	노인	장애인	기타
사 업 수	67	13	24	36
금액(억원)	5,958	1,621	1,761	2,576

자료: 배병준, 2005

〈표 16-2〉나 〈표 16-3〉처럼 보건복지부는 국고보조금 이양대상 13개 부처 중 가장 많은 사업을 지방으로 이양하여 사회복지계에 큰 충격을 준바 있다. 물론 외형상으로는 국고보조사업으로 유지되는 사업 71개가 남게 되어 있지만, 국민기초생활보장 급여와 의료급여 등 기초생활보장 관련 예산 3조 8억 원을 제외하면 약 6,150억 원이라는 엄청난 규모의 액수이다. 즉 사회복지 서비스예산 중 거의 절반이 지방으로 이양된 셈이다. 따라서 상당수 복지분야 전문가들은 지자체들의 예산확보율이나 재정자립도가 들쭉날쭉 심각한 편차를 보이고 있는 상황에서 복지를 지방정부에 떠맡긴다는 '복지분권'은 바로 시기상조였다는 비판하고 가하고 있다. 서구 선진국처럼 국가의 복지기능이 일반화된 상황이라면 모를까 우리처럼 제대로 된 복지 시스템을 가져본 경험이 없는 실정에 지방자치단체에 복지기능을 떠맡기는 것은 무책임한 일이라는 것이다. 원칙적으로 복지정책은 중앙정부가 책임지고 관리해야 할 필수의 중요부분이기 때문에 혜택을 받아야 할 계층이 오히려 복지정책으로부터 소외받는 현상이 나타나고 있다는 우려 때문이다.

이에 비해 지방자치 전문가들은 지자체의 재정불균형 해소를 통해 이 문제를 해결할 수 있다는 입장으로서 회계 등을 활용하거나 교부세나 국고보조금 등 현재의 지방재정 조정제도를 보완해 지자체의 재정 상태를 건강하게 만드는 것이 대안이 될 수 있다는 이야기도 한다.

그럼에도 보건복지부가 제시한 '지자체별 복지분야 지방이양사업 예산확보율'을 살펴보면 지자체의 재정상태가 건강하다는 것이 바로 복지서비스 확대를 의미하지는 않는 것 같다. 그에 대한 단적인 일례가 바고 전국의 16개 광역단체 가운데 재정자립도 3위를 기록한 인천시의 경우 복지 분야 예산확보율은 최하위를 차지했지만, 이와 반대로 재정자립도 10위를 기록한 제주특별자치도이 경우 복지 분야 예산확보율에서 1위를 기록한 것을 보면 알 수 있다.

이론적으로 볼 때 재정자립도가 높다는 것은 전체예산에서 자체 수입이 차지하는 비율이 높다는 것을 의미할 뿐이다. 따라서 자치단체가 예산을 자주적으로 활용할 수 있는 가능성이 높다는 것 이외에 복지서비스 증대를 예측할 수 있는 근거가 없기 때문에, 결국은 지자체가 복지서비스를 책임질 경우 단체장의 마인드와 집행의지가 복지 서비스를 좌우하는 주요한 변수로 등장한다는 결론이 가능하다(김재중, 2006).

제 3 절 지방분권화에 대한 재가 노인복지

재정분권화 내용 중에서 재가노인복지에 큰 영향을 주는 부분은 바로 정부의 국고보조금 정비방안이라 할 수 있다. 오랫동안 보건복지부 중심으로 계획하고 예산을 지원하여 실시해온 노인복지사업들이 지방으로 이양될 때 재정자립도나 사회(노인)복지 전문 인력이 부족한 지역에는 큰 파장을 몰고 올 것으로 예상한 바 있다. 따라서 지방분권화의 충격을 능동적으로 대응하기 위해서 각 지역의 노인복지단체, 시설장, 전문가 등 노인복지관련 지도자들의 준비와 노력이 요구되었던 것이다.

노인복지 지도자들은 각 지방의 '지역복지협의체'나 '사회복지사무소'와의 긴밀한 관계 구축이 필요했고, 각 지방의 '지역복지협의체'의 실무협의체와 실무팀에 들어가 지역사회(노인)복지계획 수립, 복지서비스 조정과 연계, 지역복지자원 개발, 그리고 지역복지 발전을 위한 의견수렴과 정책건의 과정에 적극 참여하여야 할 과제를 앉게 되었다.

2004년부터 전국 5개소에 사회복지사무소 시범사업을 시초로 앞으로도 계속하여 전국 각 지방에 설치될 예정이다. 특히 2005년부터 분권 교부세 제도를 통해 67개 사회복지사업 예산이 지방에 이양되었지만, 하반기부터 지역사회복지협의체의 구성, 지역사회복지계획 수립을 시작하였다. 사회복지사무소에는 복지담당 행정공무원과 복지전담공무원을 배치하여 국민기초생활보장, 의료급여, 자활사업 등 공공부조 사업과 노인, 장애인, 아동 등을 위한 사회복지서비스를 제공하면서 각 지역주민의 특성에 맞는 복지서비스를 효과적이고 효율적으로 제공해 나갈 것으로 예상되고 있다.

따라서 각 지역의 재가노인복지 지도자들은 지역의 기업이나 종교기관, 시민단체(NGO), 지역주민들과의 연합세력 구축이 필요할 것이다. 이제 고령사회를 앞두고 재가복지계도 장기적이고 거시적인 복지정책 개발 차원에서 중앙정부에 대한 활동과 지방정부에 대한 활동을 동시에 추진해 나가야 할 과제를 앉고 있다고 보겠다.

1. 중앙정부에 대한 대처방안

재가복지계는 중앙정부가 담당해야 할 국가 복지재정의 증대, 보건복지부내에 노인복지국 설치와 함께 전국적인 노인복지 전달체계의 확립, 고령사회에 대비한 범정부 차원에서의 장단기 노인보건복지정책 수립 등을 정부에 강력하게 요구하는 과제를 앉고 있다. 이를 추진하기 위해서는 노인관련 단체, 기관, 학자, 실무자, 시민 등이 대동단결하여 결집된 정치세력을 구축하고 보건복지부 뿐만 아니라 기획예산처, 재정경제부, 노동부, 교육인적자원부, 문화관광부, 행정자치부, 건설교통부 등 정부 여러 부처에서 노인복지를 위한 책임과 역할을 수행할 수 있도록 촉진하는 노인복지증진 활동에 적극 참여해야 한다는 주장이 제기되고 있다.

그리고 지방정부에 대한 대처방안으로 지역의 재가복지를 위한 연합체를 구성하여 지방협치(Local Governance)[6]를 통한 복지사업을 추진해 나가는 노력도 필요할 것 같다. 지방협치란 지방정부를 포함하여 지역에 있는 기업, 시민단체, 종교계, 학계, 언론 등 지역사회 구성원의 주요 지도자들 간의 협력적 네트워크 구축을 말한다(오재일, 2003). 재가복지 네트워크를 구성하고 지역의 인적 물적자원을 활용하여 복지사업을 원활하게 운

6) 로컬 건버넌스(Local Governance)라는 의미는 단순한 시민참여 개념보다 급진적이고 적극적인 개념이라 할 수 있다. 로컬 건버넌스의 특징은 지방자치단체를 중심으로 한 제도적이고 공식적인 관계보다는 행정기관, 기업, 시민집단 간에 있어 이해관계를 비공식적인 네트워킹을 통해 조정, 통합해 나가는 데 있다(모성은, 2006).

영해 나가기 위해서는 바로 지역의 재가복지 전문 인력이 필요한 것이다.

지방분권화시대를 맞이하여 전국노인복지시설협회, 재가노인복지협회, 노인복지관협회, 대한노인회 등 노인복지관련 단체에서는 각 지방의 재가복지 전문인력 양성과 확보를 위한 노력이 절실히 요구된다. 지역사회의 재가노인 욕구를 파악하고 자원을 개발하여 개별적인 지원 계획을 세워 필요한 서비스를 제공할 수 있는 케어매니저(care manager)도 필요하고 노인들에게 필요한 실제적인 요양보호를 제공할 수 있는 간병 인력의 양성도 필요하다. 또한 지역노인복지사업 개발을 위한 지역노인 욕구조사, 서비스 계획 수립, 공적 및 민간자원의 동원, 사회(노인)복지 관련 단체들과의 연계 및 조정 등을 역동적으로 수행할 수 있는 지역복지사(Community Social Worker)의 확보도 중요하다고 하겠다.

2. 지방이양의 재가노인복지 함의

정부(행정자치부)는 2006년에 '분권교부세 제도운영 개선방안'을 관계부처와 협의해 나갈 계획이다. 〈표 16-5〉처럼 보건복지부 자료에 따르면 2005년 6월 30일 현재 지방의 예산확보는 2004년 예산과 비교 시 국비(분권교부세)의 감소(7.8%)에도 불구하고 지방비가 대폭 증가(30.6%)한 수치를 보여주고 있다. 전체예산 편성액 중 국비(분권교부세) 대비 지방비 비율이 2004년 99.4%에서 2005년 141.7%로 증가한 것을 볼 때 지방비의 부담은 계속 증가할 것으로 보인다.

한편 분야별·사업소별 예산확보 현황에서는 노인복지분야가 21.3%(746억원), 장애인 복지분야 11.4%(412억원), 기타 복지 분야가 5.1%(254억원)로 증액되었다.

〈표 16-5〉 분야별, 사업별 예산확보 현황

(단위 : 억원)

구 분	2004예산(최종)			2005예산(6월말)			증가율
	계	국비	지방비	계	국비	지방비	
합 계	12,062	6,048	6,014	13,474	5,574	7,900	11.7
노 인	3,499	1,611	1,888	4,245	1,572	2,673	21.3
장 애 인	3,625	1,816	1,809	4,037	1,643	2,394	11.4
기타복지	4,938	2,621	2,317	5,192	2,359	2,833	5.1

주 : 보건복지부 사회정책총괄과 자료로써 부처간 자료가 일치하지 않은 부분들이 있음

그럼에도 보건복지부 자료를 보면 노인복지분야의 예산 편성률이 90.2%로 타 분야에 비해 상대적으로 저조함을 나타내 주고 있으며, 이는 노인복지사업의 추진에 따른 어려움의 한 단면이라 할 것 같다.

〈표 16-6〉 분야별 예산소요액 대비 확보율

(단위 : 억원)

구 분	총소요액 (A)	예산편성액			확보율 (B/A,%)
		계(B)	분권교부세	지방비	
합 계	14,605	13,474	5,574	7,900	92.3
노 인	4,708	4,246	1,572	2,673	90.2
장 애 인	4,320	4,037	1,643	2,394	93.4
기타복지	5,577	5,192	2,359	2,833	93.1

자료: 행정자치부, 2005a

더욱이 재가노인복지사업의 대부분이 지방으로 이양되었음을 볼 때, 재가노인복지서비스는 지역사회 중심으로 이루어져야 함을 의미한다고 볼 수 있다. 따라서 국고보조금의 지방이양사업에서 보건복지 분야의 비중이 크고, 그에 대한 재원이 제대로 확보되지 못한다면 재가노인복지사업이 원활히 추진될 수 있을지 염려된다.

〈표 16-7〉 노인복지분야 지방이양사업

구 분	대 상 사 업		
경상적 수요 (11)	· 노인시설운영 · 노인복지회관운영 · 노인건강진단 · 경로당 활성화	· 재가노인복지시설운영 · 저소득재가노인식사배달 · 치매상담센터운영 · 시니어클럽운영	· 경로당운영 · 경로식당무료급식 · 노인일거리사업
비경상적 수요 (2)	· 재가노인복지시설개보수	· 노인복지회관 신축	

이러한 이유들로 지금까지 복지사업이 생활시설 위주로 추진되어 왔고 상대적으로 재가복지서비스가 개척단계에 있음을 볼 때 재가노인복지를 위한 별도의 대책이 필요함을 느끼게 된다. 물론 생활시설(요양)의 확충을 외면한다고 하는 것은 아니다. 일례로 경기도의 경우 요양시설 확충률이 50% 정도에 이르고 있으나 실비시설의 충족률은 매우 낮고, 재가노인복지시설의 충족률도 아직 한자리 숫자에 불과한 실정이다. 더욱이 대부분의 지역이 이에 해당하므로 기존의 요양시설 확충을 지속적으로 추진하는 것과 함께 재가노인복지서비스에 대해서도 특별한 관심을 가져야 할 것 같다.

물론 지방이양사업을 다시 국고보조의 형태로 환원하자는 논의가 분분하지만 지역사회에서 주민의 욕구에 부응하는 서비스체계를 갖추고 실행하려면 지방이양을 지방분권의 대세로 인정해야 한다는 논리 또한 대세를 이루고 있다. 왜냐하면 사회복지서비스는 국가중심에서 획일적으로 이루어지기보다는 지역사회가 중심이 되어 맞춤서비스로 제공되어야 하기 때문이다.

시설입소대상 노인을 전체노인의 2%정도 이하로 볼 때 대분의 노인에 대한 복지서비스가 넓은 의미에서의 재가노인복지사업으로 이루어져야 할 것이다. 더구나 2008년 노인장기요양보험의 본격적인 실현을 눈앞에 두고 있는 상황에서 시설인프라 확충이 미약한데다 프로그램, 모니터링 시스템 등 부족한 점이 한두 가지가 아니다.

지방이양과 관련해서 재가노인복지사업이 갖는 함의는 무엇보다도 지방자치단체의 의지와 실행력을 갖추어야 할 것이다. 특히 광역지방자치단체가 제대로 지방단위의 역할과 기능을 할 수 있는 시스템을 갖추고 지역사회의 특성과 서비스대상자의 특성에 따라 맞춤복지가 이루어질 수 있도록 리더십을 지녀야 한다.

지역복지가 강조되면서 지역사회복지협의체가 구성되었고, 지역사회복지계획이 수립되고 있다. 시장·군수의 의지에 따라 지역사회의 복지서비스 질이 좌우되기도 하겠지만, 이제는 지역사회의 모두가 사회적 취약계층을 보듬고 함께 헤쳐 나갈 수 있도록 노력해야 할 시기가 온 것 같다.

저출산·고령화의 「새로마지 플랜 2010」은 18개 부처의 기본계획을 함축적으로 담아내고 있다. 이제는 지방정부의 실행계획을 수립하고 실현에 옮겨야 하는바, 전체노인의 98%인 재가노인에 대한 정책수행에 관심이 집중되어야 할 것이다. 따라서 국가의 주택이나 도시계획, 민주주의나 지방자치, 세금의 징수체계와 지출체계, 자기결정과 자립문화, 그리고 정상화(Normalzation)사상에 관련해서 재가노인에 대한 지방정부의 정책개발 노력이 매우 중요하다고 하겠다.

3. 지방이양사업의 문제점 및 개선방안

정부는 지방재정운용의 자율성 제고를 위해 지방양여금을 재편하고, 국고보조사업 중 일부를 지방으로 이양하는 대신 지방교부세를 확충하는 것 등을 골자로 지방재정조정 제도를 개편하고자 한바 있다. 소요재원은 교부세율인상 등을 통해 지방으로 이전하고 이양재원의 적정배분을 위해 분권교부세를 한시적으로 운용한다는 것이다. 이는 보통교부세 교부단체에도 재원이 지원됨을 의미하며, 2008년까지 완료하고자 하는 중앙·지방간의 기능조정과 지방의 신세원개발 등에 따라 교부세 체계를 재정비하고자 함을 의미한다. 그러나 지방이양사업은 복지의 특수성을 감안하지 않는 우를 범하고 말았는데 구체적인 내용들은 다음과 같다.

첫째, 이양사업을 위한 분권교부세 재원이 부족하다는 점이다. 정부가 분권교부세 규모를 정함에 있어 2004년도를 기준으로 과거 5년간의 연평균 소요를 기준으로 산정한 것은 사실 커다란 착오라 할 수 있다. 매년 발생하는 신규 복지수요와 인건비 등 예산 자연증가율이 반영되지 못하였을 뿐만 아니라 연평균 산정은 매우 부적절한 기준이었다.

둘째, 2004년 말 담배소비세인상(500원)에 따른 2005년도 세수확충분의 일부(1,127억 원)를 이양사업에 활용코자 하였으나 이 또한 여의치 않았다. 담배세수가 2004년도에 비해 오히려 감소하게 되어 부족재원이 고스란히 지방비 부담이 되고 말았던 것이다.

〈표 16-8〉 지방이양사업 예산현황

(단위 : 억원)

구분	2004년도(A)			2005년도(B)			증감(A-B)		
	계	국비	지방비	계	국비	지방비	계	국비	지방비
총(149개사업)	22,250	9,581	12,689	26,096	8,454	17,642	3,846	△1,127	4,973
사회복지(67개)	12,952	6,107	6,845	15,400	5,499	9,901	2,448	△608	3,506

자료: 행정자치부, 2005b

셋째, 사회복지시설의 인프라확충에 따른 운영비 소요의 증가 등 신규수요 발생으로 지방재정의 어려움이 가중되고 있다는 점이다. 연차적으로 인프라확충을 추진하고 있는 노인복지시설의 운영비 등 신규 및 추가수요에 대한 지원이 매우 부족하다. 특히 대규모 복지시설이 소재하고 있는 재정력 지수가 낮은 지역, 노인·장애인 등이 많은 시·군에서 어려움을 겪고 있다.

넷째, 일부 광역지방자치단체가 시·도비 부담을 기피하고 있다. 지방이양사업 재원 중 분권 교부세를 기초지방자치단체에 직접 교부함에 따라 일부 광역지방자치단체는 시·도비 부담을 축소하고 있어, 광역사회복지시설의 경우 해당 기초자치단체의 재정부담 가중으로 시설유치 기피현상이 일어나고 있다. 또한 운영비에 대한 부담으로 타 지역 주민의 입소를 거부하는 경향이 생겨나고 있다.

따라서 앞으로는 정부의 지방이양 사업을 정착시켜 나가기 위해서라도 재원확보에 대한 개선 등이 시급히 이루어져야 할 상황인데 그에 따른 대안을 언급하면 다음과 같이 몇 가지를 꼽을 수 있다.

첫째, 담배소비세 예상증액 분(2004년 2월 기준, 5,085억원) 중 일부를 지방이양사업 추진에 추가 배분할 필요가 있다. 담배판매량 및 담배소비세가 이후 회복추세를 보이고는 있으나, 국민의 건강증진을 배려한다면 그 재원에 의존하는 것이 바람직하지 않은 측면도 있다.

둘째, 현행 분권교부세 산정기준을 개선하여야 할 것이다. 복지 신규수요가 활발히 추진될 수 있도록 재원이 확보되어야 하며, 지역별로 차이를 보이고 있는 복지대상자 및 복지시설의 편중도 등을 심도 있게 고려하여야 할 것이다.

셋째, 지방이양사업의 성격 등을 고려하여 시·도와 시·군·구간 긴밀한 협의 지원이 필요하다. 지방이양사업의 많은 부분이 광역적 성격을 띠고 있으므로 총사업비 중에 시도비의 일정분을 시·군·구에 보조해 왔던 점이 감안되어야 할 것이다.

넷째, 지방교부세법의 개정이 필요하다는 것이다. 지방자치단체의 경비부담 기준 종목을 하며, 재정부담비율의 하향조정 및 차등적용이 필요하고, 현재의 분권교부세 제도가 2010년 이후에는 보충교부세로 통합되는데 따른 대책이 있어야 할 것 같다.

따라서 국가 전체적인 통일성이 필요한 업무는 반드시 중앙정부 담당하고 지방정부에서 수행하는 것이 효율적인 것만 지방에 이양할 수 있도록 재정비 작업도 필요하다. 왜냐하면, 사회복지 재정은 지방정부의 자치능력 생길 때까지 지속적으로 중앙정부의 지원이 이루어져야 하기 때문이다.

그 밖에 지방시대는 중앙집권의 시대와 달리 지역의 개성, 자율성, 창의성이 존중되기 마련이다. 따라서 지방이 스스로 보유한 핵심역량을 인식하여 이를 개발하고 차별화시킬 수 있는 성장동력을 육성해야 할 것이다. 더욱이 지역의 경쟁력 확보를 위해서는 지역특성에 기초한 차별화 및 독창성 제고도 필요하다.

특성화라는 단어 자체가 의미하듯이 다른 지역과 차별성이 있어야 하며 동시에 지역의 고유성을 내포하고 있어야 한다. 때문에 특화산업의 선정에 있어서는 일회성 행사가 아니라 장기적인 관점에서 지역의 문화 및 역사적 요소, 비교우위유무, 성장잠재력 등 다양한 요소를 고려하여 선정하여야 할 것이다. 21세기 선진사회는 거버넌스(Governance)로서 협치의 시대라 할 수 있다. 지방행정을 과거와 같이 자치단체 혼자서 꾸려 나가려는 것은 바로 구시대적인 발상이기 때문에 민간과 함께 협력하고 상의하여 어떤 부문은 민간에서 주도적으로 추진하도록 하는 것도 지방자치 성공을 이끄는 방법이 될 것이다.

제4절 나가는 글

지방분권과 국가균형발전을 국정 의제중의 하나로 채택한 참여정부는 중앙집권 중심의 통치에서 지역주민과 함께하는 지방중심의 협치를 통하여 국가발전을 추진하겠다는 전략을 세우고 있다. 따라서 2005년부터 그동안 보건복지부에서 계획하고 추진해 왔던 노인복지사업을 포함한 대부분의 복지사업들을 지방정부에 이양하여 지방중심으로 실시하겠다고 발표하기에 이르렀다.

이와 같이 지방분권에 의한 참여정부의 복지사업은 한편으로는 주민참여의 민주성, 지역 자원의 효율적인 이용, 그리고 경쟁적인 복지 프로그램 개발 등 많은 장점도 있었지만, 노인복지의 계획이나 예산편성이 지방정부에 이양될 때 결과적으로 나타나는 여러 문제들이 예상되어 이에 대응한 준비와 노력도 요구되고 있다. 지방정부의 열악한 복지재정, 자치단체장이나 의원들의 복지의식 결여, 노인복지 관련 시설 및 인력 등 복지 인프라 부족 등으로 지방중심의 노인복지사업이 민선자치 4기가 되도록 아직도 많은 어려움을 겪고 있다.

민선 3기까지의 지방자치가 제도의 도입과 안착에 초점을 맞추었다면, 이제는 세계화와 지식정보화, 다원적 협력의 필요성이라는 환경변화에 부응하여 지방자치의 지향점을 새롭게 설정해야 할 시기에 도달하였다. 그런데도 오랫동안 보건복지부 중심으로 계획하고 국고지원을 통하여 실시해왔던 노인복지사업들이 지방으로 이양될 때 재정자립도가 낮거나 사회(노인)복지 전문인력이 부족한 지역에는 노인복지사업 개발에 큰 파장이 나타나고 있다. 따라서 이러한 지방분권화의 충격을 능동적으로 대응하기 위해서라도 각 지역의 노인복지단체장, 시설장, 전문가 등 노인복지관련 지도자들의 준비와 연합적인 노력이 요구된다고 하겠다.

물론 지방분권화에 따른 노인복지정책 개발에 앞서 지방분권이 노인복지에 미치는 영향과 이에 대응한 노인복지계의 과제가 무엇인가에 대한 진지한 논의도 있어야 할 것 같다. 거시적인 노인복지정책 개발 차원에서 중앙정부에 대한 대처방안과 노인복지 프로그램 개발 차원에서 지방정부에 대한 전략방안 및 행동계획도 나와야 한다. 그러기 위해서는 사회(노인)복지계를 대변할 수 있는 시민단체들과의 긴밀한 관계를 구축하고, 노인복지 증진과 권익신장을 위하여 지역의 노인복지 지도자와 종사자들의 적극적인 활동도 있어야 할 것이다.

재가노인복지 문제는 2008년 본격적인 시행을 앞두고 있는 노인장기요양보험 제도를 계기로 새로운 국면을 맞을 것 같다. 따라서 정부 차원에서 재가노인복지의 관심제고와 재가노인복지서비스가 보건의료 분야로 확대된다는 점 그리고 재정지원 부문에서 사회보험의 도입 등 재가노인복지 욕구를 보편적으로 충족시키기 위해서는 현행 재가노인복지사업을 대폭 개선하고 확대하여야 할 것 같다.

또한 중앙과 지방정부간에 상생적 협력관계도 새롭게 정립되어야 할 것이다. 노인복지는 정부의 자원이나 노력만으로는 한계가 있기 때문에 주민의 참여와 협조가 필요하기 마련이다. 국가의 발전 없이 지방이 번창할 수 없고, 지역의 발전 없이 국가경쟁력이 제고될 수 없듯이 이제 정부만의 노력으로 국가를 이끌어 가는 시대가 사라지고 있는 상황에서 전체 재정의 60%를 지방자치단체가 사용하고 있는 사실을 주지해야 될 것 같다. 국가가 당면하고 있는 저출산 고령화나 사회양극화 문제 등 국가적 과제들은 중앙정부만의 노력으로 실효를 거두기 어려운 것이 현실이다. 국가경쟁력(국정통합성)과 지방의 자율성이 조화된 상생협력의 파트너십이 절실히 요청된다. 지방의 자율성, 다양성과 창의성은 보장하되 국가속의 지방이라는 기본 틀을 인식하여 중앙과 지방이 국정운영의 동반자로서 과도한 지역이기주의를 버리고 국가 전체이익을 위해 상호 협력하는 자세가 요청된다. 그것이 바로 자율·책임·협력의 선진 지방자치로서 세계 10위권의 경쟁력 있는 국가, 국민이 편안하고 행복한 나라를 이루기 위한 지름길이라 할 수 있다.

참고문헌

고양곤(2003). 『노인과 자원봉사활동』, 학지사.

관계부처합동(2006). "제1차 저출산 고령사회기본계획시안".

김근홍(2001). 『사회복지역사와 철학』, 학지사.

김재중(2006). "중앙정치에 발목잡힌 한국의 지방자치". 「월간 말」 03월호.

김진학(2005). "지방이양사업의 실태와 문제점", 전국사회복지연구회.

모성은(2006). "지역내 일자리 창출과 성장동력 발굴하라". 『공공정책 21』 9호, 한국공공자치연구원.

배병준(2005). "보건복지분야 지방이양사업의 문제점 및 개선대책", 보건복지부.

보건복지부(2004). 「2004년도 보건복지사업 안내」, 과천: 보건복지부.

손홍석(2002). 『재가복지의 이론과 실제』, 양서원.

오재일(2003). "분권화 시대, 지방의 준비와 대응방안," 「지방자치헌장 선포 2주년 기념사업회」, 지방자치헌장 선포 2주년 기념 시민대토론회.

이태수(2004). "참여정부의 분권화 정책과 사회복지서비스 정책의 미래", 「지방분권시대에 따른 사회복지전망과 과제」 개관5주년 기념세미나, 은천노인복지관.

정부혁신지방분권위원회(2004). "국고보조금 정비방안".

조흥식(2004). "지방분권화에 따른 사회복지계의 대처방안," 「지방분권화에 따른 사회복지계의 대처방안」, 국민복지포럼 자료집.

최광철(2005). "지방이양사업 예산편성 현황 및 향후계획," 행정자치부.

통계청(2002). 「2000년 인구주택총조사 보고서: 제10권 고령자」, 대전: 통계청.

행정자치부(2005a). "06년도 분권교부세제도 운영계획(안)," 행정자치부.

행정자치부(2005b). "복지사업의 지방이양에 따른 현황과 대책", 행정자치부.

황성철 외(2003). 『재가노인복지정책과 실천』, 현학사.

17
chapter

재가노인복지의 과제와 전망

1987년 시범사업으로 시작한 재가노인복지는 1993년 법적 기반을 마련하여 10년을 넘기면서 꾸준히 발전해 왔다. 2000년 우리사회가 고령화 사회에 진입하면서 노인문제에 대한 사회적 대응이 본격화되고 있지만 재가노인복지가 이에 부응하고 있지는 못하다. 사회적으로 재가노인복지에 대한 인식이 부족하고 또한 재가노인의 욕구를 충족시킬 수 있는 정도의 제도적 구축도 부족한 형편이다.

공적체계에서 제공되던 재가노인복지가 2008년에 노인장기요양보험제도가 도입되면 현재의 재가노인복지서비스에 많은 변화가 생길 것이다. 본 장에서는 노인장기요양보험제도의 도입으로 현재의 공적 재가노인복지가 어떤 형태로 유지될 것인지 공식적으로 결정된 것이 없지만, 공적영역에서 재가노인복지제도가 유지된다는 전제에서 현재의 재가노인복지를 ① 급여대상 ② 서비스(급여)의 종류와 수준 ③ 전달체계 ④ 재정방법 등의 요소로 구성된 사회복지정책 분석틀(Gilbert & Terrel, 1998)을 가지고 문제점을 짚어보고, 앞으로 도입하게 될 노인장기요양보험제도를 감안하여 향후 재가노인복지 발전방안을 논하고자 한다.

제 1 절 급여 대상

1. 서비스 대상 확대

현재 정부지원으로 제공되는 재가노인복지 서비스는 국민기초생활보장 대상 노인과 저소득층 노인을 위주로 하고 있다. 따라서 정부에서는 중산층 이상의 노인에 대한 재가노인복지서비스를 거의 고려하지 못하고 있고, 서비스에 대한 적절한 비용을 지불하고 이용할 수 있는 유료서비스도 전혀 제공되지 못하고 있다. 실비 비용을 지불하고 이용할 수 있는 재가노인복지서비스도 실비주간보호시설과 재가노인복지의 개별시설에서 정원의 30%내에서 이용할 수 있는 것이 전부이다. 결국 재가노인복지 서비스는 모든 노인을 대상으로 제공되는 것이 아니고 저소득층만으로 제한된 것이나 다름없다.

재가노인복지 서비스를 필요로 하는 노인문제는 소득에 관계없이 모든 노인에게 보편적으로 나타나는 현상이다. 평균수명의 연장으로 유병 장수하는 노인수가 증가하고 있고, 노령기 후반기는 의존적 생활이 보편화되고 있는 반면, 소가족화와 여성의 사회참여로 가족에 의한 노인보호는 점점 어려워지고 있고, 또한 노인의 자녀와의 별거현상이 증가하고 있기 때문에 재가노인복지서비스는 거의 모든 노인이 공통적으로 필요로 하는 기본적 서비스가 되어야 할 것이다.

2008년 이후 노인장기요양보험제도의 도입으로 보험지불의 기준에 따라 재가복지서비스를 이용할 수 있는 대상자들이 급증하게 될 것으로 예상된다. 제도 도입 초기에는 이용대상으로 저소득층을 우선적으로 고려하겠지만 이후 모든 노인을 대상으로 재가노인복지가 확대될 것이다.

제도 도입 전 과도기에는 현행의 소득 수준별 선정기준을 단계적으로 상향 조정하여 무료 및 실비 이용노인의 수를 확대하고, 노인의 건강상태별 선정기준을 개발하여 확대해야 한다.

2. 대상 노인의 선정 개선

현행 노인보건복지 사업안내에 의하면, 재가서비스 이용대상자의 기준이 "신체적 · 정신적 이유"로 기능적 장애를 의미하는 것인지, 전문적 질환인지가 모호하며, "일상생활을 영위하기 어려운 정도"라는 기준도 명확하지 않다. 따라서 현행 기준으로는 재가노인복지 세부 사업별 대상 노인을 선정하기 어려운 상황이다.

노인장기요양보험제도에 의하면 보험대상을 선정하기 위해 개발된 요양등급 판정표를 활용하여 정확한 대상노인을 선정할 예정이다. 노인장기요양보험제도가 도입된 이후에는 재가노인복지서비스를 이용하는 대상자는 경제적 선정기준이 아닌 부양이 필요한 정도를 판단하는 판정기준에 따라 결정될 것이다.

그러나 과도기 동안은 대상 노인의 선정기준을 현실적인 노인가구 경제지표(현행 의료보험 납부액 등급 등)와 건강상태지표(장애 및 질환정도, 일상생활 수행능력, 수단적 일상생활 수행능력 등)에 따라 대상별로 차별화하여(문현상, 1998: 49-50, 박차상 외, 2004에서 재인용) 전문 인력의 업무를 분담하여야 한다.

제 2 절 서비스의 종류와 수준

재가노인복지서비스는 노인장기요양보험제도 도입으로 양적으로나 질적으로 변화를 가져올 수밖에 없을 것이다. 하지만 새로운 제도 도입에 따른 과도기적 시기에는 제도 적응을 위해서 재가노인복지 서비스의 종류와 수준에 더욱 향상을 기할 필요가 있다.

1. 서비스 종류의 다양화

현행 재가노인복지서비스 프로그램은, 가정봉사원 파견 사업은 가사지원서비스, 개인활동 지원서비스, 우애서비스, 노화・질병 및 장애관리서비스, 상담서비스 등으로 매우 제한되어 있기 때문에 서비스의 다양화가 이루어져야 한다. 향후 가정봉사원 파견 사업은 단순한 가사 및 개인적 차원의 서비스뿐만 아니라 요보호 노인 등 중증 이상의 장애를 가진 노인을 위한 보건・의료서비스(방문간호, 욕창간호, 기능훈련, 야간간호)와 응급서비스가 보강되어야 할 것이다. 주간보호 및 단기보호사업은 대상 노인의 욕구 수준에 따라 사업내용을 확충하고 보호기간도 계속 연장함으로써 가족의 신체적・정신적 수발 부담을 현실적으로 경감할 수 있어야 한다.

2. 서비스의 전문화

현행 재가노인복지의 사업내용은 대상 노인의 건강상태별로 구분되어 있지 않다. 가정봉사원 파견사업의 경우, 대상 노인의 건강상태별로 무급 가정봉사원 혹은 유급 가정봉사원간의 업무 분담이 되어 있지 않다. 주간보호시설 및 단기보호시설의 경우 치매질환의 유무에 따른 분리보호 역시 극히 일부의 시설에서만 제공되고 있으며, 치매 전담인력도 거의 없는 실정이다.

따라서 재가노인복지대상 노인의 장애・질환 정도, 특히 일상생활 수행능력과 수단적 일상생활 수행능력에 따라 담당 인력 및 사업내용이 전문적으로 분화되어야 한다. 주간보호사업과 단기보호사업에 있어서 노인의 건강상태에 따라 프로그램을 개발하고 가족을 위한 교육・상담 프로그램을 다양하게 개발하고 담당 인력을 확보해야 한다.

재가노인복지사업의 전문화를 위해서는 무엇보다도 현행 가정봉사원 양성 · 보수교육과정(서울시 가정도우미 및 유료 가정봉사원 교육과정 포함)의 시간을 연장하고, 교육내용에 있어서도 중증 이상의 장애 · 질환 노인을 담당할 수 있도록 간호 관련 실무내용을 강화해야 한다. 가정봉사원의 업무능력을 향상하기 위해서는 교육과정과 내용을 새롭게 도입될 제도에서 요구하는 수준까지 끌어올릴 필요가 있다.

제 3 절 사업운영

1. 행정체계의 통합화

2006년 현재 행정체계는 보건복지부내 저출산 고령사회정책본부에서 재가노인복지시설과 요양보호에 관한 관리를 통해 노인보건과 복지정책을 일원화한 모습을 보이지만, 아직 신고 되지 않은 재가복지봉사센터와 노인종합복지관 내 재가노인복지시설은 보건복지부내 사회복지정책과에서 정책을 수행하여 완전히 일원화된 모습을 보이지 못하고 있다.

2. 재가노인복지시설 및 기관의 확충

현재 재가노인복지시설 및 기관이 주로 대도시에 편재되어 있으므로 지역별로 균형 잡힌 재가노인복지서비스를 제공하기 위해서 노인인구에 비례한 시설확대가 요구된다. 특히 자녀와의 별거비율이 도시지역보다 상대적으로 높고 소득수준도 낮은 농어촌지역 노인의 재가복지 욕구에 대응하기 위해서는 농어촌 특성에 맞는 재가노인복지시설운영이 요구된다. 2006년에 계획된 농어촌 재가복지시설은 가정봉사원파견사업, 주간보호사업, 단기보호사업을 함께 운영할 수 있는 모형으로 개소될 예정으로 농어촌 재가복지서비스가 한층 강화될 것으로 기대된다. 노인장기요양보험제도가 제대로 운영되기 위해서는 제도를 뒷받침할 수 있는 노인복지시설 인프라가 절실한 형편이므로 재가노인복지시설의 확충이 우선되어야 할 것이다

3. 서비스 연계체제의 구축

현재 노인복지사업은 민간과 행정기관, 행정기관 내에서도 보건소, 재가복지봉사센터, 동사무소 사회복지담당자 등 다양한 경로로 요보호 노인의 재가서비스가 이루어지고 있어서 그 기능을 합리적으로 통합하고 전체 서비스 공급단계를 시스템화할 필요가 있다. 이를 원활하게 하기 위해서는 동사무소 및 구청의 복지업무 조정의 역할을 강화하고, 이 역할을 사회복지담당자들이 맡아야 한다. 사회복지담당자들은 동 단위로 배치되어 있으며, 이미 지역 내 복지대상자 현황 등 지역 사정을 잘 파악하고 있으므로 전면적인 통합이 이루어지기 전까지 단기적으로 서비스를 조정, 연계하는 기능을 수행할 필요가 있을 것이다.

4. 정보 네트워크의 확립과 홍보체계의 강화

복지정보화를 위해 노력하고 있지만 아직까지 가시적인 성과가 보이지 않고 있다. 복지제도에 대한 국민적 체감도를 높이기 위해서는 국민 스스로 이용할 수 있는 복지서비스에 대한 정보와 시설에 접근할 수 있는 접근성이 확보되어야 한다. 이를 위해서 정보 네트워크를 확립하고 홍보를 강화할 필요가 있다.

5. 민 · 관 협력의 체계 강화

사회복지서비스는 점차 지역사회중심의 재가복지사업으로 전개되고 복지수요 또한 다양화 · 고급화될 것이다. 변화하는 복지수요에 대응하기 위

해서는 공공 부문의 서비스만으로는 부족할 것이므로 민간 부문의 공급주체를 다양화하여 이에 대비할 필요가 있다.

지역사회의 통합적 요보호 노인 재가서비스가 이루어지기 위해서는 지역별로 노인복지사업에 참여하는 모든 공급주체들을 묶어 재가복지위원회 등을 구성하여 공급주체별 기능적 역할 분담이나 지역적 배분을 통해 지역 내에 재가복지서비스를 형평성 있게 전달할 수 있도록 해야 할 것이다.

6. 인력 확충

현재 재가복지는 가정봉사에 국한되어 있어 사회복지사와 자원 가정봉사원이 주된 인력으로 되었지만 앞으로 재가복지서비스의 수혜자가 증가하고 이들의 서비스 욕구가 다양해짐에 따라 서비스 내용도 확충될 것이므로 이에 따른 인력구성원도 다양해져야 할 것이다. 서구 복지국가에서는 재가복지서비스를 제공하기 위해 의사, 가정간호사, 임상심리사, 사회복지사, 가정봉사원, 수발지원자 등 다양한 재가복지 관련 전문 및 준전문가들이 활동하고 있다. 노인장기요양보험제도가 의료 중심적 서비스가 될 경우 재가노인복지도 의료진과 간호사 등의 활동이 본격화될 것이고 이로 인해 사회복지사와의 역할분담 등의 갈등이 있을 수 있어 인력간의 업무분장도 명확히 이루어져야 할 것이다.

7. 재정의 안정화지원확대

2006년도 노인복지 예산의 내역을 분석하여 보면, 총 금액이 421,230백만원인데 그 중 일반회계가 401,786백만원으로 95.4%, 농특 회계는 3,159백만원으로 0.8%, 국민건강증진기금은 16,285백만원으로 3.88%를 차지하고 있다. 일반회계는 크게 소득보장과 요양보장, 권익보장, 단체지원, 장사시설로 나뉘어져 예산이 지원되고 있다. 노인복지예산 총 대비 소득보장은 63.8%, 요양보장 26.8%, 권익보장 0.8%, 단체지원은 1.6%를 차지하고 있다.

2005년도 재가노인복지사업이 지방으로 이양되면서 재정도 인건비, 운영비 등 사업비 일부를 지방자치단체에서 보조받고, 초과하는 부분에 대해서는 운영주체 자체 부담으로 충당하도록 하고 있다. 재가노인복지를 위한 지원금의 경우 농어촌재가노인복지시설확충을 위한 예산으로 0.6%를 차지하며, 그 외의 사업은 2005년부터 지방으로 이양되어 중앙정부에서는 예산지원액 기준만을 제시하고 있고 그 내역은 가정봉사원 파견사업 120,440천원, 주간보호사업 77,440천원, 단기보호사업 85,380천원이다(보건복지부, 2006).

제 4 절 재가노인복지사업의 전망

재가노인복지서비스는 현재 시설보호를 지연시키고 불필요한 시설보호를 예방하는 가장 바람직한 서비스로 인정되고 있다. 인구 고령화가 급속했던 서구 복지국가의 노인복지 정책의 발전과정에서 재가노인복지는 지역사회보호라는 이름으로 1960년 이후 계속적으로 추진되어 왔었고 이와 같은 재가노인복지 서비스는 노인을 가능하면 자기가 살고 있는 환경 속에서 보호한다는 사회복지와 노인복지의 대원칙을 지키는 방법으로 크게 지지를 받고 있는 정책이다.

2000년을 기점으로 우리나라도 노인인구가 7% 이상 14% 미만이 되는 고령화 사회에 접어들었고, 2018년에는 노인인구가 14% 이상이 되는 고령사회에, 2023년에는 노인인구가 20% 이상이 되는 초고령 사회에 진입하게 될 것이다. 따라서 초고령 노인 인구수가 급속히 증가하여 장기요양을 요하는 노인의 수도 급증할 것으로 예상된다. 노인부양은 현재도 가족에 의지할 수 없는 상황이 되었지만 이는 앞으로도 더욱 심화될 것이다. 장기요양이 요구되는 노인을 위해서 지역사회 내에서의 재가노인복지서비스가 대안이 될 것이다.

이러한 시대의 변화에 맞추어 2007년 2월 7일 국무회의에서 '08. 7월부터 일상생활을 혼자서 수행하기 어려운 노인에게 공적 수발서비스를 제공하는 것을 주요 내용으로 하는 「노인장기요양보험법」 제정안을 통과시켰고, 4월에는 「노인장기요양보험법」으로 국회를 통과하였다. 또한 2007년 현재 제3차 시범사업도 진행 중에 있다.

2008년 노인장기요양보험제도가 시행되면 그에 따른 재가노인복지에도 많은 변화가 생길 것이다.

우선 재가노인복지대상이 확대될 것이다. 장기요양보험의 수급자가 장기요양점수에 따라 등급판정위원회에서 장기요양 1-3등급을 받은 자로 한정되어 있기 때문에 빠른 시간 내에 경증의 요양보호가 필요한 노인들에게도 제도적 지원을 받을 수 있도록 해야 할 것이다.

둘째, 다양한 노인이 대상이 될 것이기 때문에 그들의 욕구를 충족시키기 위해서 재가노인복지서비스의 내용이 확대될 필요가 있다. 현재 재가노인복지에서 제공하는 것보다는 서비스가 확대되어 있지만 서비스 제공 인력이 의료 관련직에 국한되어 있고, 서비스내용도 물리적 지원에만 국한되어 있는 형편이다. 노년기 삶의 질이 건강과도 밀접한 관계가 있지만 일단 건강하지 않은 노인들에게는 간호지원도 필요하지만 심리적 정서적 지원이 더 필요하다. 따라서 방문서비스에서 신체 및 가사지원 외에 심리 정서적 지원까지 확대되어야 할 것이다.

셋째, 다양한 재가노인복지서비스 제공을 위해 필요한 인력이 유입되어야 할 것이다. 장기요양서비스를 제공하는 인력으로 요양보호사 자격이 간호사, 간호조무사, 치과위생사로 한정되어 있어 의료 중심적 서비스만을 제공할 수밖에 없게 되었다. 재가노인의 다양한 욕구를 충족시키기에는 한계가 많은 인력구조이므로 심리사회적 개입을 전문적으로 할 수 있는 사회복지사들의 개입도 요구된다.

넷째, 재가노인복지시설의 인프라 구축이 시급하다. 노인장기요양보험제도가 도입되어 지원을 받을 수 있어도 이용할 수 있는 재가노인복지시설이 없으면 제도 도입의 의미가 상실된다.

다섯째, 이용노인이 서비스를 선택할 수 있기 때문에 재가노인복지 기관 간에 경쟁이 생길 수밖에 없다. 노인복지의 향상을 위해서는 재가노인복지 서비스기관 간의 서비스 질을 담보할 수 방안을 모색해야 한다.

참고문헌

김성이 · 오정수 · 전광현 · 황성철(1997), 비교지역사회복지-사회복지관과 재가복지의 국제비교- 한국사회복지관협회, 동인.

박차상 · 김옥희 · 배창진 · 엄기욱 · 이경남 · 정상양 공저(2004), 『한국노인복지론』, 학지사.

보건복지부(2006), 노인보건복지사업안내.

이가옥(1994), 재가노인복지와 가정봉사원 파견사업, 재가노인복지기관협의회.

이혜원(1999), 『노인복지론-이론과실제-』, 유풍출판사.

장세철 · 배창진 · 이재모 · 한정란 · 황성하 · 이용환 · 이선미 · 황현숙(2004), 『현대노인복지론』, 홍익재.

한국노인복지학회(1997), 『재가노인복지사업-이론과 실제-』, 홍익재.

한국노인복지학회(2000), 『현대재가복지사업』, 홍익재.

홍봉선(1999), 재가노인복지의 과제와 전망, 고령화사회와 노인복지(4권 1호).

황성철 · 한혜경 공저(2003), 『재가노인복지의 정책과 실천』, 현학사.

부 록 : 케어 매니지먼트 과정 매뉴얼

한국에 케어 매니지먼트(사례관리) 개념과 기법의 소개역사는 어언 15여년이 되었고, 케어 매니지먼트의 기법들은 한국의 재가노인복지 현장에서 많은 부분이 응용되어지고 있는 것이 현실이다. 그러나 아직 케어 매니지먼트에 대한 정확한 개념들뿐만 아니라 그 기법들을 이해하고 있는 재가노인복지 현장 근무자들은 그렇게 많지 않은 것으로 여겨진다. 케어 매니지먼트의 기법들이 한국의 재가노인복지에서 발생하는 많은 문제점들을 해결하고 효율적이고 효과적인 서비스 전달 메커니즘 중의 하나로 발전할 수 있기를 기대하며 본 케어매니지먼트 과정 매뉴얼을 소개하고자 한다.

본 매뉴얼은 재가노인복지 현장에서 케어 매니지먼트의 도입과 실행에 직접적으로 응용할 수 있도록 영국의 케어 매니지먼트 가이드북(care management and assessment)을 응용/고안될 것이기 때문에 한국의 현실 적용에 약간의 무리가 있는 부분도 있을 수 있다. 특히, 서비스의 구매 및 계약에 관한 사항은 아직 한국의 현장에서는 익숙하지 않을 것이다.

재가노인복지 관련기관 근무자들이 클라이언트에게 양질의 서비스를 제공할 수 있도록 케어 매니지먼트 매뉴얼의 6부분 중 첫 번째인 케어 매니지먼트 과정에 대한 지침(가이드) 소개를 목적으로 한다. 케어 매니지먼트의 나머지 5부분의 가이드는 차후에 소개하기로 한다.

본 매뉴얼은 5개 단계로 구성되어 있다: 초기면접과 사정수준결정, 욕구파악 및 사정, 케어계획, 케어계획의 실행, 그리고 점검 및 재사정(리뷰).

1. 케어 매니지먼트의 과정

◆ 제 1 단계: 초기면접 및 사정 수준의 결정

초기면접은 잠재적 클라이언트들이 서비스를 받기 위해 첫 번째로 케어 매니저와 접촉하는 단계로 적격심사에서 클라이언트의 상황이 세세한 조사가 필요하다고 판단되었을 때 사정수준을 결정하기 위하여 기초정보를 수집하는 과정이다. 사정수준은 긴급과 일반사정으로 분류한다. 긴급사정은 클라이언트/보호자의 건강이나 생활이 상당한 위험수준으로 판단된 경우, 일반사정(표준)은 클라이언트/보호자 삶의 질이 상당히 증진되거나 악화위험이 상당히 줄어든 경우이다.

◆ 제 2 단계: 욕구 파악 및 사정

클라이언트가 어떠한 욕구가 있는지를 파악하고 사정을 통하여 명확화하는 과정이다. 즉, 서비스 제공을 위한 하나의 과정으로 클라이언트의 의료적, 기능적, 사회적, 그리고 감정적 상태 등에 대한 정보를 얻기 위한 케어매니지먼트의 주요한 과정이다.

◆ 제 3 단계: 케어계획

사정된 욕구를 충족시켜 주기 위한 서비스 계획을 작성하는 것이다. 케어계획은 클라이언트를 위한 서비스 제공의 목적, 기간, 빈도 등을 결정하고 서비스 패킹으로 이어지는 과정이다. 이 과정에서 개별 클라이언트의 사정결과와 서비스 제공기관의 광범위한 서비스 계획을 연결하는 결정적인 역할을 수행한다.

◆ 제 4 단계: 케어계획의 실행

케어계획 과정에서 진술/합의된 케어계획의 목표를 달성하기 위한 서비스 또는 필요자원의 확보 및 제공하는 과정을 의미한다.

◆ 제5단계 : 점검 및 재사정

점검 및 재사정은 케어계획의 진행과 그것의 목표 수행을 유지 및 지지하도록 하는 과정이다. 또한, 클라이언트에게 환경변화가 필요할 경우 그 변화가 적용(고려)될 수 있도록 클라이언트의 욕구의 변화추이를 추적하는 과정이다. 재사정은 어느 특정 시점에서 서비스 제공 과정과 분리되어 시행되어지며 서류상으로 진행되며 공식적/비공식적, 지속적/일정간격, 다양한 빈도 등 다양하게 실행되는 계획된 클라이언트의 환경에 대한 사정이다.

2. 케어매니지먼트의 과정 매뉴얼

◆ 제1단계 : 초기면접 및 사정수준결정(의뢰과정)

목적: 초기사정/사정수준의 결정

1) 초기면접 시 클라이언트의 기대

초기면접과정에서 서비스 의뢰자는 다음과 같은 것을 기대한다.

(1) 면접자로서 의뢰된 기관 내에서 지정된 전문가를 배정받기를 기대한다.

(2) 일과시간 동안 언제나 담당자와의 면담이 가능할 것을 기대한다.

(3) 초기면접과정이 경험/자격 있는 전문가에 의하여 비밀리에 처리되기를 기대한다.

(4) 완전한 답변이 아닐지라도 개괄적인 답변을 빠른 시간 안에(기관사정에 따라 다를 수 있음) 듣기를 기대한다. 긴급한 경우 즉석 답변을 기대할 것이다.

2) 초기면접을 위한 기관의 규정

담당자(케어 매니저)는 초기면접과정에 대하여 클라이언트와 동의된 것이 명확할 때 초기 면접을 받아들일 수 있다.

(1) 케어 매니저에 의하여 지정되는 보조 케어 매니저에 의하여 초기면접(의뢰과정) 서비스가 수행될 수 있다.

(2) 담당자(케어 매니저)가 다른 곳으로부터 긴급의뢰에 참석이 요구되어질 경우에는 대체 담당자(케어 매니저)가 지정되며 근무기간에 상급자의 조언을 받는다.

(3) 담당자(케어 매니저)에게는 모든 요구사항을 적격한 방법으로 기록할 것이 요구되며, 면접양식을 작성하기 위하여 초기면접 양식이 제공된다.

그러나 클라이언트의 동의 없이 초기면접을 받아들일 수 있는 예외적인 경우도 있다. 예를 들면 다음과 같다:

(1) 다른 사람이나 클라이언트 자신에 의하여 심각한 위험에 처한 경우.

(2) 클라이언트가 적격한 결정이 불가능하다는 의뢰자로부터 정보가 있을 때.

(3) 사정을 위한 클라이언트의 동의를 구할 수 없다고 판단되는 경우.

초기면접은 담당자(케어 매니저)에게 적격심사를 위한 정보수집의 기회를 준다. 이 정보는 담당자(케어 매니저)가 클라이언트의 정확한 초기사정을 수행할 수 있게 한다. 초기면접에서 다음과 같은 사항을 파악한다.

(1) 인적사항 및 주거 상태.

(2) 의뢰/서비스욕구 이유.

(3) 현재 수혜 서비스의 유·무 및 종류.

(4) 개입의 긴급도 등

초기 면접 후 서비스의 적격성에 부합되지 않을지라도 그 이유를 상세히 설명하고 그 상황에서 가장 적격한 기관에 의뢰하라.

3) 초기 면접 시 담당자의 자세

초기면접은 잠재적 클라이언트들이 서비스를 받기 위해 첫 번째로 경험해야 되는 절차이다.

(1) 환영하라.

담당자(케어매니저) 자신에 대하여 소개하라. 이름과 직위를 말하라.

(2) 적극적 태도

내담자(의뢰자 또는 잠재적 클라이언트)는 그들의 의뢰가 어떻게 다루어지는지 명확하게 이해해야 된다. 적극적으로 자세하게 설명하라.

(3) 예의를 갖추어라.

면접하는 동안에 최대한의 예의를 갖추도록 노력하라.

(4) 정보에 대한 비밀을 확약하라.

면접자는 비밀보장을 약속하고 피면접자가 마음 놓고 이야기할 수 있는 자유로운 분위기를 조성하라.

(5) 사전 동의를 받아라.

초기면접과정에서 정보의 제공과 조언은 피하라. 단지 면접에 충실하라.

(6) 명확하게

초기면접에서 합의된 어떤 행동/서비스에 대한 앞으로의 진행과정 또는 시간표를 제공하라.

(7) 확신하라.

초기면접 담당자(케어 매니저)는 내담자와 대화 후에 그들이 무엇을 기대하는지 정확히 알아야 된다.

4) 초기면접은 어디에서?

내담자가 불편함을 느끼지 않는 곳에서 초기면접을 실시한다. 가정/시설 방문 또는 클라이언트의 기관 방문을 통하여 이루어질 수 있다.

5) 초기면접은 왜 필요한가?

담당자(케어 매니저)로서 면접할 경우, 담당자는 모든 초기면접을 기록하지 않아도 될 환경은 다음과 같다:

(1) 클라이언트가 서비스를 다른 기관으로부터 받기를 요구하는 것이 명확할 때, 이런 경우 담당자는 적격한 정보를 다시 제공해야 된다.
(2) 클라이언트가 내담기관의 적격성 기준에 맞지 않는 것이 확실할 때, 담당자는 상황을 설명하고 적격한 정보(예, 팜플렛)를 주어야 된다. 그리고 기관의 적격성의 기준을 설명하라.
(3) 내담자가 HIV/AIDS환자와 함께 거주할 경우, 그들은 직접적으로 보건/의료기관에 의뢰해야 된다.
(4) 내담자가 재정/복지 서비스 혜택을 요구할 때 또는 특별한 정보가 필요할 때는 담당자가 정보를 줄 수 있는 만큼 주어라. 내담자의 의뢰를 수용할 수 없을 경우, 담당자는 내담자에게 가장 적격한 기관에 의뢰하라.
(5) 담당자나 담당기관에서 더 이상의 서비스 제공이 필요 없을 때는 가능한 만큼 내담자를 이해시켜라. 만약 이런 결정이 초기 면접 후에 이루어졌다면 담당자는 다음날에 다시 접촉해야 된다(서신이나 전화로 충분히 설명하라).

6) 누가 초기면접 과정을 담당하나?

지정된 담당자(케어 매니저)는 모든 초기면접과정을 책임지어야 된다.

7) 초기 면접서식

초기면접의 서식은 다음과 같은 목적을 갖고 있다.

(1) 초기사정의 일부분으로서 필수불가결한 정보를 기록하는 도구이다. 이것은 담당자(케어 매니저)에게 정보수집의 수단으로 또는 기관에

게 서비스 요구에 대한 점검(모니터링) 기회를 준다.

(2) 초기면접 서식을 작성하기 위한 가이드가 필요하다. 이 가이드는 담당자가 필요한 모든 의문에 답을 할 수 있는 사항이 기록되어 있어야 된다.

(3) 초기면접 과정이 종료되었을 때, 담당자(케어 매니저)는 면접과정에서 클라이언트와 케어러(보호자)의 권리에 대하여 인지하고 있었는지 다시 점검한다.

8) 언제 담당자(케어 매니저)는 초기면접 과정을 기록하나?

적격심사 후에 또는 초기면접 서식의 사용을 고려하기 전에 클라이언트가 의뢰기관에 대한 인지가 되었음을 확인해야 된다. 이것은 클라이언트가 이미 의뢰기관에 대하여 알고 있는지? 또는 방문한 경험이 있는지를 확인시켜 준다.

(1) 클라이언트가 의뢰기관에 대하여 알고 있는 경우:

초기면접을 이전에 이미 했고 내담자가 담당기관(팀)을 알고 있다면 의뢰서에 '단지정보로 이용'이라 기록하고 관련 가관(팀)에 이관하라.

(2) 클라이언트가 의뢰기관에 대하여 알지 못할 경우:

초기면접을 완결/기록하고 컴퓨터에 입력하라.

9) 초기면접이 종결되었을 때 담당자(케어 매니저)는 무엇을 해야 되나?

담당자(케어 매니저)는 지금 두 가지 선택을 할 수 있다.

(1) 담당자(케어 매니저)는 클라이언트의 의뢰를 받아들일 수 없다면, 수집된 정보에 대하여 빠른 시일 내에 필요한 조치를 취하라.

이 케이스는 보류된 것으로 간주되고 사정단계의 이송이 필요하지 않으며 모든 조치를 기록하고 종결하라.

(2) 담당자(케어 매니저)가 수집한 정보로부터 사정단계의 이송 건으로 판단될 경우, 의뢰를 받아들이고 필요한 조치를 취하라.

10) 적격성 결정

담당자(케어 매니저)가 초기면접 후 서비스 대상으로서 적격성을 결정해야 된다. 적격성의 기준은 케어 매니저가 초기면접(사정)을 진행하기 위한 수단으로서 제공되어진다. 동시에 이것은 각 클라이언트의 욕구사정수준 결정에 대한 가변성과 케어 매니저의 전문가적 판단으로 이용하는 범위를 제공한다. 의무적 개입의 근거가 없을지라도, 잠재적 클라이언트가 부여한 도움을 줄임에 대하여 그들의 선택을 존중해야 된다.

11) 초기면접 후 적격심사에 통과하면 담당자(케어 매니저)는 무엇을 해야 하나?

담당자(케어 매니저)는 클라이언트에게 다음과 같은 것을 설명한다.

(1) 서비스 제공 시 클라이언트와 담당자(케어 매니저) 각각의 의무와 역할을 설명한다.

(2) 다음 단계에 시행될 사정과정에 대한 개괄적 설명을 한다.

(3) 케어 매니지먼트의 계속진행에 대한 양해(합의)한다.

12) 우선순위 결정

담당자(케어 매니저)는 사정수행의 긴급정도를 결정하기 위하여 우선순위에 대하여 명백하게 이해(인지)해야 한다.

(1) 긴급

클라이언트/보호자의 건강이나 생활이 상당한 위험수준으로 판단될 경우 또는 클라이언트/보호자의 독립성이나 삶의 질이 상당 수준 위험하거나 긴급한 상황은 아니나 급격히 악화가 예상되는 경우.

초기면접 결과가 긴급조치를 요구될 경우. 그 케이스는 담당자(케어 매니저)에게 이송하라.

(2) 일반사정(표준)

초기면접결과의 다음 조치를 위하여 담당자(케어 매니저)에게 이송하고 (팀)미팅에서 사정에 대하여 논의한다.

제 1 단계: 초기면접 및 사정 수준결정

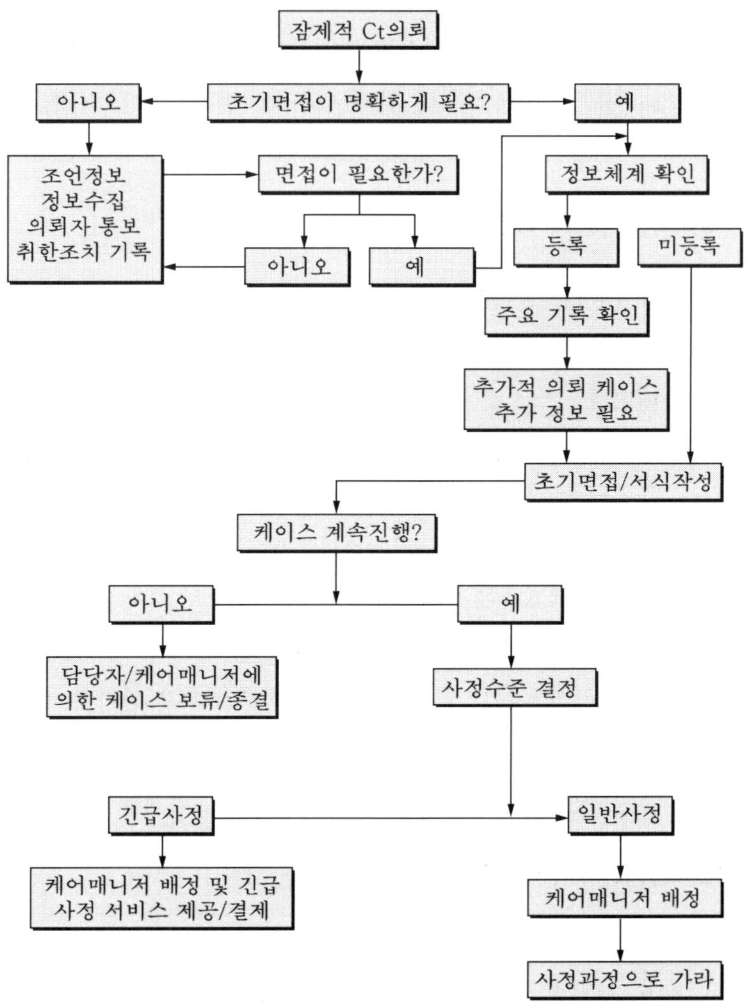

◆ 제 2 단계 : 욕구사정(assessment)

목적: 정확한 욕구사정 및 파악

1) 욕구사정이란?

욕구사정은 클라이언트의 의료적, 기능적, 사회적, 그리고 감정적 상태와 서비스 욕구에 대한 정보를 얻기 위한 케어 매니지먼트의 주요한 과정이다. 욕구사정은 클라이언트의 성장과 발전을 위한 환경과 클라이언트의 강점을 찾는 시도이다. 클라이언트가 할 수 없는 것이 무엇인지 또는 문제를 유발하는 클라이언트의 결함은 무엇인지를 파악하는 평가적 접근은 아니다.

2) 욕구사정에 대한 클라이언트의 기대는?

욕구사정 대상 클라이언트는 다음과 같은 것을 기대한다.

(1) 초기면접이 종료되고 빠른 시일 내에 그들의 욕구를 사정받기를 기대한다.

 만약 여러 가지 이유에 의하여, 사정이 이루어지지 않을 경우에는 그 이유와 사정을 받기 위하여 얼마나 기다려야 되는지와 같은 정보가 제공되어지기를 기대한다.

(2) 그들이 받고 있는 사정과정에서 서비스 수혜에 직접적으로 영향을 주는 결정에 참여하기를 기대한다.

(3) 잠재적 클라이언트가 위험하다고 판단될 경우 담당자(케어 매니저에 의하여 즉시 서비스가 제공되기를 기대한다.

(4) 클라이언트는 보호자의 욕구가 함께 사정되기를 기대할 수도 있다.

3) 사정에 대한 기관의 규정은?

(1) 케어 매니지먼트 서비스가 필요한 누구인가의 사정이 요구되어진다면, 사정은 가능한 전문성이 담보된 담당자(케어 매니저)에 의하여 수행되어진다.

(2) 사정의 보편성/객관성을 유지하기 위하여 다른 기관과 합동사정을

할 수도 있다(예, 보건소).

(3) 사정은 가능한 종합적이고 포괄적이어야 한다.

(4) 사정은 참여적인 하나의 체계적 과정이어야 한다.

(5) 사정의 일부분으로서 담당자(케어 매니저)는 이용이 가능한 서비스의 종류에 대해 정보를 클라이언트에게 제공할 수 있다.

(6) 사정 담당자(케어 매니저)는 클라이언트가 선택할 수 있는 서비스의 수준과 그들이 비용을 지불해야 되는지를 설명할 수 있다.

(7) 클라이언트의 사정이 이루어질 때 보호자의 욕구사정도 필요하다고 인식되어지는 경우에는 분리하여 사정할 수 있다.

4) 누가 사정을 담당하나?

욕구사정은 일반적으로 케어 매니지먼트 전담자(케어 매니저)에 의하여 수행된다. 사정이 시작되기 전에 보호자와 클라이언트는 케어 매니저의 역할에 대하여 충분하게 이해되어져야 된다. 클라이언트는 케어 매니저의 권위/역할과 사정에 대한 가능한 결과를 분명하게 이해할 수 있어야 한다. 사정 담당자인 케어 매니저는 사정에 대한 한계/범위를 인식할 필요가 있다. 가장 명확한 상황을 파악하기 위하여 그 과정에 다른 사람의 참여를 유도할 수 있다.

5) 사정 시기와 방법은?

초기면접 후 적격한 대상자로 지정이 되고, 그 케이스가 사정담당자(케어 매니저)에게 할당된 후에 가능한 즉시 시작된다. 사정담당자는 사정방법을 결정한다. 보건복지통합 팀, 케어 매니저 단독사정, 또는 단기관리팀 사정 등등

6) 어디에서 사정하나?

사정 담당자(케어 매니저)는 사정을 위하여 가장 적격한 장소를 결정해야 된다. 충분한 시간, 조용함, 프라이버시 등을 고려한 적격한 환경을 조

성해야 한다.

7) 어떻게 욕구를 사정 및 파악하나?

사정 담당자(케어 매니저)가 사정하고 그 사정의 결과를 결정에 영향을 주는 여러 가지 요인이 있다. 케어 매니저의 지식과 경험, 자격과 훈련, 팀 문화, 기관의 자원에 의하여 실제적으로 영향받을 수 있다. 사정의 기법은 다음과 같다.

(1) 클라이언트의 구술적 표현에 의한 욕구 파악

① 참여 - 클라이언트들과 좋은 관계를 유지하게 함.

② 관찰 - 클라이언트들의 신체적 정신적 안녕을 파악하게 함.

③ 질문과 경청 - 클라이언트의 말에 주의를 기울여야 함.

④ 정확한 언어사용 - 케어 매니저와 클라이언트간의 이해와 명확한 의사소통이 가능하게 함.

⑤ 이해와 동정 - 클라이언트의 감정과 근심을 받아들이게 함.

⑥ 독단과 단정 - 사정의 통제를 유지하고 명확한 한계/범위를 정하게 함.

⑦ 협상 - 세워진 목표와 관련된 합의에 대하여 성공적인 결과를 얻게 함.

⑧ 갈등 완화 - 클라이언트의 이익을 보호하게 함.

⑨ 옹호 - 갈등이 발생하는 곳에 옹호를 들여오고 자기옹호를 증진하게 함.

⑩ '아니요'라고 대답 - 명확하고 민감한 정보를 얻게 함.

(2) 클라이언트 환경에 대한 직접 관찰을 통한 욕구 파악

(3) 과거/현재 서비스 제공자와의 만남을 통한 욕구 파악

① 보호자　② 가족　③ 키워커, 팀장(시설)

④ 전문가　⑤ 옹호자　⑥ 관련기관 근무자 등등

(4) 클라이언트에 대한 기관의 기록부를 통한 욕구 파악

(5) 테스트를 통한 욕구 파악

8) 욕구사정시 초점은?

클라이언트의 욕구 사정은 다음과 같은 사항에 초점을 맞춘다.
(1) 클라이언트의 욕구의 정도와 내용을 명확히 하라.
(2) 클라이언트의 욕구 해결 능력을 명확히 하라.
(3) 지역사회 내의 비공식 서비스의 활용 가능성을 파악하라.
(4) 지역사회 내의 공식적 서비스 활용 가능성을 파악하라.

욕구사정의 항목은 기관에 따라 다를 수 있으나, 클라이언트의 재정에 대한 사정은 욕구의 사정과 분리하여 수행한다. 일반적으로 주요 10항목에 준하여 욕구를 파악한다.
(1) 이동성
(2) 자기보호/일일 생활
(3) 건강
(4) 정신건강
(5) 집/환경
(6) 사회적 기능
(7) 커뮤니티 생활
(8) 문화/감각 상실
(9) 지원 네트워크
(10) 추가적 위험

9) 사정과정에서 담당자(케어 매니저)의 의무는?

사정담당자(케어 매니저)는 욕구와 관련 분야의 사정에 재량권을 사용할 수 있다.
(1) 클라이언트가 사정과 관련하여 명백하게 이해하고 있으며, 향후 스케줄을 이해하고 있는지 확인한다.
(2) 클라이언트가 욕구 이외에 무엇을 기대/선호하는지를 파악하라.

(3) 사정과정에서 클라이언트의 사정 거부 또는 철회에 대한 권리를 인식시키고 그들의 독립적 옹호자가 있을 경우 대표성에 대한 권리를 확실히 주지시켜라.

(4) 가능하면 정확하게 클라이언트의 욕구발생 원인을 파악하라. 클라이언트와 보호자는 그들의 사정과 해결책을 위한 가장 정확한 원천이 될 수 있음을 인지하라.

(5) 명백하게 밝혀진 욕구의 원인은 적절한 서비스를 위한 대처에 결정적일 것이다. 클라이언트에 의하여 자발적으로 진술된 욕구는 사정의 길잡이가 될 것이다. 정보획득과 사생활 침해 사이에 균형을 직시/유지하라.

(6) 실제적 욕구뿐만 아니라 사회적, 감정적, 관련 욕구를 고려/파악하라. 클라이언트와 보호자의 관계에서 질적인 면에 주의를 기울여라. 클라이언트, 보호자, 다른 기관들은 다른 방법으로 욕구가 파악될 것이다. 케어 매니저는 모든 관점의 균형을 맞추어야 된다.

(7) 클라이언트가 표현능력을 가지고 있다면, 그들의 관점들이 비중 있게 다루어져야 한다.

(8) 사정담당자(케어 매니저)는 가능한 모든 것을 기록해야 한다.

(9) 사정자 담당자로서, 케어 매니저는 궁극적으로 클라이언트의 욕구를 파악하는데 책임이 있다.

10) 우선순위 합의

(1) 욕구사정이 종결되었을 때, 사정담당자(케어 매니저)는 어떻게 이러한 욕구를 충족시킬 예정인지 클라이언트와 합의해야 된다(긴급, 단기, 장기 욕구를 분류하라). 이러한 욕구의 우선순위가 결정되면, 어떤 욕구가 클라이언트와 보호자에게 가장 관심이 있는지 고려해야 된다. 동시에 지방정부/정부나 기관의 정책에 주의를 기울여라.

(2) 사정담당자(케어 매니저)는 서비스 제공과 관련된 기관과의 잠재적 의견 차이점을 기록하고 조정할 필요가 있다.

(3) 사정의 마지막 단계에서 향후 계획을 명확히 하라. 그리고 진행을 위한 방법에 합의해야 한다.

12) 사정의 기록

(1) 사정담당자(케어 매니저)는 사정의 증거를 항상 간략하고 명확하게 하라. 사실의 정확성을 확인하라. 옵션(option)의 기록과 클라이언트가 분리되었는지 확인하라. 케어 매니저가 옵션을 기록할 때 결론이 어떻게 도출될 것인지 명확히 하라. 항상 클라이언트와 보호자의 견해를 포함하라.
(2) 사정담당자(케어 매니저)는 정보를 기록하기 위하여 여러 개의 기존 기록표를 참고/이용할 수 있다. 사정의 기록은 읽기 쉽고, 이해할 수 있고, 쓸 수 있는 평이한 글이어야 한다. 주요 정보를 요약하라.
(3) 다른 전문가나 기관들과 같이 공유/수집된 정보는 비밀유지의 법칙을 준수하라.
(4) 사정 결과의 복사본을 클라이언트/보호자에게 주어라.

제 2 단계: 욕구사정의 과정

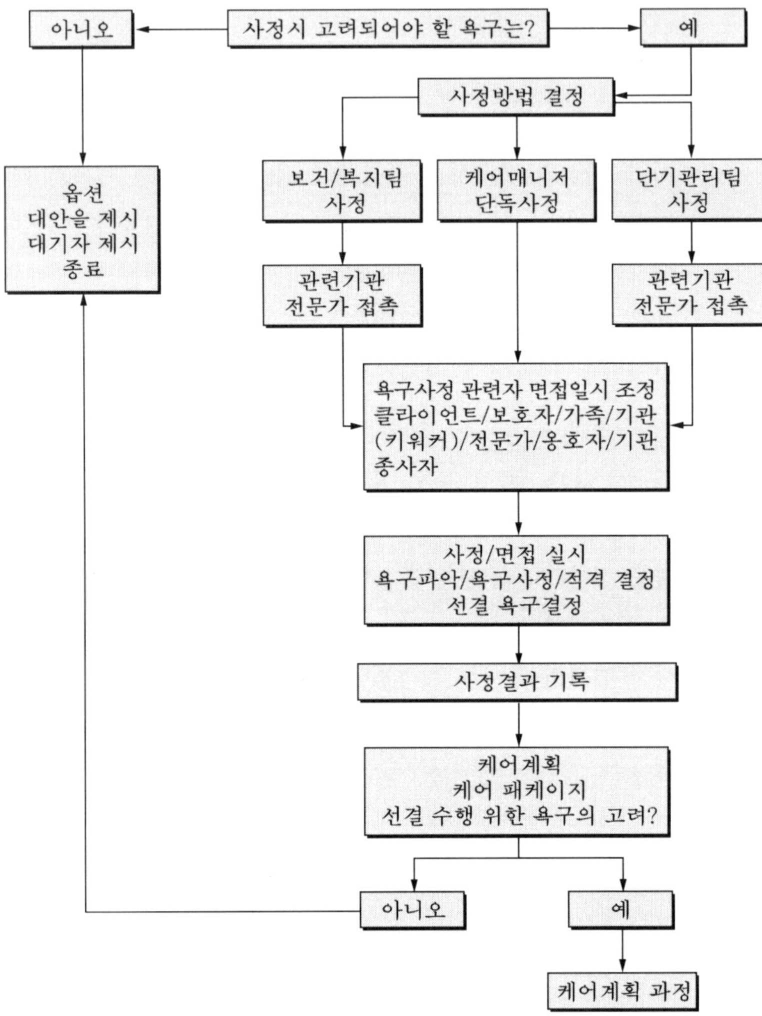

◆ 제 3 단계 : 케어계획(care planning)

목적: 목표설정

1) 케어계획이란 무엇인가?

사정과정에서 클라이언트의 욕구가 파악되었고 이러한 욕구들을 충족시키기 위하여 우선순위가 정하여진다. 케어계획은 클라이언트와 그들의 보호자 욕구에 대한 초점을 맞추도록 도와주고, 어떻게 얼마만큼 욕구들을 충족시킬 수 있느냐의 목표를 세우도록 한다. 케어 매니저는 이러한 목표의 성취를 위하여 적절한 방법을 동원할 수 있다. 케어계획은 케어 매니저에 의하여 파악된 욕구에 대하여 가능하고 적절한 개입을 목표할 수 있다. 케어계획은 클라이언트를 위한 서비스 제공의 목적, 기간, 빈도 등을 결정하고 서비스 패킹으로 이어지는 과정이다. 이 과정에서 개별 클라이언트의 사정결과와 서비스 제공기관의 광범위한 서비스 계획을 연결하는 결정적인 역할을 한다.

2) 케어계획에 대한 클라이언트의 기대는?

서비스를 받고 있는/받을 클라이언트는 다음과 같은 것을 기대한다.

(1) 서비스를 위한 상세한 서면 계획을 기대한다.

(2) 사정이 종료되고 합의된 뒤 빠른 시일 내에 케어계획이 수립되기를 기대한다.

(3) 케어계획은 합의된 실행과정과 목표, 날짜 등이 명확하게 포함되기를 기대한다.

3) 목표이란 무엇인가?

목표란 서비스 제공의 목적이 얼마만큼 달성될 수 있는지에 대한 구체적인 방향이다.

4) 어떻게 목표를 세우는가?

목표들은 파악된 욕구와 현재, 또는 계획된 서비스 패케이지(package) 사이를 연결하는 고리이다. 하나의 목표는 하나 이상의 파악된 특정욕구를 포함할 수 있다. 모든 욕구들은 하나의 목표와 연결되어져야 한다. 목표는 케어 매니저와 클라이언트가 성취하고자 하는 것을 진술해야 한다. 이것은 목표들을 성취하기 위하여 행하여질 조치와는 다르다. 이것은 특정 조치의 과정이 실패하였을 경우 목표는 없어지는 것이 아니며, 대안의 조치가 고려되어질 수 있음을 의미한다. 그들이 단기, 중기, 장기이든지간에 목표는 실질적이고 명확하게 규정되고 측정되어져야 된다.

5) 왜 케어 매니저는 케어계획이 필요한가?

케어계획은 케어 매니저, 보호자 그리고 클라이언트의 욕구를 현실화하기 위한 수단이다. 이것은 사정에 의해 조정되어진 결과이다. 케어계획은 지속적인 욕구의 충족이 불가능한 부분들을 강조할 수 있다. 어떤 부족함이 발생하는 이유를 찾아낼 수 있다. 자원들의 부족이 기록되고 케어 매니저의 서비스 계획에 피드백에 의한 대안/조치가 시작된다 할 수 있다.

(1) 시간과 경비의 낭비를 방지하고 효율성을 높일 수 있다.
(2) 서비스 비용 지출의 적절성 확인할 수 있다.
(3) 새로운 욕구의 필요성을 합리화할 수 있는 지침/기준이 된다.
(4) 예기치 않은 욕구들을 발견하고 일시적 욕구로부터 지속적인 것을 가려낼 수 있게 한다.
(5) 케어 매니저 또는 보호자가 바뀌어도 서비스의 지속적인 제공이 가능하게 한다.

서비스 계획 시 미 충족욕구는 세 가지 제목 하에 분류될 수 있다.

(1) 관계법들을 포함한 정부/지방정부의 의무.
(2) 지역복지계획이나 지역복지 지침서에 진술된 것과 같은 정부/지방정

부의 의무.

(3) 서비스 제공과정에서 발생, 또는 클라이언트와 함께 일하는 과정에서 밝혀진 새로운 욕구.

6) 케어계획 시 주의 사항

(1) 서비스를 통합/조정할 수 있는 케어계획(욕구영역의 명확화)
(2) 각 서비스의 활동에너지를 집단적으로 발휘할 수 있도록 케어 계획
(3) 장기적이고 지속적인 차원에서의 케어계획(목표의 명확화)
(4) 클라이언트의 욕구와 복지자원의 상황에 맞는 케어계획

6) 어떻게 케어계획을 완성시키나?

케어계획을 완성할 때 케어 매니저가 고려해야 될 여러 가지 질문들은 다음과 같다.

(1) 케어 매니저는 어떤 유형의 계획을 사용할 것인가?

케어계획은 사정되어진 욕구의 복잡한 정도에 따라 다양하다. 단순욕구는 하나의 서비스에 의하여 충족될 수 있다. 복잡한 욕구들은 여러 서비스들의 조정에 의하여 충족될 수 있다. 케어 매니저는 클라이언트의 욕구를 충족시키기 위해 필요한 기관/서비스들을 빨리 파악하면 할수록 보다 효과적인 케어 패케이지의 조정이 가능할 것이다.

(2) 무엇이 우선순위인가?

사정을 통하여 클라이언트의 욕구를 우선순위화해야 된다. 때때로 긴급한 위기개입의 필요성 때문에 어떤 욕구들은 예방적 계획과 서비스가 제공된 후에 고려되어져야 된다.

(3) 요구되어지는 서비스의 세부 항목은 무엇인가?

욕구들은 사정단계에서 파악된다. 그러나 케어계획을 하는 동안에 상세한 서비스 요구사항들은 보다 상세하게 파악될 수 있다. 가능한 어떤 개입도 클라이언트의 삶을 방해하는 요인이 되어서는 안 된다. 목표들의 성취

를 방해하는 영향들에 민감하게 고려되어지게 한다(예, 클라이언트의 동기, 서비스 제공자들의 가변성). 최종 케어계획에 관해 합의되어진 사항을 합의에 관계된 모든 사람들이 이해할 수 있을 만큼의 계획과정이 시작되기 전에 케어 매니저는 가능한 모든 것을 인지(파악)하고 있어야 한다. 서비스 요구들은 사정과정에서 클라이언트/보호자와 함께 합의된 위험수준에 대한 의견서가 포함되어 있음을 잊지 말아야 된다.

(4) 클라이언트와 보호자는 그들 자신을 도울 수 있는가?

모든 케어계획은 클라이언트와 보호자의 독립성을 증진하는데 목적이 있다. 클라이언트와 보호자가 그들의 케어계획에 공헌할 수 있는 자원이 되도록 시간을 할애해야 된다. 그러나 비현실적인 요구는 배재해야 된다.

(5) 어떤 서비스가 이미 지정되어 있는가?

클라이언트는 이미 서비스를 받고 있을 수 있다. 신규 또는 추가 서비스를 계획할 때, 현재 제공되는 서비스를 신중히 고려해야 된다. 신규 서비스는 현재의 서비스와 병행되어질 수 있는가? 현재의 서비스 공급자는 신규 욕구를 충족시킬 수 있는 서비스로 조정할 수 있는가? 클라이언트는 현재의 서비스 제공자를 선호하는가?, 또는 바꾸기를 원하는가?

(6) 다른 대안(서비스)은 있는가?

케어계획은 케어 매니저에게 대안 서비스들을 위한 가능성에 탐구하는 기회를 줄 수 있다. 이것은 클라이언트의 욕구충족을 위한 새로운 방법에 관하여 생각할 수 있는 기회를 줄 것이다.

(7) 옵션(option)들은 무엇인가?

클라이언트의 욕구충족에 대한 모든 옵션들은 명확하게 규정되고 클라이언트/보호자와 논의되어져야 한다. 케어 매니저는 클라이언트와 함께 서비스에 대해 살펴보기 위하여 서비스 제공자들을 조정할 수 있다. 케어 매니저는 서비스 제공자들이 제공하는 서비스를 직접 볼 수 있도록 클라이언트를 서비스 제공자들에게 데려갈 수 있다. 서비스 제공에 대한 지식의 한계나 선택의 개념에 대한 이해가 부족한 클라이언트를 위하여, 그들이 상세하게 이해할 수 있도록 서비스의 탐색이 가능하고 실질적이어야 한다.

(8) 선호도는 어느 정도인가?

클라이언트가 선택하는 서비스가 제공되어져야 한다. 어떤 클라이언트 또는 보호자는 명백한 서비스 선호도를 가지고 있다. 그들의 요구나 선택에 대하여 민감하게 반응해야 된다. 특정 서비스에 대한 그들의 희망의 결과가 인지되었을 때 그들은 대안 서비스에 대하여 저항할 수 있다. 케어 매니저는 선택된 서비스에 대하여 만족해야 되며, 그것이 파악된 욕구에 가장 적격해야 된다.

(9) 비용은 얼마인가?

클라이언트 부담으로 서비스가 제공된다면 서비스의 비용은 얼마인지 케어 매니저는 알아야 된다. 만약 케어 매니저가 정확한 서비스 비용을 알지 못할 경우, 적어도 전체적인 케어 패케이지 가격은 알아야 된다. 다른 옵션 서비스가 고려된다면 그들의 추정 비용을 알아야 한다.

(10) 클라이언트는 서비스 비용을 지불할 수 있는가?

케어 매니저의 케어계획 과정은 클라이언트의 재정과 지불능력에 대한 사정이 포함되어져야 한다. 비용 지불에 대한 조언이 제공되어지기 전에 클라이언트는 케어계획에 동의할 수 없다.

(11) 계속 진행되어질 수 있는가?

선택되어진 서비스의 비용과 클라이언트의 선호 서비스가 정리되었을 경우, 케어 매니저는 이용 가능한 자원을 고려해야 된다. 만약 케어 매니저에게 클라이언트의 욕구 규정이나 자원할당 책임이 있다면, 케어 매니저의 의무에 대하여 클라이언트와 보호자에게 통보해야 된다. 그들의 이익증진을 할 수 있는 독립적 대표성을 획득할 수 있도록 기회를 그들에게 주어야 된다.

(12) 합의된 목표는 무엇인가?

자원이 확보된 서비스 옵션이 정하여진 경우 케어계획에 관계된 기관(제공자), 보호자, 클라이언트와 함께 합의(서)를 완성/확인한다.

(13) 계획의 가변성을 고려하라?

케어계획에 관계된 모든 사람들은 세워진 계획이 무엇이며, 어떻게 그들이 성취되어질 것인가 명확하게 이해한다는 것을 확신해야 된다. 케어 매니저는 케어계획이 어떤 어려움이나/긴급발생시에 대비하여 충분하게 가변성이 있는지 점검해야 된다.

(14) 언제 미팅이 재개되나?

관련된 기관, 클라이언트, 보호자가 확인되면, 케어계획의 점검/재사정, 점검, 케어계획의 실행 책임자에게 알려야 한다. 케어 매니저는 첫 번째 점검/재사정을 위한 날짜를 확정하여야 된다. 케어계획의 동의, 실행, 및 첫 번째 점검/재사정은 욕구의 복잡성에 의하여 결정되어진다.

(15) 미 충족된 욕구는 있는가?

케어계획이 완성되었다면, 케어 매니저가 수행할 수 없었던 사정된 욕구를 확인, 기록해야 한다. 케어 매니저가 수행한 욕구충족과 욕구충족이 불가능한 이유를 진술하는 모든 조사기록을 보여라. 이러한 정보는 서비스 계획에 피드백하라.

7) 어떻게 케어계획을 기록하나?

케어계획은 욕구사정과 연계하여 문서로 작성해야 된다. 가능하다면 클라이언트가 이해하기 쉬운 언어로 만들어 한부를 클라이언트에게 제공해야한다. 비밀이 요구된 항목은 케어계획에 관련된 다른 사람들과 공유 할 수 없다. 케어계획은 계약으로서 법률적 의미를 갖지 않는다. 그러나 성실한 수행을 위하여, 클라이언트를 포함한 관련자들에게 서명에 의하여 합의를 확인할 수 있다. 서명이 있든 없든 서비스의 케어계획 과정은 그들의 의견을 존중하고 케어계획은 그들의 책임을 포함한 수단이 될 것이다. 이것은 서비스에 대한 불평을 사정하는 증거로 이용되어질 수 있다.

케어계획의 기록은 다음과 같은 정보가 포함되어져야 한다:

(1) 전반적 서비스 제공 목표들.

(2) 서비스 제공자, 보호자, 클라이언트의 상세한 목표들.

(3) 이러한 목표를 성취/측정 위한 기준.

(4) 기관들에 의하여 제공되어지는 서비스들.

(5) 기관/클라이언트의 비용.

(6) 고려되어진 다른 옵션들.

(7) 클라이언트, 보호자, 케어 매니저, 다른 기관들의 다른 견해들.

(8) 미충족 욕구와 그 이유들.

(9) 케어계획의 점검/재사정, 모니터링, 실행에 대한 책임이 지명된 사람/기관들.

(10) 첫 번째 계획된 점검/재사정 날짜.

8) 계약 시 고려사항은 무엇인가?

(1) 클라이언트의 욕구와 동원가능 서비스 자원을 고려한 현실적인 케어계획의 목표가 수립되었나.

(2) 계약기간.

(3) 케어계획의 실행할 때 각 기관과 개인의 책임.

(4) 케어계획의 미실행 시의 각 기관과 개인의 책임.

(5) 계약에 관련된 모든 사람들의 서명 날인을 포함할 것.

제 3 단계: 케어 계획

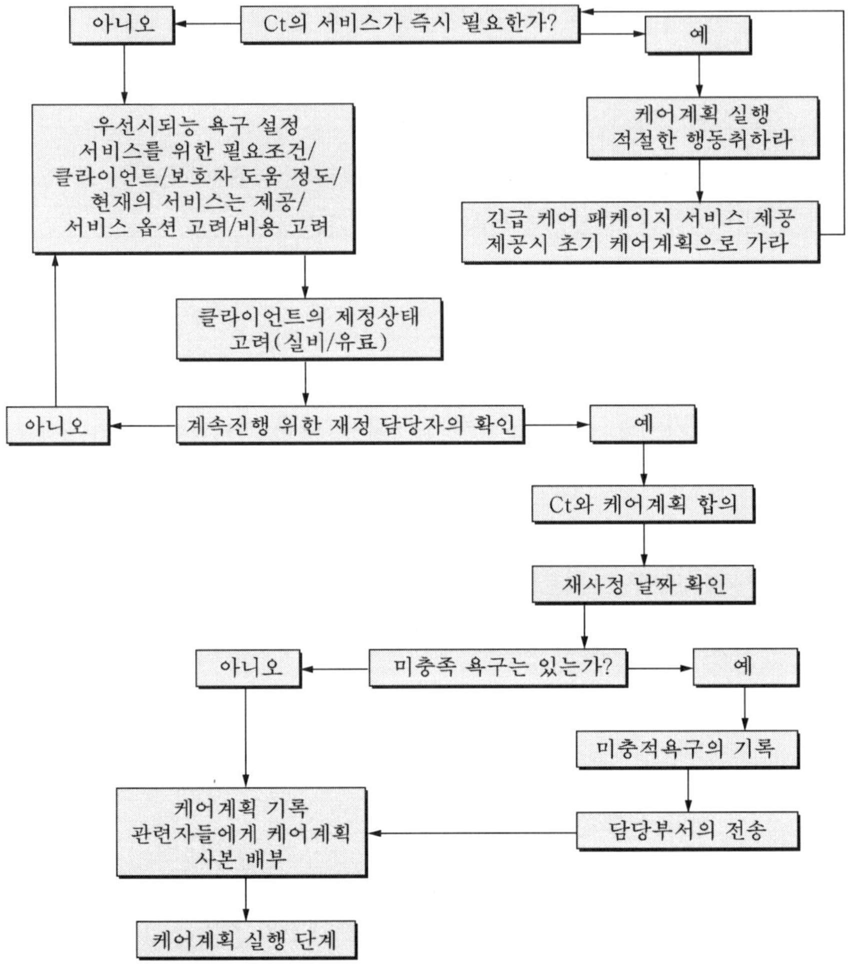
Ct의 서비스가 즉시 필요한가?
아니오
예
우선시되는 욕구 설정
서비스를 위한 필요조건/
클라이언트/보호자 도움 정도/
현재의 서비스는 제공/
서비스 옵션 고려/비용 고려
케어계획 실행
적절한 행동취하라
긴급 케어 패케이지 서비스 제공
제공시 초기 케어계획으로 가라
클라이언트의 제정상태
고려(실비/유료)
아니오
계속진행 위한 재정 담당자의 확인
예
Ct와 케어계획 합의
재사정 날짜 확인
아니오
미충족 욕구는 있는가?
예
미충적욕구의 기록
케어계획 기록
관련자들에게 케어계획
사본 배부
담당부서의 전송
케어계획 실행 단계

◆제 4 단계 : 케어 계획의 실행

목적: 케어 패케이지(package) 및 서비스 제공

1) 케어계획의 실행이란?

케어계획이 실행될 때 진술된 케어계획의 목표를 달성하기 위한 서비스나 필요자원을 확보, 패케이지, 그리고 서비스를 제공하는 것을 의미한다.

2) 케어계획 실행에 대한 클라이언트의 기대

케어 계획의 실행과정에서 케어 패케이지에 대한 클라이언트는 다음과 같은 서비스를 기대한다.

(1) 이용 가능한 서비스 중에서 효과적이고 공평한 서비스가 패케이지 되기를 기대한다.

(2) 이용 가능한 서비스 중에서 광범위한 서비스의 선택이 이루어지기를 기대한다.

(3) 선택할 수 있는 서비스에 대한 정보가 제공되기를 기대한다.

(4) 재정에 대하여 적절한 사정을 받기를 기대한다.

(5) 서비스가 제공되기 전에 클라이언트의 서비스에 대한 비용에 관한 정보를 기대한다.

3) 언제 케어 계획을 실행하나?

초기면접, 사정, 케어계획의 과정이나 또는 점검/재 사정의 결과가 만족하기 전까지 케어계획은 실행될 수 없다. 적격한 요건이 갖추어지지 않았으나 긴급히 서비스가 필요한 클라이언트의 경우, 즉시 서비스를 제공할 수 있다. 케어 매니지먼트 과정이 완전하게 적용된 후에 케어계획의 목표에 접근할 수 있는 가능한 방법을 찾는다.

4) 케어계획의 실행은 누가 수행하나?

가능한 케어 매니저에게 케어계획의 실행에 대한 책임이 주어진다. 케어계획의 실행이 다른 워커에 의하여 이루어질 경우, 결과에 대한 피드백이 케어 매니저에게 이루어져야 된다(케어 매니저가 초기 케어계획을 클라이언트와 세웠을 경우). 케어계획이 복잡할 경우 케어계획의 실행을 위한 책임자가 필요하다. 클라이언트와 보호자는 케어계획을 실행하는 책임자의 지위수준을 알아야 한다.

5) 케어계획의 실행 시 유의점은?

케어계획의 실행 시 주의해야 할 9가지 항목은 다음과 같다.

(1) 클라이언트와 보호자의 케어 계획의 실행에 참여수준 결정

클라이언트와 보호자는 케어계획의 실행과 관련된 결정에 참여되어져야 된다. 그들의 능력과 동기가 허락되는 한 적극적으로 참여하도록 유도해야 된다.

(2) 케어계획 실행속도의 동의

케어계획의 실행 속도는 클라이언트, 보호자와 논의해야 된다. 의료욕구와 같은 긴급한 욕구가 사정될 경우 가능한 한 즉시 실행되어져야 한다. 정해진 스케줄은 클라이언트와 보호자가 새로운 케어계획에 적응할 수 있는 시간을 준다. 그러나 위험한 상황까지 처하지 않게 한다. 케어 매니저는 우선적으로 제공되어져야 하는 서비스에 대하여 클라이언트와 논의해야 한다.

(3) 예산의 결정

케어계획의 실행이 시작되기 이전에 케어 매니저는 직접적인 서비스를 제공할 수 있는 위치에 있는지 확인해야 된다. 케어 매니저는 예산 사용수준에 대하여 이해해야 하고 서비스 구매에 대한 적격한 재정에 대하여 확인해야 된다.

(4) 이용 가능성 서비스에 대한 확인

케어계획의 실행을 위해 이용 가능한 서비스를 케어 매니저는 인지해야 되며, 클라이언트가 선호하는 서비스에 대하여 논의한다. 만약 서비스의 이용이 불가능할 경우 그들이 다른 대안적 서비스에 합의할 것인지 특정 서비스가 준비될 때까지 기다릴 것인지 또는 그런 상황인지 확인해야 한다. 선호 서비스의 이용이 불가능할 경우, 부족한 것으로서 기록해야 된다.

(5) 기존 서비스의 재조정

케어계획의 목표가 효과적으로 성취되고 욕구변화에 부응하기 위한 기존서비스를 재조정해야 된다.

(6) 새로운 서비스들과의 계약

케어 매니저가 새로운 서비스를 접근할 때, 계약을 위한 필요조건을 구비했는지 확인해야 된다. 케어 매니저가 서비스를 계약할 때 계약서에 계약의 약관을 첨부해야 되며, 목적은 언제든지 합의되어진 스케줄 안에서 가능한 한 비용의 효율성과 양질의 서비스를 제공할 수 있도록 해야 한다.

(7) 케어계획과 비용의 수정

케어계획이 실행되는 동안에 변화가 발생할 경우 케어계획이 변화될 수 있다. 케어 매니저는 이러한 변화들, 변화 이유 등을 기록해야 되며, 이러한 주요한 변화를 케어계획에 관련된 모든 사람들에게 알려야 된다. 계획을 실행하는 동안에 서비스의 부적격이 인지되었을 경우에 적격하게 서비스 관련자들에게 알려야 된다.

(8) 점검(모니터링) 준비

케어 매니저는 케어계획이 지속되어야 하는지 결정하기 위한 점검을 준비해야 된다. 케어계획에 참여한 모든 사람이 점검의 책임을 공유한다.

6) 어떻게 케어계획의 실행을 기록하나?

(1) 서비스 이용을 위한 케어 매니저의 결정이 어떻게 이루어졌는가 명

확하고 간략한 정보를 주어야 된다.

(2) 케어계획의 변화와 변경의 이유를 진술해야 된다.

(3) 서비스 제공을 위한 사항을 어떻게 시행했는지 기록해야 된다. 서비스 제공자와의 계약을 근거로 진술해야 한다.

(4) 클라이언트와 보호자는 케어계획과 케어에 대하여 설명되어진 서비스 요구의 복사본을 받아야 된다.

제 4 단계: 케어계획의 실행 과정

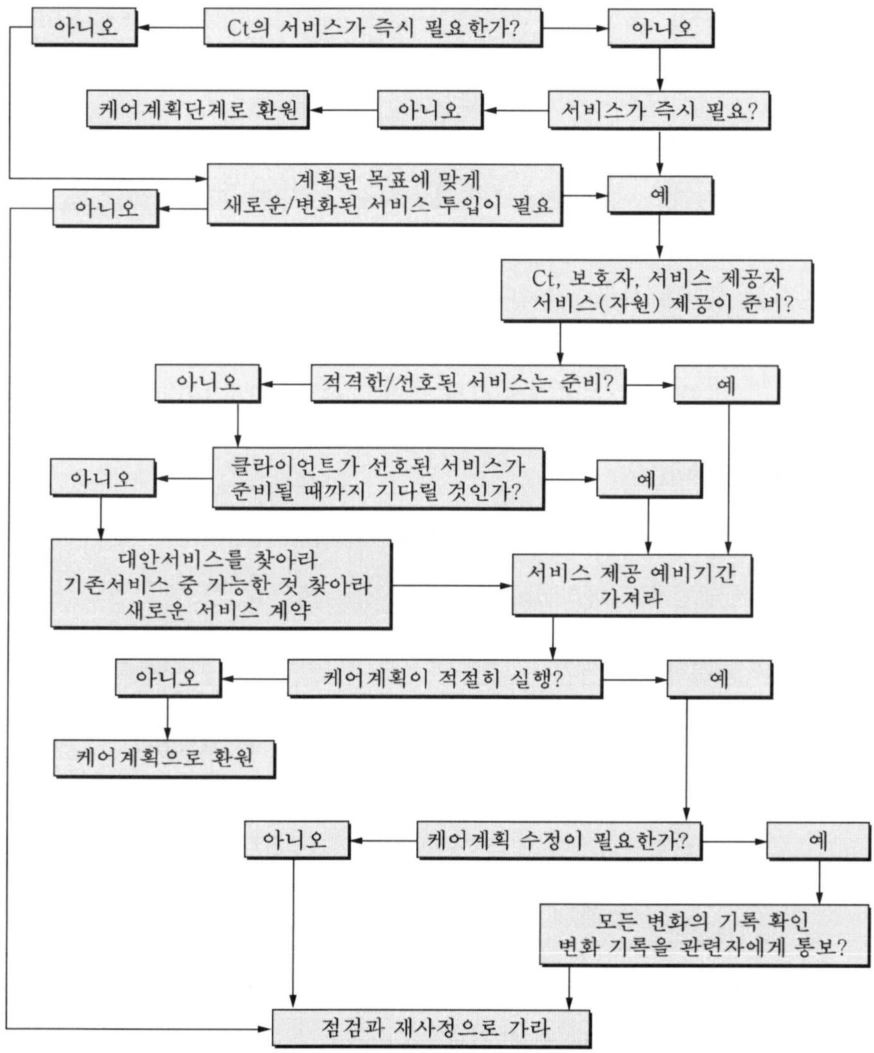

◆제 5 단계 : 점검 및 재사정(monitoring & reassessment)

목적: 지속적 접촉

1) 점검 및 재 사정에 대한 클라이언트의 기대는?

클라이언트의 욕구는 지속적으로 변화되기 때문에 점검과 재사정은 케어 매니지먼트 과정 중에 지속적으로 이루어진다. 케어 서비스를 받는 클라이언트는 다음과 같은 것을 기대할 수 있다:

(1) 클라이언트는 적어도 매 6개월 마다 점검/재 사정되기를 기대한다.

(2) 케어 매니저는 클라이언트의 욕구/서비스를 점검/재 사정할 때 보호자의 욕구/서비스가 함께 점검/재사정되기를 기대한다.

2) 점검이란?

점검은 규칙적이며 서비스가 제공되는 동안 클라이언트의 환경을 공식적으로 관찰하는 과정이다.

3) 점검의 목적은?

케어계획의 실행 및 설정된 목표 수행을 유지와 달성하기 위함이다. 이것은 케어계획에서 세워진 목표를 유지 및 지지하도록 한다. 또한, 클라이언트에게 환경변화가 필요할 경우 그 변화가 적용(고려)될 수 있도록 클라이언트의 욕구에 집중할 수 있도록 도와준다.

지속적인 서비스를 받는 클라이언트는 점검(모니터링)되어진 서비스를 받아야만 한다. 점검은 기록되어져야 하며, 케어계획이 재사정이 될 때마다 증거로서 이용되어져야 한다. 과정 또는 케어계획 목표의 성취도를 기록해야 된다.

4) 누가 누구를 점검하나?

점검은 케어 매니저의 의무이다. 만약 케어 매니저가 사정, 케어계획, 그리고 케어계획의 실행을 했다면, 케어 매니저는 지속적으로 점검을 수행해야 한다. 점검은 케어 매니저에 의하여 조정되어야 되며, 점검의 책임은 다른 사람들과 공유할 수 있다: 클라이언트와 보호자(사용자로서와 관련자로서); 주요 전문가(관련자로서); 서비스 제공자들(그들 자신의 점검자로서); 최고 매니저(감독자); 구매부서(계약의 점검자로서); 감사부서(서비스 질 유지 위한 표준의 점검자로서).

5) 언제 점검 하나?

점검의 빈도는 클라이언트의 어떤 상황 변화를 빠른 시일 내에 인지할 수 있을 정도까지 클라이언트와 접촉해야 한다.

6) 어디에서 점검하나?

클라이언트가 최대한 불편하지 않을 장소에서. 케어 매니저는 여러 방법을 통하여 점검을 한다 - 가정방문, 전화, 편지, 질문지, 관련 부서간의 의견교환, 관찰 등.

7) 무엇을 점검하나?

점검은 다음과 같은 책무를 수행하는 과정이다:

(1) 케어계획의 목표가 달성되어 가는가?
(2) 케어계획 시 합의한 대로 서비스가 제공되어지고 있는가?
(3) 예산은 잘 운영되는가?
(4) 클라이언트, 보호자, 그리고 서비스 제공자의 지원은 원활한가?
(5) 미비한 케어계획의 조정이 필요한가?
(6) 다음 재사정에 참고될 욕구에 관한 정보/수행은 정확하게 기록되고 있는가?

점검의 목적은 클라이언트와 보호자에게 충분히 설명되어져야 하며, 그들이 점검과정에서 적극적으로 행동할 수 있도록 유도해야 된다. 점검과정에서 얻은 결론은 보호자와 클라이언트에게 알려주어야 되며, 만약에 제공되어지는 서비스에 어떤 대안 서비스가 필요하지만 이를 제공할 수 없을 때는 클라이언트나 보호자가 이것을 알아야 되며, 그 이유를 설명해 주어야 된다.

8) 재사정이란?

재사정은 어느 특정 시점에서 서비스 제공과정과 분리되어 고려되며 서류상/또는 면담으로 행하여지는 서비스이다. 재사정은 클라이언트의 환경을 자세히 체계적으로 고려하여 재확인(점검)한다. 이것은 케어계획의 변화가 요구되는지를 고려하며, 제공되어지는 서비스에 초점이 맞추어진다. 클라이언트나 보호자의 욕구에 대한 선호도/관점 그리고 이러한 욕구에서 서비스의 효율성을 고려한다.

9) 재사정의 형태는?

(1) 알파(Alpha)

현행 서비스의 제공내용이나 방법 등이 클라이언트가 필요로 하는 것인지 또는 불필요한 것인지 제약 조건 없이 사정하여 그에 따른 결과대로 새로운 케어계획 세운다.

(2) 베타(Beta)

현재 제공되는 서비스의 내용과 방법에 있어서 큰 문제점이 없다는 조건하에서 단순히 현재의 상황과 바람직한 상황의 비교를 시도한다.

(3) 감마(Gamma)

현재의 상황과 바람직한 상황이 발생하였을 때, 서비스의 우선순위를 변경하기 위하여 실시한다.

(4) 엡실론(Epsilon)

목표에 대한 우선순위가 결정된 후, 그 목표가 달성되었는지 분석하기 위하여 실행한다.

(5) 제타(Zeta)

결과보다 수행하고 있는 방법이나 과정들이 제대로 이행되었는지를 분석하기 위함이다.

10) 누가 재사정을 하나?

재사정의 수행은 케어 매니저의 의무이다. 클라이언트, 보호자 등 서비스에 관계되어 있는 누구든지, 언제든지 재사정을 요청할 수 있다. 재사정을 요청한 사람에게 재사정을 위한 시점이 언제인지 알려주어야 된다. 재사정 시 약간의 어려움이 있을 경우, 클라이언트에 대한 옹호자로서 케어 매니저의 역할을 분명히 해야 된다.

11) 언제 재사정을 하나?

재 사정은 특정간격을 두고 시행되어져야 되며, 빈도는 얼마만큼 상황이 빠르게 변화하느냐에 따라 결정되어진다. 최초 케어계획에 관련된 모든 사람은 가능한 재사정에 참여해야 된다. 그들은 충분한 시간적 여유가 주어져야 되며, 재사정의 내용이 충분하게 보호자와 클라이언트에게 설명되어져야 된다.

12) 어디에서 리뷰/재사정 하나?

재사정을 하는 장소는 클라이언트나 보호자의 접근성을 고려하여 결정되어져야 된다. 보호자와 클라이언트가 이야기하기에 좋은 느낌이 드는 분위기와 장소여야 된다. 케어계획에 관련된 모든 사람이 모일 필요는 없다. 재 사정에 참석한 사람들의 견해/권고를 수집하고, 그렇지 못할 경우 편지나 전화로 의견을 수집할 수 있다.

13) 재사정은 무엇을 고려하나?

재사정은 보호자와 클라이언트에게 처음 케어계획 때 설정된 목표가 성취되어지고 있는지 알아보기 위한 것이다. 이것은 서비스 제공자나 다른 참여자들의 재사정과 비교할 수 있다. 재사정의 속도는 클라이언트와 보호자가 보조를 맞출 수 있어야 하고 그들에게 많은 것을 기여할 수 있는 기회를 주어야 된다. 재사정을 통하여 얻어진 증거들을 통하여 현재의 케어계획이 실질적인 목표를 가지고 있으며, 그 목표가 현재의 상황에 적격한지 균형적 판단을 할 수 있도록 해야 된다. 재사정에서 고려되어야 될 사항들은 다음과 같다.

(1) 케어계획의 목표들이 성취되어졌는가?
(2) 목표의 성공/실패의 요인들은 무엇인가?
(3) 제공되어지는 서비스의 비용/질은 어떠한가?
(4) 현재의 욕구는 무엇인가?
(5) 클라이언트에게 기존의 서비스가 적격한가?
(6) 케어계획의 목표수정이 필요한가?
(7) 현재의 서비스 요건이 현재의 상황에 적격한가?
(8) 새로이 제공될 서비스의 비용은?
(9) 기록되어진 욕구 중 충족되지 않은 욕구는 있는가?
(10) 주의해야 될 문제는 있는가?
(11) 다음 재사정은 언제인가 ?

14) 공식적 재사정

공식적 재사정은 클라이언트의 환경이 복잡할 경우나 서비스에 관련된 사람들 간에 의견이 일치되지 않을 경우에 실시하게 된다. 예를 들면 다음과 같다:

(1) 새롭거나 복잡한 서비스가 급하게 제공되어져야 될 경우, 특히 위기개입일 경우.
(2) 욕구의 변화가 다른 기관들에 의해 이해되지 않는 이유일 경우.
(3) 서비스 관련기관들 사이에 조정이 안 되고 분쟁이 있을 경우.

공식적 재 사정을 위한 미팅의 목적은 분명히 진술되어져야 되며 클라이언트나 보호자의 적극적 참여가 방해되지 않는 상황이 되도록 유도해야 된다. 만약 케어 매니저가 다른 참석자들과 의견의 일치가 이루어지지 않을 경우 상관(수퍼바이저)에게 미팅 주제를 요구할 수 있다. 만약 참석자의 불만이 표출될 경우 이것을 공식적 불만 해결 창구에서 다루도록 할 수 있다.

제 5 단계: 점검 및 재사정

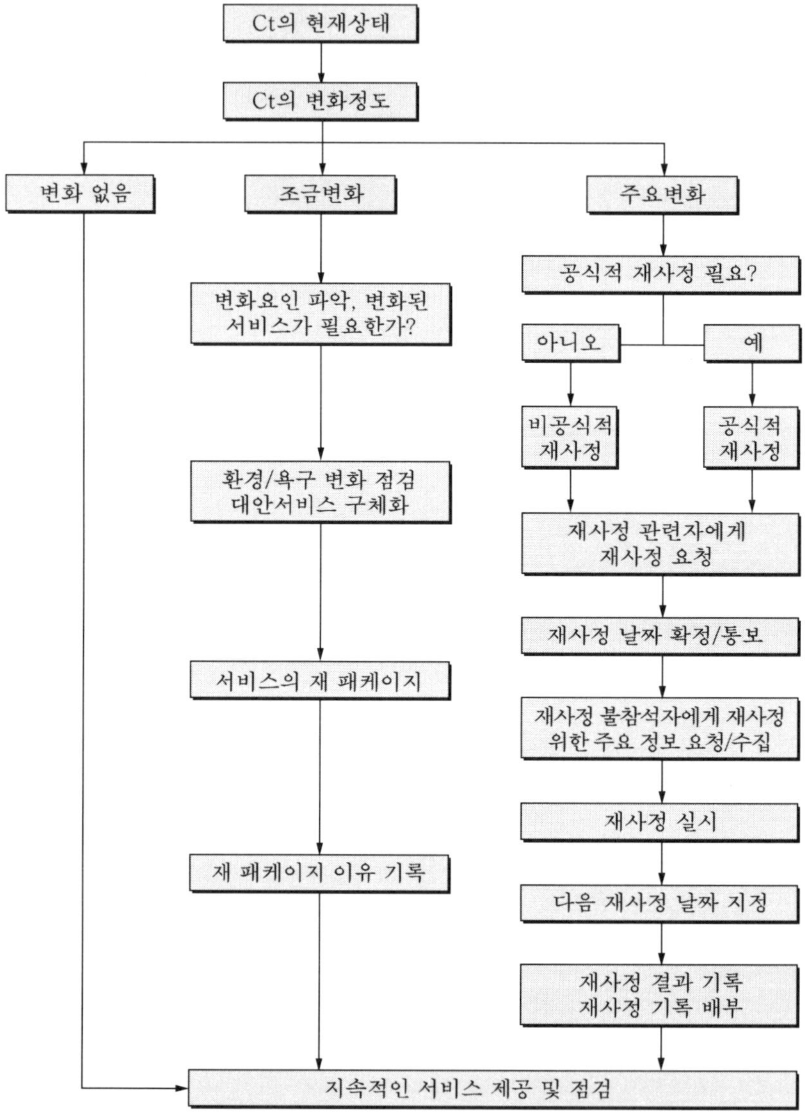
Ct의 현재상태
Ct의 변화정도
변화 없음
조금변화
주요변화
변화요인 파악, 변화된 서비스가 필요한가?
환경/욕구 변화 점검 대안서비스 구체화
서비스의 재 패케이지
재 패케이지 이유 기록
공식적 재사정 필요?
아니오
예
비공식적 재사정
공식적 재사정
재사정 관련자에게 재사정 요청
재사정 날짜 확정/통보
재사정 불참석자에게 재사정 위한 주요 정보 요청/수집
재사정 실시
다음 재사정 날짜 지정
재사정 결과 기록 재사정 기록 배부
지속적인 서비스 제공 및 점검

찾아보기

[저자 소개]

김미혜(이화여자대학교 사회복지학과 교수)
조추용(꽃동네현도사회복지대학교 사회복지학과 교수)
조유향(초당대학교 간호학과 교수)
임병우(성결대학교 사회복지학부 교수)
선우덕(한국보건사회연구원 저출산고령사회연구센터 장기요양정책팀장)
김근홍(강남대학교 사회복지학과 교수)

재가노인복지론

2008년 2월 15일 1쇄발행
2010년 2월 25일 3쇄발행

저 자 김미혜 · 조추용 · 조유향
임병우 · 선우덕 · 김근홍
발행인 유 성 렬
발행처 **청목출판사**
서울특별시 영등포구 신길동 233-96
전화 (02) 849-6157(代) · 2820
FAX (02) 849-0817
등록 제318-1994-000090호

파본은 바꾸어 드립니다. 값 20,000원

http : //www.chongmok.co.kr

이 책의 무단전재 또는 복제행위는 저작권법 98조에 의거, 3년 이하의 징역 또는 3,000만원 이하의 벌금에 처하게 됩니다.

ISBN 978-89-5565-234-5